KB061402

좋은 수업을 위한 새로운 수업장학

# 수업분석과 수업코칭

천세영 · 이옥화 · 정일화 · 김득준 · 장순선 · 방인자
이재홍 · 권현범 · 김종수 · 이경민 · 김지은 · 전미애 공저

학지사

이 책은 한국연구재단 일반공동연구비 지원(2017S1A5A2A03067650: 수업관찰 및 수업행동분석을 통한 수업전문성 향상 방안 연구)을 받아 수행함.

## 책을 펴내며

ICALT를 2014년 우리 교육계에 처음 소개한 결실로서 이 책을 세상에 선보인다. 우리에게 비교적 낯선 양적 관찰과 분석이라는 측면에서 ICALT의 전파는 녹록하지 않았다. 수업을 예술 또는 불가침의 영역으로만 생각하는 분에게는 벽이 높았다. ICALT에 대해 처음에는 거부감을 가졌지만 사용하다 가치를 깨닫거나, 처음부터 진가를 알아본 선생님들을 만나 힘을 얻었고 보람도 컸다.

ICALT는 1989년 네덜란드 장학청의 수업장학 기법으로서 Wim van de Grift 박사 주도로 최초 개발되어 주로 초등교사 장학기법으로 쓰이기 시작하였다. 이후 Wim 교수가 Groningen 대학교의 사범학부 교수진과 중등교사용으로 발전시켰다. 2014년부터는 대한민국을 비롯한 16개 국가에서 연구 및 적용되고 있다.

1966년 Coleman 보고서에서는 학업성취도에 영향을 미치는 변인으로 학생의 사회경제적 배경이 결정적 요소라고 하였다. 하지만 많은 교육자는 Coleman 보고서의 여파로 확산된 "교사가 학생의 학습에 차이점을 만들어 내지 못한다."라는 것을 받아들일 수 없었다. 훌륭한 교사는 학생의 학업성취에 큰 영향을 미치고, 상위와 하위 수준의 교수역량 차이는 학생의 학업성취 차이로 이어진다는 연구 결과가 나오면서 '좋은 수업'에 대한 관심이 높아졌다. 어떤 기준으로 좋은 수업을 판단할 것인가는 간단하지 않은 일이지만, 학업성취를 학교 효과의 중심에 두고 학생의 학업성취에 영향을 미치는 좋은 수업 수행이 무엇인지는 교육학계가 풀어야 할 주요 과제가 되었다.

1960년대 Stallings와 Flanders 등이 개발한 수업관찰도구에 대한 재검토가 이루어졌으며, 이후 좋은 수업을 판단하는 증거기반의 양적 수업관찰을 위한 여러 수업관찰도구가 개발되었다. 미국에서 2009~2011년에 Bill & Melinda Gates Foundation의 지원으로 수행된 MET(Measures of Effective Teaching) 연구는 FfT, PLATO, CLASS, MQI 등 대표적 도구를 활용하여 교사 3,000여 명의 수업비디오 11,000여 개를 관찰하고 좋은 수업과 수업전문성에 대해 연구하였다. 최근 영국 교육표준청(Ofsted) 또한 전통적으로 장학사들의 학교 방문과 질적 관찰법 이외에 이러한 양적 도구를 도입할 준비를 하고 있으며 여기에 ICALT 도구도 포함될 예정이다.

ICALT 등과 같이 과학적으로 개발된 양적 관찰도구들은 이용에 관한 지침을 제공하는 매뉴얼이 있다. 그리고 관찰도구를 사용하기 위해서는 기준에 따라 지속적으로 정확하게 수업을 관찰할 수 있게 수업관찰자 연수를 반드시 거쳐야 한다. 이 책은 ICALT 이용법을 포함한 수업전문성, 수업관찰과 분석 등 수업코칭 전반에 관한 종합적인 안내서다. 이 책의 프롤로그는 천세영, 1장 정일화, 2장 이경민, 3장 권현범, 4장 이옥화, 5장 방인자, 6장 김득준, 7장 김지은, 8장 장순선, 9장 장순선/전미애, 10장 이재홍, 11장은 김종수 박사가 맡았다.

세계에서 유력하게 꼽히는 수업관찰도구들이 유료로 제공되고 이용법이 복잡한 편이나, ICALT는 개발자의 뜻에 따라 무료로 제공되고 사용이 간편하다. ICALT 수업관찰도구를 개발한 Groningen 대학교의 Wim van de Grift 교수와 Ridwan Maulana 교수가 '교육'이라는 공익을 위해 ICALT 도구를 공유하고 연구를 제안한 덕분에 이 책이 나올 수 있었다. 두 교수님과 Groningen 대학교에 감사의 마음을 전한다. 우리나라 ICALT 연구를 위해 지원과 협력해 주신 한국연구재단, 설동호 대전시교육감님, 대전을 비롯한 전국의 수석선생님 등 수업관찰자, 수업을 공개한 많은 선생님, 이 책을 감수해 준 정재훈 박사님, 선뜻 출간을 맡아 주신 학지사의 김진환 사장님과 편집과 교정을 위해 애써 주신 편집부에도 감사드린다.

2020. 2.

저자를 대표해서 천세영

## 차례

■ 책을 펴내며 _ 3

프롤로그 • 좋은 수업, 그리고 장학 9

1부. 장학과 수업전문성

1장 • 장학 19

1. 장학의 이해 19
2. 장학의 이론적 토대 25
3. 장학의 모형 34
4. 장학의 방향 43

2장 • 수업전문성 51

1. 교사의 수업전문성 51
2. 교사발달 56
3. 수업전문성 연구 63

# 2부. 수업분석과 수업관찰

## 3장 수업분석 79

1. 수업분석의 이해 79
2. 수업분석의 고려사항 81
3. 수업분석의 접근법 83
4. 수업분석법 84
5. 과학적 접근의 수업분석 91

## 4장 수업분석과 수업관찰도구 95

1. 수업분석을 위한 도구의 소개 95
2. ISTOF(International System for Teacher Observation and Feedback) 97
3. FfT(Framework for Teaching) 103
4. MQI(Mathematical Quality of Instruction) 108
5. CLASS(CLass Assessment Scoring System) 119
6. GDTQ(Generic Dimensions of Teacher Quality) 124
7. PLATO(Protocol for Language Arts Teaching Observation) 131
8. 수업관찰도구 분석 및 시사점 134

# 3부. 수업분석을 위한 ICALT 수업관찰도구의 활용


## 5장 · ICALT 수업관찰도구의 이해 145

1. ICALT와 수업전문성 145
2. ICALT 수업관찰도구의 구성 162
3. ICALT 수업관찰도구의 문항 구성 163
4. 학교 현장 적용의 가능성 173

## 6장 · ICALT 수업관찰도구의 양호도 검증 183

1. ICALT 수업관찰도구의 타당도 183
2. ICALT 수업관찰도구의 신뢰도 191
3. ICALT 수업관찰도구의 객관도 197
4. ICALT 문항특성과 ZPD 탐지 201

## 7장 · ICALT 수업관찰의 방법 211

1. ICALT 수업관찰의 개요 211
2. ICALT 수업관찰도구의 활용 215
3. 수업관찰 점수의 기록 방법 217
4. ICALT 영역과 문항별 관찰의 실제 221

## 8장 · ICALT System: eICALT의 활용 251

1. eICALT 활용 실습 251
2. 분석 절차 255
3. 분석 결과의 해석 256

# 4부. 수업전문성 발달 코칭


## 9장 · 수업코칭 263

1. 수업코칭의 이해 263
2. 수업코칭의 절차 268
3. 수업코칭의 사례 270

## 10장 · 수업장학의 적용 283

1. 수업장학과 학교장의 역할 283
2. 수업장학의 실태와 문제점 286
3. ICALT 수업분석의 필요성 289
4. ICALT를 활용한 수업장학 운영 사례 291

## 11장 · 수업분석전문가 자격 및 연수 299

1. ICALT 수업분석전문가 자격 299
2. ICALT 수업분석전문가 연수 301

## 부록

1. ICALT 연구의 주요 논문 309
2. ICALT 수업관찰도구 323
3. ICALT 수업관찰전문가 성찰 설문 333
4. ICALT 수업교사 설문 337
5. ICALT 학생 설문 341

■ 찾아보기 _ 345

# 좋은 수업, 그리고 장학[1)]

## 학창 시절에 만난 장학[2)]

오래전 초등학교 국어 교과서에 마리 퀴리 부인 전기가 실려 있었다. 이야기는 이렇게 시작되었다. 학교에 장학사가 찾아오고 '똑똑한 학생, 마리'는 일어나 러시아 차르(tsar) 황제들의 연대기를 줄줄 왼다. 교실 뒤에 서 있는 장학사와 교장은 입가에 흐뭇한 미소를 지으며 박수를 치고 교사는 안도의 한숨을 내쉰다.[3)] 그 후 내가 고등학교를 다닐 때 진짜로 장학사가 학교에 왔다. 청소를 깨끗하게 하는 일이야 새삼스러울 것이 없어서 조금 더 힘들어도 불평할 일은 아니었으나 '공개 수업' 준비는 짜증나는 일이었다. 유난히 수줍음 많았던 내가 각본대로 지명을 받고 일어서서 교과서를 읽어야 했다. 선생님께 받은 칭찬보다는 설명하기 어려운 불편함이 다가왔다.

---

1) 대표 저자: 천세영 sychun56@gmail.com

2) 한국교원교육학회 뉴스레터 제86호에 게재한 글을 수정함.

3) 경향신문(2010. 5. 23.). '100년을 엿보다'(30) 장학사.

훗날 대학을 진학할 때 꼭 그래야 할 이유는 없었지만 교육학과를 택하고 '교육행정학개론' 수업을 들으며 학창 시절에 겪었던 일이 '장학(奬學, supervision)'이었고, 장학이 '교육행정학'의 핵심 연구 주제라는 것도 알게 되었다. 강의를 듣고 영어 교재와 논문도 읽었다. '장학이란 학교 혹은 교육기관의 고유 목적인 수업/교육의 효과성을 최대화하기 위한 과정이며, 보다 핵심적으로는 교사의 수업 개선을 위한 전문적인 지도 조언 활동'이라는 개념으로 정의되어야 한다는 것도 '배웠다'. 하지만 솔직히 알쏭달쏭할 뿐이었다. 학창 시절의 불편한 기억 때문인지는 모르겠으나 장학은 도무지 '재미없는' 주제로 느껴져 교육행정학과 교육학까지 따분한 학문으로 여기게 만들었다.

그 장학이 일제 강점기 때 '시학관(視學官)'에서 유래되었으며, 영국은 아직도 '감독관(inspector)'이란 용어를 쓰고 있다는 말에는 약간 고개가 끄덕여졌다. 하지만 그것이 미국에서 'supervision'으로 발전했고 우리는 이를 '장학'으로 번역하고 사용하고 있다는 말을 듣고서는 '그런가, 그래서 뭐가 다르지?'라는 의아한 생각이 들었다. 그런데다 장학 이론의 계보로 Taylor의 '과학적 관리기법'이 등장하고 Sergiovanni의 '인간장학 이론'에 이르러 '학문은 현학번문(衒學煩文)의 세계인가?'라는 씁쓸한 마음을 감추기가 어려웠다. Flanders의 언어분석기법, 관리장학, 동료장학, 요청장학, 교내장학 등등 많은 장학 모델을 배우고, 임상장학, 마이크로티칭과 같은 새로운 이론이 등장하였지만 허전한 나의 마음은 채워지지 않았다.

## 교육학의 본질

내가 학창 시절 이후 두 번째로 만난 장학은 교육행정학자의 길로 나섰을 때다. 대학의 교수님들께서는 "장학은 교육행정학의 꽃이다."라고 하셨으나 내게는 난해한 이야기로 들렸다. 나는 점차 장학에 대해서는 흥미를 잃고 지금까지 사실상 잊고 교육재정에 몰두하며 지내 왔다. 그러던 2014년 어느 날, 연구년을 맞아 자유롭게 유럽의 역사를 공부하고 다니던 여정에서 '장학'

을 다시 만나게 되었다. 세 번째 만남은 네덜란드 흐로닝언대학교(University of Groningen)의 Wim Van de Grift 교수가 소개한 수업행동분석(analysis of teaching behavior or teaching skills)과 수업관찰(classroom observation)이라는 이름으로 다가왔다.

아쉽게도 눈 감고 귀 닫고 지내던 내게 기억나는 장학 기법은 Flanders의 언어분석뿐이었지만,[4] Wim 교수는「Coleman 보고서」이후 수업 개선을 위해 가장 오래된 수업관찰도구의 하나이면서 과학적 관찰의 태동을 자극한 스탈링 관찰도구(Stallings-observation system) 개발 등 많은 연구가 이루어졌다고 하였다. 닫혔던 문이 열리면서 TIMSS(Trends in International Mathematics and Science Study)-video 자료를 활용하여 교수의 질을 측정하는 GDTQ(Generic Dimensions of Teacher Quality) 등 세계에서 통용되는 여러 최신 수업관찰도구를 알게 되었다. Wim 교수와 그의 동료들이 개발한 ICALT(International Comparative Analysis of Learning and Teaching) 수업관찰도구도 그 가운데 하나다.

ICALT 도구는 몇 가지 특징이 있다. 첫째, 교사의 수업전문성 혹은 수업기술은 다음의 6가지 영역(domain)으로 나뉜다. ① 안전하고 고무적인 수업분위기(Safe and Stimulating Learning Climate: SLC), ② 효율적 수업운영(Efficient Classroom Management: ECM), ③ 명료하고 구조화된 수업내용(Clear and Structured Instruction: CSI), ④ 집중적이고 활발한 수업(Intensive and Activating Teaching: IAT), ⑤ 교수 · 학습전략(Teaching Learning Strategies: TLS), ⑥ 개별화 학습지도(Differentiated Instruction: DI)로 구분되어 모두 32개의 항목으로 관찰되고 측정된다. 둘째, 각 영역과 항목은 위계적 기술난이도를 갖는다. 교육을 잘 받은 교사들과 경력이 많은 교사일수록 측정된 기술점수가 높으며 특히 어려운 영역일수록 더 높다. 이는 측정통계학 이론인 문항반응분석을 통해 증명된다. 셋째, 교사의 수업전문성은 측정과 진단을 통해 교사 개인별

---

4) https://files.eric.ed.gov/fulltext/ED059094.pdf

로 강점과 약점을 찾아낼 수 있는 독립적 변인이다. Vygotsky의 근접발달영역(Zone of Proximal Development: ZPD) 이론에 근거하여 가장 우선적으로 노력해야 할 기술 영역을 찾아내고 집중적인 처방을 한다면 교사의 수업전문성은 개선될 수 있다. 넷째, ICALT 도구에 따라 측정된 교사의 수업전문성이 높을수록 학생의 수업 몰입도가 높다는 것도 연구에 의해 입증되었다.

아직도 어느 것 하나 속 시원하게 나의 갈증을 해소하지 못하고 있지만 느지막하게 장학을 새로 만나면서 교육학의 본질적 질문에 가까이 다가서는 느낌이다. 그동안 나를 곤혹스럽게 해 왔던 것은 '교육학의 정체성', 즉 교육학의 학문적 미숙함에 대한 의심이었다. ICALT 연구를 만나면서 갑자기 떠오른 생각이 '아하, 우리가 학생의 행동, 곧 학습의 원리에 대해서 주로 질문했을 뿐 교사의 행동인 가르침의 원리에 대해서는 질문을 소홀히 해 왔구나!' 하는 것이었다. 지능과 성격, 인지적 · 비인지적 측면, 학교의 물적 조건, 가정의 사회경제적 배경 등이 학생의 학업성취에 어떤 영향을 미치는가에 대해서는 수없이 질문해 왔지만, 정작 어떻게 가르치는 것이 잘 가르치는 일인지에 대한 과학적 탐구를 게을리해 온 것은 아닌가? 교사의 수업행동을 과학적으로 측정 · 분석 · 진단 · 처방할 수 있다면 교육학의 본질에 한 발 더 가까이 다가갈 수 있겠다고 생각하게 되었다.

나와 함께 연구하는 우리나라 연구진과, 주로 수석교사로 이루어진 수업관찰전문가들은 2014년부터 대전, 세종, 충남, 충북, 울산 지역을 중심으로 3,000사례 이상의 수업을 분석하여 그 결과를 국내는 물론이고 저명한 국제 학술지에도 지속적으로 게재하고 있다. Wim 교수는 우리나라의 학생들이 공부 잘하는 이유를 교사의 높은 수업전문성에 있을 것이라는 확신을 갖고 특별히 우리와 공동 연구를 시작했고, 비록 초기 단계지만 의미 있는 연구결과를 이미 확인하였다. 이제 ICALT 연구는 여러 국가가 참여하는 연구로 발전하여 매년 국제 학술 모임을 통해 경험을 공유하며 장학에 관한 일반 이론을 구축하고 있다.

## 과학적 수업장학: ICALT 수업행동분석

20세기 서구에서 공교육 제도가 본격적으로 발전하게 됨에 따라 교사의 수업행동을 분석하고, 그 향상을 통해 수업의 효과를 제고하려는 장학은 교육행정의 핵심 활동으로 자리 잡았다. 특히 미국은 아동의 종교와 사회계층에 관계없이 교육의 기회가 제공되어야 한다는 Horace Mann(1796~1859)의 주장에 따라 본격적으로 확산된 보편교육운동(common school movement)으로 수업장학은 더욱 중요하게 되었고, 감독·감시라는 뜻이 강하게 느껴지는 'inspection'보다는 전문가가 교사를 지원한다는 의미에서 'supervision'이라는 용어를 사용하였다. 남북전쟁이 끝나고 1866년 전미교육장(장학관)협회(American Association of School Superintendents: ASSA)가 결성되었는데, 이는 유럽과 미국에서 발흥한 근대 학교제도에서 교사의 수업을 감독·조언하는 장학활동이 핵심적인 교육행정의 업무로 발전되었음을 의미한다.

한편, 우리나라의 근대 교육사에서 장학은 이와 비슷한 과정을 거쳐 발전하였다. 공교육 제도의 도입은 불행하게도 일본의 식민교육제도로 이식되었다. 이때의 장학은 영국 등 유럽에서 사용하는 'inspection'을 따라 감시·감독의 의미가 강한 시학(視學)으로 불렸다. 광복 이후 우리나라 교육제도는 미국의 'supervision'의 영향을 받아 '장학'이 공식 용어가 되었다. 장학은 수업 전문성 향상이란 관점만이 아니라 우리 교육체제에서 가장 핵심적인 정책 개념이다. 국가의 장학 방침을 학교에 시달하는 교육부 장학편수실의 장학편수관, 장학 방침, 장학관, 장학금, 도서·벽지 등하교를 지원하는 선박인 장학선 등이 이를 반증한다. 1970년대 현재의 '교육부'에 해당하는 당시의 '문교부' 행정조직의 실질적 권한은 장학편수, 곧 수업장학과 교과서 편수 기능에 집중되어 있었다. 표준화된 국가교육과정과 검정 및 인정 교과서와 교사용 지도서, 지금은 사라졌지만 교수·학습과정안의 결재 과정과 지금도 활발한 교과협의회 및 학년협의회, 연구수업 등의 수업 공개, 장학사(관)의 활동 등을 통한 교육청의 지원 등은 당시 장학체제의 결과물이라고 할 수 있다.

미국과 유럽은 'supervision'과 'inspection'이 여전히 자리를 공고히 하며 장학의 전문성을 변화 · 발전시키고 있는 데 비해 우리나라에서 장학은 전문적 활동으로 인식하기보다는 진부하고 권위적인 의미로 받아들이는 편이다. 이런 분위기에서 컨설팅, 멘토링, 코칭, 피드백, 교사평가, 학교평가, 전문적 학습공동체, 배움의 공동체, 수업나눔 등 새로운 용어와 활동들이 많이 등장하면서 '장학'이란 용어의 사용이 축소되고 있다. 하지만 장학의 이름과 실제가 어떠하든 분명 장학은 수업을 돕는 일이고, 교사의 수업 활동이 어떤 도움도 필요 없이 완전하기는 논리적으로나 사실적으로도 불가능하기 때문에 전문적 지원을 위한 장학과 장학체제는 반드시 필요하다 할 것이다.

필자가 ICALT를 처음 접한 2014년 유럽에서, 일본의 'Lesson Study'가 대유행인 것을 알고 의아하였다. 유럽의 'Lesson Study'는 우리에게 익숙한 교내 장학을 총칭하는 '수업연구'를 영어로 직역한 용어였기 때문이다. 최근 우리 교육에서 관심이 높은 '배움의 공동체'와 '전문적 학습공동체'의 핵심적인 활동은 교사중심 수업관찰 및 사례 연구로 곧 Lesson Study(수업연구)인 셈이다. 연원을 따지고 보면 우리나라 교육에서 유지되어 온 장학의 본질적 이상과 다를 바가 없다. 장학의 실제에 대한 많은 논의가 가능하겠지만, 장학의 핵심은 수업의 질 향상에 있다는 기본 원칙을 상기하면 용어만 바뀌었을 뿐 본질은 그대로다. 교사와 학교가 주체가 되어 수업의 질을 개선하기 위한 모든 노력과 활동의 총체로서 장학을 정의할 때, 수업장학은 장학의 핵심인 것이다. 우리나라의 장학과 일본의 배움의 공동체는 모두 좋은 수업을 지향하고 있다. 결국 실천적 장면에서의 세부적 차이가 부각된 '이름 붙이기(naming)'라고 할 수 있다. 미국과 유럽 등 세계 여러 나라에서 수업관찰, 감독, 평가, 컨설팅, 코칭 등의 이름으로 불리는 활동들도 비슷하다 할 것이다.

교사의 질과 수업의 중요성을 말하지만, 실제로 교사가 수업을 어떻게 이끌고 있고, 교사의 수업행동의 어떠한 면이 학생의 학업성취에 어떻게 영향을 미치는지를 과학적으로 살펴보지 않고는 학업성취를 실증적으로 높이는 데 기여하는 '좋은 수업'을 정의하기 어렵다. 이런 상황이 지속되는 한 '좋은 수업을 할 수 있는 좋은 교사를 길러내는 일'은 요원하다. '교육의 질은 교사의 질을 넘지 못한다.'라는 말은 교육계에서 상식적 의미로 통용되고 있다.

「Coleman 보고서」로 대표되는 학교효과 연구에서, 학생의 학업성취도에 영향을 미치는 변인으로 학생의 사회경제적 배경이 결정적 요소라는 사실을 밝힌 후, 과연 학교가 무엇을 더할 수 있는가에 대한 질문이 제기되어 왔다. 그 답은 '학교는 가능하며 의미 있는 학업성취의 차이를 만들어 낸다.'는 것이었지만, 학교에 의해 추가되는 기여분을 결정하는 요소인 학교효과는 당연히 교사의 수업기여분임에도 불구하고 이에 대한 과학적 탐구나 개선을 위한 노력은 상대적으로 적었다. 즉, '교사의 질'은 어떻게 정의되고 측정되는가에 대한 논의는 거의 없었다고 볼 수 있다.

ICALT를 비롯해서 세계적으로 적용되는 몇 가지의 수업관찰 기법은 학생의 학업성취를 높이는 교사의 수업전문성 제고를 위해 교실수업에서 교사와 학생들의 교수 · 학습행동을 과학적으로 관찰하고 양화하려는 시도다. 이는 새로운 세기에 맞는 장학 모델을 찾기 위한 노력이라고 볼 수 있다. 이 책은 이에 대한 하나의 대안으로서 수업전문성의 근접발달영역(ZPD) 등을 과학적으로 진단하여 교사의 발달 단계에 적합한 수업전문성 개발에 도움이 되고자 ICALT에 기반한 수업장학의 기법, 곧 수업분석과 코칭 기법을 소개하는 책이다.

## 참고문헌

Coleman, J. S., Campbell, E., Hobson, C., McPartland, J., Mood, A., Weinfeld, F., & York, R. (1966). *Equality of educational opportunity*. Washington, D.C: U.S. Government Printing Office.

Creemers, B. P. M. (1994). *The effective classroom*. London: Cassell.

Fuller, F. F. (1969). Concerns of teachers: A developmental conceptualization. *American educational research journal, 6*(2), 207-226.

Hattie, J. (2003). Teachers make a difference: What is the research evidence?. *Australian council for educational research*.

Houtveen, T., & Van de Grift, W. (2001). Inclusion and adaptive instruction in elementary education. *Journal of education for students placed at risk, 6*(4), 389-409.

Van de Grift, W. J., Chun, S., Maulana, R., Lee, O., & Helms-Lorenz, M. (2017). Measuring teaching quality and student engagement in South Korea and The Netherlands. *School effectiveness and school improvement*, *28*(3), 337-349.

Van de Grift, W. (2007). Quality of teaching in four european countries: A review of the literature and application of an assessment instrument. *Educational research, 49*(2), 127-152.

# 장학과 수업전문성 1부

1장 장학

2장 수업전문성

# 장학

## 1. 장학의 이해

세계는 교사양성, 현직연수, 교육과정, 교수 · 학습 방법, 학습 환경 등 교육의 질을 높이기 위한 노력을 경주하고 있다. 학교 현장의 개선 활동인 장학은 학교행정 및 경영, 학교 구성원의 인간관계, 교육과정, 수업, 교장을 비롯한 교원의 리더십 측면 등을 포괄한다. 이 절에서는 장학의 개념, 발전, 그리고 방향을 살핀다.

### 1) 장학의 개념

장학의 개념은 접근 방법 및 강조점에 따라 다양할 수 있다. 김종철과(1982)과 주삼환(2009)은 여러 학자들의 개념 정의를 고려하여, ① 학교를 관리하고 유지하는 교육행정의 연장으로 간주하는 관점, ② 학교를 하나의 생산체제로 보는 경영적 측면, ③ 교육환경을 민주적이고 협동적으로 조성하거나 교사의 자아실현을 돕는 행위에 바탕을 두는 인간관계의 강조, ④ 교육과정 평가와 개발, ⑤ 교수 · 학습 개선을 위한 전문가 활동, ⑥ 전문적 지도력 발휘로 보는 관점 등으로 분류하였다.

영국은 장학을 'inspection'으로 미국은 'supervision'으로 부른다. 두 용어는 현상을 살피거나 예견할 수 있는 통찰력을 지닌 전문가가 교육 활동을 지원한다는 의미를 담고 있다. 우리나라에서는 한때 학교의 관리 상태와 교육 활동을 살핀다는 의미로 '시학(視學)'이라 불렀으나, 현재는 학습을 지원하거나 권하고 힘쓰게 한다는 의미로 '장학(奬學)'으로 지칭한다. 장학의 본질인 수업개선에 초점을 맞춘 'instructional supervision' 또는 'supervision of instruction'이란 용어처럼(Dull, 1981), 수업전문성과 관련한 모든 장학을 '수업장학'이란 말로 총칭할 수 있을 것이다.

미국과 영국에서는 '장학'이 민주적 성격을 갖는 데 비해 우리는 관료적 통제로서의 장학에 대한 기억으로 인해 장학을 기피하는 경향을 엿볼 수 있다. 이런 현실을 반영하여 문제의 진단과 해결을 위해 자발적인 상호협력을 강조하는 '컨설팅장학'과 '수업컨설팅'이 등장하였다. 이는 경영학적 기법의 접목으로서 장학의 발전된 모습이라고 할 수 있다.

학교는 교사의 가르침과 학생의 배움이 이루어지는 공간이다. Burton과 Brueckener(1955)는 학생의 성장의 결과로 사회발전을 이루고, 상호협력을 통해 바람직한 교수 · 학습의 장을 개선하는 것이 장학의 목적이라고 하였다. Harris(1975)는 학생들의 학습을 촉진하기 위해 수업과정에 직접적인 영향력을 행사하는 방법이라고 정의하였다(윤정일 외, 2015, p. 270). 이렇듯 장학은 학생의 학습을 촉진하고 학업성취를 향상하기 위해 교사의 수업전문성 등 수업개선에 영향을 미치는 제반 행위 체제라고 할 수 있다.

학교경영의 제반 인적 · 물적 자원의 운용 등 조직체제 및 교수 · 학습 행위에 직간접적으로 영향을 미치는 공식적인 장학활동은 학생의 학습을 지속적으로 촉진하고 개선하여 학업성취를 향상하는 교수행위에 초점이 모아져야 한다. 궁극적으로 학교 성과의 핵심인 학생의 학업성취는 교수행위와 밀접하게 이루어지기 때문에 수업에 관한 장학, 즉 **수업장학**이 장학의 여러 개념

가운데 핵심이라고 할 수 있다. 수업장학은 수업개선에 필요한 상황의 확인, 진단, 대안을 위한 분석과 최선안의 선택, 코칭 등의 시행과 효과성 평가 등 문제해결을 위한 접근을 뒷받침하는 제반 지원 활동을 포함한다.

## 2) 장학의 발전

근대 산업사회가 시작되면서 아동에 대한 기초 교육의 필요에 따른 근대 대중학교가 생겨났다. 그리고 교육의 질적 관리를 위해 1833년 영국의 종교교육학회(National Society for Promoting Religious Education)에서 수업에 관한 감독으로 장학은 시작되었다. 이후에 장학은 프랑스와 독일에서 공교육 제도가 갖춰지면서 제도화되었다. 19세기 미국에서 보편교육 운동(common school movement)이 전개되며 '장학(supervision)'이라는 용어가 사용되었다. 20세기에 공교육 제도가 발전하면서 수업을 관찰하고 분석해서 성과를 높이려는 장학은 교육행정(educational administration)의 핵심이 되었다. 우리나라에서는 일제 강점기에 '감독'의 어감이 있는 '시학(inspection)'으로 부르다가 미군정기부터 '장학'이란 용어를 사용하고 있다.

장학의 발전은 장학 이론, 장학 제도, 장학 방식의 측면에서 살필 수 있다. 미국의 장학 발전을 중심으로 정리한 〈표 1-1〉(주삼환, 2009, p. 40; 주삼환 외, 2015, p. 339)처럼, 장학의 발전은 교육행정이론의 발전 과정과 맥을 같이하며 발전하였다. 표준화와 전문화라는 관점에서 Taylor가 경영학적 관리 기법으로 제시한 과학적 관리론에 기초한 관리장학 시대, Fayol과 Mayor의 인간관계론에 따른 협동장학 시대, 행동과학론의 영향을 받은 임상장학, 상황 이론과 인간중심 이론에 근거한 발달장학 시대로 발전하였다.

〈표 1-1〉 미국 장학의 발전 과정

| 형태 | 시기 | 방법 | 사회적 분위기 | 교육행정 이론 |
|---|---|---|---|---|
| 관리장학 | 1750~1910<br>1910~1920<br>1920~1930 | 시학과 강제<br>과학적 장학<br>관료적 장학 | 공교육제도 확립<br>분업 · 기술적 전문화<br>조직 규율 | 과학적 관리론 |
| 협동장학 | 1930~1955 | 협동적 장학 | 진보주의 운동<br>교사중심 장학<br>자유방임적 | 인간관계론 |
| 임상장학 | 1955~1965<br>1965~1970 | 교육과정 개발<br>임상장학 | 스푸트니크 쇼크<br>수업효과 증진 | 행동과학론 |
| 발달장학 | 1970~1980<br>1980~현재 | 경영으로서 장학<br>인간자원 장학<br>지도성으로서 장학<br>선택적 장학 | 협동장학의 새 대안 | 상황적응론<br>일반체제론<br>인간자원론<br>공공선택론 |

출처: 주삼환(2009); 주삼환, 황인수(2015).

학교운영 전반의 감독 차원에서 출발한 장학은 19세기 후반에 시학과 통제를 위한 장학관(supervisor)을 별도로 임명하면서 장학을 전문화하는 관리장학의 모습을 나타났다. 20세기 초는 능률, 분업이 강조되는 과학적 관리론의 영향으로 장학의 전문화에 진전을 보였지만, 과학적 장학은 통제와 능률에 치중하여 교사를 생산과 관리의 대상으로 간주하였다. 사회와 경제가 더욱 발전하면서 장학에서도 행정체제의 조직화, 목표와 절차의 명세화, 업무의 분업화, 교과별 전문화에 초점을 맞춘 관료적 장학이 등장하였다.

1930년대 초는 과학적 관리론이 물러나고 아동중심 교육을 지향하는 진보주의의 영향을 받아 인간관계론에 바탕을 둔 협동장학의 시대를 맞았다. 규율을 강조하는 관료적 행정장학에서 민주적으로 상호작용하는 교사중심의 수업장학 시대로 전환하면서 장학은 평가보다는 지원과 조력, 결과보다 과정을 중시하는 독립된 전문 분야로 발전하였다. 하지만 협동적 장학은 민주적 측면을 지나치게 강조한 나머지 장학 효과가 저조하였다는 지적을 받기도 한다.

1957년 소련의 스푸트니크 인공위성의 발사 성공 소식은 미국에 충격을 안겨 주었다. 이에 미국은 진보주의 교육에 대한 비판으로 학문중심 교육으로 전환하였고, 장학자의 최우선 임무는 교육과정 개발이 되었다. 한편, 행동과학론의 영향으로 교수·학습의 분석과 상호작용 평가가 이루어졌다. Cogan(1973)의 임상적 장학 모형 개발과 마이크로티칭 기법의 도입 등 장학의 초점을 수업에 맞추려는 임상장학의 시대였다. 수업개선에 실질적인 초점을 맞추기 시작한 이 시기를 협의의 '수업장학'으로 일컫기도 하나 학업성취 향상을 위한 제반 장학활동을 통칭하는 광의의 '수업장학'과 구분하기 위해, 이 시기를 임상장학으로 명명한 주삼환(2009, p. 40)의 구분을 따른다.

1970년대 이후에 협동장학의 저효율을 개선하려는 대안으로 수업개선보다는 학교경영에 무게의 중심을 두고 직무분석과 비용 대비 효과를 높이는 경영체제에 초점을 맞춘 새로운 과학적 관리장학이 이루어졌다. Fuller(1969)와 Fuller & Brown(1975)의 교직관심발달론과 교사의 성장과 발달 수준에 따른 필요와 요구를 고려한 선택적 장학이 출현하였다. 민주적 인간관계를 바탕으로 자발적 참여를 통한 교사의 능력 발휘와 자아실현을 도와 직무만족감과 행복감을 높이려는 인간자원장학도 등장하였다. 인간자원장학에서는 교사들의 자발적 참여를 통한 학교효과성과 직무만족 증대를 동시에 이끌어 낼 수 있는 지도성이 강조된다. 이는 1980년대 Sergiovanni 등에 의한 인간발달장학(Human development supervision)으로 이어져 리더십이 강조되고 '장학론'이 독자적 학문 영역으로 자리하기 시작하였다.

장학 이론이 장학활동을 뒷받침했지만 실제적인 장학의 전반적인 모습은 학생의 성취와 연결되는 교사의 개별적 성장이나 교사와 학생의 교수·학습 상호작용에 초점을 맞추기보다는 교실 등 학교 환경, 학교문화와 수업분위기 등 피상적인 수준에 머무는 경향을 보였다. 이에 대한 반성으로 영국은 학생의 학업성취를 제고하기 위해 학교평가를 통한 장학 방식을 도입하였다. 1980년대 대대적으로 이루어진 영국 교육개혁의 핵심은 학업성취도에 관한 책무성과 학교운영위원회 주관의 학교 방문 실사를 통한 학교평가제도의 확립이었다. 이에 따라 교육표준청(Office of Standard in Education: Ofsted)은 5년 주기로 단위학교를 평가한다.

미국은 영국의 교육개혁 노력에 영향을 받아 학업성취에 관한 학교의 책무성을 강화하고자 「낙오학생방지법(No Child Left Behind Act: NCLB)」과 「모든 학생의 성공법(Every Student Succeeds Act: ESSA)」을 제정했다. 우리나라는 학교평가와 더불어 자기평가와 동료평가가 가미된 교원능력개발평가를 통해 생활지도와 학습지도 측면에서 학생의 성취와 성공을 위한 장학 지원을 모색하고 있다. 하지만 학교평가와 교원능력개발평가는 교수 · 학습의 질을 어떻게 측정 · 평가하여 지원할 것인가에 대한 객관적이고 타당한 기준과 데이터의 부족, 결과에 따른 지원책이 미흡한 한계를 보인다.

장학의 유형, 절차, 방법 등이 보다 세분화, 정교화되며 과학적으로 발전하고 있지만 아직은 현장의 요구를 만족시킬 만한 수준은 아니다. OECD(2013) 및 Marzano 등(2011)은 교사의 **수업전문성**과 학생의 **학업성취**에 관해 연구를 통해 교사의 수업전문성이 학생의 학업성취에 긍정적인 영향을 미치고 교육의 질을 높이는 중요 요소임을 재차 확인하면서 교수행위의 질을 제고하는 수업장학에 관한 관심은 더욱 요구되었다. 이런 요구에 따라 수업전문성에 관한 연구는 다원화 시대인 21세기에 들어오면서 활기를 띠게 되었다. 관료적 시대를 거치면서 장학에 대한 지시적이고 일방적인 인식을 탈피하기 위해 자발성이 강조되는 수업컨설팅, 수업코칭, 수업관찰, 수업비평, 수업나눔, 수업 멘토-멘티 등의 새로운 용어와 접근이 나타났다. 이 용어들은 장학은 본질적으로 교수 · 학습이 이루어지는 수업에 집중해서 교사와 학생의 상호작용을 통한 학생의 변화, 즉 학생의 성취와 성장을 지향하는 공통점을 갖는다.

## 2. 장학의 이론적 토대

교육행정은 학생의 학업성취 제고를 위해 교사의 수업개선에 영향을 미치는 행위 체제다. 이런 면에서 교육행정의 핵심은 장학이고 교육행정이론이 곧 장학 이론이라 할 것이다. 실천 학문인 교육행정에서 학교 현장과 밀접하게 이루어지는 장학 이론은 현상의 판단 및 분석과 진단, 합리적인 의사결정과 문제해결, 개선을 위한 연구로 이어지는 토대가 된다. 학업성취를 향상하는 교사의 전문적 성장을 촉진하는 데 초점을 맞춰 장학의 이론적 토대를 살핀다.

### 1) 조직

조직은 역할과 기능의 유기적 조합이다. 학교도 다른 사회체제처럼 유기적 조직체로 움직인다. 학교는 보다 넓은 사회조직체제의 일부이면서 자체의 조직을 이룬다. 학교의 역할에 대한 사회적 요구가 증가하고 다양해지면서 학교조직도 더욱 복잡한 양상을 보인다. 학교조직의 구조와 기능에 관해 이해할 수 있어야 장학활동의 목적에 부합하는 조직의 기능을 촉진하여 목적을 달성할 수 있다.

학교조직은 다른 사회체제와 상호작용하며 사회를 지속시키는 '사회체제', 위계와 조직규율 및 직무 분업 등 관료제의 특성과 전문성을 갖춘 구성원으로 운영된다는 점에서 '전문관료제' 공식조직이다. 그런데 추상적인 목표와 체제를 이루는 관계의 역동성 등이 복잡한 양상을 띠는 '조직화된 무정부', 공식적 조직에도 불구하고 자율성과 개별성이 강하게 드러나는 '이완결합체제', 교수 · 학습 측면에서는 전문적이고 학교 행정의 측면에서는 관료적인 '이중조직' 등 복합적인 특징을 갖는다.

Hoy와 Miskel(2005)은 학교체제의 주요 요소로 조직의 구조 및 문화와 풍토 등을 꼽고 있다. 자발성과 자율성이 강조되는 최근의 수업장학 경향을 고려할 때 정서와 감정을 공유하는 비공식조직을 활용하고, 전문성을 살릴 수 있는 전문가 집단으로 이루어진 규범적 성격의 수평적 봉사조직으로서 개방·자율적 풍토(Halpin & Croft, 1962), 자율·협동·성취가 어우러지는 통합적 문화(Sethia & Glinow, 1985)를 조성하는 것이 바람직하다 할 것이다.

주삼환(2009, p. 94)은 장학조직을 "교사의 전문적 성장과 수업기술을 향상하고 교육과정과 수업환경을 개선하여 궁극적으로 학생의 성취를 높이려는 교육의 목적 아래 모든 장학 구성원들이 소속감을 갖고 상호작용을 하며 각각 역할과 기능을 분담하면서도 통합적으로 노력하는 협동체제"라고 하였다. 전문적 학습조직으로서 학교의 수업장학 조직은 전문적 성장을 위한 다양한 개인의 요구를 반영할 수 있어야 하고, 교사발달단계에 적합한 전문적 지원이 가능하기 위해 공식조직과 비공식조직, 관료조직과 전문조직의 조화가 필요하다.

### 2) 리더십

리더십(leadership)에 대한 정의는 다양하지만 대체로 리더십은 조직 공동의 합리적인 목표 달성을 위해 구성원과 상호작용하며 조직과 구성원에 영향을 미치는 지도자의 합법적, 전문적 역량이라고 정리할 수 있다. 장학은 학생의 학업성취 향상을 위해 교사의 수업개선 행위에 영향력을 미치는 리더십이 요구된다. 리더십은 정의에 따라 다르게 접근할 수 있지만 특성적 접근, 행동적 접근, 상황적 접근으로 구분해서 살필 수 있다.

리더십에 관한 초기 연구는 지도자는 타고난 특성이 있다고 보는 특성적 접근을 하였다. Northouse(2007)는 리더에게 요구되는 특성으로 지능, 자신감, 결단력, 성실성, 사교력을 들었고(신현석, 안선희, 2015, p. 155), Katz(1974)는 인성적 특성보다 과업과 관련된 능력에 초점을 두고 하위직원은 사무능력, 중간관리자는 인간관계 능력, 최고경영자는 상황 파악 능력이 요구된다고 밝혔다(윤정일 외, 2015, p. 96). 하지만 특성적 접근은 구성원 간 상호작용과 상황을 반영하지 못하고, 어떤 특성이 리더로서의 효과적인 직무수행을 보장하거나 저해하는 것은 아니라는 한계가 있다(주삼환 외, 2015, p. 107; Kimbrough & Nunnery, 1976, p. 141).

1950년대 행동과학의 사조는 리더십을 밝히는 데 행동적 접근을 모색하게 하였다. 행동적 접근은 리더의 특성과 자질을 배제한 채 성공적인 리더와 비효과적인 리더의 행위를 비교한다. 아이오와주립대학교의 Lewin(1939) 등은 교사들의 권위적, 민주적, 자유방임적 행위가 아동에게 미치는 영향을 살펴본 결과 민주형 〉 자유방임형 〉 권위형의 순서로 선호된다고 밝혔다. 한편, 오하이오주립대학교는 리더 행동을 목표 명시, 과업조직과 직무분담, 의사소통 경로, 관계 명료화, 성취평가와 관련한 구조성(initiating structure)과 리더의 추종자에 대한 신뢰, 존경, 온화, 지원에 관한 관심과 관련한 배려성의 두 차원을 조합하여 네 가지 리더십 행동 유형으로 분류한 결과, 높은 구조성과 배려성이 가장 효과적이라고 밝혔다.

미시간주립대학교의 Likert(1961)는 리더의 특징적인 행동으로 구분한 직무중심 리더십은 과업의 수행과 성취를, 직원중심 리더십은 직무만족과 인간관계를 강조한다. Blake와 Mouton(1985)은 리더가 목표 달성을 위해 노력하는 종업원을 배려하는 인간에 대한 관심과 조직의 과업목표 달성을 위해 노력하는 생산에 관한 관심의 두 차원을 갖고 관리망(managerial grid)으로 분류하여 무기력형, 컨트리클럽형, 중도형, 과업형, 팀형 등의 다섯 유형으로 구분하고 가장 이상적인 리더십 유형으로서 팀형(team management)을 제시했다.

리더십에 관한 행동적 접근은 리더십이 발휘되는 상황에 대한 고려가 빠져있다. 리더가 처한 상황은 유동적이어서 리더십은 상황과의 상호작용 속에서 변화되어 발휘될 수 있다. 따라서 리더십이 발휘되는 상황적(contingency) 맥락을 고려한 것이 상황적 접근이다. Fiedler(1967)는 '최소로 선호하는 동료 척도(Least Preferred Co-worker scale: LPC)'을 개발하여 지도성 유형을 측정했다. Fiedler는 리더와 추종자의 관계, 과업의 구조화 정도, 리더의 지위권력이라는 세 변인과 리더가 처한 '매우 호의적' '보통' '비호의적'인 상황의 정도를 조합하여 리더 유형의 효과를 밝히고자 했다. 예를 들면, 과업지향적 리더는 상황이 호의적이거나 비호의적인 경우 효과적이고, 관계지향적 리더는 상황의 호의성이 중간 수준인 경우에 효과적으로 나타났다.

Reddin(1970)은 Fiedler의 과업과 관계성에 효과성을 추가하여 3차원 리더십 이론을 개발했다. 관계와 과업지향성에 따라 기본 리더십 유형을 '관계형–통합형–분리형–헌신형', 효과적인 리더십 유형을 '개발가형–경영자형–관료자형–자선적 독재자형', 비효과적인 리더십 유형으로 '선교사형–타협자형–이탈자형–독재자형'으로 구분한다. 리더십 유형에 영향을 미치는 상황적 요인인 ① 조직의 철학, ② 과업수행 기술, ③ 상급자 관계성, ④ 동료 관계성, ⑤ 하급자 관계성의 정도에 따라 리더십이 적합 또는 부적합하게 행사되면 기본형은 효과적 또는 비효과적 리더십 유형으로 바뀌게 된다.

Hersey와 Blanchard(1977)는 상황적 요인으로 헌신도와 준비도의 의미를 담은 성숙도(maturity)를 설정했다. 조직 구성원의 능력 같은 직무성숙도와 의지와 동기 같은 심리적 성숙도는 과업행동과 관계행동에 영향을 미쳐 리더십의 효과가 다르게 나타난다. 이런 상황에 따른 리더십 유형은 지시적 리더십(성숙도 저–높은 과업–낮은 관계성), 지도적 리더십(성숙도 중–높은 과업–높은 관계성), 지원형 리더십(성숙도 중–낮은 과업–높은 관계성), 위임형 리더십(성숙도 고–낮은 과업–낮은 관계성)으로 구분된다.

이 밖에도 다양한 리더십 이론이 있다. 리더가 과업특성 등 상황 요인을 고려하여 목표 달성을 위한 행로를 제시할 때 구성원의 능력과 기대 등에 따라 리더십의 효과에 차이가 난다는 House와 Mitchell(1975)의 행로–목표이론, 리더가 윤리적이고 도덕적으로 행동하면서 구성원과 조직의 가치와 목표를 공유하고 이를 달성하기 위한 구성원의 높은 수준의 동기와 지적 욕구를 자극하며 구성원을 배려하며 잠재능력을 계발하게 지원하는 변혁적 리더십, Sergiovanni(1990)가 "학교는 구조적으로는 이완결합체제이지만 문화적으로는 확고하게 결합되어 있다."라고 말한 것처럼, 가치와 비전 공유, 신뢰와 지원, 관계와 참여, 욕구 충족과 성장 등 문화적 측면에서 접근하는 문화적 리더십, 구성원 스스로가 자율적으로 리더십을 발휘하는 슈퍼 리더십 또는 셀프 리더십, 리더와 구성원의 도덕적 품성이 장기적으로는 조직의 성공을 이끈다는 도덕적 리더십, 자신의 감성과 사회적 능력을 인식하고 구성원의 감성을 인지하고 배려하는 능력과 관련한 자기인식 · 자기관리 · 사회인식 · 사회관계관리 등의 능력을 개발하고 발휘하는 감성 리더십, 조직발전과 문제해결은 상황과 상호작용의 결과라는 관점에서 조직 구성원의 인적 자원 활용과 참여를 강조하는 분산적 리더십 등이 있다.

### 3) 의사결정

의사결정은 둘 이상으로 구성된 집단의 목적 달성을 위해 의견의 상이(相異)를 확인했을 때, 어느 하나로 정하거나 상호 절충 또는 새로운 대안을 선택하여 실행으로 옮기는 과정이다. 합리적 의사결정 과정은 대체로 Dewey(1910)가 제시한 ① 당면한 문제의 확인, ② 목적과 목표의 설정, ③ 문제해결을 위한 가능한 대안의 형성, ④ 대안별 결과의 예측과 검토, ⑤ 목적과 목표의 측면에서 대안별 평가, ⑥ 목적과 목표를 달성하기 위한 최선안의 선택, ⑦ 결정된 선택안의 실행과 평가 등과 같은 반성적 사고의 과정을 거친다.

의사결정이론에 따른 모델은 합리모델(rational model), 만족모델(satisfying model), 점증모델(incremental model), 혼합모델(mixed scanning model), 최적모델(optimal model), 쓰레기통모델(garbage can model) 등이 있다. 인간의 전능을 전제로 하는 합리모델은 ① 모든 가능한 대안을 인식하고, ② 각 대안의 모든 가능한 결과를 알아내고, ③ 그 가치체제와 반대되는 결과를 평가하고, ④ 목표를 충족하는 정도에 따른 대안의 순서를 정하고, ⑤ 목표 달성도를 극대화할 수 있는 대안을 선택하는 과정을 거치게 된다(Reitz, 1987). 만족모델은 객관적으로 최상의 해결책을 모색하지만 여러 대안 가운데 가장 만족스러운 것을 선택하는 방식이다. 점증모델은 기존의 정책을 개선하고자 제한적인 몇 가지 대안을 비교하여 선택하는 보수적인 접근이다. 혼합모델은 합리모델과 점증모델을 혼합한 모형이다. 기본적인 정책 방향 설정은 합리모델로 정하고 세부적인 문제는 점증모델을 따른다. 최적모델은 혼합모델과 비슷하나 비합리적 요인도 최적의 결정에 필요하다면 결정 요소로 포함하여 최적치(optimality)를 추구한다. 쓰레기통모델은 '문제, 해결책, 참여자, 선택의 기회'의 네 가지 요인이 비합리적으로 우연히 선택되고 결합되어 의사결정이 이루어진다는 모델이다.

의사결정의 유형은 정형적 결정(programmed decision), 비정형적 결정(nonprogrammed decision), 단독결정(individual decision), 집단결정(group decision)으로 구분할 수 있다. 정형적 결정은 연례적으로 이루어지는 입학식 준비와 같은 어느 정도 일상화된 의사결정이다. 비정형적 결정은 지역사회를 위해 학교도서관을 야간에 개방하는 일처럼 선례가 없어 결과를 예측하기 어려운 결정이다. 단독결정은 비밀유지가 필요하거나 긴급하게 결정할 필요가 있거나 논쟁의 여지가 없는 사안일 때 책임을 질 수 있는 위치에서 하게 된다. 집단결정은 전문성 등 집단지성이 필요해서 위원회를 통하거나 구성원의 참여와 의견 수렴을 통한 공감대 형성이 필요한 경우에 대표자 회의 또는 전체회의 등을 통해 이루어진다. Vroom과 Yetton(1988)은 리더가 자신의 정보를 이용해 단독으로 결정하는 형, 리더가 구성원에게 정보 수집 후 단독으로 결정하는 형, 구성원과 일대일 자문 후 결정하는 형, 집단자문 후 결정하는 형, 위임하여 집단으로 결정하는 형으로 의사결정 유형을 구분하기도 한다.

의사결정 과정은 [그림 1-1]처럼 문제해결의 대안을 선택하는 과정으로, 어떤 단계와 절차를 거치면서 구성원의 의견을 수렴하고 최종적으로 결정되는 연속선이다. 의사결정 과정은, 첫째, 문제해결을 위한 최종 대안을 결정하기 위해서는 가장 먼저 문제를 축소하거나 과장하지 않고 정확하게 인지하고 정의하는 것이 중요하다. 둘째, 문제해결에 필요한 자료를 수집하고 이를 분석해서 상세화해야 한다. 셋째, 이해 관련자가 수용할 수 있는 문제해결의 구

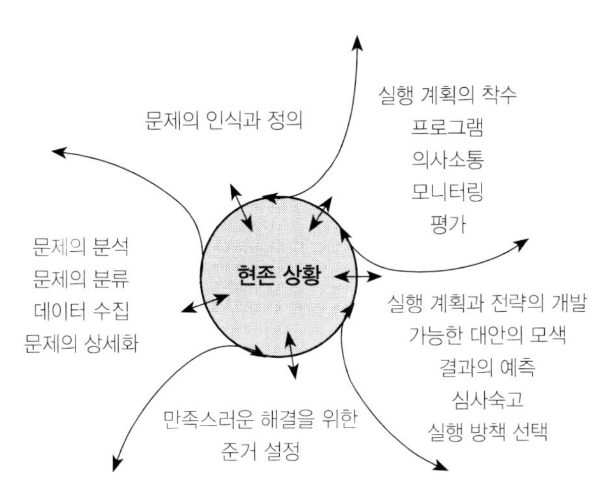


[그림 1-1] 의사결정의 순환 과정

출처: Miskel & Hoy (2005). p. 303.

체적 준거로 최소 · 최대 목표를 설정한다. 넷째, 문제해결을 위한 가능한 다양한 대안을 모색하고, 각 대안의 결과를 예측 및 평가하고, 실행 가능한 선택된 대안을 구체화한다. 다섯째, 대안을 실천할 세부 방침과 절차 등 프로그램을 수립하고, 관련 부서와 소통하며 참여와 지원을 이끌고, 실행의 과정을 확인하며, 최종적으로 대안의 실현 정도를 평가한다. 이 평가는 다시 향후 문제해결을 위한 자료로 활용할 수 있다.

의사결정자는 어떤 문제에 누구를 언제 참여하게 할 것인가를 합리적으로 정해야 한다. 이는 Bridges(1967)의 참여적 의사결정 모델을 참고할 만하다. Bridges는 어떤 결정을 수용하는 영역인 '수용권(zone of acceptance)'과 관련성(relevance)과 전문성(expertise) 여부에 따라 참여자 선정과 참여 시기를 제안하였다. 결정에 순응하는 수용권 내에 있는 구성원은 필요에 따라 참여하게 하고 수용권 밖에 있는 구성원은 가능한 한 참여하게 한다. 수용권 밖에 있으면서 관련성과 전문성이 있으면 적극적으로 의사결정에 참여시키고, 관련성은 있으나 전문성이 없으면 원만한 합의 도출을 위해 최종 결정 때 제한적으로 참여시킨다. 관련성은 없으나 전문성이 있다면 대안의 제시나 평가

단계에 제한적으로 참여시킨다. 관련성과 전문성이 없으면 참여시키지 않아도 된다(신현석, 안선희, 2015, pp. 186-187).

조직에서 둘 이상, 그리고 다수가 더해질수록 조합의 수가 기하급수적으로 불어나 의사를 조정하여 결정하는 일은 좀처럼 쉽지 않다. 의사결정 과정에서 내적으로 갈등하거나 다수의 의견을 어떻게 결정 내릴지를 놓고 충돌하는 것은 최선의 선택과 만족을 위해 피할 수 없는 일이다. 우여곡절 과정이 어떻든 내린 결정이 최선이기를 바라면서 결론을 맺지 않을 수 없다. 의사결정은 결국 '좋은(good)'과 '옳음(right)'이란 연속선상 어느 지점을 결정짓는 가치의 선택인 것이다(주삼환, 2009, p. 112).

### 4) 의사소통

Thomas Aquinas는 '인간은 사회적 동물'이라고 하였다. 인간은 사회체제 안에서 서로 관계를 맺으며 살아간다. 인간은 같은 세상을 살지만, 각자는 자기만의 세상에서 산다. 성장한 환경이 다르고, 배운 바가 다르고, 배운 바를 다르게 해석하는 등 가치관이 다르다. 때로는 자신을 보호하려는 잠재된 본능이 앞서거나 이익을 추구하는 존재이기도 하다. 서로 전혀 다른 인간이 어울려 사는 일이란 결코 쉽지 않다.

인간관계의 기본은 공감과 소통이고 이 둘은 불가분의 관계이다. Mead (1934)는 공감을 사회적 상호작용을 촉진하는 요소라고 하였다. 의사소통적 공감은 공감적으로 이해한 바를 상대에게 정확하게 전달하는 것으로서, 언어적 및 비언어적 표현이 전해지는 공감의 최종적인 과정이라고 할 수 있다(천세영, 정일화, 김수아, 2015, p. 230).

사람이 행복해지기 위해서는 관계를 잘 맺어야 하고, 좋은 관계를 위해서 자신이 처한 상황보다는 다른 사람이 처한 상황에 보다 부합하는 정서적으로 공유된 의사소통이 중요하다(Freud, 1961; Hoffman, 1982). 의사소통은 현대 조직에 있어서 인체에 비유하면 혈맥 또는 신경계통이라고 할 수 있어 장학에 있어서도 장학은 바로 의사소통이라고 할 만큼 중요하다(주삼환, 2009, p. 115).

언어적 · 비언어적 표현 등에 의해 공식 · 비공식적으로 이루어지는 의사소통은 개방적이고 수평적인 소통이 바람직하다. 의사소통은 일방의 주장이 아닌 쌍방향적으로 일관성을 유지하며 명확하고 전달되어야 한다. 의사소통자 간 상호 신뢰를 바탕으로 경청하며 수용하려는 태도를 가져야 한다. 효과적인 의사소통을 위해 사람과 방해 요소에 관한 이해가 필요하다(Whiles & Lovell, 1975, pp. 91-93; 주삼환, 2009, p. 120 재인용).

① 사람은 각각 다른 의미를 갖는 기호나 단어를 사용한다.
② 사람은 다른 가치를 가지고 있다.
③ 사람은 문제에 대해 각각 다르게 지각한다.
④ 각각 다른 신분을 강조하면 의사소통은 막힌다.
⑤ 이해관계에는 갈등이 있다.
⑥ 다수결을 강조하면 상호 이해가 부족해진다.
⑦ 감정을 제거하면 진정한 의사소통이 어렵다.
⑧ 폐쇄적 사고를 하게 하는 말은 의사소통을 방해한다.
⑨ 다른 사람의 관점, 감정, 가치, 목적에 관한 이해하려는 노력이 필요하다.
⑩ 다양성을 수용하려는 자세가 필요하다.
⑪ 일방적인 협조 요청을 삼가한다.
⑫ 상급자 의식을 내세우지 않는다.
⑬ 자기 이익을 지키려고만 하면 소통이 어렵다.
⑭ 개인적 불안정감을 갖고 의사소통하면 소통이 어려워질 수 있다.
⑮ 설득 의도를 분명하게 드러내면 의사소통이 어렵다.
⑯ 송신자, 수신자의 역할을 구분하면 자유로운 의사소통이 어렵다.
⑰ 상황이나 환경을 부정적으로 보면 의사소통이 어렵다.

### 5) 데이터 리터러시

Ambady와 Rosenthal(1992, 1993)은 미묘한 차이가 있는 행동으로 전문성이 나타나고, 미묘한 차이의 행동은 관찰되거나 분석될 수 있다고 하였다(주삼환, 황인수, 2015, p. 22; Marzano et al., 2011). 장학담당자는 연구로 확인된 수업기술을 제공하기도 하지만, 해당 수업 특성을 고려하지 않는 단순 제공에 그친다면 효과적인 변화에는 미치지 못할 수 있다. 예술로 인식되던 가르치는 일이 급격하게 과학으로 받아들여지는 전환점에서(주삼환, 정일화, 2010, p. 11), 데이터는 과학적 증거로 중요하게 다루어지면서 장학에서도 데이터를 해석하고 분석하는 **데이터 리터러시**(literacy) 역량이 강조되고 있다. 데이터는 단지 숫자로서가 아닌 전문가의 경험 및 판단과 결합되면 더욱 가치를 발휘할 수 있기 때문에 데이터 근본주의보다는 데이터 보조주의의 관점이 필요하다.

학생의 학업성취를 향상하려는 장학의 궁극적인 목표를 달성하고자 교수기능(pedagogical skills) 개선 등을 포함한 교사의 전문성을 개발하기 위해서는, 학업성취에 직접적인 효과를 미치는 수업전략과 행동, 수업계획과 준비 등과 관련한 잘 분석된 수업에 관한 기준 등 지식적 기반을 갖춰야 한다(주삼환, 황인수, 2015, pp. 17-19). 과학적 기준과 전문가적 시각에 의해 관찰되고 분석된 수업행동은 데이터 처리과정을 거쳐 기존 연구와 비교되고 해석되어 교수자의 효과적인 행동 변화로 연결되어야 한다. 장학전문가는 데이터 활용 역량을 갖춰 연구에 기반한 수업분석을 통해 수업개선의 구체적 전략을 제안할 수 있는 전문성이 요구된다.

## 3. 장학의 모형

전통적 장학은 전문적 지원보다는 교장(감), 장학관(사)이 교실에 잠깐 들러 수업을 관찰하고 평가하는 권위적 감독의 이미지가 강하게 비쳐 장학의 의미를 왜곡시켰다. 이 절에서는 앞에서 살핀 장학 이론과 관련하여 전통적 장학에서 오늘날에 이르기까지 주요 장학 모형에 대하여 살펴본다.

### 1) 일반장학과 수업장학

장학의 궁극적인 목적은 수업개선을 통한 학생의 학업성취다. 일반장학이란 수업장학이나 임상장학과 구별하려다 보니 나온 것이라고 할 수 있으나, 외국에서 장학은 수업장학을 의미할 정도로 장학이 수업개선과 관련되어 있다(주삼환, 2009, p. 157). 미국과 영국에서는 장학은 수업장학을 의미하여 장학사 같은 장학담당자의 역할은 수업관찰과 분석 등을 통한 수업개선 활동이다. 장학이 곧 수업장학인 셈이다.

우리나라는 과거 권위적인 시대에 행정과 장학을 동일시하는 풍토가 강하여 전문적인 지원보다는 관료적 지도와 감독 측면에서 장학에 접근하면서 장학은 행정 업무에 치우쳐 장학의 본질에서 멀어졌다. 이런 까닭에 일반장학과 수업장학으로 구분되어 수업장학이 통용되다 보니 이제 수업장학의 의미는, ① 장학의 본질인 수업장학으로서의 장학, ② 일반장학과 구분되는 수업에 관한 장학, ③ 수업에 초점을 맞춘 모형으로서의 장학 등으로 다양하게 받아들여지고 있다.

장학 이론의 발전에 따른 수업장학은 미국에서 아동중심의 진보주의 경향에서 학문중심 교육으로 방향을 바꾼, 1957년 소련의 스푸트니크 인공위성 발사의 충격파로 출현하였다. 이전의 장학도 수업개선을 위한 것이었지만 수업개선의 적극성에 차이가 있다고 할 수 있다. 예를 들면 방임에 가깝다고 지적받은 이전의 교사중심 수업개선 장학활동에서 벗어나, 장학사의 주 업무는 교육과정 개발이 되었고 수업효과 제고를 위해 교수활동의 개선이 이루어지게 마이크로티칭과 임상장학의 기법 도입, 시청각 자료 개발 등이 이루어졌다. 장학 방식으로서의 수업장학은 '문제 확인 → 문제의 진단 → 대안의 탐색 → 대안의 선택 → 실행 → 평가' 등으로 수업개선을 위한 문제해결을 도모한다.

### 2) 임상장학과 마이크로티칭

임상장학은 1960년대 하버드대학교의 Cogan과 Goldhammer 등이 교사와 장학사의 직접적 관계성과 교사의 실제 교실 내 행위에 초점을 맞춰 개발한 것이다(주삼환, 2005b, p. 28). 교사가 이상적으로 생각하는 이론과 교사가 실제 수업에서 사용하는 이론 사이에 차이가 있을 때(Sergiovanni & Starratt, 1979, p. 315), 이상적인 교수행위와 실제적인 교수행위의 차이를 줄이도록 장학담당자가 교사를 돕는 과정이다(Acheson & Gall, 1980, p. 25). 임상장학은 근본적으로 교사를 성실하다고 여기고, 능력을 믿으며, 교수기술을 향상하고자 한다는 가정에서 출발하는 것으로 McGregor의 'Y 이론'과 일치한다. 또한 교사와 장학담당자는 친밀한 동료의식으로 협조한다는 것이 전제된다(주삼환, 2006a, p. 142).

[그림 1-2]처럼 임상장학은 계획협의회, 수업관찰, 피드백 협의회의 핵심 과정을 거친다. 수업과 장학이 시작되기 전에 사전에 장학자와 교수자가 만나서 관찰 목적의 명료화 등에 관한 관찰 계획을 협의하고, 수업개선을 위한 관찰 준거를 정하고, 관련한 객관적인 자료를 수집 및 분석하고, 이를 근거로 피드백 협의를 통해 문제를 해결해 수업기술을 도모한다.

마이크로티칭은 1963년 스탠퍼드대학교에서 실제 교실수업 책임을 맡기 전인 교사 교육을 받고 있는 학생들이 현실적이고 기능적인 경험을 하며 차근차근 수업기술을 향상하기 위해 개발되었다(주삼환, 2009, p. 163). 마이크로티칭과 임상장학은 과정이 비슷하나, 마이크로티칭은 정식 수업이 아닌 축소된 연습 수업으로 녹화된 약식 수업의 모습을 되돌려 보면서 수업기술을 확인하고 개선해 나가는 방식이다. 수업 시간을 4~15분으로 축소하고, 수업 대상을 소규모로 줄이며, 수업내용과 동원하는 수업기술도 한두 가지로

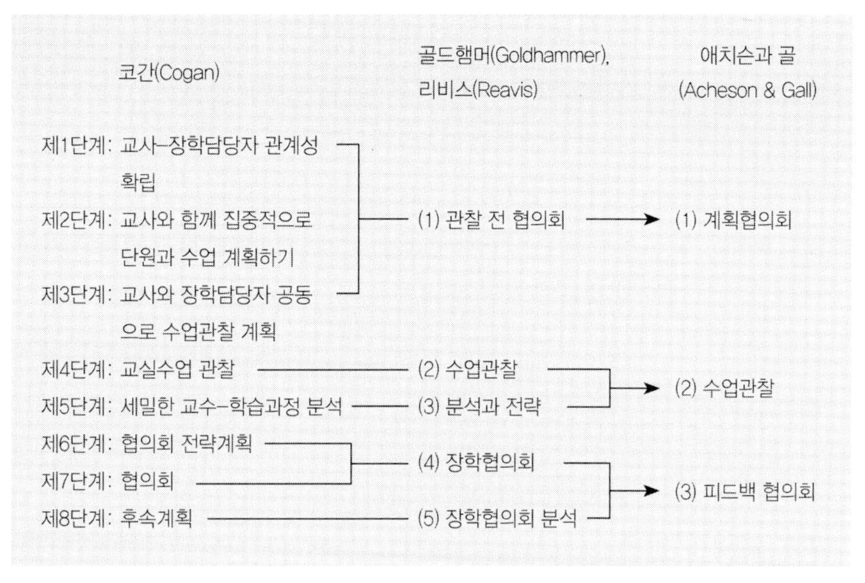


[그림 1-2] 임상장학의 단계

출처: 주삼환(2009). p. 162.

축소해서 수업계획-관찰-비평-재계획-재관찰-비평을 거치면서 수업기술을 향상하는 축소된 연습수업이라고 할 수 있다(주삼환, 2006a, p. 93). 마이크로티칭은 교수자의 강점과 약점을 금방 발견할 수 있고, 즉각 피드백을 줄 수 있으며, 새로운 교수자료와 기술을 시험 적용하는 것이 가능하며, 경험이 있는 교사가 경험이 적은 교사와의 동료장학과 교사 스스로 자기분석(self-analysis)에 활용하기 좋으며, 장학담당자 자신이 장학기술을 향상하는 방법으로 사용할 수 있는 이점이 있다(주삼환, 2009, p. 164).

### 3) 발달장학과 선택적 장학

Katz(1972)는 교사의 경력 주기에 따라 생존기(survival stage), 정착기(consolidation stage), 갱신기(renewal stage), 성숙기(maturity stage)로 나누었다. Fuller(1969)와 Fuller & Brown(1975)은 교사의 교직발달을 자기단계

(self-stage), 과업단계(task-stage), 자아실현단계(impact-stage)로 구분하였다. Glickman(1981)이 개발한 발달장학은 교사의 발달 정도에 맞는 장학 방법을 활용해 교사의 전문적 발달 수준을 높인다는 면에서 선택적 장학과 궤를 같이 한다.

발달장학은 학생과 동료와 직무에 관한 관심인 교사의 헌신 수준과 여러 관점에서 문제와 대안을 생각할 수 있는 추상적 사고의 측면에서 발달 수준을 진단하여 교사의 발달 정도에 적합한 지시적 · 비지시적 · 협동적 장학 방법을 적용해 전문적 수업기술을 변화 · 향상하고자 한다. 낮은 수준의 교사에게는 의무, 표준 프로그램 등 지시적 장학을 적용하고, 중간 정도의 교사에게는 협동적 장학을 적용하고, 높은 수준의 교사에게는 격려 · 자율 등 비지시적 장학을 적용할 수 있으나 발달 정도를 진단하기가 쉽지 않은 한계를 지닌다.

선택적 장학은 Glatthorn(1984)이 교사의 발달 정도가 다른 교사에게 일률적인 장학 방법을 적용하는 발달장학의 비효율성을 지적하여 개별화를 강조하는 의미로 'differentiated supervision'이라 한 것을 우리말로 옮겨 명명한 것이다(주삼환, 2009, p. 203). [그림 1-3]처럼 선택적 장학은, ① 임상장학, ② 협동적 동료장학, ③ 자기장학, ④ 전통적 장학의 네 가지 가운데 선택할

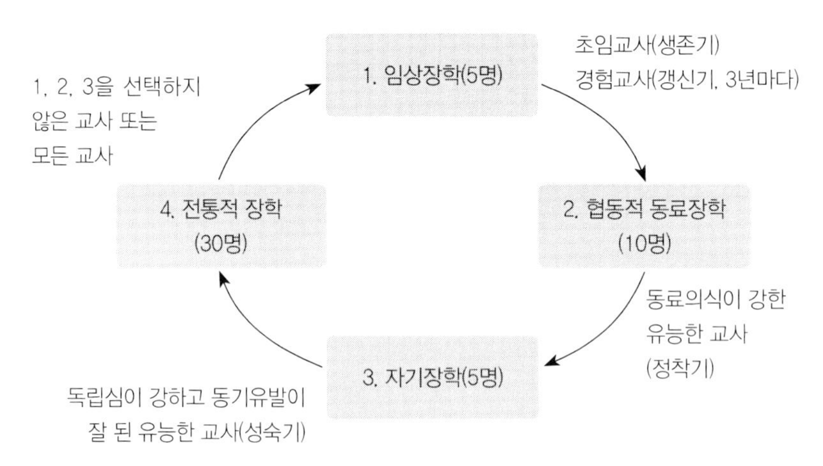


[그림 1-3] 선택적 장학체제

출처: 주삼환(2009), p. 205.

수 있는 기회를 교사들에게 준다(주삼환, 2006b, p. 18). 선택적 장학은 교사의 성장 발달에 따른 개별화 장학을 지향한다는 점에서 의의를 찾을 수 있다.

### 4) 자기장학과 협동적 동료장학

자기장학이란 용어에서 풍기듯이 자기장학을 목표 설정, 계획, 평가 전반에서 누구의 간섭도 받지 않는 자기주체적인 장학으로 오해할 수 있다. 하지만 애초의 자기장학은 조직의 목표를 달성하는 개별 교사의 역할이 부각된 자기 목표를 달성하게 하는 선택적 장학의 일환이었다. 자기평가체제로 자기장학에 참여하는 개별 교사는 전문적 성장을 지향하는 자기 성찰에서 도출된 목표를 독립적으로 설정한다. 목표의 성격에 따른 목표 달성을 위해 자기수업 녹화나 수업에 관한 피드백 등 다양한 접근을 자기주도적으로 시도한다.

자기장학의 형태로는 학교조직 차원에서 설정된 목표관리기법(Management-By-Objective: MBO)의 하위 수준에서 교사는 자기평가를 통한 측정 가능한 수행목표(performance objective)를 세워 실천한 다음에 달성에 관한 평가협의회를 갖는다. 수업 측면에서의 자기장학은 수업을 촬영하여 녹화된 장면을 보며 언어적 · 비언어적 요소 등 수업을 분석하고 그 결과를 장학담당자와 협의하는 과정을 거친다.

Iwanicki(1981)는 MBO 지향 접근이 조직이 설정한 목표에 개별 교사의 목표가 제한되거나 조작된다고 느끼는 경향이 있다고 밝혔다. 교사평정에는 MBO 접근식의 자기장학이 아닌 다른 평가체제를 사용하고 자기장학을 통한 전문적 성장을 가져오기 위해서는 자기지향적 체제가 바람직하고 할 수 있다(주삼환, 2006a, p. 83). 오늘날 우리나라에서 자기장학은 성인학습 이론과 셀프 리더십(self leadership)을 바탕으로 교사 개별 지향의 수업전문성 제고를 위한 자율적 문제해결 접근으로 이해하는 경향이 강하다.

전문성 세분화, 고도화되어 가는 시대에서 전문직은 서로에게 전문적 도움과 정보를 받는다. 장학전문가 1인이 아닌 구성원의 다양한 전문성이 협업되고 공유되는 집단지성을 기반으로 하는 장학이 필요하다. 동료장학은 형식에 치우치지 않고 동료 간 자율적, 개방적, 수평적 상호협력의 관계에서 평가가 아닌 전문적 성장의 관점에서 협동적으로 이루어진다는 관점에서 '협동적 동료장학'이라고 명명한다.

교사들 간의 공식 · 비공식 관찰과 협의, 수업교사의 자기 수업분석과 요구에 의한 피드백 및 자료 제공 등은 협동적 동료장학의 형태라고 할 수 있다. 하지만 선택적 장학으로의 협동적 동료장학은 능력을 갖추고 경험이 있는 교사에게 제공되는 것을 권장한다. 협동적 동료장학을 위해서는 수업의 특정 단계나 내용에 초점을 맞춘 초점 수업관찰이나 수업 전반에 관한 무초점 수업관찰과 분석하는 방법을 알아야 하고 피드백을 할 수 있는 역량이 어느 정도 필요하기 때문이다(주삼환 2006a, p. 76; 주삼환, 2006b, p. 113).

최근에는 협동적 동료장학의 범위를 넓게 해석하는 경향을 보이고 있다. 팀티칭은 물론이고 수석교사와 같이 해당 전문성을 갖춘 멘토와 전문성 보강을 원하는 초임교사인 멘티의 관계에서 이루어지는 수업장학, 동료들 간에 수평적으로 이루어지는 수업나눔, 교사들이 특정 주제를 갖고 활동하는 수업연구 동아리 활동도 협동적 동료장학이라고 볼 수 있다.

### 5) 컨설팅장학과 수업코칭

수업장학에서 전문적 지원을 강조하는 차원에서 1950년대부터 학교경영의 개선을 위한 학교컨설팅이 등장하였고(윤정일 외, 2015, p. 288), 이후에 학교컨설팅에서 수업 영역에 초점을 맞춘 수업컨설팅이란 용어가 사용되기 시작했다. 우리나라 교육에 도입된 컨설팅은 일반장학을 컨설팅장학이라 총칭하는 현상을 보이며, 업무 영역에 따라 수업컨설팅, 교육과정컨설팅, 생활지도컨설팅 등으로 다양하게 부르는 실정이다.

Rosenfield(1987)에 따르면, **수업컨설팅**은 의뢰인인 교수자를 통해 학습문제를 가진 학습자에게 제공되는 간접적인 서비스로, 학습자와 교수자에서 학습부진의 원인을 찾지 않는 대신에 학습자에게 맞지 않는 수업 특성 간의 결합의 오류(instructional mismatch)라는 수업체제적 관점에서 문제를 분석하고 해결하는 활동을 말한다(이상수 외, 2019, p. 30). 수업코칭과 수업컨설팅을 수업장학과 구분하는 관점도 있으나, 수업장학이 학생의 학업성취를 위한 수업 개선 활동이라는 점에서 이를 구현하고자 하는 수업컨설팅과 수업코칭 역시 수업장학의 효과를 제고하기 위한 방식 가운데 하나라고 할 수 있다.

컨설팅장학을 수업에 적용한 수업컨설팅은 컨설팅의 의미와 원리, 방법을 교수 · 학습과정의 개선에 초점을 맞춘 것이다. 수업의 전문가인 컨설턴트와 의뢰자인 교사의 수평적 협력 관계에서 이루어지는 수업컨설팅은 수업 문제에 대한 진단, 진단에 따른 적절한 처방, 처방의 실행을 통한 문제해결을 위한 체제적 접근의 특성을 보인다(이상수 외, 2019, p. 35).

**수업코칭**은 수업장학의 최종 단계에서 수업컨설팅 등을 통해 도출된 진단과 해결책이 교수능력의 실질적인 개선으로 이어지게 하는 장학활동이다. 스포츠 분야에서는 코치가 선수의 동작을 분석하여 자세를 교정하는 등 능력을 발전시켜 기량을 발휘하게 지도한다. 때로는 선수의 특성 등 팀의 전력을 고려한 전략 수립에 관해 조언도 한다. 수업코칭은 수업컨설턴트 등 장학담당자를 위한 전문가 과정과 개별 수업교사를 위한 실제적인 수업개선 활동을 포괄하는 수업장학활동의 일환이다.

수업코칭의 한 가지로 동료 코칭이 있다. 코칭의 과정은 다양하겠지만 우선 ① 관찰과 피드백을 통해 새로운 교수전략에 필요한 기술을 증대하는 데 초점을 맞추고, ② 기술이 개발되고 숙달되면 새로운 교수전략을 적절하게 사용하는지 상호 확인하는 보다 복잡한 단계로 넘어간다. 이 단계에서는 공동의 수업계획을 세우고 실험을 하게 되는 '협동적 문제해결을 위한 협의회'를 갖는다(주삼환, 2006c, p. 122).

## 6) 전문적 학습공동체

교육과 학습의 질을 향상하는 변화의 과정에서 교사들은 상호 교류의 자발적 참여자로 전문지식 역량을 개발하고 발휘할 수 있어야 한다. 교실의 칸막이만큼이나 단절된 개인주의적인 교직 문화보다는 상호 신뢰의 관계에서 수평적이고 개방적인 이루어지는 공동체의 전문적 협력 문화는 지속적으로 전문성을 발달하게 하는 효과를 거둘 수 있다. 교사들은 고립되어 일하지만 다른 교사들과 전문적인 상호작용을 갈망한다(Flinders, 1988). 교사들이 동료들과 함께 전문적 능력개발 활동에 대하여 계획, 토론, 실천, 반성, 공유할 때 타당하고 의미 있는 전문적 학습에 대한 교사들의 관심이 나타난다(주삼환 외, 2011, p. 66).

협동적 동료장학이 주로 실제 수업의 장면에 초점을 맞추어 일대일의 관계에서 이루어진다면, 공동체를 이루어 함께 발전하는 모임인 '**전문적 학습공동체**(Professional Learning Communities: PLCs)'는 수업관찰 등 수업개선을 위한 동료 간 코칭은 물론이고 전문성 개발과 관련한 공동연구, 자체 연수나 초청연수의 기회 마련, 실천의 공유 등 자발성을 바탕으로 조직적이고 체계적으로 활동하는 특징을 갖는다.

Louis와 Kruse 등(1995)은 전문적 학습공동체 운동의 주요한 기능은 실천의 탈사유화라고 하였다(주삼환, 황인수, 2015, p. 22). 전문적 학습공동체의 예로는 수업연구(lesson study), 배움의 공동체 연구회, 실천교육 교사 모임 등을 들 수 있다. '수업연구'는 일본에서 시작된 모델로서 협력적으로 수업을 계획, 실행, 성찰, 재수업의 과정 등을 거친다. 이는 우리나라의 '배움의 공동체' 활동으로 이어져 교사 공동체의 관점에서 수업을 공유하여 학생의 변화와 성장에 초점을 맞춰 수업을 바라보며 상호 전문적 성장을 하는 활동을 하고 있다. '실천교육 교사 모임'은 학교 현장에서의 실천을 공유하고 함께 성장하는 전문적 네트워크다.

### 7) 기타 장학 모형

장학의 모형은 장학에 관한 철학, 형식과 초점을 어디에 두느냐에 따라 다양하게 나타날 수 있다. 예를 들면, 철학적 면에서는 인간관계장학과 인간자원장학으로 구분할 수 있다. 둘 다 교사를 의사결정에 참여시키고 만족감을 증대한다는 공통점은 가지나, 인간관계장학은 학교의 효과성 증대가 목적이고 만족감 증대는 수단이 된다. 인간자원장학은 Maslow의 욕구계층이론 상층욕구인 존경의 욕구와 자아실현의 욕구를 충족시켜 주는 철학을 바탕 삼아 만족감 증대를 통해 효과를 높이고자 한다.

장학은 거시적 장학과 미시적 장학으로 구분하거나 과학적 장학과 예술적 장학으로도 구분할 수 있다. 거시적 장학은 교수행위와 학습행위 등 전반을 다루는 종합적인 관점이고, 미시적 장학은 학생의 배움에 초점을 두는 등 구체적인 관찰을 중시한다. 과학적 장학은 장학의 과정에서 수업관찰과 수업내용을 중요한 요소로 다루며, Hunter의 '① 선행준비 – ② 목표와 목적 – ③ 투입 – ④ 모델링 – ⑤ 이해도 확인 – ⑥ 지도에 의한 연습 – ⑦ 독립적 연습'으로 이루어진 학습의 단계 과정에 따른 장학 방법이다. 예술적 장학은 수업이 예술이라는 관점에서 수업을 예술 작품을 감상하고 비평하듯이 질적 비평 측면에서 접근한다. 이 밖에도 자율장학, 약식장학, 요청장학 등 다양하게 구분할 수 있다.

## 4. 장학의 방향

장학은 궁극적으로 수업장학이다. 수업장학은 학생의 학업성취에 영향을 미치는 교사의 수업전문성에 대한 이해 · 관찰 · 분석을 통한 피드백과 코칭 등 개선이 핵심이다. 장학은 상호 신뢰와 협력을 바탕으로 자발성과 전문성을 발휘하여 구체적 개선이 필요한 수업전문성의 지점을 찾아 역량을 제고하게 돕는 과학적 접근이 요구된다.

### 1) 장학의 개선 과제

장학은 학생의 성취와 성공을 위해 교수 · 학습 활동을 지원하는 전문적 활동임에도 불구하고, 장학을 대하는 교사의 태도는 대체로 긍정과 부정이 엇갈린다. 교사는 장학을 전문성 제고의 기회로 삼기보다 부담스럽게 여겨 회피하는 경향을 보이고, 장학사는 교사의 기대에 비해 장학의 전문성이 미흡하게 비친다. 장학을 경험한 후 교사와 장학사의 다음과 같은 서로에 대한 언급은 이를 잘 보여 주고 있다(김영식, 주삼환, 2005. pp. 35-37, 40-41).

교사의 긍정적인 반응으로는, "장학사는 정말로 도움이 되었다. 문제해결 과정에서 일체가 될 수 있었다. 다른 교사와 서로의 수업을 참관하게 하고 토론하였고, 교수자료를 만들어 주기도 하고 연수회에 나가도록 격려를 해 주기도 했다."를 들 수 있다. 부정적인 반응으로는, "장학사는 자신이나 다른 사람의 경험을 통하여 일을 기억하려 하지만 실제 진행되는 일을 제대로 알지 못한다. 수업목표나 학생들이 제대로 따라오고 있는지에 대하여는 한 마디도 없이 하는 유일한 말은 '훌륭하십니다.' 뿐이다." 등을 예로 들 수 있다.

장학사는 자신의 장학 전문성과 장학을 대하는 교사의 태도와 관련해서 "교사들은 장학사가 쉽게 문제해결 방법을 제시해 줄 것을 기대하는 것 같다. 교육경력 15~20년의 교사에게 말하기는 정말로 힘든 일이다. 신참교사는 문을 걸어 잠그고 있는 것 같다. 교사들이 나의 경험과 기술에 대하여 의심을 갖고 있다. 의사소통이 안 된다. 교사들과 상반되는 문제가 너무나 심각할 때 도움의 능력이라는 한계를 벗어나는 데서 생기는 좌절감을 느낀다."라고 밝힌다.

장학의 기본인 의사소통 능력을 갖추지 못했거나 교사의 발달단계 등을 고려한 수업장학을 어떻게 하는지 훈련을 받지 않은 장학담당자에 대해 불신을 갖는 교사는 장학이 수업의 피상적인 면에 머물러 수업개선에는 별다른 도움이 되지 않아 보인다는 반응이다(주삼환, 2005, p. 21). 장학사는 장학에 요구되는 전문성의 한계를 토로하며 장학이 모든 것을 해결해 주리라는 기대에 부담을 갖는다. 장학은 교사와 장학사 서로의 실망감이 교차할 뿐 이들 사이에서는 아무 일도 일어나지 않고 마치는 의례적인 과정으로 비친다. 과거의 장학은 일련의 과정에서 전문성의 부재는 물론이고 의사소통 등 인간관계에서 높은 벽이 존재하여 출발부터 어긋나 있음을 엿볼 수 있다.

### 2) 수업장학의 새로운 발걸음

장학에 대한 부정적 인식을 해소하고 자율, 상호협력, 전문성을 강조하며 본질에 충실하려는 공감대가 교육계 전반에 공유되는 최근 추세다. 문제의 진단과 해결의 과정에서 전문적 역량을 요구하는 코칭과 컨설팅이 장학에 도입되는 등 자율적이고 수평적인 상호관계성에서 장학활동을 하려는 움직임을 보이고 있다. 수업나눔과 배움의 공동체 같은 협동적 동료장학의 모습이 많아지고, 교육과정에 이해가 깊은 수업전문가 등의 역할이 증대되고 있다.

세계 주요국은 학생이 잘 배울 수 있는 구체적이고 객관적인 교사의 행동에 초점을 맞춘 수업관찰도구를 개발하였다. 최신 관찰도구의 예로는 CLASS(CLass Assessment Scoring System), FfT(Framework for Teaching), MQI(Mathematical Quality of Instruction), UTOP(UTeach Observational Protocol), PLATO(Protocol for Language Arts Teaching Observation), QST(The Quality Science Teaching), GDTQ(Generic Dimensions of Teacher Quality), ISTOF(International System for Teacher Observation and Feedback) 등이 있다. 이 관찰도구들은 특정 교과 또는 교과 전반에 사용되는 각각의 특징을 갖고 있다.

특히, 네덜란드 흐로닝언대학교는 어떤 교수행위가 학생의 학업성취에 긍정적인 영향을 미치는가에 대한 많은 연구를 종합적으로 분석하여 ICALT(International Comparative Analysis of Learning and Teaching) 수업관찰도구를 개발하였다. ICALT 수업관찰도구는 수업교사의 성별, 학교급, 학급 규모, 교과에 관계없이 적용이 가능하다. 이 도구를 가지고 관찰 · 분석 · 피드백 또는 자기 성찰을 하면 수업전문성이 향상되고, 상위 수준의 교수역량은 학생의 만족도와 학업성취에 긍정적인 영향을 미친다는 점이 연구를 통해 밝혀졌다(Van de Grift et al., 2016).

교사의 수업전문성 발현과 제고를 돕는 장학이 제 역할을 하려면, 이처럼 학생의 성취에 영향을 미치는 수업전문성에 대한 구체적인 이해와 과학적인 기준이 있어야 한다. 이 기준에 의해 수업장학에 요구되는 관찰과 분석 및 코칭 전문성을 갖춘 장학전문가의 체계적인 양성과 수업장학의 개별 요구를 충족시킬 수 있는 장학체제가 마련될 수 있을 것이다. 장학의 결과는 연구로 확인된 효과적인 수업의 실제와 관련한 데이터와 비교하여 교사의 발달단계별 수업전문성 개발과 개선을 위한 기회와 연결되어야 할 것이다(Marzano et al., 2001).

학교 현장에서 장학에 대한 참여 동기를 높여 자율적이고 수평적인 상호관계성에서 전문적 장학활동을 하려는 움직임을 보이고 있다. 수업나눔, 배움의 공동체, 전문적 학습공동체(PLCs)를 통한 공동체 장학 등 협동적 동료장학의 모습이 많아지고 있다. 이런 협동적 동료장학의 과정에서 대체로 수업관찰은 수업장면을 포착하여 기술하는 질적 접근의 모습을 보인다. 수업전문성에 관한 수업비평, 수업나눔 등 미시적 · 질적 접근에 더하여, 이런 활동을 뒷받침할 수 있는 과학적으로 환류가 가능한 장학 기제가 지원되면 교사의 수업역량을 제고하는 데 상승효과를 기대할 수 있을 것이다(천세영, 김득준, 정일화, 2018).

우리나라는 미시적인 질적 관찰과 같은 예술적 수업비평 방법과 더불어 수업전문성에 관한 국제 공동 연구를 바탕으로 거시적이고 과학적으로 접근하는 수업장학의 새로운 영역을 개척하기 시작했다. 수업전문성에 관한 이론적 바탕을 위한 연구, 과학적으로 검증된 수업관찰도구의 기준을 적용하고 분석하여 수업전문성을 제고하는 수업장학, 수업관찰과 분석 및 코칭 등을 수행할 전문가의 양성, 자기장학 등을 위한 온라인 수업장학 시스템 구축, 데이터 기반의 수업 사례 분석 연구를 통해 이론과 실제가 일치하는 과학적인 수업장학을 향해 새로운 발걸음을 내딛고 있다.

## 참고문헌

김영식, 주삼환(2005). **장학론 –장학사와 교사의 상호관계성–**. 경기: 한국학술정보(주).

김종철(1982). **교육행정의 이론과 실제**. 서울: 교육과학사.

신현석, 안선회, 김동석, 김보엽, 박균열, 박정주, 반상진, 변기용, 양성관, 엄준용, 이강, 이경호, 이일권, 이정진, 전상훈, 조홍순(2015). **학습사회의 교육행정 및 교육경영**(2판). 서울: 학지사.

윤정일, 송기창, 조동섭, 김병주(2015). **교육행정학 원론**. 서울: 학지사.

이상수, 최정임, 박인우, 임정훈, 이미자, 장경원, 이유나, 장선영, 고은현, 류지헌, 강정찬, 오영범(2019). **체계적 수업분석을 통한 수업컨설팅**(2판). 서울: 학지사.

주삼환(2005). **장학론**. 경기: 한국학술정보(주).

주삼환(2006a). **장학연구**. 경기: 한국학술정보(주).

주삼환(2006b). **선택적 장학**. 경기: 한국학술정보(주).

주삼환(2006c). **장학 · 교장론: 교육의 질 관리**. 경기: 한국학술정보(주).

주삼환(2009). **장학의 이론과 실제 I 이론편**. 경기: 한국학술정보(주).

주삼환, 유수정, 오형문, 이기명, 진재열(2011). **교원의 전문적 능력개발**. 서울: 시그마프레스.

주삼환, 정일화(2010). **학업성취 향상 수업전략**. 서울: 시그마프레스.

주삼환, 천세영, 김택균, 신붕섭, 이석열, 김용남, 이미라, 이선호, 정일화, 김미정, 조성만(2015). **교육행정 및 교육경영**(5판). 서울: 학지사.

주삼환, 황인수(2015). **수업장학**. 서울: 학지사.

천세영, 김득준, 정일화(2018). 수업전문성 측정도구(ICALT) 문항별 신뢰도 및 타당도에 관한 연구. **한국교원교육 연구, 35**(3), 31-54.

천세영, 정일화, 김수아(2015). 공감기반 인성교육의 필요성과 방향 탐색. **교육연구논총, 36**(3), 221-244.

Acheson, K. A., & Gall, M. D. (1980). Techniques in the Clinical Supervision of Teachers. Preservice and Inservice Applications. Longman, Inc., 19 W. Forty-Fourth St., New York, NY 10036.

Ambady, N., & Rosenthal, R. (1992). Thin slices of expressive behavior as predictors of interpersonal consequences: A meta-analysis. *Psychological Bulletin, 111*(2), 256-274.

Ambady, N., & Rosenthal, R. (1993). Half a minute: Predicting teacher evaluations from thin slices of nonberbal behavior and physical attractiveness. *Journal of Personality and Social Psychology, 63*(3), 431-441.

Blake, R. R., & Mouton, J. S. (1985). *The managerial grid III: The key to leadership excellence*. Houston Gylf.

Bridges, E. M. (1967). A model for shared decision making in the school principalship. *Educational Administration Quarterly, 3*(1), 49-61.

Burton, W. H., Brueckner, L. J., & Barr, A. S. (1955). *Supervision: A social process*. Appleton-Century-Crofts.

Cogan, M. L. (1973). *Clinical supervision*. Boston: Houghton Mifflin.

Dewey, J. (1910). How we think.

Dull, L. W. (1981). *Supervision: School leadership handbook*. CE Merrill Publishing Company.

Fiedler, F. E. (1967). *A Theory of Leadership Effectiveness*. McGraw-Hill Book Series in Management.

Flinders, D. J. (1988). Teacher isolation and the new reform. *Journal of Curriculum and Supervision, 4*(1), 17-29.

Freud, S. (1961). *Female sexuality*. London: Hogarth.

Fuller, F. F. (1969). Concerns of teachers: A developmental conceptualization. *American Educational Research Journal, 6*(2), 207-226.

Fuller, F. F., & Brown, O. H. (1975). Becoming a Teacher: Teacher Education. Seventy-fourth Yearbook of the National Society for the Study of Education.

Glatthorn, A. A. (1984). *Differentiated Supervision*. Alexandria, VA: ASCD.

Glickman, C. D. (1981). *Developmental Supervision: Alternative Practices for Helping Teachers Improve Instruction*. Alexandria, VA: ASCD.

Goldhammer, R. (1969). *Clinical supervision: Special methods for the supervision of teachers*. Holt McDougal.

Halpin, A. W. (1955). *The leader behavior and leadership ideology of educational administrators and aircraft commanders*. Harvard Educational Review.

Halpin, A. W., & Croft, D. B. (1962). The organizational climate of schools. United States Office of Education, Department of Health, Education and Welfare.

Harris, B. M. (1975). *Supervisory Behavior in Education*. Englewood Cliffs, NJ: Prentice-Hill.

Hoffman, M. L. (1982). Development of porsocial motivation: Empathy and guilt. In Eisenberg-Berg(Ed.). *The Development of Porsocial Behavior*, 251-278. NY: Academic Press.

Hoffman, M. L. (1982). Development of prosocial motivation: Empathy and guilt. *The development of prosocial behavior*, 281-313. Academic Press.

House, R. J., & Mitchell, T. R. (1975). *Path-Goal theory of leadership*. Washington Univ. Seattle Dept of Psychology.

Iwanicki, E. F. (1981). Contract plans: A professional growth-oriented approach to evaluating teacher performance. *Handbook of teacher evaluation*, 203-228.

Katz, L. G. (1972). Developmental stages of preschool teachers. *The Elementary School Journal, 73*(1), 50-54.

Kimbrough, R. M., & Nunnery, M. Y. (1976). *Educational Administration: An Introduction*. NY: Macmillan Publishing Co.

Lewin, K., Lippitt, R., & White, R. K. (1939). Patterns of aggressive behavior in experimentally created "social climates". *The Journal of social psychology, 10*(2), 269-299.

Likert, R. (1961). *New Patterns of Management*. McGraw-Hill.

Louis, K. S., Kruse, S. D., & Associates. (1995). *Professionalism and community: Perspectives on reforming urban schools*. Thousand Oaks, CA: Corwin Press.

Marzano, R. J., Frontier, T., & Livingston, D. (2011). Effective supervision: Supporting the art and science of teaching. ASCD.

Marzano, R. J., Pickering, D., & Pollock, J. E. (2001). Classroom instruction that works: Research-based strategies for increasing student achievement. ASCD.

Mead, G. H. (1934). *Mind, self and society*. University of Chicago Press.

Miskel, C. G., & Hoy, W. K. (2005). Educational administration: Theory, research, and practice.

Northouse, P. G. (2007). *Leadership: Theory and Practice*. CA: Sage Publication, Inc.

Northouse, P. G. (2007). *Leadership: theory and practice*. SAGE Publications.

OECD(2013). Teachers for the 21st Century: Using Evaluation to Improve Teaching. OECD.

Reddin, W. J. (1970). *Managerial effectiveness*. McGraw-Hill.

Reitz, H. J. (1987). *Behavior in organizations*. Richard D Irwin.

Rosenfield, S. A. (1987). *Instructional consultation*. Hillsdale. NJ: Erlbaum.

Sergiovanni, T. J., & Starratt, R. J. (1979). *Supervision: Human Perspectives*. McGraw-Hill Book.

Sergiovanni, T. J. (1990). *Value-added leadership: How to get extraordinary performance in schools*. New York: Harcourt Brace Jovanovich.

Sethia, N. K., & Von Glinow, M. A. (1985). Arriving at four cultures by managing the reward system. *Gaining control of the corporate culture*, 400-420.

Spec, M., & Knipe, C. (2005). *Why can't we get it right?: Designing high-quality professional development for standards-based schools*. Crwin Press.

Van de Grift, W. J., Chun, S., Maulana, R., Lee, O., & Helms-Lorenz, M. (2017). Measuring teaching quality and student engagement in South Korea and The Netherlands. *School Effectiveness and School Improvement, 28*(3), 337-349.

Vroom, V. H., & Yetton, P. W. (1988). *Leadership and Decision-Making*. University of Pittsburgh Press.

Whiles, K., & Lovell, J. (1975). *Supervision for Better Schools*. Englewood Cliffs, Prentice-Hill.

2장

# 수업전문성

## 1. 교사의 수업전문성

교육은 인간 행동의 바람직한 변화이며 교육 행위의 중심에는 교사가 있다. 교사는 넓은 의미로 가르치는 사람을 통칭하나 일반적으로는 주로 초·중·고등학교에서 일정한 자격을 가지고 학생을 대상으로 교육활동을 하는 자를 의미한다. 교육활동은 교육자로서의 교사, 학습자로서의 학생, 그리고 가르치고 배우는 내용인 교육과정을 중심으로 교실에서 교수행동의 주체인 교사의 수업을 통해 이루어진다. 따라서 교사의 가르침은 교육의 전제가 되며 교육의 질은 교사의 질을 능가할 수 없다는 교육적 진리를 생각해 볼 때 학교교육과 교사의 전문성은 불가분의 관계로 보는 것이 마땅하다.

여기에서 근본적으로 교직을 전문직으로 볼 것인가 혹은 교사는 전문가인가에 대한 의문을 제기하는 목소리도 있다. 이에 대하여 교직을 전문직으로 보고 교사의 전문성을 강조한 몇 가지 의미 있는 조항들을 살펴보면 다음과 같다. 우선, UNESCO와 ILO의 「교원의 지위에 관한 권고(Recommendation concerning the Status of Teachers)」[1] 제6조에서 "교육은 전문직으로 간주되어야 한다. 그것은 엄격하고 지속적인 연구를 통하여 습득·유지되는 전문적 지식과 전문화된 기술을 필요로 하는 공공적 업무의 하나이다."라고 교직의 전문성을 명시하고 있다.

우리나라「헌법」제31조 제4항과「교육기본법」제14조에서도 "학교교육에서 교원의 전문성은 존중되며"라고 명시하여 교육의 전문성을 강조하고 있다. 2018년도에 발간된 제 7차 한국 표준 직업 분류 총설에서는 교사를 '전문가 및 관련종사자'로 분류하고 "특정 분야의 전문지식과 경험을 바탕으로 개념과 이론을 이용하여 해당 분야에 대한 연구·개발, 자문, 지도(교수) 등 전문 서비스를 제공하는 자"로 정의하였다.

국가 경쟁력의 중심에 교육이 있고 교사의 전문성은 교육효과의 중대한 영향 요인인 만큼 교육의 역사 속에서 교사의 전문성 신장을 위한 노력은 계속되어 왔다. 전문적 직업인으로서의 교사는 모름지기 해박하고 확고한 전문적 지식을 바탕으로 자율적으로 자신의 교육 행위에 대한 의사결정을 내리고 실천한다. 이와 관련하여 먼저 교사의 전문성을 교사가 하는 각종 업무에 따라 분류해 볼 수 있다. 광범위하게는 교사의 직위, 신분 등에 따른 직업전문성과 교사의 가르치는 일과 관련된 기술과 지식에 관한 수업전문성으로 분류된다.

구체적으로는 학자들에 따라 다양하게 제시되고 있는데, 가르치는 내용에 대한 지식, 교수 기술, 학생의 성장을 전인적으로 관리하는 능력 및 도덕적 모범의 실천으로 나누거나(이돈희, 2000), 지식(일반교육학, 교과내용, 교과수업, 상황지식), 능력(수업수행, 학급경영, 학생상담 능력) 및 신념(교직관, 소명의식, 태도 등)으로 나눈 경우(조동섭, 2005), 학습자 파악 능력, 교과내용 구성 능력,

---

1) 1966년 10월 5일 파리 정부 간 특별회의에서 채택된 교사의 지위와 관련된 가장 대표적 국제 간 협약으로 전문직으로서의 교사의 지위에 관한 국제 기준을 제시하고 있다. UNESCO와 ILO의 모든 회원국에 대한 권고안이므로 회원국에서는 이를 지켜야 할 의무를 가지며 한편으로는 교사의 지위를 위협하는 다양한 형태의 억압에 대한 국제적 경고의 의미를 갖기도 한다. '교육목표와 정책' 등 교육 일반에 대한 권고 및 교사의 권리와 책임은 물론 '효과적인 교수·학습 조건' '승진' '신분보장' 등이 포함된 총 146조의 모든 내용은 전문직으로서의 교사의 지위에 초점을 맞추고 있다(전일균, 2015).

학습자료 개발 능력 및 교과지도 능력으로 나눈 경우(정태범, 2000), 전문지식, 수업방법 · 기술 · 매체활용 능력, 학급경영 능력 및 교육적 지혜로 분류한 경우(손승남, 2005), 교사의 전문적 지식의 세 영역으로 일반 교육학 지식(학습자 및 학습에 관한 지식, 학급경영에 관한 지식, 교육과정 및 수업에 관한 지식)과 교과 지식, 교육학 내용에 관한 지식(학생의 이해력에 대한 지식, 교육과정 지식, 수업 전략에 대한 지식) 및 주변 상황에 대한 지식(지역사회, 학군 등)으로 나눈 경우가 있다(Grossman, 1990).

이 중에서 교사가 교직을 수행하는 데 있어서 핵심 업무는 단연코 수업이다. 일반적으로 학교교육의 효과를 이야기할 때 우리는 학생의 학업성취를 포함한 성장을 떠올리게 된다. 결국 교사가 담당하는 모든 교육 활동에서 가장 중요한 업무로 상정되는 **수업전문성**이야말로 교사 전문성의 핵심이라 할 수 있으며 직업인으로서 교사의 존재 가치이기도 하다. 교사가 하는 여러 가지 일들, 즉 수업, 생활지도, 각종 행정업무, 상담활동들 중 수업이 교사가 하는 일의 핵심이라는 점에 이의를 제기할 사람은 아무도 없을 것이다.

학교는 다양한 활동을 통해 교육을 실현하고 있지만 아무리 많은 활동과 프로그램이 이루어지더라도 결국 교과를 가르치는 일이 학교 교육의 핵심이다. 학교가 투자하는 시간과 노력은 물론 학생이 경험하는 것의 의의에 비추어 볼 때도 학교에서 이루어지는 교육의 중추는 교과를 가르치는 일인데 이 교과를 가르치는 일이 곧 수업이므로 수업이 제대로 이루어지고 있는가는 종국에는 학교가 제대로 그 기능과 역할을 수행하고 있는가의 문제로 귀결된다(허병기, 2001). 그리고 학교에서 이루어지는 활동 중 가장 중요한 영역은 교사와 학생 간에 이루어지는 교수 · 학습 활동이다. 이러한 활동은 단위 수업을 통해 구현되고 이 결과로 학업성취가 나타난다(안우환, 2004)는 측면에서 교사의 수업전문성이 이해되어야 할 것이다.

교사의 수업전문성 측면에서 접근하고자 노력한 연구들이 있다. 곽병선(2001)은 교사는 수업을 통해 교직이 다른 일의 세계와 어떻게 다른지 드러내며 수업은 전문적으로 준비되지 않고서 아무나 할 수 있는 것이 아니라고 하여 교사 전문성을 수업의 전문성에서 찾고 있다. 오욱환(2005)은 교사 전문성이 수업과 학생 지도의 효과에 의해서 확보되므로 가르치는 내용과 방법에 대한 구상과 실행 과정을 강조해야 한다고 보았다. 같은 맥락에서 유한구(2001)는 교사의 전문성 중에서도 수업전문성을 특히 강조하면서 기술과 이해의 두 측면으로 나누어 설명한다. 기술이란 수업을 효율적으로 진행해 나가는 데 필요한 기술을 의미하며, 이해란 교과내용에 대한 지식을 단순히 암기하고 아는 것을 넘어서 인간 심성을 함양하는 수준으로 교사 자신과 학생들이 나아갈 수 있도록 만드는 교사의 능력이라고 정의하였다.

수업전문성과 관련하여 보다 구체적인 요소들로 구분하여 설명하고 있는 연구들도 있다. Shulman(1986)은 교과 지식을 교과내용지식(subject matter content knowledge), 교수내용지식(pedagogical content knowledge), 교육과정지식(curricular knowledge)으로 구분하였다. 특히 이혁규(2003)는 교사전문성 중 중요한 요소로 교수내용지식(pedagogical content knowledge)을 들어 교사가 자신이 알고 있는 지식을 학생에게 적합한 형태로 제시할 때 내용에 따라 보다 적절한 교수방법이 있으며 교수방법을 다양하게 변화시킬 수 있게 된다고 설명하였다. 즉, 학생의 능력과 흥미에 부합하는 주제를 효과적으로 가르치기 위해 학습내용과 수업방법을 적절하게 조화시키는 것의 중요성을 언급하고 있다. Danielson(1996)은 수업 준비와 계획, 학습을 유도하는 환경 조성과 교사의 전략, 수업 중 각종 전략과 기술들, 교사의 자기평가 · 반성 · 성찰을 수업전문성으로 보았다. 수업전문성을 잘 가르치는 것, 수업 기능, 수업능력, 좋은 수업 등 다양하게 표현한다고 할 때, 보다 확장하여 생각해 볼 수 있다.

잘 가르치는 교사, 수업기능, 수업능력, 좋은 수업 등으로 설명하고 있는 연구들은 다음과 같다. 김민성(1996)은 잘 가르치는 교사의 특징을 수업내용(명료화와 구조화), 수업전략(다양화와 동기화), 수업관리(학생 행동관리와 학습관리)의 세 차원으로 분류하였다. 박병량(2003)은 교사가 학생의 필요와 능력에 맞도록 지식과 기능을 전달하는 능력을 수업 기능으로 정의하였고, 조규진, 김도기, 김명수(2011)는 좋은 수업의 구성요소로 짜임새 있는 수업설계, 적극적인 학생 참여, 수업내용에 대한 이해, 효과적인 시청각 전달력 및 언어 전달력으로 나누었다. 특히, Medley(1987)는 수업능력이 교사가 실제로 수업활동을 전개하는 과정에서 나타나는 능력을 의미하므로 교사의 수업능력 평가는 교사의 수업행동 자체에 초점을 두고 구체적인 수업상황에서 교사가 제공하는 수업의 질, 교사의 수업과정행동을 통해 알 수 있음을 강조하였다. 천세영, 이옥화, 전미애(2017) 역시 학생의 학업성취도와 관련된 여러 선행연구(이혁규, 2014; Hattie & Clinton, 2008; Houtveen & Van de Grift, 2007)에서 교사 수업의 질, 즉 수업전문성을 강조하고 있음을 언급하면서 교사의 수업전문성은 학생의 학습에 중요한 영향을 미치는 교사의 수업행동으로 교사의 교실수업행동에 초점을 둔 객관적이고 실증적인 연구가 필요함을 강조한 바 있다.

이처럼 학교교육에 있어 교사의 수업전문성은 국내외를 막론하고 여러 학자에 의해 연구되고 다양하게 접근되었으며, 둘 사이의 밀접한 관계는 여지없이 강조되어 온 것이 사실이다. 이처럼 수업전문성을 바라보는 다양한 견해에 따라 수업전문성을 한마디로 정의하기 어려운 면이 있지만 결국 '교사는 무엇을 어떻게 가르쳐야 하는가?'라는 매우 근원적인 물음으로 되돌아가서 생각해 본다면, 교실이라는 공간에서 학생을 대상으로 학생의 학습 효과를 극대화하기 위해 교사가 하는 수업과 관련된 모든 행동을 통해 우리는 교사의 수업전문성을 가늠해 볼 수 있다. 다시 말해서, 교사가 수업시간에 어떻게 수업을 계획·조직·운영하고 학생과 어떤 방식으로 상호작용하는가 등을 포함한 교사의 모든 수업행동과 수업기술을 수업전문성으로 정의하고, 이를 가능한 과학적이고 객관적으로 관찰하고 분석할 수 있다면 자신의 강점과 약점을 파악하고 어떻게 수업전문성을 신장할 것인지에 대해 보다 명확하고 체계적으로 접근할 수 있는 토대가 마련될 것이다.

교사의 수업전문성이 관찰·분석되고 이 과정에서 파악된 특성들을 토대로 수업전문성의 신장을 꾀할 수 있다면 앞서 살펴본 수업장학은 더욱 중요한 의미를 갖게 된다. 장학은 바라보는 관점에 따라 강조하는 측면이 다르나 교사의 가르침과 학생의 배움이 일어나는 학교라는 공간에서 교육적 성취를 달성하고 학생의 학습을 촉진하기 위한 조력 행위는 결국 수업개선을 위해 모아져야 하기 때문이다. 수업개선을 위해 교사의 교수행위(수업행동)를 보다 과학적으로 관찰하고 객관적 자료를 수집하여 분석하는 방향으로 수업장학이 이루어지면 수업전문성 신장에 대한 교사의 욕구가 과학적 데이터를 기반으로 충족될 수 있는 환경이 조성될 수 있다. 결론적으로 장학이 아우르는 넓은 범위에서의 궁극적인 목적과 방향이 교사의 전문적 성장을 직·간접적으로 도와주는 것이라고 볼 때, 그 전문성은 교실에서 발휘하는 수업전문성 신장에 초점이 모아진다. 궁극적으로 교사의 수업전문성 신장이 달성될 수 있도록 수업장학은 교수행위의 과학적이고 객관적인 관찰 및 분석의 방향으로 이루어져야 할 것이다.

수업전문성에 관한 다양한 접근들 중 수업전문성과 교사 경력 사이의 관계에 주목한 여러 연구(김병찬, 2007; 손승남, 2005; 송경오, 정지선, 2008; 오영재, 2006; 정제영, 이희숙, 2015; 조호제, 윤근영, 2009)가 있다. 수업전문성과 교사 경력 사이의 관계에 대한 연구들의 공통된 제안점으로 교사 경력에 따라 수업전문성의 변화가 가능하므로 전문성 향상을 위한 대안 마련이 필요(권현범, 2018)하다는 차원에서 **교사발달**이라는 개념을 살펴본다.

## 2. 교사발달

한 개인이 교직에 입문하여 교사로서 교직을 수행하는 과정에서 기술과 행동, 능력, 가치관, 태도 등이 변화되는 과정을 교사발달이라고 할 수 있다. 학자들에 따라 교직 이전 시기를 포함하기도 하고 제외하기도 하지만 교사발달의 개념 정의에 대한 여러 의견을 포괄적으로 종합해 볼 때, 교직 이전을 포함하여 교직에 들어와서 교직을 수행하는 전 기간으로 보는 것이 합리적이다. 또한, 교사발달에 관한 연구들은 대체로 교사의 관심사 발달, 교사·교직 사회화, 교사발달 등으로 용어를 혼용하고 있다.

Schön(1996)은 교사의 전문성은 의사결정의 과정에서 축적된 실천적 지식을 바탕으로 성찰과 반성을 통해 이루어진다고 하였다. 따라서 교사의 교직수행 기간에 걸친 변화·변천의 과정에서 계속해서 전문성을 발전시키도록 돕기 위해서는 교사발달에 대한 이해가 필요하다. Watts(1980) 역시 교사의 전문성 발달을 위한 교사발달단계 이해에 대한 필요성을 강조하였다. 사실 교사발달에 관심을 갖는 것은 교육의 성패가 수업의 질에 의해 결정될 뿐 아니라 학생의 성장과 발달에 영향을 미치는 여러 요인 중 일차적인 요소가 바로 교사이기 때문에 당연한 것이다.

교사발달에 대한 이론과 연구는 국외에서는 1969년 Fuller의 교사 관심사에 대한 연구를 시작으로 활발하게 진행되었으며, 국내 연구는 주로 1990년대부터 시작되어 최근 들어 비교적 사실적인 연구가 전개되었다. 오영재(2006)는 교사발달에 관한 국내외 연구들의 연구 경향성에 대해 크게 발달의 단계론적 접근(교사발달을 순차적이며 역동적인 과정으로 보고 각 단계에 대한 특징과 단계 간의 변화 양상에 초점을 둠)과 유형론적 접근(교사 유형에 따른 특징에 초점을 둠)의 두 가지 흐름으로 보았다. 그리고 대다수의 연구는 발달단계론적 접근에 의해 이루어졌으며, 이는 다시 발달단계를 순차적으로 보는 입장과 복합적·순환적으로 보는 입장으로 나뉜다고 하였다. 대표적으로 Fuller의 교직관심발달론, Katz의 교사발달이론, Fessler의 교직 주기에 대해 알아보자.

### 1) Fuller의 교직관심발달론

대표적으로 교직관심발달론의 기초를 마련한 Fuller(1969)는 교사 관심사를 교사가 지각한 흥미, 염려, 걱정으로 정의하였다. 그는 예비교사를 대상으로 그룹면담을 실시하여 교사 관심사의 변화에 대한 결과를 얻었고, 다른 집단을 대상으로 한 연구에서도 동일한 결과를 도출하여 이를 바탕으로 교사 관심사의 단계를 이론화하였다. 그 후로 대부분의 연구들은 이를 이론적 근거로 하여 교사 관심사를 논의하여 왔다. 초기 연구에서 Fuller는 교사의 관심이 교수경험 증가에 따라 '교사로서의 자기'로부터 '학생'으로 이동함을 발견하였다. 즉, 교사로서 자신의 생존과 적응 문제에서 수업과 직무수행의 효율성 문제에 관한 관심으로, 그리고 학생에 대한 이해와 학습 향상에 대한 관심으로 발달한다. 이를 자아 관심(concerns with the self), 과업 관심(concerns with tasks), 영향 관심(concerns with the impact on student learning)으로 명명하고 각각에 대해 설명하였다.

Fuller는 이처럼 초임교사 단계에서는 경력이 많은 교사보다 더 높은 자아 관심을 가지고 있으며 이것이 해결되면 과업 관심이 증가하게 되고 교직 경험이 더 축적되고 성숙하면서 영향 관심이 증가한다는 전제를 바탕으로 교수 관심에 대한 초기 연구를 수행하였고 이와 같은 발달적 가정은 교수 관심과 교직발달 연구의 이론적 토대로 자리매김하였다. 물론 교사 관심사가 반드시 순차적으로 나타나거나 교사마다 모두 동일한 단계를 거치는 것은 아니라는 결과를 보여 주는 후속 연구도 있지만, 교사 관심은 문제인식과 문제해결에 대한 정서적 · 인지적 표현이므로 교사 행동과 교사 행동의 동기를 설명하는 매우 중요한 변인(양명희, 조윤정, 2007)이라는 점에서 교사 관심사와 발달을 이해하는 데 매우 중요한 기반이 된다.

첫째, 자아 관심으로 주로 교직 생활의 초반에 교사로서의 자신에 초점(concerns with survival as a teacher)을 맞추고 교실에서 학생과의 관계를 형성하며 건설적인 학습 분위기를 조성하는 것에 관심을 둔다. 이 단계에서는 주로 교직 생활과 교수활동에 있어서의 적응(수업기술 및 학생과의 상호작용을 개선하는 교수활동의 준비)과 통제(교실에서 학생 행동에 대한 수용 여부 및 대처방식), 생존 및 위기 상황 극복, 교사 자질에 대한 적합성(교사로서의 자신의 직위에 맞는 행동과 태도), 학생과 동료에 의해 지각된 관심(학생과 동료와의 관계에서 나타나는 교사에 대한 선호도로 학생과 동료로부터 호의적인 평가를 받으려고 노력)과 같은 부분에 관심을 갖는다.

둘째, 과업 관심으로 교직 생활에 어느 정도 적응하고 교직 초기의 불확실성, 적응에 대한 부담 등 교사로서의 생존과 관련된 문제들이 일부 해결되면 수업과 직무를 효율적으로 달성하는 것과 관련된 부분으로 관심사가 이동한다. 이 단계에서는 학생의 학습지도를 위한 목표설정, 교수과제, 교수방법 및 자료와 같은 수업기술의 향상 및 학습환경 조성에 대하여 관심을 갖는다.

셋째, 영향 관심으로 교수활동이 학생의 학습결과에 미치는 영향과 같이 교수 효과, 즉 학생의 학습과 관련하여 관심을 갖게 된다. 주로 학생의 요구수용, 학습동기 부여, 학생의 능력 파악, 그에 따른 교수방법 및 학생 개인차를 파악하고 학생의 학습 방식을 이해하는 것과 같이 보다 복잡한 교수 행동 그리고 학생의 지적 · 정의적인 학문적 성장과 더불어 사회적 · 정서적 성장과 같은 다양한 측면에서의 학생 성장에 대해 관심을 갖는다. 특히, 이 단계에서는 학생 개개인의 관심사와 능력을 파악하고 그에 따른 접근을 요구한다.

### 2) Katz의 교사발달단계

Katz는 Fuller의 이론을 확장하여 교사 관심사를 단계별로 구분하고 각 단계의 특징을 다음과 같이 정리하였다. 첫째, 생존단계(survival stage)는 교직 생활 1년 차 초임교사가 경험하는 특성으로 교사로서 적응하기 위한 직접적인 문제에 대해 고심하고 학교 현장에서 일어나는 문제들에 대처하는 것에 관심을 갖는 단계이다. 이 단계에서는 주로 경력 교사들로부터의 이해, 지원, 지도, 격려 등이 제공되어야 하며 즉각적이고 지속적인 도움이 요구된다.

둘째, 강화단계(consolidation stage)에서는 교직을 시작하고 교사로서 어느 정도의 자신감과 안정감을 얻게 되는 1년 말에서 3년에 해당되는 시기로 어느 정도의 자신감과 안정감을 갖게 된다. 이 단계에서는 업무와 기술을 숙련하고 개별적인 문제, 가르치는 대상과 상황에 초점을 두기 시작하며 전문가의 조언을 듣거나 연수에 참여한다. 이 단계에서는 동료 교사와의 감정적 공유와 경력 교사의 풍부한 경험이 필요하다.

셋째, 갱신단계(renewal stage)는 경력 3년이 지나면서 교사로서의 반복되는 일에 싫증을 느끼고 기존의 일을 반복하기보다는 새로운 것을 시도하는 단계이다. 수업참관, 전문서적을 읽거나 동료 교사와의 만남, 타 기관 방문 등을 통한 교사발달에 대한 요구가 생기며, 다양한 분야의 전문가와 상담하며 도움을 얻는다.

넷째, 성숙단계(maturity stage)에서 교직 경력 5년 이상이 되어 교사로서 자신을 인정하고 자신감을 갖게 되면서 교직 전반에 걸쳐 관심을 갖게 되고 교직, 학교와 사회의 관계 등에 대한 나름의 안목이 갖춰진다. 이 단계에서는 학위 취득, 다양한 분야의 전문가들과 접촉하거나 세미나에 참석하고 폭넓은 독서를 하는 등 자신들의 요구를 만족시킨다.

### 3) Fessler의 교직 주기

교사가 되기 위한 준비 단계부터 교직에 입문하여 교사로서 교직을 수행하고 마무리하는 데 이르기까지의 전 과정을 교직 주기라고 한다. Fessler는 교직의 전 기간을 통하여 교직과 관련된 지식, 기능, 행동, 태도 및 관점에 있어서의 변화를 교사발달로 정의하고 관련된 연구들을 종합하여 교직 주기를 교직 준비, 교직 입문 및 적응, 능력 구축, 열중과 성장, 좌절, 안정과 침체, 교직 쇠퇴 및 교직 퇴직의 단계로 구분하였다. 각 단계는 반드시 일직선적 변화를 의미하지는 않으며 교사가 학생을 가르치면서 거칠 수 있는 단계별 특성을 보여 준다.

첫째, 교직 준비(이전) 단계는 교사에게 요구되는 전문적인 능력과 기술을 갖기 위해 교육을 받는 단계이다. 초임교사 단계에서는 대학에서 받는 교육이며 경력교사에게는 직무 혹은 자격 연수에 해당된다. 즉, 초임교사뿐 아니라 새로운 역할을 맡는 경우에도 성공적인 직무수행을 위해 필요하다.

둘째, 교직 입문 및 적응 단계는 교사가 자신이 속한 체제에 부합하도록 사회화하는 단계이다. 초임교사는 직무에 적응하는 것, 경력교사는 새로운 연령의 특성을 이해하고 적절히 교육하기 위해 노력하는 것, 새로운 역할에 적응하는 것을 포함한다. 교사 개인의 특성에 따라 적응을 위해 소요되는 기간은 다양하게 나타난다.

셋째, 능력 구축 단계는 자신의 역할을 보다 적극적으로 수행하기 위해 노력하는 단계로서 교수 행위와 관련된 능력과 기술을 향상시키기 위해 각종 연수에 참여하거나 상급학교에 진학하는 등 개인의 노력이 이루어지는 단계이다. 이 단계가 성공적으로 이루어지면 성장하나 그렇지 않은 경우 침체를 경험하기도 한다.

넷째, 열중과 성장 단계는 교직 수행에 있어 전문적 능력과 기술을 갖추고 자신이 하는 일과 직업을 사랑하며 높은 수준의 직업 만족도를 바탕으로 타인과 함께 나누고자 하는 단계이다.

다섯째, 교직 좌절 단계에서는 가르치는 일에 대해 좌절하고 과연 가르치

〈표 2-1〉 Fessler의 교직 주기

| 교직 단계 | 특성 | |
|---|---|---|
| 교직 준비 | 초임교사 | 교사가 되기 위하여 대학에서 받는 교육 |
| | 경력교사 | 직무 또는 자격 연수 |
| 교직 입문 및 적응 | 초임교사 | 직무에 적응(일반적으로 3년차까지) |
| | 경력교사 | 새로운 연령의 특성을 이해하고 적절히 교육하기 위해 노력, 새로운 역할에 적응 |
| 능력 구축 | 교수 행위와 관련된 능력과 기술 향상을 위한 개인의 노력<br>(예: 각종 연수, 상급학교 진학 등) | |
| 열중과 성장 | 높은 수준의 직업 만족도 | |
| 좌절 | 가르치는 일에 대해 좌절, 자신감 하락 | |
| 안정과 침체 | 교사에게 기대되는 역할을 적절히 수행, 현 상태의 유지 | |
| 교직 쇠퇴 및 퇴직 | 퇴직 준비, 이직을 포함한 퇴직 | |

는 일이 자신에게 부합하는지 의문을 품거나 혹은 교수·학습 방법에 대한 자신이 없다고 느낀다.

여섯째, 안정과 침체 단계에서는 교사로서의 일에 익숙해져 성장과 발달을 위한 노력을 하기보다는 현 상태를 유지하면서 교사에게 기대되는 역할을 적절히 수행하면서 안정적인 직위를 누린다.

일곱째, 교직 쇠퇴 및 퇴직 단계는 퇴직을 준비하고 퇴직하는 단계로 상급학교로의 진학이나 행정가나 다른 직장으로 이직을 포함하여 가르치는 일을 그만두는 단계이다.

이상 살펴본 바와 같이, 교사발달에 대한 이론과 여러 선행연구를 종합해 보면 교사는 교직 수행 기간에 걸쳐 지속적으로 변화하고 발전하는 과정을 거친다. 앞서 교사발달의 단계는 일정한 단계에 따라 직선적·순차적으로 이루어진다고 보는 관점과 연령, 경력이 비슷해도 교사의 성장 배경, 환경 등 개인차에 따라 일정하게 나타나기 보다는 순환적·역동적으로 이루어진다고 보는 관점이 공존하고 있다고 하였다. 두 입장 모두 교사는 교직 입문 단계부터 퇴직 시점까지 변화·발달의 과정을 거침을 전제로 하고 있다. 전문직 종사자인 교사에게 전문성을 요구하는 것이 지당하다면, 그리고 교사의 교직 수행 중 핵심이 수업이라면 교사발달과 교사의 수업전문성을 유기적으로 살펴보는 것은 교사 개인의 수업전문성 신장뿐 아니라 학교교육의 효과에도 중요한 의미를 갖는다.

교사의 전문성 신장을 주제로 수행된 연구들은 주로 수업 그리고 교사와 관련된 교육정책, 시설·환경을 포함한 외적 조건 개선의 필요성에 대해 이야기해왔다. 그러나 조호제, 윤근영(2009)이 지적한 바와 같이, 교사라는 존재 자체에 관심을 갖고 교사의 교직 수행 중 관심사, 태도, 기술, 능력은 어떻게 변화하는지, 어떤 발달단계를 거쳐 전문인으로서 완성되어 가는지에 대한 관심은 상대적으로 부족했던 것이 사실이다. 또한, 비교적 최근에 와서야 교사가 변화하고 발달하는 존재라는 사실에 주목하고 교사의 발달단계를 규명하고 각 단계에 따른 특성, 교사의 욕구 등을 연구하기 시작했으나 수업의 질, 교사의 수업전문성 신장의 중요성 측면에서 볼 때, 교사발달단계에 따른 교사의 수업전문성에 대한 연구는 매우 부족한 실정이다.

교사발달단계와 교사의 수업전문성에 주목하여 진행된 최근 외국 연구 중 Van der Lans, Van de Grift & Van Veen(2018)은 Fuller의 교직관심발달론의 마지막 단계인 영향 관심 단계와 관련하여 학생 개개인의 차이를 고려한 개별화는 교사가 발전시켜야 할 가장 마지막이자 복잡한 수준의 교사의 교수행동임을 밝힌 바 있다. 이러한 연구결과들은 교사가 교직의 전 기간에서 경험하는 변화와 발달단계에 따라 교사의 수업전문성이 어떻게 발현되고 또 향상될 수 있는지 밝히는 일에 중요한 시사점을 제공한다. 국내에서도 실증적이고 과학적인 방법으로 관련 연구를 풍부하게 진행할 필요가 있다. 다음에서는 조금 더 구체적으로 수업전문성을 구성하는 요인은 무엇인지, 수업전문성 발달을 위한 방안에는 무엇이 있는지 수업전문성에 관한 선행연구들을 살펴본다.

## 3. 수업전문성 연구

앞에서 살펴본 전문직으로서의 '교사'는 법 조항뿐 아니라 일반적으로 통용되고 있는 좋은 교사, 좋은 수업과 같은 용어에서 그 전문성이 반영되고 있다고 할 수 있다. 뿐만 아니라 수업전문성이 학생의 학업성취에 영향을 주는 요인임이 밝혀지면서(안우환, 2004; OECD, 2005; Van de Grift, 2007) 수업전문성 신장을 위한 정책적 노력은 물론 학문적인 연구도 활발히 진행되고 있다.

### 1) 수업전문성 구성 요인에 대한 연구

박균열(2008)에 따르면, 그동안 교사의 수업전문성 논의는 대체적으로 두 가지 관점에서 논의되어 왔다. 한 가지 관점은 수업전문성을 전문가로서 교사가 가져야 할 능력, 다시 말해서 수업 능력을 교사가 가져야 할 지식, 기술 등의 능력이 축적된 전체로서의 능력 체제라는 관점이고, 또 다른 관점은 교직이 다른 직업에 비해 어떤 부분에서 전문직이라 볼 수 있는가의 관점이다. 우리나라는 주로 교직의 전문성 관점이 교사의 수업전문성 연구의 대부분을 차지해 왔다. 또한, 그동안 주로 수업에 대한 전문성 자체에 초점을 두고 선언적 관점에서 규범적이고 당위론적 이론을 인용하는 정도에서 이루어져 왔다고 평가하면서 수업전문성의 실체를 발견하기 위하여 수업전문성을 구성하고 있는 요소들이 무엇인지 찾아내는 연구의 필요성을 강조하였다. 연구를 위해 수업의 하위요인을 전공에 대한 지식, 수업에 대한 열성도, 수업기술로 나눈 노민구(1994)의 분류를 토대로 전공에 대한 지식은 수업자신감으로, 수업에 대한 열성도는 수업효율성으로, 수업기술은 그대로 수업기술로 각각 명명하고 수업전문성의 하위요인을 재구성하였다. 이 하위요인과 관련된 선행연구를 바탕으로 수업자신감은 교과의 내용에 대한 해박한 지식으로 이해하였고, 수업효율성은 학생들의 학업성취에 대한 기대 여부와 실질적인 수업시간의 최대 활용으로 파악하였으며, 수업기술은 다양한 평가방법을 통한 학습발달 상황 확인, 동기화할 수 있는 다양한 수업방법 활용으로 정리하였다.

〈표 2-2〉 수업전문성 하위요인과 내용

| 구분 | 하위요인 | 내용 |
|---|---|---|
| 수업전문성 | 수업자신감 | 교과의 내용에 대한 해박한 지식 |
| | 수업효율성 | 학생들의 학업 성취에 대한 기대 소유 |
| | | 실질적인 수업시간 최대한 활용 |
| | 수업기술 | 다양한 평가방법을 통한 학습발달 상황 확인 |
| | | 동기화할 수 있는 다양한 수업 방법 활용 |

출처: 박균열(2008). pp. 49-74.

『KEDI 종합검사도구개발연구(II): 가정특성과 학교특성을 중심으로』(2006)에서는 학생의 학업성취도 향상에 영향을 미치는 요인으로 가정특성과 학교특성을 제시하고, 학교특성으로 학교장 변인(학교장 리더십)과 교사 변인(교사의 수업전문성, 교사효능감, 교사헌신, 교사에 대한 학생 만족도)으로 구성하였다. 이 연구에서 제시한 수업전문성의 하위 영역은 〈표 2-3〉과 같다.

**〈표 2-3〉 수업전문성 하위요인과 세부요인 및 내용**

| 하위요인 | 세부요인 | 내용 |
|---|---|---|
| 수업내용 | 명료화 | 명료한 설명, 핵심 내용 반복, 발음의 명확성 등 |
| | 구조화 | 수업내용 관련짓기(전 시간 복습, 내용 요약), 수업내용의 체계성, 수업내용의 계열성 |
| 수업전략 | 다양화 | 내용 제시 및 수업방법의 다양성, 다양한 질문의 활용, 활력과 역동성 |
| | 동기화 | 학생의 의견에 대한 격려와 활용, 허용적인 분위기, 교과에 대한 교사의 관심 |
| 수업관리 | 학생행동관리 | 수업규칙 마련 및 일관된 규칙 적용, 일탈행동 대처 |
| | 학습관리 | 학습기회 부여, 학업 지향적 태도 강조, 숙제 점검 및 피드백 |

출처: 박현정, 강주연, 이수진, 현주(2006).

조호제, 윤근영(2009)은 교직경력에 따라 수업전문성이 유의미한 차이가 있으며, 교사발달단계에 따라 수업전문성 하위변인인 내용지식 및 내용교수법, 학생이해, 수업설계, 학습 환경 조성 및 학급운영, 수업실행, 수업반성 및 전문성 발달 수행수준은 모두 유의미한 차이가 있다고 보고하였다. 학습환경 조성 및 학급운영, 수업반성 및 전문성 발달 변인은 15년 이상에서 25년 미만의 교사들이 가장 높은 수행수준을 보였고, 내용지식 및 내용 교수법, 학생이해, 수업설계 및 수업실행 변인은 25년 이상의 교사들이 가장 높은 수행수준을 보여 결론적으로 교직경력이 축적되고 성숙 단계에 가까워질수록 교과 내용지식의 이해, 실생활과 관련된 내용교수법 및 오개념 유형 인지, 학습목표에 맞는 수업전략과 효과적인 자료 활용수업에 대한 이해의 폭이 증가하며 수업기술에 대한 노하우가 쌓인다고 보았다.

손승남(2005)은 교사의 수업전문성이 갖는 중요성에 비해 수업전문성의 구체적인 요소가 무엇인지, 실제로 교사들이 자신의 역할과 능력을 어떻게 지각하고 있는지에 대한 연구는 더디게 진행되고 있다고 진단하였다. 또한 기존 연구는 대부분 개념과 이론적 수준의 논의에서 진행되었고 전문성을 잴 수 있는 도구개발이나 현직교사의 수업전문성 지각 정도에 대한 실증적이고 경험적인 연구는 드물다고 보았다. 이에 수업전문성의 11가지 항목으로 ① 교직관, ② 수업준비도, ③ 전문지식, ④ 학생 이해능력, ⑤ 교육적 지혜, ⑥ 수업방법, ⑦ 수업기술, ⑧ 매체활용능력, ⑨ 평가능력, ⑩ 피드백, ⑪ 학급경영능력을 추출하고 현직교사 500명을 대상으로 설문조사를 실시하여 수업전문성과 학교급 그리고 교직경력 간 유의한 상관을 보인다는 결과를 도출하였다. 특히, 교직경력이 30년 이상 교사들이 11~20년 사이의 교사들에 비해 피드백을 잘 주는데 가령, 학생의 수업목표 달성이 미흡할 경우 보충과정을 실시하거나 추가로 학습할 내용을 알려 주고 개인별로 학습 곤란점을 발견하여 교정한다고 보고하였다. 수업관리 및 경영 능력에서도 10년 미만의 교직경력을 가진 교사들에 비해 20년 이상의 중견교사들이 수업분위기 조성, 수업방해요인 제거 및 수업방해학생의 진단과 상담을 더 잘하는 것으로 나타났다.

수업전문성은 수업효율성과 수업조직화라는 개념으로 더 자주 연구되어 왔다(박현정 외, 2006). 이 연구에 따르면, 수업효율성이란 교사의 수업행위에 따른 학생들의 학습결과와 관계되는 개념으로 학생의 학습결과에 영향을 미치는 교사의 수업행동을 의미한다. 대표적으로 안우환(2004)은 학생 배경에 따른 교사의 수업효율성 지각과 학업성취간의 관계 탐색을 위한 선행연구로 외국에서 수행된 연구 중 1970년대까지의 연구들을 검토한 결과 가장 일관되고 유의미하게 나타난 효과적인 수업행동으로 수업내용의 명료성, 수업내용의 구조화, 수업의 다양성, 열성, 학생 의견의 활용, 학습 기회 부여, 질문 활용이라고 정리한 연구(Rosenshine & Furst, 1973)를 제시하고 있다. 그러면서 8가지 수업행동변인으로 ① 수업지도 내용의 명료성, ② 수업지도 내용의 설명능력, ③ 수업지도 내용의 구조화, ④ 수업지도 내용의 다양화, ⑤ 수업지도 내용의 동기화, ⑥ 교사의 공정성, ⑦ 교사의 온정성, ⑧ 교사와 학생 간의 상호작용을 추출하고 이를 활용하여 교사의 수업효율성을 연구하였다. 또한, 수업조직화란 학생의 학습결과에 영향을 미치는 교사의 수업행동 중에서 범위를 보다 세분화하여 수업내용과 활동을 체계적으로 조직화하는 것에 초점을 맞춘 개념이다. 배용득(2003)은 교장의 수업지도성, 학교풍토, 수업의 조직화가 학생의 학업성취도에 어떠한 영향을 미치는가를 밝히는 연구에서 수업조직화를 수업목표의 효율적 달성과 학생의 학습효과 극대화는 물론 학생이 학습결과를 파지할 수 있도록 수업의 내용과 활동을 체계적으로 조직화하는 것으로 정의하고, 수업의 명료성, 유창성, 전문지식을 수업 조직화의 하위요인으로 구성하였다.

수업전문성과 관련되어 1970년대 이후로 활발하게 진행된 수업(teaching)에 대한 연구들은 Porter와 Brophy(1988)에 따르면, '효과적인 학습은 좋은 수업(good teaching)을 요구하고, **좋은 수업**은 전문성을 요구한다.'는 기본적인 명제를 전제로 면담, 교사 관찰, 수업과정에 대한 풍부한 묘사 및 수업과정과 학생의 학습결과 간의 관계와 관련된 정교한 방법을 제공하는 방향으로 발전해 왔다. 그들은 선행연구들을 검토한 결과, 효과적인 교사/좋은 수업의 특징을 다음과 같이 정리하였다. ① 수업목표를 명확히 하기, ② 수업목표를 달성하기 위해 내용과 수업전략에 대해 풍부한 지식을 지니기, ③ 학생들과 그들에게 기대하는 바, 그리고 그 이유에 대해 의사소통하기, ④ 수업내용을 풍부하고 명확히 하기 위해 교육 자료를 전문적으로 사용하기, ⑤ 자신이 가르치는 학생에 대해 잘 알고 그들의 요구, 그들의 기존지식에서 예측되는 오개념을 파악하여 그에 따라 적절한 방법을 적용하기, ⑥ 학생들에게 초인지 전략을 학습할 수 있도록 하기, ⑦ 다양한 수준(낮은 수준과 높은 수준을 모두 고려)의 인지적 목표를 제시하기, ⑧ 정기적이고 적절한 피드백을 제공함으로써 학생의 이해 정도를 모니터링하기, ⑨ 가르친 내용을 다른 주제(영역)와 통합하기, ⑩ 학생의 학습결과에 대한 책임감 갖기, ⑪ 교사 자신의 수업 실행에 대해 통찰 · 반성하기이다.

비교적 최근의 국외 연구 중에서 Danielson(2013)은 수업평가를 위한 네 가지 영역으로 교사의 계획과 준비(planning & preparation), 수업 환경(classroom environment), 수업(instruction), 전문성에 대한 책임(professional responsibilities)을 들고, 특히 관찰과 관련하여 교실 환경과 수업에 주목하여 각각에 대해 5가지 요소로 정리하였다. 교실 환경은 ① 학생과 교사 그리고 학생 간 상호 존중과 친밀한 관계 형성하기, ② 활동/과제와 관련하여 학생 간 상호작용을 관리하기 위한 규준 및 학생의 학습이 갖는 교육적 가치와 열심히 학습한 결과에 대한 기대 등을 포함하여 학습을 위한 문화 조성하기, ③ 수업의 자연스러운 운영과 효율적 시간 관리를 포함한 수업절차 확립하기, ④ 학생 행동을 모니터링하고 잘못된 행동에 대해 적절하게 반응하는 것을 포함한 학생 행동 관리하기, ⑤ 물리적으로 안전한 환경을 조성하고 모든 학생 및 기자재와 같은 자원에 대한 접근성을 포함한 물리적 공간 관리하기를 해당 요소로 정리하였다. 수업은 ① 학습목표를 명확히 하고 수업 활동의 명확한 지시와 절차를 포함한 학생과의 의사소통하기, ② 높은 인지적 사고와 다양한 접근법을 요하는 질문과 토론 기술 사용하기, ③ 학생의 깊은 사고와 학습을 자극하는 활동과 과제를 부여하고 교수 자료를 제공하여 학생들의 수업 참여를 이끌기, ④ 수업에 대한 학생의 이해 정도를 파악하는 데 주의를 기울이고 가치 있는 피드백을 제공하거나 학생 스스로 자신의 학습을 평가하도록 명확한 평가 척도를 제공하는 것을 포함하여 수업에서 평가를 사용하기, ⑤ 학생의 학습 향상을 위해 가르쳐야 하는 순간을 파악하여 그에 맞게 수업을 조절하고 학생의 흥미와 일상에서 일어나는 일을 수업과 접목시키는 등 수업에 융통성을 발휘하고 반응하기를 해당 요소로 구성하였다.

한편, Pianta와 Hamre(2009)는 교사의 수업전문성 발달을 위해 수업을 관찰하는 것의 중요성에 대해 강조하면서 수업전문성을 정서적 지지, 수업 조직, 수업 지원으로 나누고 정서적 지지의 하위 영역으로 긍정적·부정적인 환경, 학생의 반응에 대한 민감성, 학생의 관점에 대한 고려, 수업 조직의 하위 영역으로 학생들의 행동 관리와 학업 생산성으로, 수업 지원의 하위 영역으로 개념 발달시키기, 양질의 피드백 및 언어모델링으로 정리하였다. 수업 관찰의 중요성에 대해 같은 맥락에서 Smith, Waller와 Waller(1982)는 교사 행동 및 수업 환경과 학생의 학습결과 사이의 관계에 대해 주목하고 수업 상황에 적절하게 적용할 수 있도록 고안된 수업관찰도구가 필요하다고 하였으며, Fisher 등(1980)은 교사의 행동 중에서도 시간 분배와 학생의 성취에 관심을 두었다.

이러한 국내외 연구들은 수업전문성이 교사의 개인적인 변인이나 수업 환경과 같은 변인에 따라 다르게 나타날 수 있음을 보여 주고 수업전문성에 대한 구체적인 행동 준거를 제시해 주기도 한다. 선행연구에서 활용되고 있는 관찰변수, 즉 구체적인 행동특성은 수업전문성의 관점이 연구자의 주관이나 관념이 아닌 객관적으로 측정 가능한 행동특성으로 접근하려는 시도라 할 수 있다. 김정환, 이계연(2005)이 실제 교실 수업상황에서 효과적인 수업의 중요한 요소인 구체적인 수업행동특성 제시의 필요성을 지적하였는데 이와 같은 접근은 교사의 수업행동에 대한 객관적인 관찰과 분석을 지향한다는 점에서 수업전문성 향상 측면에 시사해 주는 바가 크다.

교사의 수업전문성 향상을 위해 교사행동에 주목하여 진행되어 온 선행연구들은 일반적인 법칙과 원리를 제공하고 현상의 기술에 도움을 주며 구체적인 수업행동의 효과성을 밝히는 것에 기여했으나, 전체적인 교실 맥락에서 교사 수업행동을 과학적으로 분석하려는 연구는 여전히 미비한 상태이다(천세영 외, 2017). 관련하여 네덜란드 흐로닝언대학교(University of Groningen)의 Van de Grift 연구팀의 연구는 수업관찰을 통해 교사의 수업행동을 신뢰롭고 타당하게 측정하여 수업전문성 수준을 밝히고 관찰 내용의 피드백 제공과 코칭을 통해 교사의 수업전문성 향상에 기여할 수 있다는 점에서 주목받고 있다.

ICALT 연구팀은 교사 수업행동의 과학적이고 객관적인 관찰도구인 ICALT(International Comparative Analysis of Learning and Teaching)를 개발하고 교사 수업의 질에 관한 국제 비교 연구를 진행해 왔다. 선행연구에서 다루어진 교사의 수업행동 구성 요인들을 분석하여 관찰 가능한 교사의 수업행동을 도출하고 이를 6가지 범주 ① 안전하고 고무적인 수업분위기(safe and stimulating learning climate), ② 효율적 수업운영(efficient organization), ③ 명료하고 구조화된 수업내용(clear and structured instruction), ④ 집중적이고 활발한 수업(intensive and activating teaching), ⑤ 교수 · 학습전략(teaching learning strategies), ⑥ 개별화 학습지도(adjusting instruction)의 총 32개 문항으로 구성하였다. ICALT 수업관찰 측정도구의 양호도, 6가지 영역의 하위요소 및 도구 활용 등 자세한 내용은 이 책의 후반부에 구체적으로 제시되어 있다.

### 2) 수업전문성 분석 연구

수업전문성 관련 연구 중 수업전문성 개발의 제약 요인과 해결 방안 차원에서 접근한 연구들도 있다. 고재천(2015)은 초등학교 교사들이 '수업 관련 행정 및 정책 지원의 미흡' '수업 연구 및 협의 활동의 소홀' '수업 개선 의지의 부족' '수업 환경 및 여건의 열악'의 순으로 수업전문성 개발을 제약하고 있는 것으로 인식하고 있음을 밝히고, 제약 조건을 해소하기 위해서 수업 관련 행정 및 정책을 적극 지원할 필요가 있음을 제안한 바 있다. 또한, 실천을 수반하지 않은 반성 중심 전문성 개발 연구들의 문제점을 지적하며, 반성적 실천 중심의 전문성 개발을 위해 교사가 자신의 실천을 개선하는 수준의 전문성 개발을 넘어서서 교사 양성 및 재교육을 주도적으로 이끌어가야 함을 강조한 연구도 있다(서경혜, 2005). 이는 교사의 전문성 신장을 위한 방안은 기존의 외부 전문가에 의한 직접 교수의 형태를 넘어서서 교사가 마주치는 실제 근무 상황이나 맥락에서, 실행의 난점에 대한 정의와 형성에 교사들이 직접적으로 참여하는 것을 반영하는 신뢰할 만한 실질적인 바탕에 근거해야 한다고 제안하는 김찬종(2009)의 연구와도 같은 맥락으로 볼 수 있다. 이를 위해 교사 지도자, 동료 코치, 교사 연구자와 같은 새로운 역할을 만들어가고, 문제해결 집단, 의사결정 팀과 같은 새로운 구조를 세워 가며, 일지 작성, 평가에 대해서 배우기, 기준 만들기 등과 같은 새로운 과제를 다루고, 탐구 문화를 창조해야 함을 강조하고 있다.

이처럼 교사의 수업전문성 향상을 위한 방안 차원에서 학술적으로 접근한 연구도 있지만, 또 다른 방법으로는 직접적인 수업관찰 및 분석과 그 결과에 따른 수업 개선을 통한 전문성 향상에 대한 방안을 생각해 볼 수 있다. 이러한 접근은 기본적으로 교사의 수업을 관찰하고 분석하는 것으로부터 시작되는데, 이에 대해 유종열(2007)은 학교에서 교사 자신의 수업공개를 꺼리는 문화 속에서 많은 수업의 관찰 가능성은 원천적으로 봉쇄되어 있음을 지적하고 있다. 이로 인해 공개수업이나 연구수업에서 이루어지는 수업평가는 다분히 형식적이고 내가 해야 할 것을 당신이 했으니 그냥 좋은 말로 적당히 평가하는 것이 그의 수고로움에 대한 보답으로 여기는 현실 속에서는 참다운 수업평가를 기대하기 어렵다는 것이다. 유종열은 이러한 문제점을 개선하기 위한 교육계 노력의 일환으로 한국교육과정평가원에서 교사들의 수업을 관찰할 수 있는 표준안을 만들기 위해 노력한 사례, 각 시 · 도교육청에서 실시하는 수업컨설팅단 사업 등을 예로 들어 설명하였다.

한국교육과정평가원은 2004~2006년에 걸쳐 수업평가의 기준 마련을 위한 개발 연구를 수행하고 수업전문성 기준을 일반 영역, 초등 영역 및 교과 영역으로 나누어 제시하였다. 일반 영역으로는 교사가 좋은 수업을 위해 갖추어야 할 요소를 근거로 지식-계획-실천-전문성이라는 대영역으로 나누고 그에 따른 하위영역으로 내용 지식 및 내용 교수법과 학생 이해, 수업 설계, 학습환경 조성 및 학급운영과 수업 실행, 수업 반성 및 전문성 발달로 각각 분류한 후 기준 요소를 정리하여 소개하고 있다. 초등 영역에서는 초등 교사가 공통적으로 수업전문성 발달 영역과 수준을 확인하고 수업개선을 도모할 수 있도록 하기 위해 초등 수업평가 기준을 마련하였고 교과 영역에서도 역시 각 교과별 수업평가의 방향과 기준을 제시하였다. 또한, 수업을 관찰하고 비평하는 연습을 목적으로 한 프로그램을 개발하고 구체적인 예시 자료들을 제공하여 예비 교사를 포함하여 현직 교사, 수업관찰을 주된 과업으로 삼는 사람들이 활용할 수 있도록 돕고 있다. 구조화된 관찰 체크리스트의 예시들로 '교실 환경 관찰'을 위해서 교실 배치도 그리기, 교실 물건에 대한 일화적 기술, 교실 환경 분석, 수업 분위기 분석을 위해 다양한 형용사를 나열하고 체크하여 계산하기, 교실의 사회적 환경 관찰을 위한 척도 체크하기나 '교사 중심 관찰'을 위해서 질문에 대한 관찰기법, 교수 표준을 관찰하기 위한 척도, 교사의 기대에 대한 관찰 양식, 학생들의 다중 지능에 자극을 주는 교수 전략에 대한 관찰 자료들을 제시하였다. 또한, '학생 중심 관찰'을 위해서 일화적 관찰, 학생들의 수업시간 사용 분석, 학생 응답 분석, 언어 흐름 분석을 제시하였고, 그 밖에도 수업 모형에 따른 분석 방법들을 제공하고 있다.

수업전문성 신장은 교사가 자신의 수업에 대해 고민하고 관찰하며 반성하는 것과 같은 개인적 차원의 노력과 더불어 다각도의 조력들이 합쳐질 때 더욱 빛을 발할 수 있다. 이때 수업이라는 행위를 실제 행하고 교사 자신의 혹은 다른 교사의 수업을 관찰하고 분석하여 강점과 약점을 파악하고 보완하는 과정을 가능한 한 객관적이고 과학적으로 접근할 필요가 있다. 다음 장에서 수업분석에 대한 전반적인 내용을 살펴본다.

## 참고문헌

고재천(2015). 초등학교 교사가 인식한 수업전문성 개발의 촉진요인과 제약요인에 대한 개념도 연구. **한국교원교육연구**, 32(4), 23-49.

곽병선(2001). 교실교육의 개혁과 교사의 수업전문성. **한국교원교육연구**, 18(1), 1-9.

권현범(2018). ICALT로 측정한 교사의 수업전문성 발현에 영향을 주는 변인 분석. 충남대학교 대학원 박사학위논문.

김민성(1996). 학생들이 지각한 '잘 가르치는 교사'의 수업행동. 서울대학교 대학원 석사학위논문.

김병찬(2007). 교사의 생애발달 과정에 관한 사례 연구. **한국교원교육연구**, 24(1), 77-102.

김정환, 이계연(2005). 수업의 질 개선을 위한 교사 수업 능력 자기평가 방략에 관한 논리적 고찰. **교육평가연구**, 18(3), 19-38.

김찬종(2009). 교사 연수와 수업전문성 발달. **교육연구와 실천**, 75, 67-90.

노민구(1994). 학교장의 수업지도성 행위가 학교효과성에 미치는 영향. 한국교원대학교 대학원 박사학위논문.

박균열(2008). 교사의 수업전문성 영향요인에 관한 구조적 분석. **교육행정학연구**, 26(2), 49-74.

박병량(2003). **학급경영: 성공적인 교실운영을 위한 지침서**. 서울: 학지사.

박현정, 강주연, 이수진, 현주(2006). **KEDI 종합검사도구개발연구(II): 가정특성과 학교특성을 중심으로**. 한국교육개발원.

배용득(2003). 학교장 수업지도성, 학교 풍토, 수업조직화가 고등학생의 학업성취도에 미치는 공분산 구조 분석. **교육행정학연구**, 21(2), 31-54.

서경혜(2005). 반성과 실천: 교사의 전문성 개발에 대한 소고. **교육과정연구**, 23(2), 285-310.

손승남(2005). 교사의 수업전문성 관점에서 본 교사교육의 발전방향. **한국교원교육연구**, 22(1), 89-108.

송경오, 정지선(2008). 현직교사의 전문성에 영향을 미치는 학교환경 분석. **한국교육**, 35(4), 81-105.

안우환(2004). 교사의 수업효율성과 학업성취와의 관계 탐색. **교육행정학연구**, 22(2), 45-63.

양명희, 조윤정(2007). 교사의 자기결정성이 교직에 대한 내재적 동기 및 학생에 대한 관심과 이해에 미치는 영향. **한국교원교육연구**, 24(1), 149-168.

오영재(2006). 중등 중견교사들의 교직발달유형 변화양상에 관한 사례연구. **교육학연구**, 44(1), 143-169.

오욱환(2005). **교사 전문성: 교육문가로서의 교사에 대한 논의**. 경기: 교육과학사.

유종열(2007). 사회과 교사의 수업전문성 향상을 위한 수업장학에 관한 연구. **사회과교육연구**, 14(3), 119-130.

유한구(2001). 수업전문성의 두 측면: 기술과 이해. **한국교원교육연구**. 18(1), 69-84.

이돈희(2000). 21세기의 교사상과 교직. **한국교사교육**, 17(1), 1-18.

이혁규(2003). 질적 사례 연구를 통한 교실 붕괴 현상의 이해와 진단. **교육인류학연구**, 6(2), 125-164.

이혁규, 엄훈, 심영택, 신지혜, 조용훈(2014). **수업비평의 이론과 실제**. 서울: 교육공동체 벗.

전일균(2015). 전문직으로서의 교사의 지위에 관한 연구: 교사의 지위에 관한 UNESCO/ILO의 "권고문"을 중심으로. **한국교육학연구**, 21(4), 255-274.

정제영, 이희숙(2015). 교원의 전문성 계발 노력 실태 및 영향요인 탐색. **교육행정학연구**, 33(1), 1-23.

정태범(2000). 21세기의 교사 양성 체제. **한국교사교육**, 17(1), 19-46.

조규진, 김도기, 김명수(2011). 좋은 수업의 조건 탐색: 5G를 중심으로. **초등교육연구**, 24(4), 325-350.

조동섭(2005). 교육선진화를 위한 교원의 전문성 제고방안. **교육정책포럼 자료집**, 3-17.

조호제, 윤근영(2009). 교사의 발달단계에 따른 수업전문성의 차이 분석. **열린교육연구**, 17(2), 183-207.

천세영, 이옥화, 전미애(2017). ICALT 관찰도구를 활용한 교사의 교실수업전문성 분석 연구. **교육공학연구**, 33(2), 517-536.

허병기(2001). 수업과 학교장 지도성. **교육행정학 연구**, 19(3), 53-77.

Danielson, C. (1996). Enhancing professional practice: A framework for teaching. Alexandria VA: Association for Supervision and Curriculum Development.

Danielson, C. (2013). The framework for teaching: Evaluation instrument. Princeton: The Danielson Group.

Fisher, C. W., Berliner, D. C., Filby, N. N., Marliave, R., Cahen, L. S., & Dishaw, M. M. (1980). Teaching behaviors, academic learning time, and student achievement: An overview. In C. Denham & A. Lieberman (Eds.), *Time to learn*(pp.7-32). Washington, DC: Department of Education and the National Institute of Education.

Fuller, F. F. (1969). Concerns of teachers: A developmental conceptualization.

*American Educational Research Journal, 6*(2), 207-226.

Grossman, P. L. (1990). *The making of a teacher: Teacher knowledge and teacher education*. New York: Teachers College Press.

Hattie, J.A.C., & Clinton, J. (2008). Identifying accomplished teachers: a validation study. In L. *Assessing teachers for professional certification: the first decade of the National Board for Professional Teaching Standards*. Oxford, UK: Elsevier.

Houtveen, A. A. M., & Van de Grift, W. J. C. M. (2007). Effects of Meta Cognitive Strategy Instruction and Instruction Time on Reading Comprehension. *School Effectiveness and School Improvement, 18*(2), 173-190.

Medley, D. (1987). Criteria for evaluation teaching. In M. J. Dunkin (Ed.). *The international encyclopedia of teaching and teacher education*. Oxford: Pergamon Press.

OECD (2005). *Teacher Matter: Attracting, Developing and Retaining Effective Teachers*. OECD, Paris.

Pianta, R. C., & Hamre, B. K. (2009). Conceptualization, measurement, and improvement of classroom processes: Standardized observation can leverage capacity. *Educational Researcher, 38*, 109-119.

Porter, A. C., & Brophy, J. (1998). Synthesis of research on good teaching: Insights from work of the institute for research on teaching. *Educational Leadership, 45*(8), 74-85.

Van der Lans, R., Van de Grift, W. J. C. M., & Van Veen, K. (2018). Developing an Instrument for Teacher Feedback: Using the Rasch Model to Explore Teachers' Development of Effective Teaching Strategies and Behaviors. *The Journal of Experimental Education, 86*(2), 247-264.

Schön, D. (1996). *Educating the Reflective Practitioner: Toward a New Design for Teaching and Learning in the Professions*. San Francisco: Jossey-Bass, Inc.

Shulman, L. S. (1986). Those who understand: Knowledge growth in teaching. *Educational Researcher, 15*(2), 4-14.

Smith, P. L., Waller, M. I., & Waller, S. P. (1982). Generalizable observation of the teaching process. *Educational and Psychological Measurement, 42*, 467-478.

Van de Grift, W. J. C. M. (2007). Quality of teaching in four European countries: A review of the literature and application of an assessment. *Instrument Educational Research, 49*, 127-152.

Watts, H. (1980). Starting out, moving on, running ahead or how teacher centers can attend to stages in teachers development. California Teachers Centers, Eric, ED, 200-604.

한국교육과정평가원-교원전문성 http://classroom.re.kr.

# 2부 수업분석과 수업관찰

3장 수업분석

4장 수업분석과 수업관찰도구

# 수업분석

## 1. 수업분석의 이해

수업분석은 학교 현장에서 흔하게 사용되고 있다. 실제로 '수업분석'이라는 용어를 이용한 연구가 활발하게 최근까지 연구되고 있다. 이는 수업분석을 통해 교수 활동의 핵심인 수업기술을 향상시킬 수 있기 때문이다(강정찬, 2015; 김남진, 김용욱, 2017; 변영계, 김경현, 2006). 수업기술을 개선하기 위한 목적으로 수업분석은 장학론에서부터 최근에 수업컨설팅에 이르기까지 보편적으로 사용하고 있다. 임상장학을 적용하는 단계로 관찰 전 협의회, 수업관찰, 분석과 전략, 관찰 후 협의회, 관찰 후 협의회 분석 등을 언급하면서 수업관찰과 수업분석을 불가분의 관계로 여기기도 하였다(주삼환, 1998; 주삼환 외, 2018). 실제로 교육 현장에서 수업분석은 수업관찰 이후에 실행하는 장학의 한 단계로 빈번히 사용되고 있다. 수업관찰 이외에도 수업분석은 수업기록, 수업해석 등과 함께 언급되기도 한다.

'수업분석'이라고 하면 연구수업이 끝난 후 그 수업을 반성하는 과정 또는 일련의 협의 활동을 말하는 것으로, 수업과 관련하여 이루어지는 모든 사실과 현상에 대하여 일정한 기준이나 관점에 따라 관찰 · 기록 · 해석하는 과정을 통해 수업을 종합적으로 이해하는 과정이라고 하여 수업분석을 포괄적으로 개념에 접근한 경우와(천호성, 2008), 수업분석은 수업에서 일어나는 사실과 현상을 일정한 수업분석 기준이나 도구를 활용하여 객관적이고 과학적인 기법으로 수업을 상세하게 관찰 · 기록하고, 그 의미를 밝힘으로써 수업을 개선하는 데 도움을 주는 것으로 수업 시 나타나는 문제를 발견하여 해결하는 데 주안을 두어 개념을 정립하기도 하였다(김난희, 2013). 수업분석 활동을 협력적 수업컨설팅 계획수립 단계에서 도출된 수업컨설팅 과제, 즉 지향하는 수업과 현재의 수업 간의 격차를 발생하게 하는 수업문제를 종합적으로 이해하는 활동이라고 하여, 수업컨설팅의 한 요소로 개념을 정립하기도 하였다(이상수 외, 2012).

수업분석은 '수업'과 '분석'의 합성어로 쓰일 수 있는데 이는 곧 수업을 관찰해야 하는 점을 전제하고 있다. 이런 점에서 수업분석은 수업관찰과 밀접한 연관성을 지닌다. 선행연구에서도 수업분석과 수업관찰을 비슷하게 사용하는 경향을 보인다. 수업분석이 수업관찰과 밀접하게 연관되는 항목으로 수업관찰은 수업을 분석하고 진단하기 위하여 자료를 수집하는 제반행위로 정의하였으며, 수업분석은 처방적인 기능을 수반함으로써 수업 개선에 도움이 된다고 하여 수업 시 교사가 겪는 문제를 분석하여 그 문제를 해결하는 과정을 강조하였다(주삼환 외, 1998). 이런 맥락에서 수업개선의 방법론적 측면에서 수업관찰을 정의하여, 수업과정에서 나타난 방해요인과 촉진요인을 분석하여, 문제점을 처치하는 것에 주안을 두어(전병운, 2004) 수업분석이 수업개선의 한 요소로 더 발전된 연구가 진행되고 있다. 이처럼 수업관찰은 수업분석과 마찬가지로 수업개선을 목적으로 취하는 특징이 있다.

수업분석과 관련된 개념으로 수업관찰 이외에도 수업기록과 수업해석의 성격을 탐색해 볼 수 있다. 수업관찰과 수업분석은 기록을 기반으로 이루어지는 행위이기 때문에 수업기록 또한 수업분석의 의미를 해석하는 데 일조할 수 있다. 천호성(2005)은 정확한 수업분석이 되기 위한 전제로 수업기록을 언급하며 수업기록은 수업을 관찰하는 관찰전문가뿐 아니라 수업을 직접 시현하는 교사에게 수업에 나타난 사실과 현상을 있는 그대로 파악하게 하는 객관화된 자료를 만드는 것이라 하였다. 수업기록을 철저하게 하는 것에서부터 수업분석의 토대가 마련된다는 의미로 받아들여진다. 이와 마찬가지로, 백광호(2008)는 수업 사실을 단순히 기록하는 것에 추가하여 수업 상호작용의 의미를 해석하는 수업해석의 개념을 확장했는데, 수업을 관찰하고 그 결과와 기록한 자료를 바탕으로 수업의 의미를 발견하고 가치를 확인하는 작업으로 수업해석을 정의하고 있다.

이를 종합해 보면, 수업분석은 수업에서 나타난 사실과 현상을 수업분석 기준과 도구를 이용하여 관찰 · 기록하고, 수업을 개선하는 데 도움을 주는 활동이라 할 수 있다. 수업분석은 교사와 학생과의 상호작용을 전문적인 식견을 가진 **수업분석전문가**가 분석의 기준과 도구를 이용하여 수업을 관찰하고 기록하며, 수업교사에게 수업전문성을 개선하기 위한 방향과 방법을 제시하는 것이다.

## 2. 수업분석의 고려사항

수업분석의 결과를 수용하기 위하여 먼저 고려되어야 할 전제조건들이 있다. 수업분석전문가의 관찰과 전문적 식견에 대한 정당성이 확보되어야 할 것이며, 수업분석 도구 역시 신뢰도, 타당도, 객관도가 확보되어야 한다. 무엇보다 수업교사는 자신의 수업전문성 향상을 위해 수업공개와 수업분석을 허용하는 개방적 태도를 보여야 할 것이다. 이런 점을 고려하여 학교 현장에서는 수업공개 전의 계획단계로 교과협의회를 실시하는데, 천호성(2008)은 수업분석 시 고려해야 할 사항으로 다음의 7가지를 제시하였다. ① 수업분석의 목표를 분명하게 설정하고, 분석의 범위와 내용을 가능한 한정해야 한다. ② 수업분석의 궁극적인 목적은 교사의 전문성 신장과 학생의 행동 변화에 공헌하는 것이어야 한다. ③ 분석의 방법은 연구 목적에 부합하여야 하고, 실용적이며, 실현 가능한 것이어야 한다. ④ 수업분석을 위해서는 체계적인 관찰과 기록을 통한 자료 수집이 선행되어야 하며, 수집된 자료는 신뢰도와 타당도가 높아야 한다. ⑤ 분석의 방법은 일정한 체계성을 갖추어야 하며, 객관적인 사실과 현상을 기반으로 하여 주관적인 해석이 더해져야 한다. ⑥ 분석 결과는 교수자에게 도움이 될 수 있도록 피드백이 제공되어야 하며, 수업분석 참여자 모두에게 공유가 가능하도록 배려되어야 한다. ⑦ 하나의 수업에 대해 다양한 방법이 사용될 수 있으며, 분석 결과를 수업의 잘함과 못함을 평가하기보다는 분석 대상 수업이 갖는 전체적인 특성을 공감적으로 이해하는 데 초점을 기울여야 한다. 또한, 조남두 외(2011)는 ① 수업주제, ② 수업모형, ③ 실태분석의 타당성, ④ 목표진술의 명확성, ⑤ 학습자료의 투입시기 및 형태의 적절성, ⑥ 수준별 수업(수업 시 다양한 학생의 수준을 고려하여 지도), ⑦ 수업진단 조직(다양한 변인을 수업주제와 연계하여 수업집단을 조직하여 수업을 실천), ⑧ 수업시간 활용계획(수업 시 활동 단계별로 수업시간을 적절히 안배), ⑨ 교사의 발문계획, ⑩ 판서계획, ⑪ 평가계획 등을 제시하였다.

이를 종합하여 수업분석 시 고려해야 할 사항으로 몇 가지를 제안하면 다음과 같다. 첫째, 수업의 분석목표를 명확하게 설정해야 한다. 수업분석의 필요성, 방향, 강조점을 확인하고 구체적인 분석의 목적을 설정해야 한다. 이를 통하여 분석의 정당성을 재확인해야 할 필요성도 있다. 둘째, 수업교사와 수업분석전문가 사이에 수업방법, 관찰방법, 관찰도구 등에 관한 공감대를 형성해야 한다. 수업분석이 오히려 수업하는 교사에게 방해되면 안 되기 때문에 사전에 수업분석에 관한 정보를 교류하여 진실된 수업을 정확하게 분석할 수 있는 바탕이 마련되어야 한다(주삼환 외, 2018). 셋째, 수업분석전문가는 수업분석에 관한 내용지식과 분석도구에 대한 지식을 갖추고 있어야 한다. 정종원, 김명랑(2010)은 수업분석 시 수업관찰자가 수업분석의 체계적인 교육이나 훈련을 받지 못하여 수업분석의 전문성이 떨어지는 경우가 많음을 지적하면서 수업분석의 전문성을 확충할 것을 제안하였다. 실제로 교실 내 수업은 교사와 학생이 끊임없이 상호작용하는 과정의 결과물로 다양한 반응이 나타날 수 있다. 따라서 수업 시 나타나는 분석의 대상을 놓치지 않고 정확하게 분석하기 위하여 수업의 내용지식과 분석도구의 활용에 관한 전문성을 갖추고 있어야 한다.

하지만 수업분석으로 실질적인 처방적 효과를 끌어 내기 위해서는 수업교사, 교육환경과 수업분석을 바라보는 시선의 변화가 수반되어야 한다. 수업교사는 자신의 수업을 개선하고자 하는 마음가짐이 뒷받침되어야 할 것이다. 그리고 수업 개선의 노력을 교사 개인의 노력으로만 책임 지우는 교육환경의 분위기를 개선해야 하며, 수업분석 시 나타날 수 있는 수업의 문제점을 그 교사에게 귀속하는 풍토 역시 변화되어야 한다.

## 3. 수업분석의 접근법

수업분석은 관찰도구를 활용하는 방법으로 **계량적인 방법**(quantitative)과 **질적인 방법**(qualitative)으로, 양과 질을 겸한 방법으로 분류할 수 있다(주삼환 외, 2018). 계량적인 방법은 양적인 접근법으로서 가설을 설정하고 가설을 검증하는 목적으로 이루어진 연구방법이다. 양적 연구방법으로 수업을 분석하는 가장 일반적인 방법은 교사의 특정 행동을 계량적 수치로 나타낸 것으로 수업관찰기록지가 있다. 양적으로 수업을 분석하였을 때 기대할 수 있는 장점은 개선해야 할 부분, 정도, 빈도 등의 수치를 비교할 수 있다. 하지만 양적 데이터로 수업교사의 수업의 모든 측면을 분석한다는 생각은 경계해야 한다. 수업은 결국 교사와 학생 간의 인간적인 상호작용으로 그 효과가 달라질 수 있기 때문에 빈도와 정도 등의 수치 제시가 교사와 학생의 수업 내 복잡한 상호작용의 모든 현상을 분석할 수 없기 때문이다. 이런 문제점의 대안으로 양적 데이터를 바탕으로 전문가의 전문적인 식견으로 수업을 분석하는 혼합식 수업분석이 이루어지고 있다. 양적으로 이루어지는 수업분석의 체크리스트 평정,

Tuckman의 수업분위기이동법, Flanders의 언어상호작용 분석법 등이 있다.

질적 연구방법은 관찰이나 면접을 중시하며 현상의 전체적인 측면을 분석하는 목적을 지니고 있지만, 상황에 따라서 한 부분만을 연구의 대상으로 삼는 수업분석 방식이다. 천호성(2008)은 질적 수업분석의 특징으로 일정한 가설의 틀에 의한 가설검증을 목적으로 하지 않으며, 실험적 연구 상황을 설정하지 않고, 관찰이나 면접을 중시하고 주로 기록에 기초하여 분석함을 제시하였다. 또한, 연구 대상의 구체성이나 개별성에 맞추어 분석하고, 사회적 · 문화적 상황과 맥락에서 분석해야 하며, 현상에 내재하고 있는 의미를 찾아내고 그 배후에 있는 원리를 밝혀 내야 함을 특징으로 여겼다. 질적 접근방법에서 관찰자는 주요 사태(critical events) 파악 접근법, 비언어적 접근법, 일화기록법 등이 있다(전병운, 2004). 최근에는 수업나눔이 질적 연구방법의 대안으로 회자되고 있다. 질적 접근법으로 수업나눔은 기존의 양적인 수업 개선 프로그램과 달리 교수자의 성찰을 돕는 방향으로 동료교사들과 공동체성을 구축하고 단위학교에 수업협의 문화를 변화시키는 방안으로 제시되고 있다(김효수, 진용성, 2017).

## 4. 수업분석법

### 1) 체크리스트 평정

학교 현장에서 가장 많이 사용하는 방법으로 몇 가지 항목과 관점을 제시하여 수업관찰 시 해당 항목이 발생되었을 때 체크를 하여 척도화하여 표시하는 방법이다(주삼환 외, 2018). 과목의 특성에 따라 관찰 척도를 달리 제시할 수 있고(이수정, 윤인경, 2005; 최만준, 2004), 보편적 학습설계에 기반을 둔 체크리스트를 사용할 수도 있다(김남진, 김용욱, 2017). 〈표 3-1〉은 체크리스트 평정의 예시이다.

〈표 3-1〉 체크리스트 평정의 예

| 구분 | | 진단 내용 | 아주 만족 | 만족 | 보통 | 불만 | 아주 불만 |
|---|---|---|---|---|---|---|---|
| 수업준비 | 1 | 학생에 대한 사랑과 교육에 대한 열정을 갖고 있는가? | ⑤ | ④ | ③ | ② | ① |
| | 2 | 수업준비는 충분히 하는가? | ⑤ | ④ | ③ | ② | ① |
| | 3 | 학습내용은 학생의 수준에 적절하고 도전할 과제인가? | ⑤ | ④ | ③ | ② | ① |
| | 4 | 학습목표와 주제, 내용에 적합한 학습전략을 세우는가? | ⑤ | ④ | ③ | ② | ① |
| | 5 | 적절한 수업단계의 시간 배분 등 수업진행의 밑그림을 그리는가? | ⑤ | ④ | ③ | ② | ① |
| | 6 | 수업내용과 관련한 동기유발을 할 자료 또는 전략을 준비하는가? | ⑤ | ④ | ③ | ② | ① |
| 수업진행 | 1 | 수업 시종 시간을 지키는가? | ⑤ | ④ | ③ | ② | ① |
| | 2 | 수업 시작과 끝에 수업 규칙에 따라 학생과 인사를 나누는가? | ⑤ | ④ | ③ | ② | ① |
| | 3 | 수업을 시작할 때 출석 확인과 수업 준비 상태를 확인하는가? | ⑤ | ④ | ③ | ② | ① |
| | 4 | 과제물 확인과 피드백을 제공하는가? | ⑤ | ④ | ③ | ② | ① |
| | 5 | 수업을 시작할 때 본시에 공부할 개요를 알려 주는가? | ⑤ | ④ | ③ | ② | ① |
| | 6 | 전시학습의 내용을 상기하는가? | ⑤ | ④ | ③ | ② | ① |
| | 7 | 학습목표를 고려하여 동기를 유발하는가? | ⑤ | ④ | ③ | ② | ① |
| | 8 | 학습목표를 정확히 제시하는가? | ⑤ | ④ | ③ | ② | ① |
| | 9 | 수업의 중요한 내용을 부각하여 강조하는가? | ⑤ | ④ | ③ | ② | ① |
| | 10 | 학생의 반응에 적절하게 대응하는가? | ⑤ | ④ | ③ | ② | ① |
| | 11 | 학습내용을 평가방법 및 기준과 연계하여 제시하는가? | ⑤ | ④ | ③ | ② | ① |
| | 12 | 학습목표와 관련하여 학습내용에 관한 형성평가를 실시하는가? | ⑤ | ④ | ③ | ② | ① |
| | 13 | 학습내용을 요약 정리해 주는가? | ⑤ | ④ | ③ | ② | ① |
| | 14 | 학습내용과 관련한 질의와 응답의 기회를 갖는가? | ⑤ | ④ | ③ | ② | ① |
| | 15 | 차시에 학습할 내용을 제시하는가? | ⑤ | ④ | ③ | ② | ① |

| 수업방법 | 1 | 효과적인 다양한 수업방법을 적용하는가? | ⑤ | ④ | ③ | ② | ① |
|---|---|---|---|---|---|---|---|
| | 2 | 교과서와 노트의 활용이 적절하게 이루어지는가? | ⑤ | ④ | ③ | ② | ① |
| | 3 | 정보매체 자료와 유인물 등 다양한 자료를 활용하는가? | ⑤ | ④ | ③ | ② | ① |
| | 4 | 교사 주도적 수업과 학생 주도적 수업이 적절하게 이루어지는가? | ⑤ | ④ | ③ | ② | ① |
| | 5 | 수업내용을 학생의 수준에 맞게 제공하는가? | ⑤ | ④ | ③ | ② | ① |
| | 6 | 수업내용에 알맞은 학습활동 유형을 제공하는가? | ⑤ | ④ | ③ | ② | ① |
| | 7 | 판서의 구조화와 판서의 자세는 적절한가? | ⑤ | ④ | ③ | ② | ① |
| | 8 | 보상과 강화는 절절하게 이루어지는가? | ⑤ | ④ | ③ | ② | ① |
| | 9 | 개방적 발문과 폐쇄적 발문을 적절하게 사용하는가? | ⑤ | ④ | ③ | ② | ① |
| 수업평가 | 1 | 수업 전에 평가문항 구안을 미리 준비하는가? | ⑤ | ④ | ③ | ② | ① |
| | 2 | 수업의 내용에 대한 평가방법과 기준을 제시하는가? | ⑤ | ④ | ③ | ② | ① |
| | 3 | 학습목표와 관련된 성취 정도를 평가하는가? | ⑤ | ④ | ③ | ② | ① |
| | 4 | 평가 결과에 대한 피드백을 제공하는가? | ⑤ | ④ | ③ | ② | ① |
| 언어 | 1 | 음성의 크기, 높낮이, 강약의 변화는 적절한가? | ⑤ | ④ | ③ | ② | ① |
| | 2 | 말의 빠르기가 적절하고 정확하게 전달되는가? | ⑤ | ④ | ③ | ② | ① |
| | 3 | 개방적 발문과 폐쇄적 발문을 적절하게 사용하는가? | ⑤ | ④ | ③ | ② | ① |
| | 4 | 거슬리는 습관성 말투를 사용하지 않고, 올바른 교수언어를 사용하는가? | ⑤ | ④ | ③ | ② | ① |
| | 5 | 학생의 이해와 성장을 돕고, 칭찬과 격려하는 긍정적 언어를 사용하는가? | ⑤ | ④ | ③ | ② | ① |
| 태도표정 | 1 | 단정한 복장을 갖추고 있는가? | ⑤ | ④ | ③ | ② | ① |
| | 2 | 몸동작 등 자세가 자연스럽고 적절한가? | ⑤ | ④ | ③ | ② | ① |
| | 3 | 교실 앞에서의 위치 변화와 학생 사이의 순회는 적절한가? | ⑤ | ④ | ③ | ② | ① |
| | 4 | 표정이 온화하고 밝으며 친화적인가? | ⑤ | ④ | ③ | ② | ① |
| | 5 | 학생과 고르게 시선을 교감하면서 수업을 진행하는가? | ⑤ | ④ | ③ | ② | ① |

| | | | | | | | |
|---|---|---|---|---|---|---|---|
| 관계 | 1 | 학생의 이름을 불러 주는가? | ⑤ | ④ | ③ | ② | ① |
| | 2 | 학생을 긍정적 시각으로 바라보는가? | ⑤ | ④ | ③ | ② | ① |
| | 3 | 학생의 의견을 수용하고 존중하는가? | ⑤ | ④ | ③ | ② | ① |
| | 4 | 학생과의 상호작용이 활발하게 이루어지고 있는가? | ⑤ | ④ | ③ | ② | ① |
| | 5 | 학생이 교사의 권위를 존중하고 따르는가? | ⑤ | ④ | ③ | ② | ① |

출처: 주삼환 외(2018).

### 2) Tuckman의 수업분위기이동법

Tuckman이 개발한 방법으로 교사의 언행에 따라 수업의 분위기가 변화된다는 점에 착안하여 교사와 학생 서로에 대하여 가지는 전반적인 태도를 분석하는 도구이다. 총 28개 문항으로 4개의 하위영역으로 구성되어 있다. 28개 문항은 각각 대칭되는 형용사로 한 쌍으로 짝지어 있으며, 반응 시 선입견을 최소화하기 위하여 오른쪽과 왼쪽에 긍정과 부정을 무작위로 위치시켰다. 수업분위기이동법의 4개 하위영역은 창의성, 활기성, 치밀성, 온화성 등으로 5점으로 강도에 따라 수업교사, 수업을 들은 학생들, 관찰전문가가 각각 작성하는 방식으로 이루어진다. 수업분위기를 분석하기 위하여 수업분위기 관찰지와 관찰분석지가 별도로 존재한다. 〈표 3-2〉는 Tuckman의 수업분위기이동법의 문항표이다.

〈표 3-2〉 Tuckman의 수업분위기이동법 문항표

| 주제 :<br>수업일시 :<br>교수자:<br>관찰자 : | 교실:<br>학생의 수 :<br>학생의 성별 구성 정도: | | | | | | |
|---|---|---|---|---|---|---|---|
| 수업관찰 장면의 분석척도 | 평가기준 | | | | | | |
| | | 5 | 4 | 3 | 2 | 1 | |
| 1. 전체적인 수업 내용은? | 독창적인 | | | | | | 상투적인 |
| 2. 교사는 학생의 반응을 이끌기 위해? | 참을성 있는 | | | | | | 성미가 급한 |

| | | | | | | |
|---|---|---|---|---|---|---|
| 3. 학생과 수업을 진행하는 교사의 태도는? | 냉정한 | | | | | 온화한 |
| 4. 교사의 언어와 태도는? | 권위적인 | | | | | 상냥한 |
| 5. 학생의 문제해결을 위한 활동 모습은? | 창의적인 | | | | | 모방적인 |
| 6. 문제해결 과정에 따른 교사의 간섭 정도는? | 통제가 많은 | | | | | 자율성이 많은 |
| 7. 교사의 질문 유형은? | 개방적인 | | | | | 폐쇄적인 |
| 8. 수업 진행에 따른 교사의 언어는? | 부드러운 | | | | | 딱딱한 |
| 9. 학생을 대하는 교사의 태도는? | 불공정한 | | | | | 공정한 |
| 10. 수업목표 도달을 위한 교사의 일관성은? | 변덕스러운 | | | | | 일관성있는 |
| 11. 수업분위기가 이상할 경우 교사의 태도는? | 겁이 많은 | | | | | 모험적인 |
| 12. 학습목표 도달을 위한 활동 내용은? | 엉성한 | | | | | 치밀한 |
| 13. 학생들의 학습을 이끌기 위한 교사의 태도는? | 고립적인 | | | | | 우호적인 |
| 14. 교사의 질문은 학생의 이해에? | 확실한 | | | | | 애매한 |
| 15. 어려운 학습 진행 시 학생의 이해를 돕기 위해? | 소극적인 | | | | | 적극적인 |
| 16. 학습활동 시 개인별 능력별로 배려 정도는? | 융통적인 | | | | | 획일적인 |
| 17. 전체적인 교사와 학생 간의 학습활동은? | 산만한 | | | | | 체계적인 |
| 18. 학생을 위한 학습 참여 기술은? | 능동적인 | | | | | 수동적인 |
| 19. 학생 발표에 대한 교사의 권위 정도는? | 수용적인 | | | | | 비판적인 |
| 20. 활동 전반에 걸친 학습분위기는? | 조용한 | | | | | 시끄러운 |
| 21. 학습을 진행하는 교사의 태도와 경향은? | 진취적인 | | | | | 보수적인 |
| 22. 학습활동, 자료의 활용, 질문 등은? | 계획적인 | | | | | 즉흥적인 |
| 23. 학생의 답변이나 활동에 대한 교사의 태도는? | 경솔한 | | | | | 신중한 |
| 24. 학생과 교사의 수업 활동 모습은? | 활기찬 | | | | | 무기력한 |
| 25. 학생의 발표에 대해 교사의 응대 모습은? | 객관적인 | | | | | 주관적인 |
| 26. 활동 전반에 걸쳐 느껴지는 교사의 모습은? | 내성적인 | | | | | 외향적인 |
| 27. 교사와 학생의 발표, 토의, 상호작용 모습은? | 자신감 있는 | | | | | 망설이는 |
| 28. 교사의 몸짓, 표정, 행동, 대응 태도 등은? | 소심한 | | | | | 답답한 |

출처: 조남두 외(2011).

### 3) Flanders의 언어상호작용 분석법

Flanders의 언어상호작용 분석법은 수업 중 교사와 학생 사이에 나타난 언어 상호작용 유형을 10가지 분류항목으로 하여 수업을 관찰하는 분석법이다. 〈표 3-3〉의 각 번호는 Flanders가 고안한 분류번호로 의사소통의 행동 특징을 나타낸다. 교사의 이야기는 지시적 발언과 비지시적 발언으로 나뉘며, 학생의 발언은 반응적인 것과 자의적인 것으로 나뉜다. 그 외의 관찰자가 이해할 수 없는 행위 등으로 구성되어 있다. 이런 분류번호에 따라 관찰전문

**〈표 3-3〉 Flanders의 언어상호작용 분석에서 나타난 10가지 범주화**

<table>
<tr><th colspan="3">3초마다 점검 가능한 범주</th></tr>
<tr><td rowspan="2">교사 이야기</td><td>비지시적</td><td>1. 감정 수용: 학생들의 감정 상태를 비위협적 태도로 수용하고 명확히 한다. 감정은 긍정적이거나 부정적일 수 있다. 예견하거나 회상하는 감정이 포함된다.<br>2. 칭찬, 격려: 고개를 끄덕이거나, '음, 흠' 또는 '계속하세요'라고 말하면서, 학생들의 행위, 행동, 다른 사람에게 폐를 끼치지 않는 범위에서의 긴장을 해소하는 농담 등에 대해 칭찬 또는 격려한다.<br>3. 학생의 생각을 수용하거나 사용: 학생의 말을 인정하고 그것을 명백히 한다.<br>4. 질문하기: 학생의 대답을 들으려는 의도를 가지고 내용 또는 과정에 대해 질문한다.</td></tr>
<tr><td>지시적</td><td>5. 강의하기: 내용 또는 과정에 대한 사실 또는 견해를 전한다.<br>6. 지시하기: 학생의 순종을 기대하는 지시, 명령, 요구를 포함한다.<br>7. 학생을 비판하기 또는 교사의 권위를 정당화하기: 누군가에게 고함을 치거나, 교사가 무엇을 왜 말하는가 등, 비수용에서부터 수용 형태에 이르기까지 학생의 행동 변화를 이끌어 내기 위한 진술을 포함한다.</td></tr>
<tr><td colspan="2">학생 이야기</td><td>8. 학생의 반응적인 말: 학생이 교사에게 반응한다. 교사가 접촉을 시도하거나 진술을 유도한다.<br>9. 학생의 주도적인 말: 학생들에 의해 시작된 말을 가르킨다.</td></tr>
<tr><td colspan="2">혼동의 과정</td><td>10. 침묵 또는 혼란: 멈춤, 짧은 동안의 침묵, 관찰자가 이해할 수 없는 정도의 혼란스러운 의사소통을 뜻한다.</td></tr>
</table>

출처: Flanders(1970).

가들은 3초마다 각 행위가 나타났을 때 번호를 기록한다. 수업 후 기록지에 10가지 분류항목 번호의 비율, 빈도, 번호의 기재 유형 등을 종합적으로 분석한다.

언어상호작용 분석법은 비언어상호작용은 제외하였다는 점에서 다른 분석법과 차이가 있다. 이는 언어적 상호작용이 비언어적 상호작용과 상관관계가 높아서 굳이 비언어적 상호작용까지 분석해야 할 필요가 없다는 점에서 언어적 상호작용만을 분석의 대상으로 삼았다. 오히려 비언어적 상호작용분석보다는 언어적 상호작용으로 수업을 분석하는 것이 더 신뢰할 수 있다는 연구 결과가 있다(변영계, 1997; 변영계, 김경현, 2006). 하지만 언어상호작용 분석법은 분단학습이나 실험 · 실습 형태의 수업분석에는 적합하지 않으며, 수업내용을 분석할 수 없다는 점에서 잘된 수업이라고 단정할 수 없는 구조적 한계를 지닌다(변영계, 김경현, 2006).

### 4) 수업나눔

최근에는 질적인 방법으로 수업을 분석하는 움직임이 일고 있다. 학교 현장에서 교사들은 수업 공개 후에 교과협의회를 실시하여 관찰교사가 수업교사에게 수업 시 나타난 잘된 점과 잘못된 점을 지적한다. 이때 비판의 대상이 된 수업교사는 수업에 대하여 깊은 고민을 털어놓을 수 없게 된다. 수업은 학생과의 복잡한 상호작용과 미묘한 관계 속에서 이루어지며 교사의 신념과 교실 문화 등이 복합적으로 이루어지는데, 교사의 수업에 대한 깊은 성찰 없이 이루어지는 장학 후 협의회는 수업교사에게 또 다른 스트레스가 되어 진정한 수업 개선에 필요한 감화를 끌어낼 수 없게 한다(김효수, 진용성, 2017). 오히려 수업을 공개하는 것이 수업교사에게 제대로 된 환류(feedback)를 제공하지도 못한 채 수업성찰의 기회를 박탈할 수 있다. 이런 문제점의 대안으로 수업교사 스스로 수업성찰을 하여 수업개선을 끌어내는 수업분석 방법이 수업나눔이라 할 수 있다. 수업나눔에서는 양적으로 수업을 재단하는 방법을 지양하고 교사 간 따뜻한 공감대 속에서 수업교사 스스로 수업의 교정점을 찾아가도록 나눔의 장을 마련하는 것이 필요하다. 교사의 수업에 대한 내적 변화를 바탕으로 이루어지는 수업나눔은 양적인 측정에 의한 수업분석 방법보다 더 의미 있는 수업 개선을 이룰 수도 있다.

## 5. 과학적 접근의 수업분석

수업분석은 학교 현장에서 흔히 사용하는 용어로 수업을 관찰하고 기록한 자료를 바탕으로 교사의 수업전문성을 향상하려는 목적을 취하고 있다. 이런 목적을 달성하기 위하여 수업분석 전에 수업교사와 수업의 목적, 내용, 방법 등을 수업분석전문가와 협의하며, 수업관찰 이후에는 수업분석 결과를 바탕으로 개선점에 대한 대안을 공유하기도 한다. 하지만 수업분석 결과를 유의미하게 수업교사에게 활용하도록 하는 방안은 무엇보다 수업분석이 신뢰롭고 객관적으로 이루어져야 한다는 점이다. 수업교사가 수업분석을 통하여 실질적으로 도움을 얻기 위해서는 수업분석 도구의 양호도(신뢰도, 타당도, 객관도)가 갖추어져야 할 필요가 있다는 것이다.

수업교사에게 수업전문성 향상에 실질적인 도움을 주기 위하여 각국에서 여러 분석도구를 개발하여 사용하고 있다. 다음 장에서 자세히 언급하겠지만, ISTOF(International System for Teacher Observation and Feedback), FfT(Framework for Teaching), MQI(Mathematical Quality of Instruction), CLASS(CLass Assessment Scoring System), GDTQ(Generic Dimensions of Teacher Quality), PLATO(Protocol for Classroom Observation) 등이 교사의 수업전문성을 향상하기 위한 목적으로 탄생하여 현재까지 사용되고 있는 과학적 도구다. 단순하게 교사의 관찰 가능한 행동의 빈도만을 체크리스트에 기재하는 전통적인 방식에서 벗어나 문항반응이론을 사용하여 좀 더 정교한 측정도구들이 개발되고 있다. 최근에는 이렇게 양적으로 교사의 수업을 분석하는 방법과 함께 교사와 수업분석전문가의 공감대를 형성하여 교사 스스로 수업을 공개하고 자신의 수업을 반성하면서 수업전문성을 개선하고자 하는 수업나눔과 같은 질적인 접근방법도 주목받고 있다.

양적과 질적으로 수업분석을 하는 이유는 궁극적으로 교사의 수업전문성을 향상하기 위한 것이지만 현실적으로 교사와 학생 간의 모든 상호작용을 다 분석하는 것은 쉬운 일이 아니다. 따라서 교사의 모든 수업활동을 다 측정할 수 없는 물리적인 한계를 인정하고 교사의 수업에만 분석의 초점을 맞출 필요성이 있다. 이런 필요성에 따라 다음 장에서는 교사의 여러 직무 중 수업전문성을 분석하는 도구인 ICALT에 대하여 알아본다.

## 참고문헌

강정찬(2015). 목적 지향적 수업개선을 위한 수업분석모형 개발. **한국교육**, 42(1), 137-166.

김난회(2013). 좋은 수업 활동을 위한 수업분석 도구 개발. 안동대학교 대학원 박사학위논문.

김남진, 김용욱(2017). 한국형 보편적 학습설계 기반 수업분석 체크리스트 개발. **특수교육재활과학연구**, 56(3), 425-457.

김종서(1983). **수업형태분석법**. 서울: 교육과학사.

김효수, 진용성(2017). 수업나눔을 적용한 단위학교 수업협의 사례 연구. **한국교원교육연구**, 34(3), 81-107.

백광호(2008). 수업 개선을 위한 고등학교 한문 교사의 자기 수업 분석. **한문교육연구**, 30, 217-244.

변영계(1997). **수업장학**. 서울: 학지사.

변영계, 김경현(2006). **수업장학과 수업분석**. 서울: 학지사.

심덕보(1994). **수업분석의 실제**. 서울: 예원문화사.

이상수, 강정찬, 이유나, 오영범(2012). **체계적 수업분석을 통한 수업컨설팅**. 서울: 학지사.

이수정, 윤인경(2005). 중학교 가정 교과 수업분석 연구I. **한국가정과교육학회지**, 17(2), 171-182.

전병운(2004). 수업관찰 및 분석의 실제. **자격연수**, 2, 481-504.

정종원, 김명랑(2010). 대학 수업에서 블로그 기반 학습활동이 인지 조절 능력 활용에 대한 학습자 인식에 미치는 영향. **교육공학연구**, 26(4), 27-47.

조남두, 장옥선, 구영회, 문점애, 이상복, 감구진, 백경원, 곽주철(2011). **수업을 꿰뚫어 보는 힘! 수업분석**. 서울: 상상채널.

주삼환(1998). **장학과 교사의 수업의 질 향상을위한 수업관찰과 분석**. 서울: 원미사.

주삼환, 이석열, 김홍운, 이금화, 이명희(1998). **수업관찰과 분석**. 서울: 원미사.

주삼환, 천세영, 김택균, 신붕섭, 이석열, 김용남, 이미라, 이선호, 정일화, 김미정, 조성만(2018). **교육행정 및 교육경영 5판**. 서울: 학지사.

천호성(2005). 사회과 교실 수업 분석의 방법과 과제-관찰, 수업기록, 분석시점을 중심으로. **시민교육연구**, 37(3), 231-254.

천호성(2008). **수업분석의 방법과 실제: 질적 연구방법을 중심으로**. 서울: 학지사.

최만준(2004). 체육수업관찰 체크리스트의 유효성에 관한 검토. **한국스포츠리서치**, 15(5), 1241-1252.

Danielson, C. (2011). The framework for teaching evaluation instrument (2011 edition). The Danielson Group.

Danielson, C. (2013). The framework for teaching evaluation instrument, 2013 Instructionally Focused Edition, The Danielson Group. https://usny.nysed.gov/rtt/teacher-leaders/practicerubrics/Docs/danielson-teacher-rubric-2013-instructionally-focused.pdf

Danielson, C. (2017). The framework for teaching clusters. The Danielson Group.

Danielson, C. (2018). Crosswalk between Universal Design for Learning(UDL) and the Danielson Framework for Teaching(FfT). The Danielson Group.

Flanders, N. A. (1970). *Analyzing teaching behavior*. Reading, MA: Addison-Wesley Publishing Company.

Gerald T. Schumacher. (2004). Perception of the impact of a standards-based teaching evaluation system, based on th Danielson FRAME FOR TEACHING model, on teaching and student learning. JOUR, ResearchGate. Institute for Research on Policy Education and Practice (2011). PLATO (Protocol for language arts teaching observations). Institute for Research on Policy Education and Practices.

Grossman, Pam, Sharon Greenberg, Karen Hammerness, Julie Cohen, Chandra Alston, and Michelle Brown. (2009). Development of the Protocol for Language Arts Teaching Observation (PLATO) The American Educational Research Association 2017.

Hill, H. (2010). Mathematical Quality of Instruction (MQI), Havard School of Education. https://cepr.harvard.edu/files/cepr/files/ncte-conference-mqi-hill.pdf(accessed in AUG. 2019).

Muijs, D., Reynolds, D., Sammons, P. et al. (2018). Assessing individual lessons using a generic teacher observation instrument: How useful is the International System for Teacher Observation and Feedback (ISTOF)?. *ZDM Mathematics Education 50*(3), 395-406

Pianta, R., LaParo, K., & Hamre, B. K. (2008). *Classroom assessment scoring system*. Baltimore: Paul H. Brookes.

# 수업분석과 수업관찰도구

## 1. 수업분석을 위한 도구의 소개

미국이나 영국 등 선진국들은 교육정책 자원 배분의 기준으로 학교의 경쟁력 수준을 포함하게 되면서 교사의 수업전문성을 중요한 사안으로 다루었다. 여러 연구를 통해 교사가 잘 가르치는 것은 학생의 학업성취도에 미치는 영향이 크다는 것이 증명됨(Archer et al., 2017)에 따라 많은 국가에서 교사의 수업전문성을 어떻게 측정하고 교사의 전문성 향상을 어떻게 이룰 수 있느냐에 관심을 보이고 있다.

미국이나 서유럽의 여러 나라들은 학교의 성취기반으로 학교 예산 지원을 결정하는 정책을 시행하였는데, 특히 2010년 초반 미국의 오바마 정부 시절, 교사의 전문성에 기반한 여러 정책이 수행되면서 교사의 수업전문성에 관한 관심이 증폭되었다. 미국의 빌 & 멜린다 게이츠 재단(Bill & Melinda Gates Foundation)은 교육의 질을 향상시키기 위해 3년간 3,000여 개의 수업을 관찰한 연구인 MET(Measures of Effective Teaching)를 지원하였다. 이 연구를 통해 수업평가는 학생성취와 관련이 있다는 것을 알아내었다. 즉, 수업관찰을 통해 평가가 높게 나온 교사가 가르친 학생은 수업관찰 평가가 낮은 교사에게서 배운 학생들에 비해 높은 성취를 보였다(Kane & Striger, 2012). 수업의 질은 학생의 성취와 관련이 있고, 수업관찰은 교사의 수업전문성 향상을 위한 해법이 될 수 있다는 것을 보여 주었다(김성경, 2016 재인용).

많은 학자가 좋은 수업에 관한 연구에 참여하기 시작하였고 연구자가 많아지고 연구결과가 쌓이면서 학교효과성(school effec-tiveness)이라고 명명한 연구 분야가 탄생되었다. 이 분야의 연구자들은 좋은 수업의 요소들을 추출하여 요목화하고 수업을 관찰할 수 있는 도구를 개발하였다. 좋은 수업이 갖는 공통적인 특성을 찾아내어 이를 반영하는 수업관찰도구를 개발하고 타당성 연구를 지속적으로 수행했다. 특정한 과목이나 국가, 문화에 사용이 제한되지 않는 일반적 도구를 개발할 수 있는지를 연구하였고, 이의 타당성을 검증하였다.

이 장에서는 학교효과성 연구에서 개발되었던 외국의 대표적인 도구들을 소개한다. 여기서 소개하는 도구들은 최근에 대규모로 이루어졌던 수업관찰 연구인 MET(Measures of Effective Teaching)[1] 프로젝트에서 사용된 도구와 2017년 영국의 교육표준청(Ofsted)에서 수업관찰의 방법을 위해 비교 분석의 대상이 된 도구들 가운데 선정하였다. 이 장에서는 수업관찰을 위해 사용되어진 이 도구들의 ① 도구개발의 배경, ② 도구의 개발과정, ③ 도구의 내용, ④ 수업관찰전문가 양성 방법에 관해 소개한다.

---

1) 빌 & 멜린다 게이츠 재단에서 지원하여 2011년부터 2013년까지 3년에 걸쳐 3,000여 개 수업을 관찰하였던 연구로 수업분석에 관한 가장 대규모로 수행된 연구이다. 이 결과를 기반으로 미국의 각 주에서는 교사의 전문성 신장을 위해 어떤 지원이 필요한지를 알게 되어 교사의 전문성 향상을 위한 정책이 수립되었다. 이때 사용된 관찰도구로는 FfT(Frame for Teaching), CLASS(Classroom Assessment Scoring System), PLATO(Procotol for Language Arts Teaching Observations), MQI(Mathematical Quality of Instruction)가 있다.

## 2. ISTOF(International System for Teacher Observation and Feedback)

### 1) ISTOF 도구개발의 배경

ISTOF 도구의 개발은 국제적으로 사용 가능한 수업관찰도구의 개발, 수업관찰 연구가 활발하지 않은 국가에서 수업효과성 연구의 증진, 국제비교 연구의 촉진을 목적으로 시작되었다(Muijs, Reynolds, Sammons, Kyriakides, Creemers, & Teddlie, 2018; Teddlie, Creemers, Kyriakides, Muijs, & Yu, 2006). ISTOF는 학생들의 학업성취에 영향을 미치는 교사 효율성을 분석하기 위한 수업관찰도구로 2006년 미국 루이지애나주립대학교의 ISERP(International School Effectiveness Research Project) 회원들이 참여하여 타당도와 신뢰도를 검증한 도구이다.

ISTOF 도구는 특정과목의 수업관찰도구가 아닌 일반적인 수업관찰도구로 개발되었으나 실제 학교급을 초월한, 또 교과목을 초월한 수업관찰도구의 효과는 향후 더 많은 상황 속에서 검증되어야 한다고 하였다(Muijs et al., 2018). 현재 이 연구에는 아르헨티나, 벨기에, 브라질, 캐나다, 중국, 일본, 핀란드, 독일, 네덜란드, 터키, 영국, 미국, 남아프리카 등 20여 개국이 참여하고 있는데(Muijs, et al., 2018) 향후 ISTOF 개발 목적에 맞게 범용 도구로서의 타당도 검증이 이루어져야 할 것이다.

### 2) ISTOF 도구의 개발과정

Charles Teddlie, Daniel Muijs, Leonidas Kyriakides, Fen Yu 등의 학자들은 ISTOF 도구의 개발과 운영에 참여하여 왔다. 이들은 수업효과성에 영향을 미치는 주요 요소와 척도에 관한 기존 도구들의 정의에 동의하지 않았다.

특히 기존의 도구들은 교사 간의 차별성이 반영되지 않고, 자기조절학습보다 직접 강의(direct instruction)하는 방식에 초점이 맞추어져 있다고 판단하여 이러한 점을 수정하고자 새로운 도구를 제안하였다. 과거의 도구들이 심리측정(psychometric) 방법을 통해 개발되었으나, 이 도구는 각국의 전문가들로부터 의견을 받는 델파이 기법을 활용하여 개발되었다. 각국의 전문가들은 수업을 관찰하고, 교사에게 피드백을 주기 위한 내용에 필요한 요소들을 델파이 방법을 통해 수집하고, 중앙위원회에서 이를 정리하는 방법을 이용하였다. 도구의 개발에 참여한 국가들은 각국에 위원회를 구성하여 좋은 수업 요소에 관한 델파이 조사에 응하고, 중앙위원회에서 이를 분석하여 도구의 구성요소 11종류를 추출하였다.

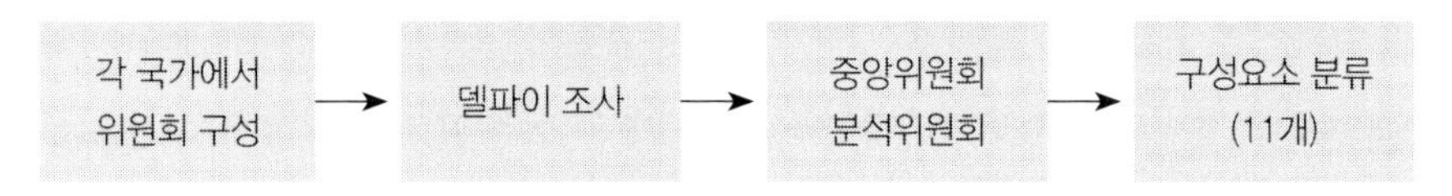


[그림 4-1] ISTOF의 개발 방법[2)]

이러한 개발 방법에 의하여 중앙위원회에서는 참여하는 각국에 도구의 구성요소가 될 만한 자료 및 항목을 6개 이하로 제출할 것을 요청하여 수집된 103개 요소를 중앙위원회와 분석위원회에서 유목화하였다. 질적 연구방법인 근거이론(ground theory)을 사용하여 각국에서 보내온 자료들을 분석, 개념화, 비교를 하고, 다시 각국에서 피드백을 받아 항목을 재정리하는 방법을 반복하여 도구의 항목을 최종 완료하는 절차를 거쳤다([그림 4-2] 참조). 이전 도구들이 이론적 근거나 연구에 기반했다면, ISTOF는 전문가들의 의견을 분석하는 델파이 방식을 사용한 점에서 차별화된다.

2) 쿼리(query)를 통해 각 나라의 정의 목록을 분석하여 구성요소를 도출.

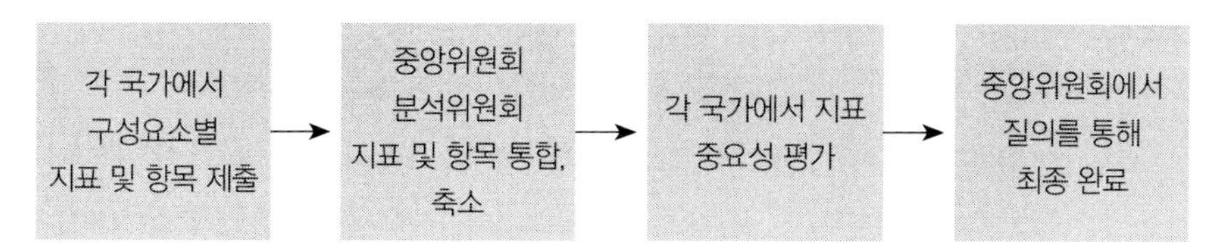


[그림 4-2] ISTOF의 개발 절차

### 3) ISTOF 도구의 내용

참여국에서 제출한 구성요소별 지표 및 항목을 중앙위원회에서 최종 추출한 7개의 교실 관찰 구성요소는 ① 총평 및 평가, ② 차별화 및 포용, ③ 수업의 명확성, ④ 수업능력 향상, ⑤ 능동적 학습 증진 및 메타인지 기술 개발, ⑥ 교실 분위기, ⑦ 교실관리다. 이 도구는 3단계로 구성되어 있는데, 7개의 구성요소와 포괄성이 높은 수준(high inference)의 21개 지표, 포괄성이 낮은 수준(low inference)의 실천사례인 45개의 항목으로 이루어진다. 도구의 3단계 구성은 다음의 〈표 4-1〉과 같다. 이 지표들은 1-5의 리커트 척도로 측정된다.[3]

〈표 4-1〉 ISTOF 도구의 내용

| 구성요소 | | 지표 | 항목 |
|---|---|---|---|
| 1 | 총평 및 평가<br>Assessment & Evaluation | 1-1. 교사는 명시적이고 상세하며 건설적인 피드백을 제공한다. | 1. 교사는 정답이 맞는지 아닌지를 분명히 한다.<br>2. 교사는 학생들이 준 답에 대해 적절한 피드백을 제공한다. |
| | | 1-2. 평가는 수업의 목적과 목표에 맞춘다. | 3. 교사가 주는 과제는 학생들이 배운 내용과 확실하게 관련이 있다.<br>4. 교사는 과제가 수업의 학습 목표와 어떻게 일치하는지 설명한다. |

3) https://doi.org/10.1007/s11858-018-0921-9

| | | | |
|---|---|---|---|
| 2 | 차별화 및 포용<br>Differentiation and Inclusion | 2-1. 교사는 모든 학생이 참여하는 환경을 조성한다. | 5. 학생들은 과제 지향적인 문제들에 대해 서로 자주 의사소통한다.<br>6. 모든 학생은 적극적으로 학습에 임한다. |
| | | 2-2. 교사는 학생의 차이를 충분히 고려한다. | 7. 교사는 다른 그룹의 학생들을 위해 과제 범위를 구분한다.<br>8. 교사는 그들을 필요로 하는 학생들에게 연습할 수 있는 추가적인 기회를 준다. |
| 3 | 수업의 명확성<br>Clarity of Instruction | 3-1. 교사의 의사소통 능력이 우수하다. | 9. 교사는 정기적으로 이해도를 확인한다.<br>10. 교사는 분명하고 이해할 수 있는 방식으로 의사소통을 한다. |
| | | 3-2. 목표에 대해 명확하게 설명한다. | 11. 교사는 강의 시작 시 학습 목표를 명확히 한다.<br>12. 교사는 학생들에게 왜 특정한 활동이 강의에서 발생하는지 이유를 밝히라고 요청한다. |
| | | 3-3. 수업은 체계적으로 잘 짜여 있다. | 13. 교사는 단순한 개념에서 보다 복잡한 개념으로 움직이는 논리적 흐름으로 교훈을 제시한다.<br>14. 교사는 잘 관리된 전환점을 가지고 한 단계에서 다른 단계로 원활하게 이동하면서 수업을 시행한다. |
| 4 | 수업능력 향상<br>Instructional skills | 4-1. 교사는 학생을 참여시킬 수 있다. | 15. 교사는 모든 유형의 학습자를 참여시킬 수 있는 충분한 대기 시간과 대응 전략을 제공한다.<br>16. 교사는 모든 학생에게 적극적인 참여를 자극하는 과제를 준다. |
| | | 4-2. 교사는 훌륭한 질문 기술을 가지고 있다. | 17. 교사는 생각을 장려하고 피드백을 이끌어 내는 질문을 던진다.<br>18. 질문의 난이도에 따라 중지 시간이 다르다. |
| | | 4-3. 교사는 다양한 교수방법 및 전략을 사용한다. | 19. 교사는 수업시간에 다양한 교육 전략을 사용한다.<br>20. 교사는 다른 그룹의 학생들을 위해 서로 다른 적절한 교육 전략을 사용한다. |

| | | | |
|---|---|---|---|
| 5 | 능동적 학습 증진 및 메타 인지 기술 개발<br>Promoting active learning and Developing meta cognitive skills | 5-1. 교사는 학생들이 문제해결 및 메타 인지 전략을 개발할 수 있도록 돕는다. | 21. 교사는 학생들이 다양한 유형의 문제를 해결하는데 도움을 줄 수 있는 전략을 사용하도록 이끈다.<br>22. 교사는 학생들이 사용하고 있는 문제해결 전략의 여러 단계를 설명하도록 이끈다.<br>23. 교사는 분명하게 문제해결 전략을 가르친다. |
| | | 5-2. 교사는 학생들에게 능동적인 학습자가 될 수 있는 기회를 준다. | 24. 교사는 학생들이 서로 질문을 하고 주제에 대한 이해를 서로 설명하도록 권장한다.<br>25. 교사는 학생들에게 자신의 과제를 교정할 기회를 준다. |
| | | 5-3. 교사는 학생에게 비판적 사고를 조장한다. | 26. 교사는 학생들에게 특정 접근방식의 장단점에 대해 생각하게 한다.<br>27. 교사는 학생들에게 문제나 질문에 대해 그들이 준 해결책/대답을 생각해보라고 한다.<br>28. 교사는 학생들을 초대하여 특정한 문제에 대한 개인적인 의견을 제시한다. |
| | | 5-4. 교사는 자료를 학생들의 실제 체험에 연결한다. | 29. 교사는 학생의 일상생활에서 얻은 자료와 예를 체계적으로 활용하여 강의 내용을 설명한다.<br>30. 학생들에게 체험의 예를 발표 요청한다. |
| 6 | 교실분위기<br>Classroom Climate | 6-1. 교사는 모든 학생을 소중히 한다. | 31. 교사는 교실에 있는 모든 학생에게 진정한 따뜻함과 공감을 보여 준다.<br>32. 교사는 학생들의 행동과 언어 사용에서 존경심을 나타낸다. |
| | | 6-2. 교사는 적극적인 상호작용과 참여를 개시한다. | 33. 교사는 모든 학생을 생산적인 일에 참여시키는 목적적 활동을 만든다.<br>34. 교사의 가르침은 대화형이다(많은 질문과 답). |
| | | 6-3. 교사는 모든 학생과 상호작용한다. | 35. 교사는 자발적으로 활동에 참여하지 않는 학생들을 배려하는 행동, 교대해 주거나 참여를 권장한다.<br>36. 교사는 모든 학생을 교실 활동에 참여시키려고 노력한다. |
| | | 6-4. 교사는 기대하는 높은 수준을 전달한다. | 37. 교사는 아이들이 잠재력을 실현하기 위한 노력을 칭찬한다.<br>38. 교사는 모든 학생이 교실에서 최선을 다하기를 기대하고 있다는 것을 분명히 한다. |

| | | | |
|---|---|---|---|
| 7 | 교실관리 Classroom | 7-1. 학습시간을 최대한 활용한다. | 39. 교사는 제시간에 수업을 시작한다.<br>40. 교사는 학생들이 수업이 끝날 때까지 학습 활동에 참여하도록 한다.<br>41. 수업의 혼란을 최소화한다. |
| | | 7-2. 명확한 규칙이 있다. | 42. 학생들이 수업시간에 과제를 하는 데 도움을 받을 수 있는 시기와 방법에 대해 명확히 알려준다.<br>43. 학생들이 과제를 끝마쳤을 때 어떤 옵션이 가능한지에 대해 명확히 설명해 준다. |
| | | 7-3. 잘못된 행동과 방해에 효과적으로 대처한다. | 44. 교사는 행동의 심각성에 맞는 조치로 잘못된 행동을 바로잡는다(예: 그녀는 과민반응하지 않는다).<br>45. 교사는 교실의 정해진 규칙을 참고하여 잘못된 행동과 방해를 다룬다. |

출처: Muijs & Reynolds (2000).

### 4) ISTOF 수업관찰전문가 양성 방법

ISTOF 도구 사용을 위한 수업관찰전문가 양성은 반나절동안 이론과 실습을 수행한다. ISTOF 전문가들이 도구의 이론적 배경 및 항목을 소개하고, 제공되는 영어, 수학 수업 동영상을 이용하여 코딩을 하고, 이를 전문가의 코딩에 비교하여 정확성을 검증한다. 이때 사용된 비디오는 한 수업을 여러 각도에서 3번 찍었기 때문에 한 수업의 동영상을 3번 보게 된다. 연수자들은 수업 동영상을 보면서 노트를 적고 추후 도구에 점수를 부여한다. 연수에 참여한 관찰자의 점수가 Cohen's Kappa 값이 0.7이 달성될 때까지 연수를 지속한다. 관찰자 간의 일치도 수준이 0.7 이상 수준에 이르면 관찰전문가로서의 자격증을 받게 된다. 별도의 연수비를 받지 않는다.

## 3. FfT(Framework for Teaching)

### 1) FfT 도구개발의 배경

미국 정부는 각 학교에 교육지원금을 지급하는 데 학교의 성과를 중요한 기준으로 삼는다. 학교의 성과에는 교육성과가 중요한 요소이고 교육성과를 향상시키기 위해 발전시켜야 할 영역이 교사의 전문성, 즉 수업의 효율성이다. 따라서 교사의 수업전문성에 관한 판단을 할 수 있는 기준이 필요하였고, 미국에서는 이러한 목적으로 FfT가 많이 사용되고 있다. FfT라는 제목에서 보여 주듯이 이 도구는 교사들을 위한 프레임워크로 교사가 가져야 할 전문성을 제시한다.

Charlotte Danielson은 교사의 수업을 평가하기 위한 도구를 1996년에 개발하였고 이어 교사연수를 위한 프로그램 개발을 하였다(Alvarea & Anderson-Ketchmark, 2011). FfT 개발 목적은 모든 학생에게 양질의 교육을 제공해 줄 수 있도록 모든 교사가 다 잘 가르칠 수 있는 방법을 찾기 위해서다. 학습은 학생에게 외부에서 지적인 자극을 제공하고 학생이 자극에 적극적으로 반응할 때 일어난다. FfT는 학생들이 의미를 만들어 내고 적극적으로 수업에 참여할 때 학습이 일어난다는 구성주의 이론에 근거하여 개발되었다. 즉, 교사가 학생의 적극적인 참여를 증진시키는 수업전문성을 높일 때 학생들의 양질의 학습이 증진된다고 보는 관점이다. 현재 미국에서 FfT는 수업관찰에서 가장 광범위하게 사용되는 도구 가운데 하나로 특히 영어와 수학과목에 많이 사용된다.

### 2) FfT 도구의 개발과정

1996년 Danielson은 신임교사의 채용 기준인 수업의 수준을 평가하는 도구를 교육평가기관(Educational Testing Service: ETS)과 함께 개발하여, '장학 및 교육과정 개발협회(Association for Supervision and Curriculum Development: ASCD)'의 저널에 발표하였다. 교사가 숙달해야 할 전문성을 이론적으로 분석하고 실험연구를 통해 검증하여 4개 분야의 22개 항목을 개발하여 이에 대한 평가를 '매우 미흡, 미흡, 충분, 우월'의 4단계로 나누어 등급을 부여하게 하였다. 이 도구는 교사, 교장, 행정가들로부터 좋은 호응을 받았다.

2007년에 Danielson은 FfT의 보완된 버전을 발표한다(Danielson, 2011). 1996년 이후 수행된 FfT 연구결과를 발표하고 교실에서 가르치지 않지만 학교 내에서 일하는 사서, 보건, 상담직의 전문적 역할에 관한 프레임워크도 제공하여 이들이 속한 전문협회에서 이를 기준으로 직무훈련을 재구조화하고 조직화하게 된다. 2007년 버전에도 1996년의 4개 분야 22개 항목 구조는 그대로 유지되었지만, 항목의 의미를 명확하게 하기 위해 또는 의미의 수정을 위해 문구나 구체적 예제의 내용 등이 수정 · 보완되었다.

2011년 빌 & 멜린다 게이츠 재단에서 수행한 수업효과성 연구(Measuring Effectiveness of Teaching: MET)에 사용되었던 4가지 도구 가운데 FfT가 포함되었다. MET는 교사의 수업의 질과, 학생들의 수업에 관한 반응, 그리고 학생의 학업성취도의 증진 정도의 3가지 자료들을 수집하여 교사의 수업의 질이 학생들의 학업성취도에 어떤 영향을 미치는지 알아보는 대규모의 연구로 이때 수업관찰도구[4]들을 신뢰할 수 있는지, 그리고 교사의 수업효과성을 관찰할 수 있는지를 확인하는 것이 큰 과제였다. 시카고 지역에서 교사의 수업 전문성의 평가를 위해 사용되었던 FfT는 MET 연구를 계기로 더욱 광범위하게 알려지게 되었고 2014년 현재 22개 이상의 주에서 사용되고 있는 것으로 알려졌다(Coe, Aloisi, Higgins, & Major, 2014).

2013년도에 발표된 FfT 도구의 수정본은 미국에서 도입된 국가표준교육

---

4) MET 연구 당시 수업분석을 위해 사용되었던 4개의 도구는 일반 과목의 관찰에 FfT와 CLASS, 수학에는 MQI, 영어에는 PLATO가 사용되었다.

과정(Common Core State Standard: CCSS)의 내용을 반영하기 위해서 이루어졌다. 대부분의 주정부가 도입한 CCSS의 주요 골격은 학생들의 역할을 적극적인 학습자로 활동시키고 학습자의 기본 역량을 키우는 것이다. 읽기에서 소설과 같은 창작물보다는 사실에 근거한 글 읽기를 더 강조하는 등 과목에 따라서는 이전과는 다른 내용의 도입이 실행되기도 한다. 이러한 변화는 교육과정의 설정과 평가에 큰 영향을 미치게 된다. 하지만 FfT의 기본 방향은 학생기반의 수업활동 관찰인 바, 도구의 내용은 크게 달라지지 않고 평가 루브릭에서 항목의 설명과 용어를 보완하였다.

### 3) FfT 도구의 내용

FfT는 교수 · 학습에 대한 구성주의적 입장에 기반한 수업관찰과 분석의 도구로 관찰대상이 되는 교수활동 항목들을 3단계로 구분한다. 최고 수준의 영역(domain)은 '계획과 준비(planning and preparation), 수업환경(classroom environment), 수업(instruction), 교직책무성(professional responsibilities)'의 네 가지다.

영역의 하부 요소로는 ① 계획과 준비의 6개, ② 수업환경의 5개, ③ 수업의 5개, ④ 교직책무성의 6개 등 모두 22개가 있다. 이 하부 요소 밑으로 총 76개 하위 요인이 있다. 다음 [그림 4-3]에 FfT의 4개 영역과 영역별 하부 요소 22개 항목의 질문이 구성되어 있다. 앞의 설명처럼, 이 관찰도구는 1996년에 처음 개발되어 2007, 2011, 2013년 버전으로서 지속적으로 수정 · 보완되어 왔는데 [그림 4-3]의 설명된 도구는 2013년 버전이다.

**영역 1 : 계획과 준비**
1a 콘텐츠 및 교육 지식 입증
- 콘텐츠 지식
- 전제 조건 관계
- 콘텐츠 교육학

1b 학생의 지식 입증
- 아동 발달
- 학습 과정
- 특수한 요구 사항
- 학생 기술, 지식 및 숙련도
- 관심 및 문화 유산

1c 설정 지침 결과
- 값, 시퀀스 및 정렬
- 명료함
- 균형
- 다양한 학습자를 위한 적합성

1d 자원에 대한 지식 입증
- 강의실용
- 콘텐츠 지식 확대 · 학생용

1e 일관성 있는 지침 설계
- 학습 활동
- 지침 자료 및 자원
- 지시 그룹
- 교훈 및 단위 구조

1f 학생 평가 설계
- 결과와의 일치
- 기준 및 표준
- 형태적 평가
- 계획에 사용

**영역 2 : 수업환경**
2a 존경과 공감의 환경 조성
- 학생과 교사 상호작용
- 학생과의 상호작용

2b 학습문화 정착
- 콘텐츠의 중요성
- 학습 및 성과에 대한 기대
- 학생의 직업에 대한 자부심

2c 강의실 절차 관리
- 지시 그룹
- 전환
- 재료 및 소모품
- 비건설적 의무
- 자원 봉사자 및 낙하산 인사 감독

2d 학생 행동 관리
- 기대
- 모니터링 행동
- 잘못된 행동에 대한 대응

2e 물리적 공간 구성
- 안전 및 접근성
- 가구 및 자원의 배치

**영역 3 : 수업**
3a 학생과 소통
- 학습에 대한 기대
- 지침 및 절차
- 콘텐츠 설명
- 구술 및 문어 사용

3b 질문 및 토론 기법 사용
- 질문 품질
- 토론 기법
- 학생 참여

3c 학습 참여 학생
- 활동 및 과제
- 학생 그룹
- 지침 자료 및 자원
- 구조 및 따라하기(pacing)

3d 지침에 평가 사용
- 평가 기준
- 학생 학습 모니터링
- 학생에 대한 피드백
- 학생 자체 평가 및 모니터링

3e 유연성 및 대응력 입증
- 교훈 조정
- 학생에 대한 대응
- 지속성

**영역 4 : 교직책무성**
4a 강의에 대한 성찰
- 정확성
- 향후 교육에 사용

4b 정확한 기록 유지
- 학생 과제 완료
- 학습의 진보
- 비건설적 기록

4c 가족과의 커뮤니케이션
- 교육 프로그램
- 학생 개인 정보
- 교육 프로그램에 가족 참여

4d 전문가 커뮤니티 참여
- 동료와의 관계
- 학교 프로젝트 참여
- 전문적 문의 문화 참여
- 학교에 대한 서비스

4e 전문적으로 성장 및 발전
- 콘텐츠 지식/교육적 기술 향상
- 동료의 피드백에 대한 수용성
- 직업에 대한 서비스

4f 프로페셔널리즘 보여 주기
- 청렴성/윤리적 행위
- 학생에 대한 서비스
- 옹호
- 의사결정
- 학교/지역 규정 준수

[그림 4-3] FfT 도구의 내용[5)]

## 4) FfT 수업관찰전문가 양성 방법

앞서 제시하였듯이, FfT 도구의 내용은 방대하다. FfT는 질적 · 양적인 도구를 다 사용한다. 양적인 데이터 수집의 경우에도 항목별 4가지의 루브릭을 사용하고, 질적인 데이터 수집의 범주도 복잡하다. 따라서 도구를 사용할 전문가 양성 또한 복잡하다.[6]

① 교수법 기초(Framework Foundations): 1박 2일(13시간), 1인당 800달러

1박 2일 동안 교수법의 기초, 교수 및 학습의 암묵적 지식, 즉 Fft 사용의 기초를 배우는 과정이다. 연수 참가자들은 제시되는 이론 소개와 자신의 수업을 연결시킬 수 있는 방법을 배우게 된다. 연수 기간 동안 소개되는 수업 관련 틀을 중심으로 좋은 수업을 위해 이 틀에서 배울 수 있는 지원 가능한 잠재성에 관하여 연수를 받게 된다.

② 교수법 기초–역량 키우기(Framework Foundations–Growing competencies): 2박 3일(19.5시간), 1인당 1,250달러

이 단계는 선도교사, 학교 리더, 성인학습의 경험이 있는 지역의 교육행정가를 위해 설계된 프로그램이다. 3일 동안의 연수 기간에 참여하는 연수자는 이 도구 틀에 관한 충분한 지식을 갖추고 자신이 속한 학교나 지역에서 이 도구를 활용할 수 있는 준비를 하게 된다. 그리고 연수 후에 수업관찰 팀과 나눌 수 있는 자원이나 지원책도 익히게 된다. 이 프로그램은 4명 또는 그 이상으로 구성된 팀별 참가를 환영한다. 이들은 각기 다른 역할을 수행하고 이상적으로는 수업관찰 평가를 실행하는 계획을 함께 할 수 있는 구성원들이면

---

5) 다니엘슨 그룹 홈페이지에서 인용. Copyright 2014 The Danielson Group LLC. All Right Reserved. 모든 저작권은 다니엘슨 그룹에 있음.

6) 다니엘슨 그룹 홈페이지 https://danielsongroup.org/framework 인용.

바람직할 것이다.

③ 효과적인 수업 멘토링하기(Mentoring for Effective Teaching): 3박 4일(26시간), 1인당 1,500달러

이 프로그램은 FfT 프레임으로 정의된 좋은 수업을 실제 실행할 수 있게 도와줄 멘토 양성이 목적이다. 멘토들은 신임교사들이 지식을 높이고 수업기술을 향상하고 수업실행 전략을 실천할 수 있게 지원하는 방법을 배우게 된다. 멘토링을 통해 지속적으로 수업기술을 향상하고 유지하는 문화를 형성하게 된다. 이 프로그램은 4명이 한 팀을 이루어 4인 1조로 참가하는 것이 선호된다. 지속적인 지원을 위해 온라인 옵션도 제공된다.

④ 전문가 양성 평가(Growth-focused Evaluation): 3박 4일(26시간), 1인당 1,500달러

이 프로그램은 FfT 루브릭을 활용하여 중요한 평가를 수행할 전문가로 성장하려는 교사를 대상으로 제공된다. 프로그램을 통해 협력적으로 수업을 관찰하는 절차, 관찰전문가로서의 기술 향상, 편견이나 구체적인 실례의 수집, 수업기술의 성취 수준에 반하는 예를 해석하기, 수업교사의 향상을 위해 소통하기 등을 배우기 된다. 자격증 수여기준은 출석으로 한다.

## 4. MQI(Mathematical Quality of Instruction)[7]

### 1) MQI 도구개발의 배경

MQI는 수학교사의 수학적 지식과 정확한 수학적 설명에 가치를 둔 수업

7) MQI center for educational policy research(https://cepr.harvard.edu/mqi) 하버드대학교.

관찰도구로 2008년 Hill과 Blunk가 개발하였다. 미국 교사의 수학교육지식(Mathematical Knowledge for Teaching: MKT)과 수업 실행의 관련성을 연구하기 위해 2003년 미시간대학교의 Heather Hill 교수와 동료들은 수학 수업의 핵심 요소를 식별하기 위한 연구를 시작하였다.

미국은 전통적으로 수학 및 과학 수업의 질 향상에 관심을 갖고 지원하고 있다. 이는 소련과의 냉전시대와 과학기술의 경쟁 시대를 거치며 생긴 전통으로 수학과 과학이 현대 기술기반 사회의 발전의 근간을 이룬다는 사회적 합의가 있고, 이를 위한 학교교육의 지원이 국가적 관심사다. 이 같은 맥락에서 수학교사의 수업전문성의 수준을 평가하고 향상시키기 위한 방법은 주요 연구 주제가 되었다.

많은 수업관찰도구가 특정 과목에 제한되지 않고 사용할 수 있게 개발된 것과 달리 MQI는 수학 과목의 수업관찰을 위해 개발되었다. MQI는 2011~2013년 이루어진 MET 자료수집 시 수학 교과의 수업관찰에 사용된 도구다. 여러 수업관찰도구의 연구처럼, MQI도 개발 초창기에 도구의 타당도를 검증하는 데 많은 노력을 하였다. 초기에는 양적 자료 수집에 집중하였으나 차후에 질적인 자료 수집으로 양적 자료 수집의 한계를 보완하고자 노력하였다. MQI 관찰전문가는 수학 수업 비디오의 관찰 결과를 수학교사에게 제공하고, 피드백에 따라 수학 교사가 자신의 수업을 향상할 수 있게 지원한다.

### 2) MQI 도구의 개발과정

수학교사에게 수학적 지식이 매우 중요한 역량이지만, 실제 수학 수업에 교사가 수학적 지식을 어떻게 사용하는지는 또 다른 역량이다. 즉, 수학교사가 수업을 이끌어내는 수학교육의 지식을 확인할 수 있는 방법이 필요한데, 이를 위해 개발된 것이 MQI 도구다. 2002~2010년에 미시간대학교에서 개발된 MQI 도구는 2008년 MQI 도구를 논문에 발표하였고(Hill et al., 2008), 미시간대학교에서 하버드대학교로 적을 옮긴 Hill 교수는 하버드대학교에서 온

라인으로 MQI 교사연수교육을 수행하고, 관련 프로젝트는 MQI 코칭연구소에서 진행하고 있다.[8)]

2014년에 위스콘신주에서 3~8학년을 가르치는 142명의 교사를 대상으로 실험연구를 수행하였는데, 이때 수학 교사들에게 MQI를 활용하여 수학 수업 코칭을 제공하였다(고경우, 2015). 이 프로젝트의 일환으로 72명의 교사를 실험 그룹에 배정하고 70명의 교사를 대조군으로 하였다. 실험 그룹의 교사들은 수학 수업을 비디오로 녹화한 다음, 코치들에게 동영상을 보냈다. 코치들이 보낸 해당 지침을 보고 교사들은 자신의 수업을 분석하고 수업을 개선하기 위한 코칭을 받기 위해 코치를 만났다. 코치와 교사는 이 작업을 구조화하기 위해 MQI 프로토콜을 사용하였다. 하버드대학교의 총 23명의 코치들은 2014~2015년 동안 평균 9회씩, 68명의 교사들과 함께 코칭을 수행하였다. 코칭 세션은 교사가 이론적으로 검증된 수학교육의 효과적인 방법을 활용하도록 돕는 데 중점을 두고, 다음과 같은 수학교육 방법이 적용되도록 하였다.

- 수학적 추론과 설명에 학생 참여를 증가시킨다.
- 수업에서 수학적 아이디어를 더 많이 사용하도록 한다.
- 수학적 의미 생성과 의미를 향상시킨다.

MQI 코칭 교사의 학생들은 대조군에 속한 교사의 학생들과 비교하여 더 많은 실질적인 질문을 하고, 수학 어휘를 더 많이 사용하고, MQI 코칭 교실의 교사도 수업에서 더 많은 학생이 참여하게 하는 질문을 하였다고 보고되었다(Hill, 2010).

2019년 2월, 하버드대학교의 교육정책연구센터에서 MQI 코칭에 대한 무작위 통제 시험 연구 결과를 발표하였다(각주 9)를 참조할 것). MQI 코칭의 영향에 대한 주요 결과로, 첫째, 수업 비디오 및 학생 설문조사에 의해 측정된

8) https://www.gse.harvard.edu/ppe/program/improving-math-instruction-through-feedback

교사의 수학수업의 질은 크게 향상되었다, 둘째, MQI 코칭을 받은 교사는 다음 해에 수학교사로 계속 가르칠 가능성이 높았다, 셋째, MQI 코칭을 받은 교사의 수업을 들은 학생들의 수학 성취도에는 큰 영향을 주지는 못하였다. 즉, 학생의 시험 점수에 상당한 향상을 보이지는 못하였으나 학생들이나 교사의 태도 변화에 영향을 미친 것으로 보고되었다. 2019년 하버드대학교의 Hill 교수연구팀은 MQI 테스트 아이템의 풀을 확장하기 위한 연구를 수행하고 있다.[9]

### 3) MQI 도구

MQI는 '교사와 내용, 교사와 학생, 학생과 내용'의 세 관계 속에서 '수학 내용의 풍부성, 오류와 부정확성, 학생들과 수학을 가지고 활동하기, 수학적 의미 만들기와 추론하기 활동에 학생들의 참여, 수학을 수업활동과 연계하기'의 다섯 가지 요인을 평가한다(Hill et al., 2008). MQI 도구는 수학 수업의 교사의 활동을 양화하고 수학적 질을 측정하기 위한 도구이다.

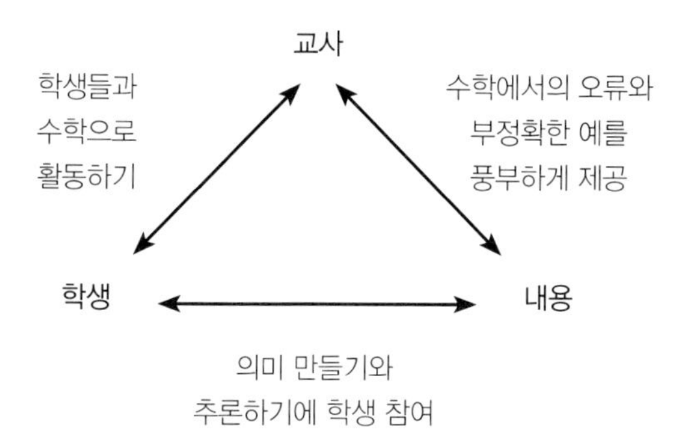


[그림 4-4] MQI 요소

출처: NCTE (2012),[10] Marine (2015) p. 67.

---

9) https://www.gse.harvard.edu/ppe/program/improving-math-instruction-through-feedback

10) NCTE: National Center for Teaching Effectiveness

MQI 도구를 이용하여 수학 수업의 비디오를 관찰하여 수학적 오류의 존재 유무, 수학적 설명과 추론하기, 수학적 표현 및 관련된 관찰 가능한 것, 엄밀하고 풍부한 수학 수업의 특징 등을 복합적인 차원으로 양적인 코딩을 한다. 수업 영상은 5분에서 7분 단위로 세분화하고, 관찰자는 7분 단위로 각 비디오 세그먼트를 평가한다. 이렇게 평가된 세그먼트들이 모여 수업평가를 이룬다. 교사의 수업을 판단하기 위해 3개의 수업 동영상을 관찰하고 평가한 평균을 가지고 교사의 수업전문성을 판단한다(Marine, 2015).

MQI는 연구목적으로 시작되어 현재 수업의 질을 평가하고 이를 기반으로 교원연수에 사용되고 있다(Marine, 2015). 고경우(2015)는 MQI를 한국에 적용하기 위하여 MQI 수업분석의 틀을 〈표 4-2〉와 같이 번역하였다.

**〈표 4-2〉 MQI 수업분석의 틀**

| Section | 분석 내용 | Domain Contents |
|---|---|---|
| Section Ⅰ | 수업 형식과 내용 | Instructional formats |
| Section Ⅱ | 수업에 나타난 수학적 지식 | Knowledge for mathematical terrain of enacted lesson |
| Section Ⅲ | 학생과 수학 수업하기 | Use of mathematics with students |
| Section Ⅳ | 교육과정과 교사 지도의 수학적 성질 | Mathematical features of the curriculum and the teacher's guide |
| Section Ⅴ | 공평하게 수학 가르치기 | Use of mathematics to teach equitably |

출처: 고경우(2015). p. 16.

수업관찰은 다섯 섹션[11)]으로 이루어지는데 〈섹션 1〉은 수업의 구성방식을 보는 것으로 수업을 각 5분씩 분할하여 그 분할 안에서 주가 되는 구성방식을 기록한다.

---

11) 5섹션의 활동 내용은 고경우의 석사학위논문 「수학교사들의 내용과 학생 지식(KCS)과 내용과 교수 지식(KCT) 분석」에 번역된 내용을 수정 · 보완한 내용이다.

(1) 학생 참여 구성

- 전체 그룹: 교사가 전체 학생 대상으로 프레젠테이션하거나 수학적인 문제 제기를 하는 활동이다.
- 소그룹/파트너: 학생들이 수학 문제나 과제를 해결할 때 2명 이상의 소그룹으로 나누어 활동한다. 일반적으로, 교사는 그룹 사이를 돌아다니며 과정을 체크한다.
- 개별: 학생들은 개별적으로 수학 문제나 과제를 해결한다.

(2) 수업 단계 유형

- 복습, 준비, 숙제 점검
- 주요 과제나 개념 소개하기
- 학생들이 수학 활동 수행
- 종합 또는 끝맺음: 수업의 목표를 요약하거나 수학 내용을 마무리 지을 때 코딩

〈섹션 2〉는 수업시간에 나타나는 수학적 지식을 관찰한다. 수업 과정에서 교사가 사용한 수학적 자료와 내용에 대한 교사의 이해에 대해서 코딩한다. 이러한 자료가 교육과정 자료에 기인하는지 여부, 교사의 예시 사용, 언어 표현 예시 등이 해당된다.

(1) 수학적 지식

- 형식적 기호: +, −, =, 분수와 소수, 제곱근, 각의 기호, 함수, 확률, 지수 같은 형식적 기호와 수학적 기호를 사용한다.
- 기술적 언어: 각, 등식, 둘레, 용량 같은 수학적 용어 및 개념을 사용한다.
- 일반적 언어로 수학적 아이디어 표현하기: 일반적인 언어로 수학적 개념을 전달할 때 코딩한다. 비유, 은유와 이야기가 포함되어 있다.
- 수, 상황의 선택: 문제와 예를 위한 수의 선택, 아이디어와 절차를 발전시키기 위한 실제 세계 또는 가상의 상황(context)을 사용한다.
- 수학적 아이디어를 표현하기 위해 정확한 조작물 또는 시각적이고 구체

적인 모델의 선택: 교사가 수학적 아이디어나 절차를 표현하기 위해 그림, 다이어그램, 조작물과 다른 모델을 선택한다.

- 다양한 모델: 교사가 수학 내용에 대해 하나 이상의 모델을 사용하는지 본다. 중요한 방법으로 해결에서 사용되지 않는 한 문제 진술에서 사용된 모델은 세지 않는다.
- 기호, 구체적인 그림, 도표 등의 결합 사이의 연관 짓기: 교사가 위에서 제시한 것들 사이를 명확하게 연관 지을 때, 그 관계는 수학적으로 의미가 있어야 한다.
- 단계별 수학적 기술(descriptions): 수학적으로 기술할 때, 교사의 지도 및 지시는 절차나 과정에 대해 명확하게 설명해 주어야 한다.
- 수학적 설명: 아이디어나 절차에 수학적인 의미를 제공해 주어야 한다.
- 수학적 정당화(justifications): 혼자하거나 학생과 같이하는 등 설명에 관한 교사의 지도 및 지시는 왜 이런 절차인지 일반적으로 왜 참이나 타당한지에 대한 연역적인 추론을 제시한다.

**(2) 수업의 전체 단계에서 교사의 수학적 지식과 수업의 질과의 관계**

비디오 코딩(video coding)을 통해 수학교사의 지식이 수학 수업의 질과 관련이 있는지 본다.

〈섹션 3〉에서는 수학 지식을 학생들과 어떻게 사용하는지를 관찰하는 것이다.

(1) 수업 활동이 수학적인 아이디어나 절차에 연결되어 있다.

(2) 수학적 아이디어를 표현하기 위해 조작적, 시각적, 구체적인 모델을 효율적으로 사용한다.

(3) 학생의 기술(description)을 이끌어 내기: 학생에게 절차, 아이디어나 과정, 노력에 대해 설명하게 한다.

- 학생이 사용한 단계에 대해 묻는다.
- 좋은 서술을 이끌어 내기 위해 추가적으로 무엇을, 어떻게 했는지 질문

한다.

- 서술 부분을 제공하여 암시한다.
- 좋은 서술의 모델링을 제공한다.

(4) 수업에서 수학적인 기록: 교사는 수업 과정에서 학생의 진행 과정이나 반응을 기록한다.

(5) 특이한/잠정적인/유망한 학생의 결과물 해석하기: 교사가 학생이 보여주는 결과를 수학적으로 해석해 준다. 중요한 수학적 이해를 포함하여 학생들의 코멘트, 질문, 대답이나 아이디어를 이해하고 적절하게 해석하려고 노력하는지 여부를 코딩한다.

(6) 학생의 오류 사용하기: 수업 중 빠르게 오류 수정을 하거나, 수업을 온전히 진행하기 위해 학생의 오류를 미리 차단하려고 교사가 학생이 보이는 전형적인 오류를 미리 보여 준다.

〈섹션 4〉는 교육과정과 교사의 가이드에 있어서 수학적 지식을 어떻게 활용하는지를 관찰한다.

**(1) 교육과정에서의 수학적 성질**

- 형식적 기호: +, −, =, 분수와 소수, 제곱근, 각의 기호, 함수, 확률, 지수, 기호 같은 형식적 기호와 수학적 상징 기호를 사용한다.
- 기술적 언어(technical language): 각, 등식, 둘레, 용량같은 수학적 용어와 개념을 사용한다.
- 일반적인 언어(general language)로 수학적 아이디어 표현하기: 일반적인 언어로 수학적 개념을 전달할 때 코딩한다.
- 수, 상황(cases & contexts)의 선택, 수학적 아이디어를 표현하기 위해 정확한 조작물 또는 시각적이고 구체적인 모델의 선택, 다양한 모델을 제시한다.
- 기호, 구체적인 그림, 도표 등 결합 사이의 관련성을 만들고, 수학적으로 설명한다.

- 수학적인 설명, 정당화, 수학적 요소의 발달, 계산적 오류나 다른 수학적 실수를 설명한다.

(2) **교사 지도에서의 수학적 성질**

- 수업에서 수학적 포인트: 수업자료에 수업의 목적이 잘 드러나야 한다.
- 필요에 따라 늘리거나 줄이는 추가적인 문제를 제시한다.
- 표현의 선택/이점: 자료는 사용된 표현에 관한 문제를 다룬다.
- 수행(working) 모델을 얻는 방법: 모델을 어떻게 배치하는지에 대해 다룬다.
- 다양한 방법과 설명 또는 사고하는 방법을 설명한다.
- 학생들이 무엇을 어려워할지 또는 어떻게 반응할지 미리 예측한다.
- 문화, 다양성, 언어의 문제에 주의를 기울이는 방법: 자료가 명백하게 가치에 대해 교육에 문제를 제기한 이유를 설명한다.
- 학생 이해를 확인하는 방법: 자료는 학생 이해를 체크하는 방법과 수업하는 동안 전략적인 시간을 제안한다.

〈섹션 5〉는 형평성을 가르치기 위해 수학을 사용하는 것을 의미한다. 교사가 공평하게 수학을 사용하는 것으로 여기에서의 형평성은 능력의 차이가 아니라 인종, 사회계급, 문화 차이/이슈에 초점을 맞추어 평등을 실현하는 것을 의미한다.

(1) 실제 세계의 문제나 예
(2) 학생의 명확한 과제(task)와 수행(work)
(3) 의미와 수학적 언어 사용에 대해 정확하게 말하기
(4) 추론 방법에 대해 정확하게 말하기
(5) 수학적 실행에 대해 정확하게 말하기
(6) 수업시간에서 수학 공부하기 시간 확보
(7) 교사는 다양한 수학적 능력을 장려
(8) 교사는 학생의 노력을 강조하고 노력이 결국은 결실을 맺을 것이라는

메시지를 전달

(9) 교사가 학생이 자율적으로 할 수 있는 기회를 주고 장려

(10) 모두가 할 수 있다고 믿는 교사의 기대를 표현

MQI는 콘텐츠별 관찰 루브릭을 제공하는데, 수학 수업 동영상 코딩을 위해 MQI 코드북이 제공된다.[12] MQI의 루브릭 내용은 다음 〈표 4-3〉과 같다.

〈표 4-3〉 MQI 분석 코드

| 구성요소 | 코드 |
|---|---|
| 수학의 풍부함과 발달 | • 다양한 수학적 모델을 사용한 경우(presence of multiple and visual representations)<br>• 다양한 모델 사이에 연결성이 있는 경우(links made between multiple models)<br>• 수학적으로 설명한 경우(mathematical explanations)<br>• 수학적으로 정당화한 경우(mathematical justification)<br>• 수학적 언어에 대하여 정확하게 말한 경우(explicit talk about mathematical language)<br>• 추론(reasoning)에 대하여 정확하게 말한 경우<br>• 실행(practices)에 대하여 정확하게 말한 경우 |
| 학생에 대한 반응 | • 학생의 결과를 해석한 경우(interprets student productions)<br>• 학생의 오류를 사용한 경우(uses student errors) |
| 수학에 대한 연결성 | • 수학적 아이디어나 절차에 연결되는 활동에 학생들이 참여한 경우<br>• 수학적으로 발달됐거나 수업의 흐름에서 벗어난 경우<br>• 수학을 설명하는 데 시간을 보낸 경우<br>• 교사가 수학적으로 생산적인 시간을 보내는 비율이 분할의 3/4 이상인 경우 |

12) 고경우(2015), p. 139에 MQI 코드북이 제공되어 있음.

| | |
|---|---|
| 언어 | • 형식적인 기호와 기술적인 언어–기호(=, ÷, √)와 용어(꼭짓점, 함수, 교환적인)가 수업에서 적절하게 나타난 경우<br>• 기호나 용어가 수업에서 간단하게 사용되거나 의미에 대해 정확하게 말한 경우<br>• 수학적인 아이디어를 표현하기 위해 일반적인 언어를 사용한 경우 |
| 형평성 | • 학생이 수행해야 할 일, 의미와 수학적 언어의 사용, 추론하는 방법에 대한 교사가 명확하게 한 경우<br>• 학생이 수업에 참여하고 학습할 기회를 제공한 경우(형평성 코드는 오직 나타나는지 안 나타나는지만 체크한다. 적절한지 아닌지는 체크하지 않음.)<br>• 교사가 학생들이 수학적 아이디어에 접근하도록 돕거나 학생들에게 정서적인 환경을 제공한 경우 |
| 수학적 오류 | • 계산적인 오류가 일어나거나 내용을 부적절하게 제시한 경우, 정확하지 않은 절차를 수행함으로써 중요한 누락이 발생한 경우<br>• 일반적이거나 기술적인 언어, 표현 사이의 연결성, 설명, 정당화 등 코드가 부적절하게 나타난 경우 |

출처: 고경우(2015). p. 12.[13]

### 4) MQI 수업관찰전문가 양성 방법

MQI 수업관찰전문가 양성 연수 내용에는 자기주도학습, 그룹 토론 및 실제 수업 상황에 제시되는 응용 프로그램이 포함되어 있다. 연수 활동은 온라인에서 주로 이루어지며 아래와 같은 순서로 활동하게 된다.[14]

- Hill 교수의 비디오 강연 시청하기
- 연구 요약 및 배정된 읽기
- 자가 평가 및 자기 성찰 단초 제공
- 동료 간의 토론을 촉진

13) Learning Mathematics for Teaching Project (2011). pp. 25-47

14) https://www.gse.harvard.edu/ppe/program/improving-math-instruction-through-feedback. 2019년 8월 검색.

- 배운 개념과 기술을 적용할 과제가 적용되는 연습
- 고품질 교실수학 비디오 자료를 포함하는 MQI 수업동영상 라이브러리에 대한 접근

온라인 교원연수 과정은 참가자들이 서로 배우는 연습 커뮤니티를 만들어 활동하도록 설계되어 있다. 2주간의 워크숍은 연수기간 동안 비동기적으로 자기주도적 학습을 하도록 되어 있다. 모든 자료는 프로그램 시작 시 제공되며 2주의 프로그램 기간 내에 참가자들은 자신의 일정에 따라 활동을 완료하면 된다. 참가자는 총 5~7시간의 작업을 하게 되고, 모든 개별 평가를 완료하고 그룹 토의에 참여하면 5시간의 활동을 완료하였다는 증서가 수여된다.

온라인 워크숍 동안 하버드대학교의 MQI 코칭 전문가와 함께 루브릭 기반 코칭 모델의 주요 구성요소를 다루는 2주 동안 약 7시간의 자율적인 온라인 학습모듈을 수행하게 된다. 비용은 1인당 149달러이다.[15] 정식으로 등록을 하게 되면 'MQI Training & Access MQI Video Library'에서 수학 수업의 비디오를 통해 교수법에 관한 실습을 하거나 자신의 수학 수업의 비디오를 보내서 수업 향상을 위한 피드백을 받을 수 있다.

## 5. CLASS(CLass Assessment Scoring System)

### 1) CLASS 도구개발의 배경

1990년대부터 미국에서는 유아교육의 질을 높이기 위하여 교실수업의 질을 어떻게 측정할 수 있는지에 대한 연구들이 활발히 이루어진다. Pianta 등 연구진들은 교사, 가족, 유아의 성과를 분석하여 유치원 시절의 양질의 교육

15) 2019년도 5월 검색.

은 추후 아동의 성공과 깊게 연관이 있다는 것을 밝혔다(Pianta et al., 2002; 권신영, 2015 재인용). 특히 유아의 사회경제적 배경이 낮더라도 보육의 질이 유아의 행동, 사회적응 능력을 높인다는 것을 알아냈다. 이로 인해 유치원 수업의 질이 매우 중요 사항으로 관심을 받게 되었고, 유치원 수업의 질을 어떻게 측정하고 높일 수 있는지에 관한 연구의 필요성이 대두되었다.

미국 국립아동발달연구기관(NICHD)의 지원으로 2000년대 초반에 유아교육기관 및 초등학교에서 대규모로 수업관찰의 연구가 이루어졌다(권신영, 2015). 버지니아대학교의 Pianta 교수와 그의 동료 연구진들이 개발한 관찰도구인 CLASS가 이 연구에 사용되었다. 이 연구를 통해 유아교육 및 초등교육의 저학년에서 교사들은 학급당 학생 수가 많은 대집단에서 가르치고 있으며, 교사의 사회정서 지원은 대체로 긍정적이지만 학업활동 지원 수준은 낮다는 것이 밝혀졌다(권신영, 2015; Pianta et al., 2000; Pianta et al., 2003). 유아는 수업에서 수동적 형태를 보이는 경우가 많았고, 유아와 교사의 교수적 상호작용은 매우 드물게 일어나고 있다고 보고되었다(NICHD, 2003). 수업의 질은 물리적 교실 환경보다는 교사와의 상호작용에 의해 차이를 보이고, 교사와 유아 간의 상호작용의 질이 유아의 발달에 긍정적인 영향을 미친다는 사실이 밝혀졌다(Pianta, 2008).

이러한 점들을 도구에 반영하여 상호작용 요소가 보완된 CLASS가 다시 선보이게 된다. CLASS는 유치원 및 초등의 대규모 수업관찰을 통해 개발된 관찰도구로 연구결과 CLASS는 아동의 연령에 따라 영아기/걸음마기, 학령전기(3~5세), 학령기(K-12) 프로그램의 세 가지 버전으로 나누어 실시하고 있다(권신영, 2015). CLASS는 MET 연구에서 초등학교의 수업관찰을 위해 사용되었다(Kane, Kerr & Pianta, 2014).

### 2) CLASS 도구의 개발과정

CLASS는 버지니아대학교의 Pianta 교수 및 그 연구팀이 2000년대에 개발하여, 2002년 3개 주에 걸쳐 있는 유치원 223개의 교실 관찰연구 및 2003년 부터 32개 주에 있는 1학년 295개 교실, 35개 주에 걸쳐 있는 3학년 교실 800개를 관찰하는 연구에서 활용하였다(Muiji et al., 2010). 이후 CLASS의 특정 영역이 문화와 맥락이 다른 곳에서 사용할 때 보편적인 점수와 차이를 보이는 등 생태학적 타당화에 한계가 있는 도구로 보고되기도 하였다(Hamre et al., 2007).

Pianta 등(2008) 연구진은 미국의 여러 주에서 유아원 및 유치원과 관련한 유아교육과정 연구(Early et al., 2005), 미국 국립아동발달연구기관(NICHD)의 유아보육교육연구(NICHD ECERN, 2002; Pianta et al., 2002)에서 수행된 대규모 교실 관찰연구와 광범위한 문헌분석 연구를 근간으로 CLASS 수업관찰도구를 보완하였다. 유아보육에 사용한 교실관찰도구들의 항목들, 효과적인 교수방법에 대한 문헌자료, 포커스그룹 인터뷰에서 발췌한 자료들, 그리고 여러 주에 걸쳐서 시행한 예비조사를 통해 도구를 재검토하여 교실 수업의 질을 평가할 수 있는 측정도구와 평가 기준을 개발하였다. CLASS는 원래 저학년 수업을 위해 설계되었으나 이후에는 전 학년으로 확장되었다.

CLASS는 우리나라에서도 유치원 버전을 번역하여 타당화 연구가 진행되었다. 권신영(2015)은 우리나라 어린이집 교실평가척도체계(Classroom Assessment Scoring System, CLASS Pre-K) 연구를 통해 CLASS의 유치원용 한국 버전인 CLASS Pre-K 도구의 타당화를 시도하였다. CLASS를 우리나라의 어린이집에 사용가능한지 확인하고자 도구의 타당도와 신뢰도 검증을 위해 경기도 소재 24개 어린이집에 근무하는 유아반 교사 88명 가운데 무선표집한 15개 어린이집에 근무하는 유아반 교사 48명을 대상으로 CLASS 공인타당도를 조사하였다(권신영, 2015).

연구 결과 신뢰도가 높게 나와 CLASS가 안정적인 평가도구로 밝혀졌다. 우리나라에서의 유아교육은 교사 대 아동비율과 교사의 전문성 수준에 유의한 차이를 보여 CLASS가 유아교실의 질 수준의 차이를 변별할 수 있는 도구임을 밝혔다. CLASS는 우리나라의 어린이집 교실 질 평가에 적절한 신뢰도와 타당도를 갖추었다. 이 도구를 사용하면 유아-교사의 상호작용의 질을 향상시키는 데 필요한 정보를 얻을 수 있을 것이다.

### 3) CLASS 도구

CLASS는 4단계로 개발되었다. '정서적 지지, 학습환경 구조화 및 교육적 지지'의 3개 영역(domain), 10개의 하위영역(dimension), 42개의 지표(indicator), 123가지 행동특성(behavior markers)으로 이루어졌다. 다음 〈표 4-4〉에 CLASS의 영역별 내용이 정리되어 있다. CLASS의 각 항목은 1-5의 리커트 척도로 평가한다.

〈표 4-4〉 CLASS의 영역별 내용

| 영역 | 정서적 지지 (Emotional support) | 학습환경 구조화 (Classroom organization) | 교육적 지지 (Instructional support) |
|---|---|---|---|
| 지표 | 1. 긍정적 분위기(positive climate)<br>2. 부정적 분위기(negative climate)<br>3. 교사의 민감성(teacher sensitivity)<br>4. 아동 관점에 대한 존중(regards for student perspectives) | 1. 행동관리(behavior management)<br>2. 긍정성(positivity)<br>3. 교육용 학습자료 양식(instructional learning formats) | 1. 개념발달(concept development)<br>2. 피드백의 질(quality of feedback)<br>3. 언어 모델링(language modeling) |

출처: 권신영(2015). p. 40.

### 4) CLASS 수업관찰전문가 양성 방법

CLASS 수업관찰전문가 양성 연수는 연속된 2일에 걸쳐 하루에 7시간씩 총 14시간 동안 수행한다. CLASS 연수는 유효기간이 1년이고 추후 다시 연수를 받아 전문가 자격증을 유지해야 한다. 연수는 공인된 CASTL(Center for

Advanced Study of Teaching and Learning, University of Virginia)에서 오프라인으로 수행한다. 수강 등록을 한 사람들에게 5일 전에 5개의 수업 비디오가 전달된다.

등록일로부터 1년 동안 5개의 10분짜리 비디오에 3번에 걸쳐 접근 가능하게 된다. 각 비디오는 10분 분량으로, 일 년 동안 총 15개의 비디오 클립을 볼 수 있다. 오프라인 연수비는 1,000달러이다. 연수에 필요한 코딩 양식이나 설명 자료 등 수업자료는 인쇄본으로 받는다. 연수를 받기 위해 소요되는 여행경비는 개인 부담이다. 첫 연수를 받은 후에 5개의 비디오 클립이 들어가 있는 한 세트별로 자문을 구할 수 있는데 이때 20달러의 경비를 지불해야 한다. 이 비용에는 주어진 10분짜리 비디오 수업관찰에 필요한 양식과 비디오를 볼 수 있는 권한 및 자문이 주어진다. 그 다음 5개의 비디오 클립으로 이루어진 2번째 세트의 관찰 자문을 받기 위해서 18달러, 3번째 세트 자문을 받기 위해서는 16달러를 내면 된다. 이와 같은 내용의 연수 계약서는 CLASS 사이트에서 볼 수 있다.[16)]

MET 연구에서는 교사들의 수업기술을 자문하기 위하여 CLASS를 활용하여 온라인 비디오 컨설팅 MyTeachingPartenrs(MTP) 프로그램을 운영하였다(Archer et al., 2016). MET 연구에 참여하였던 수업교사들은 1년 동안 수업영상을 7~8번 보내고, 이를 CLASS로 분석한 구조화된 컨설팅을 받았다. 교실 천장에 카메라를 설치하여 교사중심 및 학생중심의 두 각도로 촬영한 2개의 수업동영상이 한 세트로 보내진다. 수업관찰전문가는 CLASS를 활용해 분석하고, 수업교사에게 수업의 질에 관한 피드백을 제공한다. 모든 활동은 온라인으로 이루어졌다(MET, 2016, p. 21).

16) http://www.inclassobservation.com/training/inCLASSObservationTrainingAgreement.pdf

## 6. GDTQ(Generic Dimensions of Teacher Quality)

### 1) GDTQ 도구개발의 배경

독일어로 교육하는 지역에서 가장 대중적으로 사용하는 수업관찰 도구 중 하나인 Generic Dimensions of Teacher Quality(GDTQ)는 Stigler와 Hiebert(1996)이 1995년에 실행한 TIMSS[17]-Video 자료의 분석에서 시작된다(Praetorius, Klieme, Herbet & Pinger, 2018). 미국, 일본, 독일에서 수집된 TIMSS 8학년 수학 수업을 분석하기 위하여 몇 가지 유형으로 관찰 결과를 코딩하였다. 즉, 활동의 구조(수업시간의 강의 혹은 활동), 학습의 목적(새로운 개념 소개 혹은 배운 지식의 연습), 유형(교사와 학생이 다루는 것이 어떤 형태의 수학 문제인지)으로 나누어 코딩하였다. 당시 TIMSS 연구의 독일 대표를 맡고 있던 막스프랑크 연구소가 이 분석 프레임을 개발하였다(Praetorius et al., 2018에서 재인용). GDTQ는 수학 과목의 수업을 관찰하기 위해 개발되었으나, 현재 연구진들은 과목에 구애받지 않고 사용가능하다고 주장하고 있다(Praetorius et al., 2018). 이 도구에서 수업의 본질을 세 가지 기본 영역, 곧 수업관리(수업운영의 구조성과 명료성), 인지적 도전(도전적이고 인지적인 수업활동) 그리고 학생 지원으로 정의한다. 이 도구는 OECD-TALIS(Teaching And Learning International Survey) 및 PISA(Program for International Student Assessment) 조사에서도 부분적으로 활용되었고 독일 함부르크의 학교 장학에도 적용되었다(Klieme & Baumert, 2001).

TIMSS, OECD-TALIS, PISA 등 여러 국제 비교 연구에서 GDTQ는 필수 과목인 수학 수업의 질을 높이기 위해 개발되었으나 다른 과목의 수업관찰

---

17) TIMSS(Trends in Interntionl mathematics and Science study)는 IEA(International Association for the Evaluation and Education Achievement) 기구에서 4년 주기로 8학년생을 대상으로 수행하는 대표적인 국제학업성취도 조사이다. https://timssandpirls.bc.edu/timss-landing.html

에서도 사용할 수 있다고 보고하고 있다(Pracetorius & Charalambous, 2018; Praetorius, Klieme, Herbert & Pinger, 2018). Pracetorius 등(2018)은 이 도구의 요인 구조의 신뢰성과 타당성을 확인하는 연구를 하였는데, 인지력 및 동기, 학생 학습 성과에 대한 예측 타당성은 약하지만, 도구의 신뢰도는 안정적으로 나타났다.

### 2) GDTQ 도구의 개발과정

GDTQ는 수업의 질을 높이기 위하여 교육과학, 교육심리 이론에 기반하여 개발된 수업관찰 도구이다. 학생들은 수업에 집중하지 않으면 수업의 흐름을 이해하지 못하고, 따라서 학업성취가 높아질 수 없다는 전제를 가지고 교사와 학생들이 자유로운 그리고 잦은 상호작용을 통해 학업성취도를 높이고 학습동기를 유발 및 지속할 것이라는 이론적 배경을 가지고 관련 요인들을 세가지 영역으로 분류하였다. 즉, 이론을 통해 수업의 질을 교실관리(Classroom management), 학생지원(Student support), 인지 활성화(Cognitive activation)의 영역으로 나누어 볼 수 있는 프레임을 만들고 이 영역의 하부영역으로 수업관리에 4개, 학생지원에 10개, 인지적 자극 영역에 7개의 요소를 제시하였다.

이 도구는 교육 품질 측정을 목표로 하는 다른 도구들과 달리 'teaching' 혹은 'instruction' 품질의 표준화를 목적으로 하는 도구가 아니다. 대신에 규율 문제, 교사-학생 관계 및 어려운 과제 및 질문과 같이 사용자의 필요에 의해 다양하고 변경 가능한 지표를 구성할 수 있다. 프레임워크는 교사의 질과 같은 복잡한 현상에 대한 명확한 분류를 제공하여 수많은 상황 및 주제 영역에 걸쳐 일반화된 유연한 관찰을 할 수 있게 개발되었다. 그러나 결과적으로 모델이 내용에 종속적이지 않기 때문에 구체성이 부족할 수 있다.

### 3) GDTQ 도구

GDTQ에서는 여러 전통적인 교육심리와 교수 · 학습이론에 근거하여 교육의 질을 '교실관리(classroom management), 학생지원(student support), 인지활성화(cognitive activation)'의 3가지 차원으로 정의하고 있다. 전체 도구는 아래와 같이 총 3개 대영역, 수업관리에 4개, 학생지원에 10개, 인지적 자극 영역에 7개의 하부영역으로, 이 하부영역의 예들이 각각 제공되는 형식으로 구성되어 있다.

〈표 4-5〉 GDTQ의 영역별 내용

| 영역 및 하부영역 | 하부영역의 예들 |
|---|---|
| 1. 학급 관리 | |
| 1.1 (부족한) 중단 및 징계 문제 | • 수업 중에는 지장이 없습니다.<br>• 이 수업은 훈육 문제가 발생하지 않는 방식으로 계획됩니다.<br>• 교사는 종종 발생하는 혼란이 일어나기 전에 조치를 취합니다. |
| 1.2 (효과적인) 작업 시간/가용 시간 | • 수업은 제 시간에 시작하고 끝납니다.<br>• 강의의 다른 부분 간의 전환은 빠르고 부드럽습니다.<br>• 선생님은 업무의 목표 시간을 명확히 전달합니다(예: '5분 남음'). |
| 1.3 모니터링/개방적임 | • 선생님은 학생 대부분 쳐다보며 좀처럼 등을 돌리지 않습니다.<br>• 선생님은 교실 전체를 꾸준히 모니터링합니다. |
| 1.4 명확한 규칙 및 루틴 | • 규칙을 위반하는 것은 합의된 규칙을 참조함으로써 선생님에 의해 승인됩니다.<br>• 규칙 위반으로 인한 주요 중단은 발생하지 않습니다.<br>• 선생님은 학생이 규칙을 어기면 무슨 일이 일어나는지 명확히 합니다. |
| 2. 학생 지원 | |
| 2.1 역량 경험을 지원 | |

| | |
|---|---|
| 2.1.1 차별화 및 적응 지원 | • 선생님은 다르고 어려운 난이도를 가지고 연습을 제공합니다.<br>• 과제를 마친 후, 더 빠른 학생들이 추가 연습을 계속할 수 있습니다.<br>• 만약 학생이나 한 무리의 학생들이 모든 것을 이해하지 못한다면, 선생님은 그것을 다시 설명하기 위해 시간을 낼 수 있습니다. |
| 2.1.2 가르침의 속도 | • 선생님이 질문을 하면 학생들은 그것에 대해 생각할 충분한 시간을 갖습니다.<br>• 선생님이 너무 빨리 주제를 뒤져서 어떤 학생들은 따라갈 수 없습니다. |
| 2.1.3 오류에 대한 건설적인 접근 | • 교사는 실수를 통해 학생들이 배우게 합니다.<br>• 수업은 학생들의 실수에 부정적인 방식으로 반응하지 않습니다.<br>• 교사가 실수를 하면 공개적으로 인정합니다. |
| 2.1.4 사실적이고 건설적인 피드백/감사 | • 피드백은 오류에 대한 응답으로도 자비롭게 공식화됩니다.<br>• 교사의 피드백은 학생들에게 실수가 발생한 위치와 개선할 수 있는 방법을 보여 줍니다. |
| 2.2 자율 경험 지원 | |
| 2.2.1 흥미와 관련성 | • 이 수업은 일상생활의 학습 자료(예: 기하학적 모양의 초콜릿 바 형태)와 함께 작동합니다.<br>• 교사는 학생들에게 영감을 줄 수 있습니다. |
| 2.2.2 성과 압력 및 경쟁 (부정적 지표) | • 교사는 경쟁력을 증진시킵니다(예: '누가 먼저 끝내야합니까?'와 같은 말을 함으로써).<br>• 교사는 학생들의 퍼포먼스를 공개합니다(예: 연습 후 실수 횟수를 말하게 함).<br>• 선생님이 수업에서 점수를 받거나 성적을 만들어 준다. |
| 2.2.3 개별 선택 옵션 | • 학생들은 다양한 과제 중에서 선택할 수 있습니다(예: 다양한 난이도 관련).<br>• 학생들은 다양한 솔루션 전략 중에서 선택할 수 있습니다.<br>• 학생들은 혼자 또는 그룹으로 일할 것인지 결정할 수 있습니다. |

| | |
|---|---|
| 2.3 사회적 관계 경험 지원 | |
| 2.3.1 교사 → 학생 | • 교사는 학생들을 친절한 방식으로 대합니다.<br>• 교사는 학생들의 관점과 의견에 관심이 있습니다.<br>• 교사는 학생들이 무언가에 대해 이야기하고 싶을 때 시간이 걸립니다. |
| 2.3.2 학생 → 교사 | • 학생들은 정중하게 선생님과 이야기합니다.<br>• 학생들은 교사의 비용으로 농담을 하지 않습니다. |
| 2.3.3 학생 → 학생 | • 학생들은 교사뿐만 아니라 서로에게 주의를 기울입니다.<br>• 학생들은 서로에 대해 웃지 않습니다.<br>• 학생들은 서로를 돕습니다. |
| **3. 인지 활성화** | |
| 3.1 도전 과제 및 질문 | • 교사는 묵상을 자극하는 공개 질문을 제기합니다.<br>• 학생들은 다른 작업솔루션을 비교하고 평가해야 합니다.<br>• 학생들은 자신의 답변에 대한 이유를 제공해야 합니다. |
| 3.2 사전 지식 탐색 및 활성화 | • 학생들은 주제에 대해 브레인 스토밍하도록 요청받습니다.<br>• 사전 지식에 대해 질문할 때 교사는 하나의 구체적인 답변에만 관심이 있는 것은 아닙니다. |
| 3.3 학생들의 사고방식/유학생의 사고방식 탐구 | • 교사는 학생들이 이해하는 데 어려움이 있을 때 사고 과정을 요구합니다.<br>• 교사는 학생들이 특정 답변에 어떻게 왔는지 물어봄으로써 학생들의 사고방식을 이해하려고 합니다.<br>• 교사는 학생들에게 답변에 대한 추가 설명을 찾도록 요청합니다. |
| 3.4 교사의 학습에 대한 수용적/투과적 이해(부정적 지표) | • 학생들은 비슷한 운동을 반복해서 해야 합니다.<br>• 교사는 과제를 정확히 해결하는 방법을 처방합니다.<br>• 선생님은 작은 단계의 질문을 합니다(예: 단 하나의 단어 답변만 필요한 질문). |

| | |
|---|---|
| 3.5 담담하고 협력적인 학습 | • 교사는 학생들의 진술을 서로 관련시킵니다.<br>• 교사는 학생의 답변을 직접 평가하지는 않지만 다른 학생들에게 요청합니다.<br>• 교사와 학생의 상호작용은 개념적 변화와 개념적 확장을 지원합니다. |
| 3.6 유전자-사회주의적 가르침 | • 교사는 학생들이 스스로 깨닫게 될 때까지 자신의 생각으로 길을 잃게 합니다.<br>• 교사는 답변이 옳고 그른지 즉시 학생들에게 말하지 않습니다.<br>• 교사는 학생의 답변에 어떤 결과가 있는지 생각해야 하는 방식으로 학생의 답변에 질문합니다. |
| 3.7 메타인지 지원 | • 교사는 학생들에게 메타인지 프로세스에 대한 시간을 제공합니다(예: 학습 프로세스 계획 또는 학습 일기 작성).<br>• 수업 중 다양한 방법의 이점이 반영됩니다.<br>• 방법론적 접근법이 검토됩니다. |

다음의 예는 8학년 수학교실 수업을 관찰하기 위하여 사용된 GDTQ 도구의 예이다. 수학교사 3명의 교실 수업을 비디오로 2명의 전문가가 관찰하여 그 결과를 1-4의 척도를 사용하여 제시하였다. 2명의 수업관찰가의 관찰 일치도를 위해 각각 비디오를 통한 관찰척도를 매긴 뒤 이들 간에 일치도가 낮은 부분은 둘이 토의를 통해 합의를 보고 합의된 점수를 최종 점수로 수용하였다.

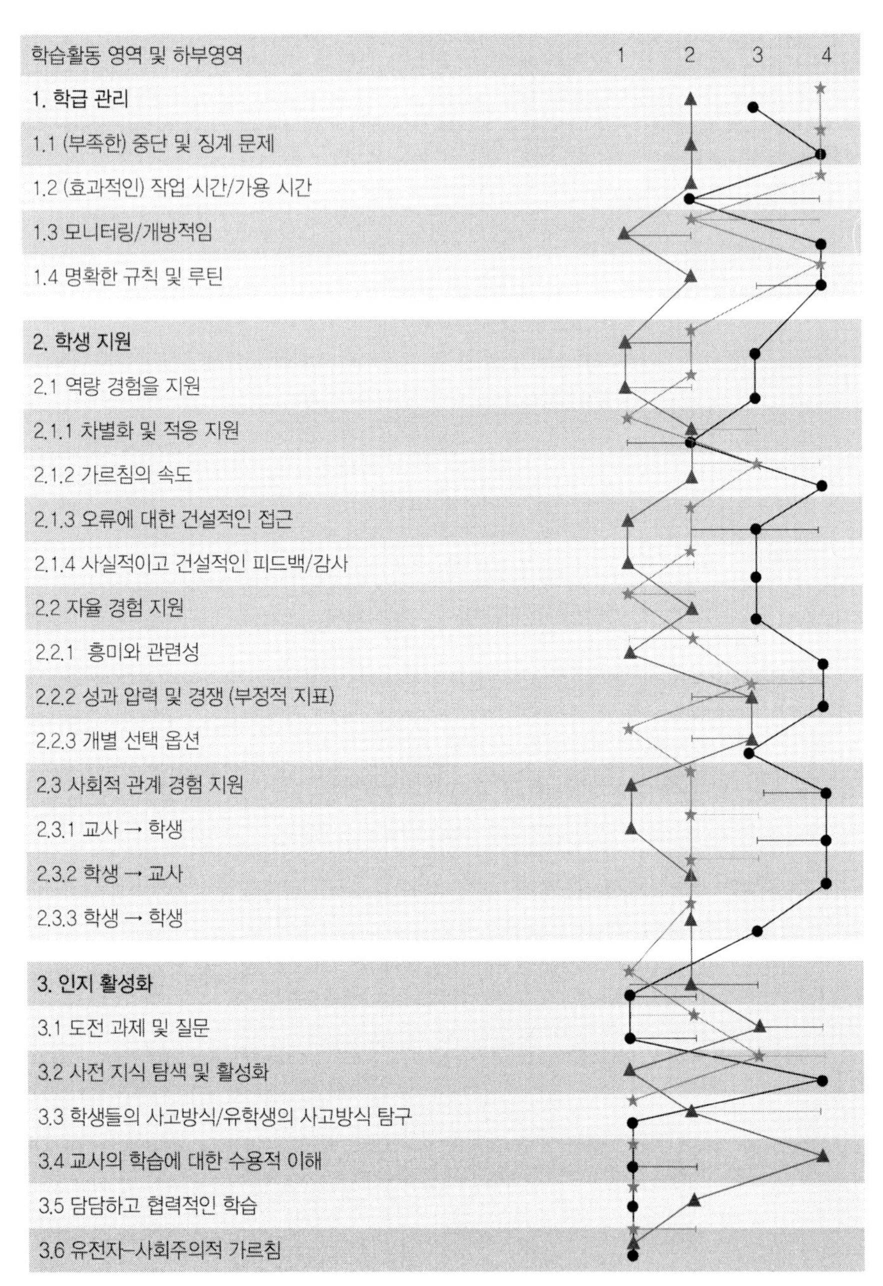


참고: ★=스미스 선생님의 관찰기록, ▲=영 선생님, ●=존즈 선생님, 가로줄=수업관찰자 간의 비합치 정도, 세로줄=교수 질 수준.

**[그림 4-5] 수업관찰을 위해 사용된 GDTQ 도구 및 관찰 결과**

출처: Pracetorius, AK., Klieme, E., Herbert, B., & Pinger, P. (2018). p. 421.

### 4) GDTQ 수업관찰전문가 양성 방법

GDTQ는 본 도구를 활용하는 수업관찰 전문가 양성과정이 없다. GDTQ 도구가 사용자의 목적과 환경에 따라 융통성 있게 재구성되는 특성이 있어서 정형화된 수업관찰 연수가 없다. 따라서 본 도구를 위한 표준화된 평가 루브릭 또는 교육 매뉴얼이 제시되지 않고 있다.

## 7. PLATO(Protocol for Language Arts Teaching Observation)

### 1) PLATO 도구개발의 배경

PLATO는 영어 수업의 질과 학생의 성취도와의 관계를 규명하고자 스탠퍼드대학에서 개발한 수업관찰도구이다.[18] PLATO 개발의 이론은 구성주의적 관점에서 영어 수업에서 풍부한 학습 콘텐츠의 중요성, 지적으로 자극이 되는 과제, 복잡한 사고체계를 발전시킬 수 있는 수업분위기 관리, 학생들이 성공적으로 학습할 수 있도록 지원해 주는 교사의 역할에 있다고 본다. PLATO의 원래 개발 버전이 진화되어 MET에서 사용된 것을 'PLATO Prime'이라고 부른다. 이 장에서는 PLATO Prime을 다루고, PLATO라고 칭하는 것은 PLATO Prime을 의미한다. PLATO는 영어 외의 다른 과목의 수업관찰에도 사용이 가능하며, 현재 이 도구는 교사연수에서 많이 사용되고 있다. 오슬로대학의 LISA(Linking instruction and Students Achievement) 연구 팀은 중등학생들의 영어 및 수학 과목의 성취도와 교사의 수업과의 관련성을 연구하면서 PLATO를 활용하여 수업을 관찰하였다(Klette et al., 2017).

---

18) http://platorubric.stanford.edu/index.html

## 2) PLATO 도구의 개발과정

스탠퍼드대학교의 PLATO 홈페이지에 제시된 내용에 따르면, Grossman 교수는 영어 수업 관찰을 위한 도구로 PLATO를 개발하여 뉴욕시에서 2007~2008년 9학교의 24명의 교사가 참가한 파일럿(pliot) 연구를 다년간 하였다.[19] PLATO 도구로 수집된 양적인 데이터를 보완하기 위해 질적인 데이터도 수집하였다. 2008~2009년에 뉴욕시에서 규모를 키워 12개 학교에서 177명의 교사가 참가한 연구를 수행하였다. PLATO 도구의 구조는 다음 [그림 4-6]과 같은 이론적 기반을 가지고 처음 개발되었을 때 3개의 영역과 10개 하부 요소로 개발되었으나 현재는 4개의 영역에 13개의 하부 요소로 진화하였다.

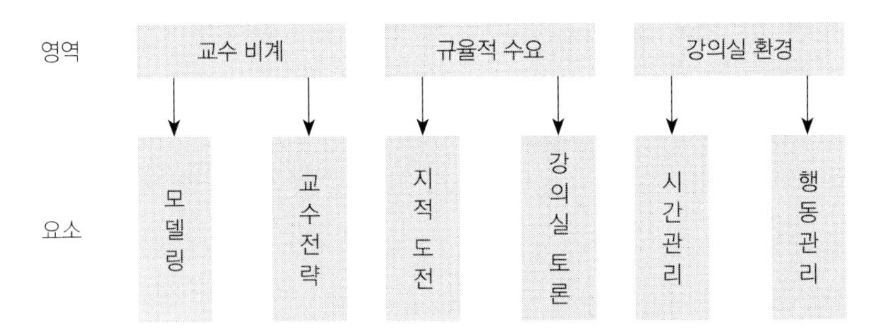


[그림 4-6] PLATO 도구의 구조[20]

출처: Grossman, Cohen, Ronfeldt & Brown (2014). p. 295.

## 3) PLATO 도구

PLATO의 구성요소는 4개의 도메인 수업에서 말하기와 활동의 분야별 요구(Disciplinary Demand of Classroom Talk & Activity), 학습내용의 맥락화

19) http://platorubric.stanford.edu/Research.html

20) [그림 4-6]은 MET에서 사용된 PLATO Prime 내용의 구조다(Kane & Staiger, 2013).

하기 및 표현하기(Contextualizing and Representing Content), 수업 도와주기(Instructional Scaffolding), 수업 환경(Classroom Environment)과 13개의 하부요인으로 구성된다. 도메인의 하부요소 13개는 다음과 같다.

- 목적(purpose): 영어 과목의 목적이 명확하게 길든 짧든 잘 제시되었는가.
- 지적인 도전(intellectual challenge): 학생들이 몰두하는 활동에 얼마나 지적 도전이 제공되는가.
- 수업내용의 제시(representation of content): 교사의 설명이나 예시에 교재의 풍부성, 정확성, 명확성이 잘 드러나는가.
- 선행학습에 연결하기(connections to prior knowledge): 학습자의 선행학습에 새로운 자료가 어떻게 연계되는가.
- 개인적, 문화적인 경험에 연계: 새로운 학습 내용을 개인의 경험이나 문화에 연계하는가.
- 모델링하기(modeling/use of models): 교사는 학생이 주어진 과제를 잘 분석하여 지속으로 과제를 높은 수준으로 완성할 수 있도록 학생들이 알아볼 수 있는 수준으로 수업전략이나 기술 및 절차를 보여 주고 있는가.
- 학습전략의 사용(strategy use and instruction): 융통성 있고 독립적으로 사용할 수 있는 영어교육 전략을 가르치는 교사의 능력을 측정한다.
- 피드백(feedback): 학생들이 사용하는 영어 기술, 개념 혹은 전략에 대응하기 위해 주어지는 피드백의 질에 집중한다.
- 수업교실 담화(classroom discourse): 학생 간, 학생과 교사의 소통의 질과 기회를 성찰한다.
- 텍스트 기반 수업(text-based instruction): 맥락적인 영어교육이 어떻게 학생이 자신의 텍스트를 생성해 내는 수준뿐만 아니라 텍스트의 다양성이 어떤지에 집중한다.
- 언어학습(accommodations for language learning): 교사가 비영어권 사람이 수업에 접근할 수 있게 사용할 수 있는 전략이나 지지의 정도에 집중

한다.

- 행동관리(behavior management): 행동관리가 학습활동을 촉진하는 정도에 집중한다.
- 시간관리(time management): 수업시간 동안 수업을 잘 따라오는지 효과적인 과제풀기와 수업전환이 잘 되고 있는가에 집중한다.

### 4) PLATO 수업관찰전문가 양성 방법

PLATO 수업관찰전문가 연수는 온라인 비디오 강의로 이루어진다. 15분 분량의 동영상에서 쓰기, 읽기, 문법 등 학습내용과 교실 전체, 소그룹, 개별학습 등 학생활동의 유형을 평가하게 된다. 척도는 1-4로 1이란 증거가 나타나지 않았거나 실행된 수업 활동이 매우 약하다는 의미다. 연수자는 미리 준비된 동영상의 관찰결과가 70% 이상의 일치도를 보일 때까지 연수를 수행한다. 그러나 연구할 때마다 약간씩 규칙이 다르게 적용된다. MET 연구에서 수행한 PLATO 수업관찰자 연수에서는 영어의 '쓰기, 문학, 문법' 3개 영역에서 5개 비디오 관찰을 하고, 관찰자 간의 80% 이상의 일치도를 보일 때까지 연수를 지속하였다. PLATO는 양적 · 질적 평가를 모두 포함한다. 수업에 몰두하는 시간, 학생과 교사의 상호작용의 수준은 정성적으로 평가한다.

## 8. 수업관찰도구 분석 및 시사점

### 1) 수업관찰도구 분석 정리

수업을 관찰하는 도구들은 개발 초창기에는 양적 방법을 많이 하였으나 최근 도구들은 양적 및 질적인 방법을 병행하는 것을 알 수 있다. 이 장에서 다룬 도구들의 개발자를 〈표 4-6〉에 정리하였다.

〈표 4-6〉 수업관찰도구의 개발자

| 도구명 | 개발 | 대표 연구자* |
|---|---|---|
| ISTOF | 루이지애나대학교 | Muijs(2006) |
| FfT | 시카고대학교 | Danielson(2011, 2007) |
| MQI | 미시간대학교 | Hill(2008); University of Michigan(2006) |
| CLASS | 버지니아대학교 | Pianta, LaParo, & Hamre(2008) |
| GDTQ | 취리히대학교 | Klieme, Schümer & Knoll(2001) |
| PLATO | 스탠퍼드대학교 | Grossman(2009); Institute for Research on Policy Education and Practice(2011) |

*참고문헌에 수록된 연구자들의 논문을 참고할 것.

이 도구들의 간략한 특징은 〈표 4-7〉에 정리하였다. 이 도구들은 양적 데이터 수집을 위한 척도가 함께 제시되어 있다.

〈표 4-7〉 수업관찰도구 분석표

| 도구명 | 사용 목적 | 항목 | 척도 |
|---|---|---|---|
| ISTOF | 국제적으로 학업성취에 영향을 미치는 교사의 효율성 분석, 일반모델 | ① 총평 및 평가, ② 차별화 및 포함, ③ 수업의 명확성, ④ 수업능력 향상, ⑤ 능동적 학습 증진 및 메타인지 기술 개발, ⑥ 교실분위기, ⑦ 교실관리 | 1-5 |
| FfT | 교사의 교육 개선을 위한 수행 수준 개발, 일반모델, 양적 및 질적 도구 모두 사용 | ① 교수 · 학습 의도의 명확성, ② 안전/존중/지원/도전적인 학습환경, ③ 학습관리 학생의 지적인 참여, ④ 모든 학생의 성공적 학습, 교사의 전문성 11개 | 1-4 |
| MQI | 수학교육의 질 측정을 위해 교사의 수학지식, 수학교육지식, 수학적 내용 관찰 루브릭임. 양적 및 질적 도구 다 사용 | ① 학생이 수업내용에 참여하는 방식, ② 교사의 내용에 대한 학생의 이해 여부, ③ 수학적 사실 및 절차 언어, ④ 수학적 오류 및 왜곡, ⑤ 수업 과제와 수학의 연결 5개 | 1-3 |

| | | | |
|---|---|---|---|
| CLASS | 교사와 유아의 상호작용 중심의 유아교육의 질을 측정하기 위해 개발하였으나 K-12 학년에 모두 적용 가능한 도구 | ① 정서적 지원(긍정적 분위기, 부정적 분위기, 학생 요구에 대한 교사의 예민성, 학생 존중), ② 수업관리(유아의 행동관리), 생산성(수업시간관리 및 교사의 수업 효율성, 수업형태), ③ 교육 지원(개념발달, 교사 피드백의 질, 언어모델링, 관심 언어의 문해[literacy focus]) 총 10개 | 1-7 |
| GDTQ | 수학 수업 관찰을 기반으로 개발되었으나 수업의 본질을 3분야로 보고 다른 과목에서도 사용할 수 있는 일반 도구임. 독일어 사용권에서 주로 활용 | 교실 관리, 학생 지원, 인지 활성화 3영역 및 수업관리에 4개, 학생지원에 10개, 인지적 자극 영역에 7개의 하부영역. 사용자가 하부 영역의 요인을 선택하여 사용함 | 1-4 |
| PLATO | 중등 영어 과목의 수업 관찰 목적으로 개발되었으나 다른 과목에서도 양적 · 질적 방법 모두 사용 가능 | 4개의 도메인: 말하기와 활동의 분야별 요구, 학습내용의 맥락화하기 및 표현하기, 수업 도와주기, 수업 환경과 13개의 하부 요인 | 1-4 |

각 수업관찰도구들을 사용할 수 있는 관찰전문가를 양성하기 위한 프로그램이 운영되고 있다. 보통 수업동영상 클립을 가지고 연수를 시행한다. 마스터 동영상이 있어서 이 동영상의 표준점수가 있고, 이 점수의 80%에 근접할 때까지 연수를 하게 된다. 수업을 관찰하는 관찰자 간의 일치도는 Coehn's Kappa 값이 .7에 도달해야 한다. 수업관찰전문가의 연수 후 자격증 수여 기준은 〈표 4-8〉과 같다.

〈표 4-8〉 평가 도구 전문가 자격증 수여 기준

| 도구 | 기준 | 방법 | 수업관찰 횟수 |
|---|---|---|---|
| ISTOF | Cohen's Kappa 값이 0.7이 될 때까지 연수 | 온라인 | 한 수업비디오를 3번 관찰 |
| FfT | 50% 이상의 정답<br>1-4 스케일 점수 체계에서 25% 이상 벗어나지 않기 | 온라인 | 비디오 관찰 |
| MQI | 정답률만이 아니라 관찰자 간의 평균점수와 정답 사이에 허용된 차이 이내 | 온라인 | 비디오 관찰 |
| CLASS | 1-7 스케일 점수 체계에서 70% 이상의 정답률 | 온라인 | 한 수업비디오를 2번 관찰 |
| PLATO | 1-4 스케일에서 70%의 정답률<br>정답으로부터 10%의 점수 차이가 나지 않을 것 | 오프라인 | 비디오 관찰 |

출처: MET (2012). p. 22.

## 2) 시사점

수업관찰도구가 오랜 기간 활용되어 왔으나, 여기서는 현재까지도 활발히 사용되고 있는 6가지 도구(ISTOF, FfT, MQI, CLASS, GDTQ, PLATO)를 소개하였다. 수업관찰도구 개발은 1990년대부터 태동되어 2000년대에 활발하게 이루어졌고, 이때 대규모의 수업관찰 연구들이 이루어져 도구의 개발 및 활용이 가속화되었다. 2010년대에 이루어진 빌 & 멜린다 게이츠 재단의 MET 연구는 수업관찰도구로 수업의 질을 평가할 수 있고 이를 교육정책에 연계하고 교사들의 수업능력 향상에 활용하는 계기를 열었다(MET, 2013).

수업관찰도구들은 많은 공통점을 가지고 있다. 대부분의 관찰도구는 측정 시 참고할 만한 행동들을 'high reference'와 'low reference'로 구분하여 제시하는 양적인 도구 중심으로 개발과 활용이 이루어진다. 일부 양적 관찰도구는 질적인 데이터의 수집을 위한 양식을 함께 제공하기도 한다.

수업관찰도구 연구에서 수업관찰만으로는 수업의 질을 판단하기보다는 학생들의 반응이나 학생의 성취도 증가와 같은 다른 자료를 함께 수집하고 수업의 질을 종합적으로 평가한다. 특히 미국에서 학교의 질을 평가할 때 학생들의 학업성취도의 증가와 교사의 수업의 질을 함께 평가하는 방식을 사용한다(MET, 2013).

수업관찰 때 수업에 직접 참여하여 관찰하는 경우는 어떤 연구에서도 거의 보고되지 않고 있다. 모든 수업은 동영상으로 찍어서 전문가에게 보내지고, 전문가가 분석하여 수업전문성을 판단한다. 이 장에 소개된 연구들에서는 동영상 수업관찰이 참관 관찰 정도와 비슷한 정도의 정확성을 담보하기 위해 하나의 수업에 수업동영상을 2개나 3개로 관점을 달리하여 찍는 것을 알 수 있다. 동영상으로 수업현장을 잘 전달하기 위해서는 교실 천장에 카메라를 설치해서 교사중심 및 학생중심의 각도로 각각 촬영한 적어도 2세트가 바람직하다. 대부분의 수업관찰 연구에서 관찰 내용의 정확성을 위해 2명 이상의 숙련된 관찰전문가가 한 수업을 관찰하고 있다.

여러 수업관찰도구를 한꺼번에 활용하여 신뢰도나 타당도를 검증한 연구에서는 이들 수업관찰도구들이 대개 비슷한 영역을 포함하고 있고 이들의 신뢰도가 비슷하게 높게 나타났다고 보고하고 있다(MET, 2013). 따라서 현재 검증된 도구 중 어떤 것을 선택하든지 타당도나 신뢰도는 크게 염려하지 않아도 되는 것으로 판단된다. 교사들이 걱정할 수 있는 수업관찰전문가의 관찰 능력은 연구를 통해 검증되었다.

교원연수는 수업교사를 대상으로 하는 경우와 전문가 양성으로 나눌 수 있다. 대부분의 연수는 온라인으로 이루어지고 여러 수준으로 나누어 진행된다. 지속적으로 연수가 제공되는 프로그램의 경우 연수 참가자가 소요 경비를 내는 경우가 많았다. 연수는 연수자의 루브릭 평가값이 표준값과의 일치도가 80% 이상, 관찰자 간의 일치도는 Cohen's Kappa 값 .7 이상이 될 때까지 이루어지는 것이 통상이었다. 연수를 성공적으로 끝내면 연수자는 증명서를 받고, 일부 연수는 유효기간을 두고 있다.

수업관찰도구의 활용 목적은 교사의 수업전문성 향상에 있다. 물론 수업관찰도구를 연구 목적으로 활용하여 교육적 상황을 이해하기 위한 것도 있지만, 궁극적으로는 교사가 수업의 질을 높이는 데 도구가 기여하기를 바라며 수업관찰을 수행하는 것이다. 이러한 목적을 달성하기 위한 절차를 Archer와 그의 동료들(2016)은 다음과 같이 4단계로 제시한다. 첫 번째는 수업관찰 전문가 양성을 위한 지원 체제의 구축이다. 수업관찰전문가가 되고자 하는 충분한 풀(pool)이 있어야 하고, 연수의 전달 방식과 우선순위 등이 결정되어야 한다. 두 번째는 연수에서 사용할 수업 동영상의 사전 준비다. 수업관찰전문가 그룹을 구성해서 연수에 적합한 수업동영상을 선정하고 수업관찰의 기준 점수를 설정해야 한다. 이 절차를 통하여 평가값의 정확성을 확보해야 한다. 세 번째는 평가를 위한 지식과 관찰방법을 구축해야 한다. 도구의 루브릭을 알아야 하고, 활용 연습을 하고, 증빙을 어떻게 찾는지, 평가 기준을 어떻게 적용해야 하는지, 연수의 순서를 어떻게 할 것인지 등을 결정하고 수행해야 한다. 네 번째는 교사의 수업전문성 향상을 위한 피드백이다. 수업교사들이 제출한 동영상 자료를 분석한 데이터를 갖고 구체적인 피드백을 하는 단계다. 연수에 활용할 수업동영상을 준비하는 것에 많은 신경을 써야 하고 수업관찰전문가의 참여가 요구되는 점은 향후 국내에서 연수를 수행할 때 고려해야 할 점이다.

## 참고문헌

고경우(2015). 수학교사들의 내용과 학생 지식(KCS)과 내용과 교수 지식(KCT) 분석. 이화여자대학교 교육대학원 석사학위논문.

김성경(2016). MQI를 이용한 예비교사와 현직교사의 수학수업의 질 분석. 한국수학교육학회지, 수학교육. 2016. 11 제55권 제4호. 397-416.

권신영(2015). 한국 어린이집 교실평가척도체계(Classroom Assessment Scoring System, CLASS Pre-K) 타당화 연구. 숙명여자대학교 대학원 박사학위논문.

Archer, J., Cantrell, S., Holtzman, S. L., Joe, J. N., Tocci, C. M., & Wood, J. (2016). *Better feedback for better teaching: A practical guide to improving classroom observations.* John Wiley &Sons.

Blazar, D., Braslow, D., Charalambous, C. Y., & Hill, H. C. (2017). Attending to general and mathematics-specific dimensions of teaching: Exploring factors across two observation instruments. *Educational Assessment, 22*(2), 71-94.

Danielson, C. (2011). *The Framework for Teaching Evaluation Instrument, 2011 Edition.* Princeton, NJ: Danielson Group. https://danielsongroup.org/downloads/2013-framework-teaching-evaluation-instrument?download

Danielson, C. (2014). *The framework for teaching evaluation instrument.* Princeton, NJ: Danielson Group.

Danielson, C. (2018). *Crosswalk between Universal Desing for Learning (UDL) and the Danielson Framework for teaching (FfT).* Princeton, NJ: Danielson Group. Https://books.google.co.kr/books?hl=en&lr=&id=EfC-AwAAQBAJ&oi=fnd&pg=PT29&dq=MET+teaching+quality+evaluation&ots=OzypNW0-Rb&sig=hnBf-J8FPuMll0qSs7V8l6UAJy4&redir_esc=y#v=onepage&q=MET%20teaching%20quality%20evaluation&f=false

Kelcey, B., McGinn, D., & Hill, H. (2014). Approximate measurement invariance in cross-classified rater-mediated assessments. *Frontiers in Psychology, 5*, 1469.

Klieme, E., & Baumert, J. (2001). Identifying national cultures of mathematics education: Analysis of cognitive demands and differential item functioning in TIMSS, *Europea Journal of Psychology of Education, 16*, 385.

Klette, K., Blikstad-Balas, M., & Roe, A. (2017). Linking instruction and student achievement. A research design for a new generation of classroom studies. *Acta Didactica Norge, 11*(3), Art. 10, 19, sider.

Learning Mathematics for Teaching Project (2011). Measuring the mathematical quality of instruction. *Journal of Mathematics Teacher Education, 14*, 25-47.

Marine, K. A. (2015). *Developing the Mathematical Quality of Instruction: MQI as a Tool for Professional Development.*

MET (2012). Gathering feedback for teaching: Combining high quality observations with students survey and achievement gains. *Gates foundation Research*, p. 22.

Muijs, D., & Reynolds, D.(2000). School effectiveness and teacher effectiveness in mathematics: Some preliminary findings from the evaluation of the mathematics enhancement programe(Primary), *School Effectiveness and School Improvement, 11*:3, 273-303, DOI: 10.1076/0924-3453(200009)11:3;1-G;FT273.

Muijs, D., Reynolds, D., Sammons, P., Kyriakides, L., Creemers, B. P., & Teddlie, C. (2018). Assessing individual lessons using a generic teacher observation instrument: How useful is the international system for teacher observation and feedback (ISTOF)? *ZDM Mathematics Education, 50*(3), 395-406.

Ofsted. (2018). Six models of lesson observation: An international perspective. https://eric.ed.gov/?id=EJ1181279

Schoenfeld, A. H. (2013). Classroom observations in theory and practice. *ZDM Mathematics Education, Springer, 45*(4), 607-621. DOI 10.1007/s11858-012-0483-1.

Schumacher, G. T. (2004). *Perceptions of the Impact of a Standards-Based Teacher Evaluationsystem, Based on the Danielson "Framework for Teaching" Model, on Teaching and Student Learning.*

Stigler, J., & Hiebert, J. (1999). *The teaching gap: Best ideas from the world's teachers for improving education in the classroom*. New York: The Free Press.

Teddlie, C., Creemers, B., Kyriakides, L., Muijs, D., & Yu, F. (2006). The international system for teacher observation and feedback: Evolution of an international study of teacher effectiveness constructs. *Educational Research and Evaluation, 12*(6), 561-582.

# 수업분석을 위한 ICALT 수업관찰도구의 활용 3부

5장 ICALT 수업관찰도구의 이해
6장 ICALT 수업관찰도구의 양호도 검증
7장 ICALT 수업관찰의 방법
8장 ICALT System: eICALT의 활용

# ICALT 수업관찰도구의 이해

## 1. ICALT와 수업전문성

수업전문성 분석에 관한 ICALT 수업관찰도구의 접근방법은, 교수효과성에 관한 선행연구들을 대상으로 한 메타분석에 근거하고 있다. 이를 토대로 관찰 가능한 교사의 151가지 수업행동을 도출하고, 도출된 수업행동을 9개의 범주로 구분하였다(Van der Lans et al., 2015). 최초로 도출된 9개 수업행동의 범주는 ① 최소목표를 배울 기회 제공, ② 학생의 성취 점검, ③ 힘든 학생을 위한 특별조치, ④ 안전하고 고무적인 수업분위기, ⑤ 효과적 수업관리, ⑥ 명료하고 구조화된 강의, ⑦ 집중적이고 활동적인 수업, ⑧ 학습전략을 가르침, ⑨ 개별화된 수업이다.

수업행동의 범주 가운데 ①~③의 범주는 교실수업에서 관찰하기가 쉽지 않고, 교사의 노력보다는 학교 차원의 자원 배분과 관련이 더 깊은 측면이 있다고 밝혀졌다. 따라서 교사가 수업을 할 때 측정이 가능한 ④~⑨의 6개 범주를 대상으로 관찰도구를 개발하였다. 이 가운데 ④~⑥번 범주는 다소 기초적인 수업역량이라고 볼 수 있고, ⑦~⑨번 범주는 고급 수업역량에 속한다고 볼 수 있다. 이렇게 도출된 6개의 수업행동 범주는 총 32개의 문항을 통해 측정할 수 있도록 구성되어 있다. 여기에 교사의 수업행동 결과로 나타나는 학생의 행동변인으로서 학생 참여도를 측정하는 3개 문항이 추가되어, ICALT 수업관찰도구는 총 35개의 문항으로 구성되어 있다. 보다 구체적으로 ICALT 도구개발의 과정을 살펴보기로 하자.

### 1) ICALT의 탄생

ICALT는 교수 · 학습국제비교분석(International Comparative Analysis of Learning and Teaching)의 약자이며, 교사의 교육적이고 교수적인 (pedagogical-didactical) 행동의 특성을 보여 줄 수 있는 관찰도구이다. ICALT란 명칭은 수업의 질에 관한 국제 비교연구에 기인(起因)하며(Van de Grift, 2007; Van de Grift et al., 2011), 이 비교연구 중 일부는 교사의 교육적이고 교수적인 행동과 학생들의 학업 성취 및 학업 참여 간의 관계를 보여 준다(Kyriakides et al., 2009). 학생의 성취에 긍정적인 영향을 미치는 교사의 행동지표에 관한 이러한 연구결과가 수업의 질에 관한 국제 비교연구를 위한 도구의 기초가 되었으며, 이는 'ICALT'[1]로 알려졌다. 원래 초등교육을 위해 개발된 이 도구는 이후 네덜란드 흐로닝언대학교(University of Groningen)에 의해 개선되었으며, 네덜란드의 모든 유형의 교육에 적용되도록 개작(改作)되었다.

교사의 행동지표에 관한 연구는 엄밀히 따지면 흐로닝언대학교 연구 팀에 의해 개발된 것은 아니다. 기존의 수업모형이나 교수이론 등을 살펴보면 수업에서는 교수행동이 일어날 수밖에 없고, 이는 관찰 가능한 형태로 교수 단계가 구성되기 때문이다. 먼저, 수업모형을 살펴보면, 수업현상을 보는 관점에 따라 수업절차 모형, 학습조건 모형, 수업형태 모형으로 구분할 수 있다.

1) 이전 버전은 교육의 질에 관한 도구(the instrument of Quality of Teaching: QoT)로 명명되었다.

여기에서 수업절차 모형은 수업이 전개되는 절차 또는 단계의 특징을 중심으로 수업현상을 설명하는 것이며, 학습조건 모형은 학습과제 또는 학습자의 특성에 따라 요구되는 학습조건의 차이에 따라 수업현상을 설명하는 것이며, 수업형태 모형은 교사와 학생의 상호작용하는 모양에 따라 수업현상을 설명하는 것이다(서울대학교 교육연구소, 1995). 좀 더 구체적인 수업사태를 살펴보면, Gagne(1990)가 제시한 9가지 교수절차는 ① 주의 집중시키기, ② 학습자에게 수업목표 제시하기, ③ 선행학습의 회상 자극하기, ④ 자극 제시하기, ⑤ 학습안내 제공하기, ⑥ 수행 유도하기, ⑦ 수행의 정확성에 대한 피드백 제공하기, ⑧ 수행 평가하기, ⑨ 기억과 전이를 촉진하기의 단계로 구성된다. 이 교수절차는 교사가 특정 교수행동을 할 것을 예상할 수 있게 하는 포괄적인 교수행동이라고 이해할 수 있다.

**〈표 5-1〉 교수절차와 학습과정과의 관계**

| 교수절차 | 학습과정과의 관계 |
|---|---|
| 1. 주의 집중시키기 | 신경자극의 패턴 인식 |
| 2. 학습자에게 수업목표 제시하기 | 정보처리 과정의 활성화 |
| 3. 선행학습의 회상 자극하기 | 작업기억에 대한 선행학습 회상 |
| 4. 자극 제시하기 | 선택적 지각을 위한 기능 강조 |
| 5. 학습안내 제공하기 | 의미적 부호화; 회상을 위한 신호 |
| 6. 수행 유도하기 | 반응 조직의 활성화 |
| 7. 수행의 정확성에 대한 피드백 제공하기 | 강화 |
| 8. 수행 평가하기 | 회상 활성화 |
| 9. 기억과 전이를 촉진하기 | 회상을 위한 전략과 신호 제공 |

출처: Gagne, Briggs, & Wager (1990). p.190

이처럼 이전에 이루어진 교사 수업행동에 관한 다양한 연구를 바탕으로 네덜란드 흐로닝언대학교의 Van de Grift 연구 팀은 실증적 연구들의 메타분석을 통하여 학생의 성취도에 영향을 미치는 변인들을 분석하였다(Houtveen &

Van de Grift, 2012; Houtveen et al., 2014). 그리고 관찰 가능한 교사의 수업행동을 6개의 영역(① 안전하고 고무적인 수업분위기, ② 효율적 수업운영, ③ 명료하고 구조화된 수업내용, ④ 집중적이고 활발한 수업, ⑤ 교수 · 학습전략, ⑥ 개별화 학습지도)으로 나누고, 영역별 하위 측정 항목은 다시 여러 예를 보여 주어 이들 예가 발견되는 정도와 강도에 따라 4점 척도의 점수화할 수 있는 관찰도구를 완성하게 된다. 각 항목들은 문항반응이론(item response theory)의 하나인 Rasch 모델을 활용하여 개발되어 이들 항목 도메인 간 난이도의 순위가 있게 만든 것이다(Maulana et al., 2014; Van de Grift et al., 2016). Van de Grift 연구 팀은 이 도구를 사용하여 수업에서의 교사행동을 관찰하고, 교사행동에서 수업에 대한 전문성이 관찰되는지, 전문성 수준이 어느 정도인지에 따라 교사의 수업전문성 정도를 판단하고, 이에 대한 피드백을 제공하여 교사 수업의 질을 향상시킬 수 있다는 것을 밝혀냈다(Van de Grift, 2014).

더불어 흐로닝언대학교 연구 팀은 선행연구에서 다루어진 교사의 수업행동을 구성하는 요인을 분석하고, 이를 현장에 적용해서 실제 수업행동을 관찰하고 분석하는 방법을 통하여 '좋은 교사' 양성 방안에 대한 실증적 이론을 도출하는 연구를 진행하고 있다. 또한 1990년대 이후 진행해 온 연구 내용을 바탕으로 2014년부터 이 도구를 다른 문화에 적용하고 비교하기 위하여 수업분석 국제비교연구(International Comparative Analysis of Learning and Teaching: ICALT)를 시작하였다(Van de Grift et al., 2017). 현재는 네덜란드, 노르웨이 등을 비롯한 세계 17개국에서 연구를 하고 있고 우리나라는 2014년부터 충남대 · 충북대 연구 팀이 참여하고 있다.

흐로닝언대학교 연구 팀에서 수행한 연구성과의 예로 초임교사가 직면하게 되는 수업기술 부족으로 인한 문제점과 관련된 연구를 간략히 살펴보면 다음과 같다. 이 연구는 Helms-Lorenz, Van de Grift와 Maulana(2016)가 수행하였으며, 수업기술이 감소되는 문제를 완화하기 위한 방법으로 71개 학교의 초임교사 338명을 대상으로 통제집단과 실험집단으로 구분하여 실증기반의 연구를 진행하였다. 반복적인 수업관찰을 통하여 통제집단과 실험집단의 초임교사가 교직을 떠나는 비율을 비교하였으며, 3년 뒤 통제집단에서는 14%의 교사가, 실험집단에서는 12%의 교사가 교직을 그만둔 것으로 나타났다. 실험집단은 통제집단과 비교하여 더 높은 수업기술의 향상을 보여 주었고, 교직 이탈의 원인은 자격 부족과 낮은 수업기술로 설명될 수 있다고 보았다. 또한, 코칭과 수업관찰은 수업기술 향상에 긍정적인 영향을 미치는 것으로 나타났다. 이러한 연구는 좋은 수업이나 좋은 교사에 대한 원론적 연구와는 다르게 교사가 직면하고 있는 수업 수행의 실질적인 측면을 다루고 있다. 따라서 초임교사뿐 아니라 예비교사, 수업전문성에 목마름을 느끼는 경력교사 등 다양한 교직단계의 교사에게 시사하는 바가 크다.

## 2) ICALT에서의 수업전문성

수업전문성은 교실에서 이루어지는 교사와 학생 간의 일부 또는 모든 측면과 관련이 있다(Cornelius-White, 2007). 수업전문성 연구의 이론적 틀인 가르치는 일(teaching)과 교사의 효과성(teacher effectiveness), 학습환경(learning environments) 연구는 교사의 수업이 학생의 학습과 학습성취를 유의미하게 예측할 수 있음을 보여 준다(Creemers & Kyriakides, 2008; Hattie, 2012). 교육과 학습과정에 대한 현대적 개념화에서 인지적 측면과 동기적 측면 모두가 고려되었다.

Ko, Sammons와 Bakkum(2013)은 협소한 범위에서 광범위한 범위에 이르기까지 '효율적으로 가르치는 일'의 정의를 이해할 수 있게 제시한다. 효과적인 교사 행동은 Ko, Sammons와 Bakkum(2013)이 정의한 첫 번째와 일치하는데, 그 첫 번째 정의는 '관찰 가능한 교사 행동의 효과는 수업 중에 보여진다.'이다. 수업에서 교사의 효과적인 수업을 관찰할 수 있다는 점은 모든 범위의 '효율적으로 가르치는 일'을 정의하는 데 있어 핵심이라 할 수 있다.

증거기반 교수법은 학습이론에 역사적인 뿌리를 두고 있으며, 효과적인 교사 행동에 관한 연구보다 수십 년 동안 더 연구되었다. 학습이론(행동주의 이론, 인지주의 이론, 구성주의 이론)은 다른 (고대)인식론적 관점(상대주의, 객관주의), 즉 세계를 건설된 것으로 혹은 주어진 것으로 여기는 관점에 근원을 두고 있다(Yeaman et al., 1996).

상황에 따라 특정 교사의 수업행위가 학생의 학업성취(교육 효과)를 높이는가? Hattie(2009)의 메타분석에 따르면, 다양한 학습을 사용한 교수법 이론이 효과적이라고 하였다(예를 들면, 행동주의적 학습이론에 도출된 기계적인 연습 수업방식, 인지주의적 학습이론에 도출된 메타인지전략 수업방식, 구성주의에서 도출된 문제해결식 수업방식). 이런 예는 학습이론의 타당성을 증가시켰고, 미래의 이러한 이론에 대해 가치 있게 통찰하고 정교하게 수업현장에 통합될 것을 촉진하게 한다.

연구에 따르면, ① 학교 및 부서별 리더십/문화와 같은 사회적 맥락(Little, 1982), ② 학교 구성원의 특성과 사회적 조건의 변화(Hutchings et al., 2000), ③ 전문성 개발 기회(Day, 1999)는 수업전문성에 영향을 주는 것으로 나타났다. 게다가, 교사의 개인적인 측면은 교사가 수업전문성을 성취, 유지, 향상시키는 데 중요한 역할을 한다. 교사의 수업전문성에 교사 개인적 측면이 관여되기 때문에, ① 동기 부여와 사기(Troman & Woods, 2001), ② 교수의 열정

**〈표 5-2〉 교사의 수업전문성 발현 설명변인 정리**

<table>
<tr><th colspan="2">교사 개인 변인</th><th colspan="2">학교 배경 변인</th></tr>
<tr><td>교사의<br>고유한 변인</td><td>나이, 경력, 성별</td><td rowspan="2">학교 여건</td><td rowspan="2">시설 환경<br>학교 규모<br>학생 수<br>지역의 크기<br>학교 유형</td></tr>
<tr><td>교사의<br>심리적 변인</td><td>동기부여, 사기, 열정, 변화 적응력, 효능감, 만족도</td></tr>
<tr><td>교사의<br>사회적 변인</td><td>지위, 급여</td><td>교원 현황</td><td>교장의 리더십<br>잡무 처리 시간<br>주당 수업시수<br>행정지원 직원<br>교원단체 가입 현황</td></tr>
</table>

(Day, 2004), ③ 변화 적응력(Fullan & Hargreaves, 1992), ④ 나이 및 발달단계(Fessler, 1995), ⑤ 자기효능감(Rosenholtz, 1989), ⑥ 만족도(Tschannen-Moran et al., 1998)와 같은 측면을 포함하여 수업전문성이 연구되었다. 간단히 말해서, 사회적 환경과 교사의 개인적인 측면은 교사의 수업전문성을 결정하는 중요한 요인이다.

### 3) ICALT 수업전문성 6영역[2]

수업분석 및 코칭을 하기 위해서는 교실 내에서 교사가 행한 수업행동을 관찰전문가가 관찰하고 ICALT 관찰지를 작성해야 한다. Van de Grift(2013)는 '증거 기반의 효과적인 교사 행동 연구에 대한 검토'를 토대로 6가지 관찰 가능한 교육 수준 영역을 확인하였다. 관찰 가능한 6가지 수업전문성 영역에는 안전하고 고무적인 수업분위기, 효율적 수업운영, 명료하고 구조화된 수업내용, 집중적이고 활발한 수업, 교수 · 학습전략, 개별화 학습지도 등이다. Van de Grift가 언급한 6가지 수업전문성 영역은 교실에서 관찰 가능한 교사의 행동을 범주화한 기존의 연구 결과와 일치하는 측면이 있다(Danielson, 2013; Pianta & Hamre, 2009). 이에 구체적으로 ICALT에서 제시하고 있는 수업전문성 6개 영역에 포함되는 수업현장에서의 교사의 행동은 무엇이 있는지, 이를 다룬 선행연구를 살펴보고자 한다.

1영역: 수업전문성 영역 중 첫 번째 영역인 '안전하고 고무적인 수업분위기'와 관련된 전문성은 교사가 편안하게 교실 분위기를 조성하고, 수업시간 때 학생에게 존경심을 표시하고, 학생의 자신감을 장려하는 과업을 수행하는 것과 관련되어 교실 상황에서 관찰되는 행동이다(Cornelius-White, 2007; Hattie & Clinton, 2008; Smith

---

2) Maulana, Helms-Lorenz, & Van de Grift (2014). Development and evaluation of a questionnaire measuring pre-service teachers' teaching behavior: A Rasch moelling approach. School Effectiveness and School Improvement. p.4 번역.

et al., 2008).

2영역: '효율적 수업운영'은 교사가 효과적으로 교실을 관리하는 모습으로, 교사가 교실 내의 수업상황을 효율적으로 잘 관리하면 학생은 높은 학업성취를 보여 주는 것으로 나타났다(Houtveen et al., 1999; Scheerens & Bosker, 1997). 효과적인 교실관리와 관련된 교사행동에 대한 몇 가지 지표에는 수업 시작과 종료 시간을 잘 관리하며, 수업을 효율적으로 전환하고, 수업목표와 무관한 과업에 시간을 최소화하며, 학생들의 잘못된 행동 처리, 수업 준비 및 관리를 효율적으로 하여 수업 구조를 알차게 만드는 행동이 나타나고 있다(Marzano, 2003; Wang et al., 1995; Yair, 2000).

3영역: '명료하고 구조화된 수업내용'은 수업을 명료하게 구조화하고, 설명 및 강의 프레젠테이션을 학생들에게 잘 전달할 수 있도록 구성하며, 학생 개인에게 맞추어진 과업과 집단활동에 적합한 과제를 명확하게 나누고 역할을 배정하여 수업내용의 혼란을 일으키지 않는 것과 관련된다. 또한 학생이 학습자료를 이해하는지 자주 확인하는 것도 중요하다(Hattie & Clinton, 2008; Kameenui & Carnine, 1998; Pearson & Fielding, 1991; Rosenshine & Meister, 1997; Smith et al., 2008).

4영역: '집중적이고 활발한 수업'은 학생에게 능동적인 학습을 촉진하고, 학습과제의 지침을 강조하면서도 학생의 능력에 과도한 학습과제를 피하도록 하여 궁극적으로 학습성과를 최적화하는 행동을 나타낸다(Hampton & Reiser, 2004; Lang & Kersting, 2007). 교사는 학생들의 학습성과 성취를 위하여 사전지식을 활성화하고, 학생이 이전에 배운 내용과 현재 배울 수업내용을 서로 관련짓도록 유도하는 행동을 보인다(Nunes & Bryant, 1996; Pressley et al., 1992). 또한, 수업활동 영역은 교사와 학생 간 혹은 학생 간의 상호작용 정도와 관련되어(Meeuwisse et al., 2010) 나타나는 행동이라 할 수 있다.

5영역: '교수 · 학습전략'은 교사가 학생을 지원하고 더 높은 수준의 학습에 도달할 수 있도록 학생의 내적 학습절차를 개발하도록 돕는 방법(Van de Grift, 2007)이다. 학습전략을 가르치는 것은 교사가 교실수업에서 학생 스스로 메타인지 전략을 구사하도록 수업을 진행하는 것이다. 메타인지 전략은 학생이 더 높은 수준의 학습 기술을 습득할 수 있노록 도와주는 프레임워크(Carnine et al., 1998)라 할 수 있는데, 메타인지 전략의 사용을 지원하는 한 가지 방법은 비계설정(scaffolding)이다. 비계는 학생의 기존 기술과 원하는 기술 사이의 '다리' 역할을 하는 교사(또는 동료 학생)가 제공하는 일시적인 지원의 한 형태로, 선행연구에 따르면 학생들 앞에서 교사가 시범을 보여 주고 학생들이 성취해야 할 단계를 제공하며 올바른 피드백을 제공한다면 학생의 학습성과가 올라간다는 결과가 있다(Hattie & Clinton, 2008; Rosenshine & Stevens, 1986; Slavin, 1996; Smith et al., 2008).

6영역: '개별화 학습지도'는 교사가 가르치는 학생들의 특성을 개별적으로 인식하고, 학습에서 학생들이 서로 다른 학습 요구를 가지고 있음을 이해한다는 것을 의미한다. 교사는 학생의 학습 요구에 맞게 교수법을 조정하거나, 수업 방법을 제시할 때 각 학생의 개별성을 강조하는 행동을 취한다. 개별화의 주요 목표는 각 학생의 학습 잠재력을 극대화하는 것으로, 연구에 따르면 개별화된 학습은 학습성과를 향상시키는 것(Koeze, 2007)으로 나타났다. 개별화와 관련된 교사의 수업행동 지표에는 여분의 시간을 개별적으로 주거나 학생이 이해하지 못하였을 때 추가적으로 그 학생에게 별도의 지시를 주는 행위, 우수한 학생에게 선행하여 가르치기와 학습부진 학생에게 재교육을 하는 교사의 행위 등이 있으며, 다양한 효과적인 교수방법의 시행도 이 영역에 포함된다(Houtveen et al., 1999; Lundberg & Linnakylä, 1992; Pearson & Fielding, 1991).

## 4) 수업전문성의 상위 영역[3]

ICALT 수업전문성 영역은 Fuller(1969)의 교직관심발달론에 근거하여, 효과적인 교수 행동과 전략은 누적 질서를 나타낸다는 가설에 기반하는 것이다. 이러한 발전은 안전한 학습환경을 달성하기 위한 수업행동에서 시작하여 효율적인 수업운영과 교육의 질을 높이기 위한 수업행동을 진행한다. 이러한 영역의 기술이 충분히 숙달되어 있다면, 교사는 교수법과 학습전략을 활성화하고 특정 학생들의 요구를 충족시키기 위해 수업내용을 차별화하고 적응시키는 것과 관련된 수업행동의 노력을 시작한다(Van der Lans et al., 2018).

ICALT 수업전문성의 6영역은 **기초 수준**, **중간 수준** 그리고 **최고 수준**으로 완성되어 나가는 것으로 다시 구분할 수 있다. 기초 수준 전문성은 **수업분위기**와 효율적인 **수업운영**이며, 중간 수준 전문성은 명료하고 구조화된 **수업내용 지도**와 **집중적이고 활발한 수업**이며, 마지막 최고 수준은 **교수 · 학습전략**과 학생 간의 개인차를 고려하여 모두가 성공할 수 있도록 돕는 **개별화** 학습지도이다. 이 중에서 최고 수준 완성 단계인 교수 · 학습전략 지도와 개별화 학습지도는 교사의 교직 발달단계에 따른 수업전문성 발달단계에서 마지막으로 부딪히는 고난도 기술이다. 여기서는 특별히 이 두 가지 수업전문성에 대해 좀 더 깊이 살펴보고자 한다.

### (1) 교수 · 학습전략 지도

**학습전략**은 학생이 학습과정을 스스로 지시하는 데 사용할 수 있는 전략이다. 학습전략은 학생의 자율학습에 더 기여하고 더 나은 학생 학습 및 성과와 연결되어있다. 학습전략에는 정보 선택 및 구성, 암기를 목표로 한 내용 리허설 및 정보의 이해와 통합을 목표로 한 정교화와 같은 인지 전략이 포함된다.

---

3) University of Groningen (2018). ICALT Training supplement 번역.

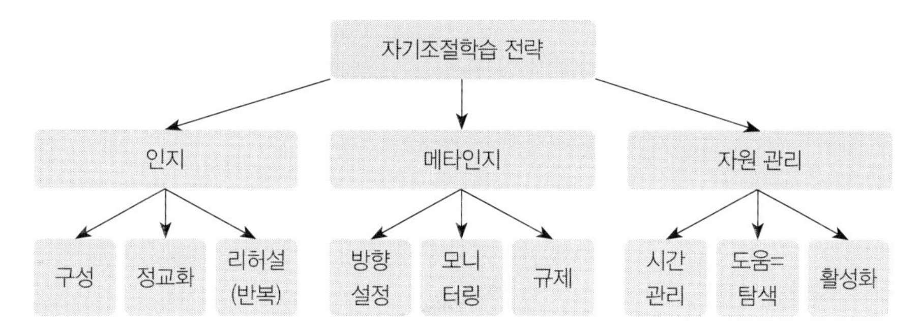


[그림 5-1] 학습전략 프로세스

출처: University of Groningen (2018).

또한 학생들은 메타인지 전략을 사용하여 자신의 사고 프로세스를 모니터링하고 규제할 수 있다. 메타인지 전략에는 작업 방향 설정, 작업 처리 방법 계획, 학습 프로세스 모니터링 및 결과 반영 등의 전략이 포함된다. 마지막으로, 다른 사람들의 도움을 구하고 시간을 관리하는 등 자원 관리 전략이 있다.

① 교사는 학습전략을 어떻게 가르치나요?

교사는 학생을 가르칠 때 여러 학습전략을 다룰 수 있다. 첫째, 그들은 어떻게, 언제 그리고 왜 이러한 전략을 사용해야 하는지에 대한 직접적인 지시를 사용할 수 있다. 또한, 학습전략의 사용 모델링(즉, 학습전략을 사용하고 이 과정을 크게 모델링하여 다른 학생에게 사례로 제공하기), 비계를 설정하거나, 힌트 또는 큐를 사용하여 학생들에게 전략 사용을 상기시키는 것과 같은 간접 교수방법(예: 포스터, 큐 카드 또는 컴퓨터 프로그램의 팝업) 등은 유용한 것으로 입증되었다.

② ICALT의 학습전략

ICALT 관찰 계획에는 학생들에게 학습전략을 직접 반영하도록 요청하는 항목이 있다. 또한, 복잡한 문제를 단순화하는 것은 제어 활동을 사용하고 솔루션을 점검하는 메타인지 전략처럼 다양한 주제에 유용한 (인지) 문제해결 전략이다. 비판적 사고는 메타인지와 관련이 있으며 사례를 제공하고 성과에 반영하는 것은 내용에 대해 자세히 설명하는 것을 포함한다. 배운 내용을 다른 상황에 적용하는 것은 학생에게 내용에 대한 높은 수준의 이해가 필요하며 그러한 의미에서 전달을 촉진하는 유용한 학습전략이다. ICALT 수업관찰도구에서 리허설 전략, 자원 관리 전략 및 목표 설정 전략은 측정되지 않는다.

③ 교수 · 학습전략의 예[4)]

- 확장적으로 독서하도록 지도할 때 교사는 제목의 의미가 무엇인지, 과제 요구 사항이 무엇인지, 그리고 질문에 대한 답을 어떻게 찾을 것인지 계획을 세우도록 학생에게 예시를 보여 준다.
- 수학 수업에서 학생은 큐 카드를 이용하여 문제를 주의 깊게 분석하고, 필요한 계산 유형을 찾고, 계산 계획을 수립하고 실행한다.
- 과학 교사는 답에서부터 시작하여 거꾸로 거슬러 올라가 봄으로써 답이 맞는지 여부를 학생들 스스로 확인할 수 있는 방법을 보여 준다.
- 국어 교사는 학생에게 비슷한 특성을 가진 단어를 그룹화하고 두 행으로 작성하여 정리하고 연습하는 과제를 부여한다.
- 지리 교사는 학생들이 약어를 사용하여 사실을 기억할 수 있다고 설명한다. 예를 들어, HOMES(Huron, Ontario, Michigan, Erie, Superior)라는 약어로 미국의 5대호의 이름을 기억한다.
- 수학 교사는 몸을 움직이며 소리 내어 연습하여 구구단을 외우는 방법을 학생들에게 보여 준다.
- 학생들이 짝을 지어 활동하고 주요 아이디어에 대해 서로 질문하도록 한다.

---

4) www.teacherspayteachers.com; www.cultofpedagogy.com; Kramarski & Dudai, 2009; www.luminouslearning.com

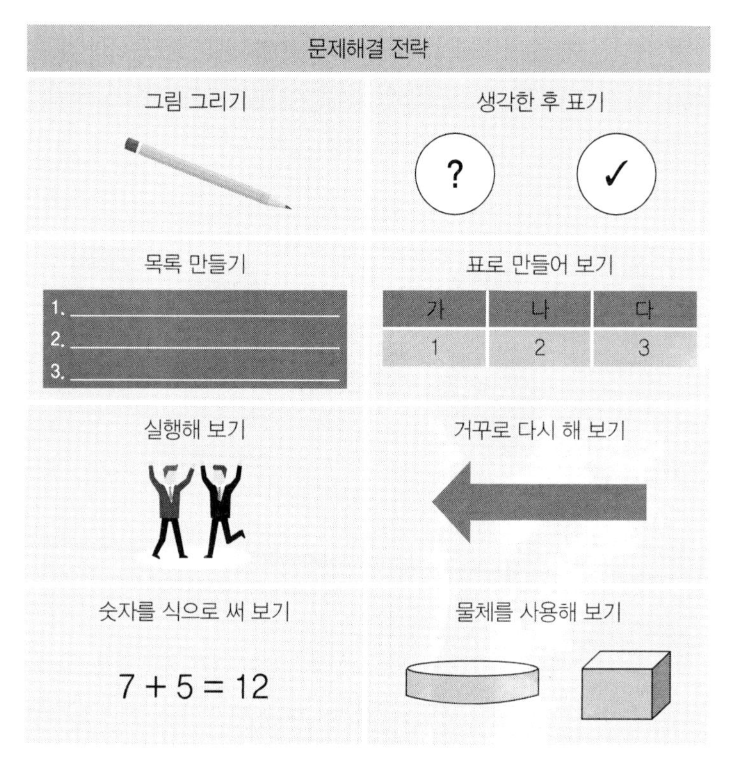


[그림 5-2] 학습전략 사용 예시

출처: University of Groningen (2018).

- 미술 교사는 학생들이 미술 프로젝트를 할 때 도움이 필요함을 어떻게 알아챌 수 있는지, 그리고 이러한 경우에 무엇을 해야 하는지 설명한다.
- 역사 교사는 본문을 읽는 동안 어떤 질문이 필요할지를 학생에게 스스로 생각해 보라고 물어본다.
- 교사는 포스터나 큐 카드를 사용하여 학습전략 사용에 관해 학생들에게 상기시킨다([그림 5-2] 참조).

### (2) 개별화 학습지도

개별화 학습지도는 교실에서 학생들의 다양한 학습 요구에 대한 선생님의 대응을 의미한다. 개별화 전략을 사용하는 교사는 학습 및 성과를 극대화하

[그림 5-3] 개별화 지도의 필요성

출처: University of Groningen (2018).

기 위해 학생들의 능력, 관심 또는 학습 선호도에 따라 교수법을 조정한다.

개별화된 교실에는 학생이 배울 수 있는 여러 가지 사전 계획된 '경로'가 있다. 따라서 개별화는 교사들이 일상적으로 하는 약간의 수정(예: 질문에 대한 응답으로써 더 많은 정보를 제공하거나 피드백을 제시하는 것)에 관한 것이 아니라, 학생들의 다양한 학습 요구들을 더 잘 충족시키고자 하는 목표를 갖고 수업에 적용하는 것을 계획하는 것과 관련이 있다.

개별화 학습지도를 위해 교사는 개별화 수업을 미리 계획하고 학생들의 요구사항을 자주 평가하며, 다른 우수한 교수행동(예: 학습 환경이 안전하고 편안한지 확인, 양질의 설명 제공)에 개별화를 포함시키고, 학습목표가 달성되었는지 평가해야 한다.

① 개별화 및 평가

개별화된 교실에서 교사는 몇 가지 평가 유형으로부터 얻은 정보(예: 사전 테스트, 그룹 토의, 설문 조사, 관찰, 숙제 등)를 활용하여 어떻게 적용할지 결정한다. 개별화는 학습자에 대해 알아내고 개별화하여 반응하는 순환 과정이다.

② 교사는 어떻게 개별화할 수 있는가?

교사는 수업내용(content), 수업과정(process), 수업성과(product), 수업환경(environment)을 적절하게 개별학생에게 맞게 조정함으로써 개별화를 실현할 수 있다.

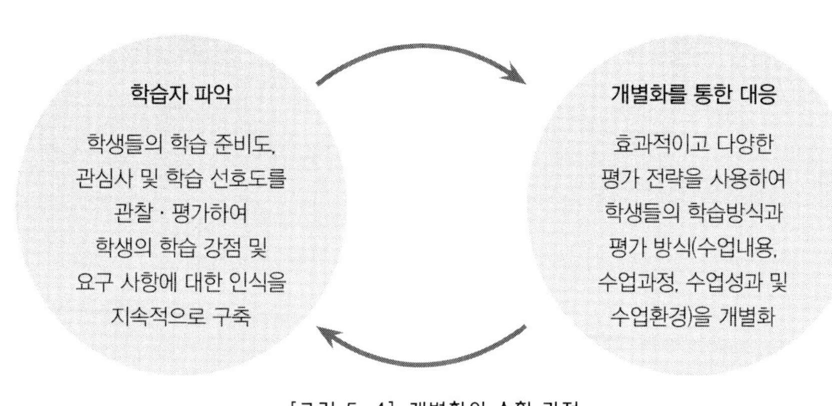


[그림 5-4] 개별화의 순환 과정

출처: University of Groningen (2018).

③ 개별화된 수업구성

교사가 학생들에게 적합한 수업내용, 수업과정, 수업성과, 수업환경을 제공하기를 원하면, 어떻게 수업을 구성하고 싶은지 생각해야 한다. 교사는 학생들을 동질 그룹(예: 능력 또는 관심 분야별로 학생을 그룹화)이나 이질 그룹

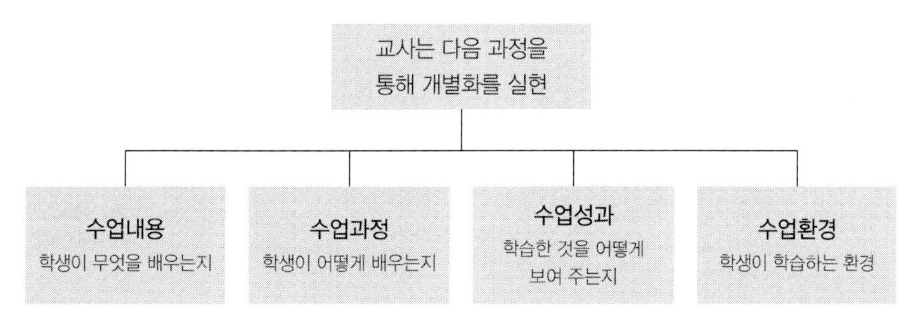


[그림 5-5] 개별화 과정

출처: University of Groningen (2018).

(예: 학생들이 함께 작업하고 학생들의 능력에 따라 다양한 수준의 지원을 제공)으로 구성하거나, 학생들 스스로 자신의 수준과 속도에 맞춰 학습하도록 지도할 수 있다.

④ ICALT에서의 개별화

ICALT 영역에서 '학습자 간 차이를 고려한 수업과정 및 수업내용 개별화'는 수업에서 개별화를 관찰할 수 있는 문항들로 구성되어 있다. ICALT 개별화 학습지도 영역의 첫 번째 문항은 '평가'이다. 평가와 개별화된 수업내용이 연결되어야 한다는 의미이다. 또한, 미진한 학습자의 학습 요구를 수용하기 위한 개인차를 고려한 학습지도에 관한 문항이 있다. 이 외에도, 수업과정 및 수업내용 개별화에 관한 두 가지 문항이 있다. 이 문항은 모든 학습자에 대한 수업과정(process) 및 수업내용(content)의 개별화를 나타낸다. 수업성과(product) 및 수업환경(environment)의 개별화는 ICALT 측정도구에서 다루지는 않는다.

⑤ 예시를 통한 개별화 영역 탐색

**수업내용 개별화의 예:**

- 수학 교사는 학업에 재능 있는 학생을 위해 일반 교과서에서 특정 활동을 복잡하게 만들거나, 이와 반대로 더 많은 도움이 필요한 학생을 위해 수업내용을 더 단순화한다(여러 단계의 다양한 활동을 제공하는 것을 계층화라고도 함).
- 국어 교사는 독서 과제에서 두 단계 높은 난이도의 텍스트를 사용한다.
- 과학 교사는 기본 내용을 쉽게 습득한 높은 능력의 학생들이 기본 내용의 일부를 건너뛰도록 지도하고 심화 활동으로 넘어갈 수 있도록 한다.

**수업과정 개별화의 예:**

- 수학 교사는 학생의 준비 상태에 따라 자신의 수업을 몇 그룹으로 나눈

다. 모든 학생을 위해 핵심적인 내용을 가르친 후 저학력 그룹에게 더 많은 지침을 세부적으로 제공하고, 나머지 학생들에게 먼저 과제를 시작하도록 지시한다.

- 영어 교사는 학생이 의사소통 활동 중에 사용할 수 있는 큐 카드를 준비한다. 학습에 어려움을 겪고 있는 학생의 경우, 큐 카드를 좀 더 구체화하여 의사소통 활동을 할 수 있도록 한다.
- 역사 교사는 역사 주제를 어려워하는 학생에게 다른 학생들보다 과제를 완료하는 데 더 많은 시간을 할애하도록 한다.
- 생물 교사는 학생들이 곤충에 대해 더 많이 배우기 위해 선택적(학업성취가 높은 학생과 학업성취가 낮은 학생)으로 과제를 수행하도록 지시한다. 높은 성취도의 학생은 자주색 폴더의 과제물을 사용하고, 일반 학생은 노란색 폴더를 사용한다.
- 수학 교사는 구체적인 자료를 사용하여 수학 내용을 어려워하는 저학력 그룹을 재교육한다.

**수업성과 개별화의 예:**

- 사회 교사는 구두 발표, 비디오 클립, 보고서 작성, 포스터 제작 또는 주제에 관한 웹 사이트를 통해 차별에 관한 프로젝트를 어떻게 제시할 것인지에 대한 다섯 가지 선택권을 학생들에게 제공한다.
- 언어 교사는 학생들에게 복잡한 책에 관한 다양한 유형의 보고서 작성에서 다양한 능력을 요구한다.
- 과학 교사는 학생들에게 다양한 유형의 최종 수업성과물 중에서 선택할 수 있는 학습 매뉴얼을 제공한다.
- 지리 교사는 학생들에게 홀로 동료 그룹과 협력하여 과제를 완료할 것인지 여부를 선택할 기회를 제공한다.

**수업환경 개별화의 예:**

- 언어 교사는 학생들이 협동할 수 있는 장소와 학생들이 교실에서 조용히 학습할 수 있는 장소가 있는지 확인한다.
- 수학 교사는 교사가 다른 학생들을 지도하고 있어 즉시 교사의 도움을 받을 수 없는 학생들을 위해 도움이 되는 방법(절차)을 개발한다.

## 2. ICALT 수업관찰도구의 구성

ICALT 수업관찰도구는 수업행동의 범주 가운데 교실수업에서 관찰 가능한 6개의 범주를 대상으로 개발되었다. 이렇게 도출된 6개의 **수업행동 범주**는 총 32개의 문항을 통해 측정할 수 있도록 구성되어 있다. 여기에 교사의 수업행동 결과로 나타나는 학생의 행동변인으로서 **학생 참여도**를 측정하는 3개 문항이 추가되어, ICALT 수업관찰도구는 총 35개의 문항으로 구성되어 있다.

다소 기초적인 수업역량이라고 볼 수 있는 하위범주와 고급 수업역량에 속한다고 볼 수 있는 상위범주는 교사발달(teacher development)의 이론적 배경과 근접발달영역(Zone of Proximal Development: ZPD) 개념에 따라 각 하위요소가 위계적으로 구성되어 있다.

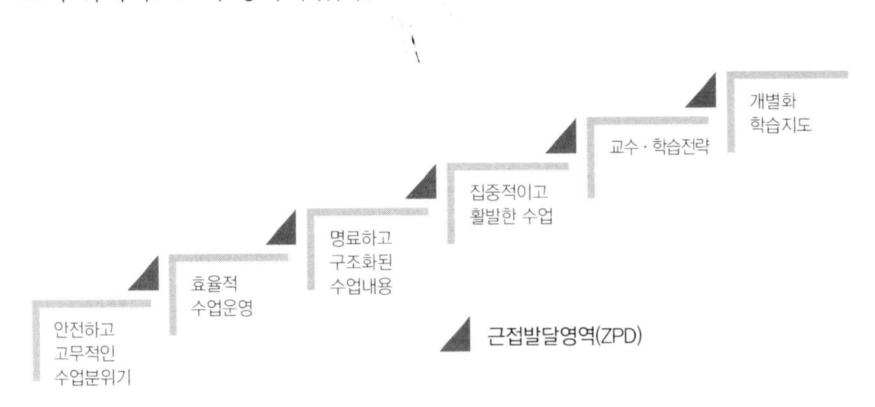


[그림 5-6] 교사발달에 따른 수업행동 범주 하위요소

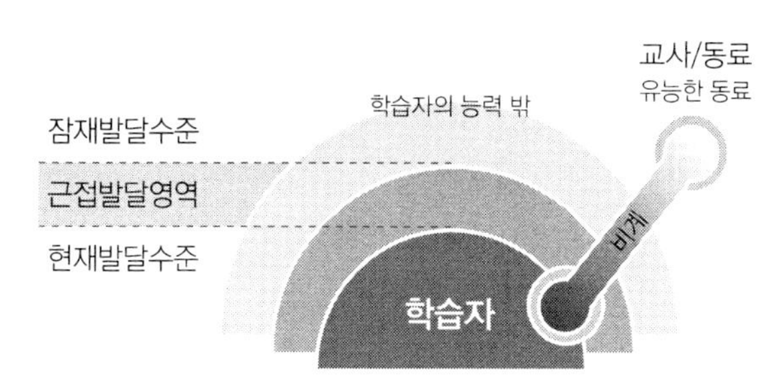


[그림 5-7] 근접발달영역(ZPD)의 개념

ICALT 도구는 수업관찰도구 외에 관찰전문가 성찰도구, 수업교사설문, 학생설문이 보조적 도구로 동시에 개발되었다. 관찰전문가와 실제 수업교사, 참여 학생 간의 인식을 상호 비교함으로써 도구의 신뢰도와 타당도를 높이는 방식으로 설계되었다. ICALT 도구의 전체적인 구성의 개관은 [그림 5-8]과 같다.

[그림 5-8] ICALT 도구의 구성

## 3. ICALT 수업관찰도구의 문항 구성

ICALT 수업관찰 측정도구의 문항은 기본 배경변인을 기록하는 부분과 수업관찰 내용을 체크하는 부분으로 구성되어 있다. 기본 배경변인은 관찰전문가 개인배경, 관찰전문가 학교배경, 수업교사 개인배경, 수업교사 학교배경, 관찰한 수업개요로 구성되어 있다. 수업관찰전문가가 관찰한 수업내용을 체크하는 부분은 총 6개의 수업전문성 영역(domain)과 1개의 학습자 참여 영역, 각 영역을 측정할 수 있는 측정문항(indicator, 보통 4~7개의 문항으로 구성되어 있음) 35개, 그리고 각 문항의 측정을 위한 124개 사례(example of good practice)로 구성되어 있다. 수업관찰 측정도구의 구성은 〈표 5-3〉, [그림 5-9]와 같다.

〈표 5-3〉 수업관찰 측정도구의 구성

| 영역 | 문항 수 | 문항번호 | 비고 |
|---|---|---|---|
| 안전하고 고무적인 수업분위기 | 4 | 1, 2, 3, 4 | 교사의 수업 전문성 |
| 효율적 수업운영 | 4 | 5, 6, 7, 8 | |
| 명료하고 구조화된 수업내용 | 7 | 9, 10, 11, 12, 13, 14, 15 | |
| 집중적이고 활발한 수업 | 7 | 16, 17, 18, 19, 20, 21, 22 | |
| 교수 · 학습전략 | 6 | 27, 28, 29, 30, 31, 32 | |
| 개별화 학습지도 | 4 | 23, 24, 25, 26 | |
| 학습자 참여 | 3 | 33, 34, 35 | 학생 참여도 |
| 전체 | 35 | | |

| Domain | | Indicator: The teacher... | Rate [1] | Examples of good practice: The teacher ... | Observed[2] |
|---|---|---|---|---|---|
| Safe and stimulating learning climate | 1 | ...shows respect for learners in his/her behaviour and language | 1 2 3 4 | ...lets learners finish their sentences | 0 1 |
| | | | | ...listens to what learners have to say | 0 1 |
| | | | | ...does not make role stereotyping remarks | 0 1 |
| | 2 | ...maintains a relaxed atmosphere | 1 2 3 4 | ...addresses learners in a positive manner | 0 1 |
| | | | | ...uses and stimulates humour | 0 1 |
| | | | | ...accepts the fact that learners make mistakes | 0 1 |
| | | | | ...shows compassion and empathy for all learners present | 0 1 |
| | 3 | ...promotes learners' self-confidence | 1 2 3 4 | ...gives positive feedback on questions and remarks from leaners | 0 1 |
| | | | | ...compliments learners on their work | 0 1 |
| | | | | ...acknowledges the contributions that learners make | 0 1 |
| | 4 | ...fosters mutual respect | 1 2 3 4 | ...stimulates learners to listen to each other | 0 1 |
| | | | | ...intervenes when learners make fun of someone | 0 1 |
| | | | | ...keeps (cultural) differences and idiosyncrasies in mind | 0 1 |
| | | | | ...stimulates solidarity between learners | 0 1 |
| | | | | ...encourages learners to experience activities as group events | 0 1 |

[그림 5-9] 수업관찰 측정도구 예시

## 1) 안전하고 고무적인 수업분위기

이 영역은 4개의 측정문항과 15개의 사례로 구성되어 있으며, '학생에 대한 존중' '편안한 분위기' '자신감 증진' 그리고 '상호존중 증진'과 같은 요소로 측정된다. 이 영역에 대한 수업관찰 측정도구의 구성은 〈표 5-4〉와 같다.

〈표 5-4〉 측정도구의 구성: 안전하고 고무적인 수업분위기

| 지표: 교사는 | | 결과 | 좋은 실천사례: 선생님은 | 관찰 |
|---|---|---|---|---|
| 1 | 학생의 말과 행동을 존중한다. | 1 2 3 4 | 학생의 말을 중간에서 끊지 않는다. | 0 1 |
| | | | 학생의 발표 및 의견을 경청한다. | 0 1 |
| | | | 틀에 박힌 타입으로 단정 지어 말하지 않는다. | 0 1 |
| 2 | 분위기를 편안하게 유지한다. | 1 2 3 4 | 학생에게 긍정적으로 이야기해 준다. | 0 1 |
| | | | 유머를 사용하고 허용(권장)한다. | 0 1 |
| | | | 학생이 실수할 수도 있다는 사실을 인정한다. | 0 1 |
| | | | 모든 학생에 대한 공감을 보여 준다. | 0 1 |
| 3 | 학생의 자신감을 증진시킨다. | 1 2 3 4 | 학생의 질문과 발표에 긍정적인 피드백을 한다. | 0 1 |
| | | | 학생의 활동에 대해 칭찬을 한다. | 0 1 |
| | | | 학생이 기여한 부분을 인정해 준다. | 0 1 |
| 4 | 상호존중을 증진한다. | 1 2 3 4 | 학생이 서로 경청하도록 격려한다. | 0 1 |
| | | | 학생이 누군가를 놀릴 때 적절히 개입한다. | 0 1 |
| | | | 학생 간 (문화) 차이 및 특성을 인정한다. | 0 1 |
| | | | 학생 간 일체감을 갖도록 격려한다. | 0 1 |
| | | | 모둠활동을 경험할 수 있도록 지원한다. | 0 1 |

## 2) 효율적 수업운영

이 영역은 4개의 측정문항과 15개의 사례로 구성되어 있으며, '질서 있는 수업진행' '적절한 과제 완성' '효과적인 수업관리' 그리고 '효율적인 학습시간

사용'과 같은 요소로 측정된다. 이 영역에 대한 수업관찰 측정도구의 구성은 〈표 5-5〉와 같다.

**〈표 5-5〉 측정도구의 구성: 효율적 수업운영**

| 지표: 교사는 | | 결과 | 좋은 실천사례: 선생님은 | 관찰 |
|---|---|---|---|---|
| 5 | 수업이 질서 있게 진행되도록 노력한다. | 1 2 3 4 | 학생이 질서 있게 교실에 들어오고 착석하게 한다. | 0 1 |
| | | | 문제가 있을 때 적시에 적절히 관여한다. | 0 1 |
| | | | 합의된 규정과 행동규칙을 준수하게 한다. | 0 1 |
| | | | 수업이 끝날 때까지 모든 학생이 활동에 참여하게 한다. | 0 1 |
| | | | 학생이 도움이 필요할 때, 무엇을 해야 할지 분명히 알려 주고, 언제 도움을 요청할지 명확히 설명한다. | 0 1 |
| | | | 수업 중 과제가 끝난 다음 어떻게 해야 할지 정확히 알려 준다. | 0 1 |
| 6 | 학생이 적절한 방식으로 활동하고 있는지 확인한다. | 1 2 3 4 | 학생이 자신이 수행해야 하는 과제를 이해했는지 확인한다. | 0 1 |
| | | | 과제 수행 중 학생 간의 사회적 관계가 제대로 작동되도록 피드백을 제공한다. | 0 1 |
| 7 | 효과적으로 교실 수업을 관리 한다. | 1 2 3 4 | 어떤 자료가 쓰일지 명확히 설명한다. | 0 1 |
| | | | 수업자료를 사용할 준비가 잘 되어 있다. | 0 1 |
| | | | 수업자료가 학생 수준과 발달단계에 맞게 제공된다. | 0 1 |
| 8 | 수업 시간을 효율적으로 사용한다. | 1 2 3 4 | 정시에 수업을 시작한다. | 0 1 |
| | | | 수업의 시작, 중간, 끝 지점에 시간 낭비를 하지 않는다. | 0 1 |
| | | | 불필요한 중단이 일어나지 않게 한다. | 0 1 |
| | | | 학생이 기다리지 않게 한다. | 0 1 |

### 3) 명료하고 구조화된 수업내용

이 영역은 7개의 측정문항과 24개의 사례로 구성되어 있으며, '학습자료에 대한 명확한 설명' '학생들에게 피드백 제공' '모든 학생들의 수업 참여' '과제가 이해되는지 확인' '학생들이 최선을 다할 수 있도록 동기부여' '구조화된 교수법' 그리고 '수업도구의 사용과 지시 사항에 대한 설명'과 같은 요소로 측정된다. 이 영역에 대한 수업관찰 측정도구의 구성은 〈표 5-6〉과 같다.

**〈표 5-6〉 측정도구의 구성: 명료하고 구조화된 수업내용**

| | 지표: 교사는 | 결과 | 좋은 실천사례: 선생님은 | 관찰 |
|---|---|---|---|---|
| 9 | 수업내용을 명료하게 제시하고 설명한다. | 1 2 3 4 | 학생의 사전지식을 일깨운다. | 0 1 |
| | | | 차근차근 단계를 밟아가며 수업한다. | 0 1 |
| | | | 학생이 이해할 수 있는 질문을 한다. | 0 1 |
| | | | 때때로 수업내용을 요약해 준다. | 0 1 |
| 10 | 학생에게 피드백을 제공한다. | 1 2 3 4 | 대답이 맞고 틀린지 여부를 명확히 알려 준다. | 0 1 |
| | | | 대답이 왜 맞고 틀린지 명확히 설명해 준다. | 0 1 |
| | | | 학생이 대답에 이르는 방식에 대해 피드백을 해 준다. | 0 1 |
| 11 | 모든 학생이 수업에 참여하게 한다. | 1 2 3 4 | 활발한 참여를 유도할 수 있는 학생 과제를 만든다. | 0 1 |
| | | | 학생이 곰곰이 생각할 수 있는 질문을 한다. | 0 1 |
| | | | 학생이 수업내용을 잘 듣고 지속적으로 활동할 수 있게 한다. | 0 1 |
| | | | 질문 후 '생각할 시간'을 허용하다 | 0 1 |
| | | | 수업에 자발적으로 참여하지 않은 학생도 적극적으로 학습에 참여할 수 있게 유도한다. | 0 1 |
| 12 | 설명단계에서 학생이 학습내용을 이해하는지 확인한다. | 1 2 3 4 | 학생이 곰곰이 생각할 수 있는 질문을 한다. | 0 1 |
| | | | 학생이 학습내용을 이해하고 있는지 주기적으로 확인한다. | 0 1 |

| | | | | |
|---|---|---|---|---|
| 13 | 학생이 최선을 다하도록 격려한다. | 1 2 3 4 | 최선을 다하는 학생을 칭찬한다. | 0 1 |
| | | | 모든 학생이 최선을 다해야 한다는 것을 명확하게 한다. | 0 1 |
| | | | 학생이 달성해야 할 것에 대해 긍정적인 기대감을 표현한다. | 0 1 |
| 14 | 잘 구조화된 방식으로 가르친다. | 1 2 3 4 | 수업이 단계적으로 구성되고, 단계 간 전환이 잘 이루어진다. | 0 1 |
| | | | 수업이 단순한 것에서 복잡한 것으로 진행되게 논리적으로 구성한다. | 0 1 |
| | | | 활동과 과제는 가르치는 내용과 연관되어 있다. | 0 1 |
| | | | 수업에서 타당한 다양한 발표, 설명, 통제 활동, 자유 활동 등을 제공한다. | 0 1 |
| 15 | 학습자료 사용과 과제해결 방법을 자세히 설명한다. | 1 2 3 4 | 학생이 해야 할 일을 명확히 해 준다. | 0 1 |
| | | | 수업의 목표와 과제가 서로 어떤 관계가 있는지를 설명한다. | 0 1 |
| | | | 어떤 자료와 출처가 이용될 수 있는지를 명확하게 설명한다. | 0 1 |

### 4) 집중적이고 활발한 수업

이 영역은 7개의 측정문항과 29개의 사례로 구성되어 있으며, '활발한 활동 방식 사용' '미진한 학생들의 자신감 격려' '학생들이 해결책에 대해 생각하도록 자극' '사고력을 키울 수 있는 질문' '학생들이 생각을 말할 수 있도록 기회 제공' '대화식 수업 제공' 그리고 '수업 목표 비교'와 같은 요소로 측정된다. 이 영역에 대한 수업관찰 측정도구의 구성은 〈표 5-7〉과 같다.

〈표 5-7〉 측정도구의 구성: 집중적이고 활발한 수업

| | 지표: 교사는 | 결과 | 좋은 실천사례: 선생님은 | 관찰 |
|---|---|---|---|---|
| 16 | 학생의 능동적인 참여를 자극하는 학습활동과 과제양식을 제공한다. | 1 2 3 4 | 다양한 대화와 토론 방법을 사용한다. | 0 1 |
| | | | 의도된 (사전)활동을 제공한다. | 0 1 |
| | | | 소집단으로 나누어 활동하게 한다. | 0 1 |
| | | | ICT기술을 활용한다. | 0 1 |
| | | | 다양한 교수전략을 사용한다. | 0 1 |
| | | | 다양한 과제를 제시한다. | 0 1 |
| | | | 수업자료를 다양화한다. | 0 1 |
| | | | 일상생활에서 자료와 예를 가져온다. | 0 1 |
| | | | 연결되는 질문을 한다. | 0 1 |
| 17 | 미진한 학생이 자신감을 갖도록 격려한다. | 1 2 3 4 | 미진한 학생의 질문에 대해 긍정적인 피드백을 준다. | 0 1 |
| | | | 미진한 학생에게 성취할 수 있다는 긍정적인 기대를 보여 준다. | 0 1 |
| | | | 미진한 학생의 학습활동에 대해 칭찬한다. | 0 1 |
| | | | 미진한 학생이 기여한 바를 인정한다. | 0 1 |
| 18 | 해결방법을 학생 스스로 생각하도록 격려한다. | 1 2 3 4 | 해결할 수 있는 길을 보여 준다. | 0 1 |
| | | | 문제 해결과 참고자료를 검색하는 전략을 가르친다. | 0 1 |
| | | | 자료 활용과 참고자료를 활용하는 방법을 가르친다. | 0 1 |
| | | | 문제 해결을 위한 체크리스트를 제공한다. | 0 1 |
| 19 | 학생이 반성적으로 생각하도록 자극을 주는 질문을 한다. | 1 2 3 4 | 모든 학생이 질문에 대답할 기회를 가질 수 있게 충분히 기다린다. | 0 1 |
| | | | 학생이 서로 질문하고 설명하도록 격려한다. | 0 1 |
| | | | 학생이 자신의 전략의 다른 점(단계)에 대해 설명하게 한다. | 0 1 |
| | | | 가르친 내용을 이해했는지 주기적으로 확인한다. | 0 1 |
| | | | 학생의 반응과 반성적 사고를 촉진하는 질문을 한다. | 0 1 |
| | | | 무엇에 대한 수업인지를 학생이 이해하였는지 주기적으로 확인한다. | 0 1 |

| | | | | |
|---|---|---|---|---|
| 20 | 학생이 생각한 것을 크게 말할 수 있도록 한다. | 1 2 3 4 | 학생이 해결 방법에 대한 자신의 생각을 소리 내어 말할 기회를 준다. | 0 1 |
| | | | 학생이 해결 방법을 말로 표현하게 한다. | 0 1 |
| 21 | 학생과 상호작용을 하는 수업을 한다. | 1 2 3 4 | 학생 간 상호작용을 활발하게 한다. | 0 1 |
| | | | 교사와 학생 간 상호작용을 활발하게 한다. | 0 1 |
| 22 | 수업의 도입에서 수업목표를 분명하게 명시한다. | 1 2 3 4 | 수업을 시작하면서 학습목표를 알려 준다. | 0 1 |
| | | | 과제 목표와 수업의 목표를 명료하게 해 준다. | 0 1 |

## 5) 교수 · 학습전략

이 영역은 6개의 측정문항과 19개의 사례로 구성되어 있으며, '복잡한 문제의 단순화' '의도한 활동의 사용 장려' '학생에게 해결책을 확인하도록 가르치기' '배운 것을 적용하도록 장려' '비판적 사고를 하도록 장려' 그리고 '자신의 학습전략에 대해 생각하게 하기'와 같은 요소로 측정된다. 이 영역에 대한 수업관찰 측정도구의 구성은 〈표 5-8〉과 같다.

〈표 5-8〉 측정도구의 구성: 교수 · 학습전략

| 지표: 교사는 | | 결과 | 좋은 실천사례: 선생님은 | 관찰 |
|---|---|---|---|---|
| 27 | 복잡한 문제를 단순화하는 방법을 학생에게 가르친다. | 1 2 3 4 | 복잡한 문제를 어떻게 단순화하는지 가르친다. | 0 1 |
| | | | 복잡한 문제를 쪼개서 더 단순하게 만드는 방법을 가르친다. | 0 1 |
| | | | 복잡한 문제를 정리하게 가르친다. | 0 1 |
| 28 | 의도한 활동을 활용하도록 자극한다. | 1 2 3 4 | 학습지문을 전략적으로 이해하도록 주의를 기울인다. | 0 1 |
| | | | 학생이 해결 방법을 문제 상황과 연결 짓게 한다. | 0 1 |
| | | | 대안적 전략을 적용하도록 격려한다. | 0 1 |

| | | | | |
|---|---|---|---|---|
| 29 | 학습성과를 확인하도록 학생에게 가르친다. | 1 2 3 4 | 결과를 유추하는 방법을 가르친다. | 0 1 |
| | | | 결과를 예측하는 방법을 가르친다. | 0 1 |
| | | | 어떻게 실제 상황과 결과를 연계하는지 가르친다. | 0 1 |
| 30 | 배운 것을 적용하도록 자극한다. | 1 2 3 4 | 배운 것을 다른 학습상황에 의도적으로 적용하게 자극한다. | 0 1 |
| | | | 하나의 해결 방법이 다른 상황에서 어떻게 적용될 수 있을지 설명해 준다. | 0 1 |
| | | | 이전에 풀어 본 문제와 연관 짓는다. | 0 1 |
| 31 | 학생이 비판적으로 생각하도록 북돋아 준다. | 1 2 3 4 | 어떤 일이 발생한 배경을 설명하게 한다. | 0 1 |
| | | | 학생의 의견을 묻는다. | 0 1 |
| | | | 제시된 해결 방법이나 답에 대해 학생으로 하여금 곰곰이 생각하게 한다. | 0 1 |
| | | | 학생 자신의 예를 제시하게 한다. | 0 1 |
| 32 | 학생에게 실행 전략을 성찰하게 한다. | 1 2 3 4 | 학생이 적용한 전략의 다른 점(단계)을 설명하게 한다. | 0 1 |
| | | | 가능한 (문제 해결) 전략에 대해 명료하게 설명해 준다. | 0 1 |
| | | | 여러 전략의 장단점을 확장하게 한다. | 0 1 |

## 6) 개별화 학습지도

이 영역은 4개의 측정문항과 12개의 사례로 구성되어 있으며, '수업의 목표 달성 여부 확인' '미진한 학생에게 추가 학습 시간 및 수업 시간 제공' '학생 간의 차이에 따라 수업방식 조절' 그리고 '학생 간의 차이에 따라 수업내용 조절'과 같은 요소로 측정된다. 이 영역에 대한 수업관찰 측정도구의 구성은 〈표 5-9〉와 같다.

〈표 5-9〉 측정도구의 구성: 개별화 학습지도

| | 지표: 교사는 | 결과 | 좋은 실천사례: 선생님은 | 관찰 |
|---|---|---|---|---|
| 23 | 학습목표 도달 여부를 평가한다. | 1 2 3 4 | 수업목표가 도달되었는지 평가한다. | 0 1 |
| | | | 학생의 수행을 평가한다. | 0 1 |
| 24 | 미진한 학생을 위한 별도의 학습과 지도 시간을 제공한다. | 1 2 3 4 | 미진한 학생에게 별도로 공부할 시간을 준다. | 0 1 |
| | | | 미진한 학생 지도를 위한 별도의 시간을 마련한다. | 0 1 |
| | | | 미진한 학생에게 별도의 연습/과제를 내준다. | 0 1 |
| | | | 미진한 학생에게 사전 또는 사후 지도를 한다. | 0 1 |
| 25 | 개인차를 고려하여, 수업방식을 적절하게 조절한다. | 1 2 3 4 | 잘하는 학생에게 별도의 과제를 내준다. | 0 1 |
| | | | 소집단이나 개별 학생에게 추가 지도를 한다. | 0 1 |
| | | | 보통 수준 학생에게만 맞춰 수업하지 않는다. | 0 1 |
| 26 | 개인차를 고려하여 수업내용을 적절하게 조절한다. | 1 2 3 4 | 학생에 따라 과제수행의 시간과 양을 달리한다. | 0 1 |
| | | | 과제를 완수할 시간을 융통성 있게 한다. | 0 1 |
| | | | 일부 학생에게 추가적인 도움과 수단을 사용하도록 한다. | 0 1 |

## 7) 학습자 참여

이 영역은 3개의 측정문항과 10개의 사례로 구성되어 있으며, '학생의 수업 집중도' '학생의 흥미도' 그리고 '학생의 능동적 학습활동'과 같은 요소로 측정된다. 이 영역에 대한 수업관찰 측정도구의 구성은 〈표 5-10〉과 같다.

〈표 5-10〉 측정도구의 구성: 학습자 참여

| | 지표: 학생들은 | 결과 | 좋은 실천사례: 학생들은 | 관찰 |
|---|---|---|---|---|
| 33 | 수업에 충실히 참여한다. | 1 2 3 4 | 수업에 집중한다. | 0 1 |
| | | | 대화나 토론에 능동적으로 참여한다. | 0 1 |
| | | | 질문을 한다. | 0 1 |

| | | | | |
|---|---|---|---|---|
| 34 | 흥미를 보인다. | 1 2 3 4 | 수업이 진행될 때 열심히 듣는다. | 0 1 |
| | | | 추가 질문을 하면서 흥미를 보인다. | 0 1 |
| 35 | 능동적인 수업태도를 갖는다. | 1 2 3 4 | 추가 질문을 한다. | 0 1 |
| | | | 책임감을 갖고 자신의 학습 과정을 진행한다. | 0 1 |
| | | | 독립적으로 학습한다. | 0 1 |
| | | | 자기주도적으로 학습한다. | 0 1 |
| | | | 시간을 효율적으로 쓴다. | 0 1 |

## 4. 학교 현장 적용의 가능성

앞서 살펴본 것과 같이 수업분석도구는 교사 효율성 및 수업전문성 향상을 위한 수업행동을 관찰하고 분석할 수 있는 도구로서 연구 · 개발되어 학교현장에 적용되고 있다. 물론 우리나라 역시 수업전문성 향상을 위해 수업컨설팅, 배움공동체, 수업비평 등 다양한 연구활동이 진행되고 있다. 어떤 도구나 방법이 수업전문성 향상에 좋다고 논의하기 전에 우리나라의 학교 수업상황의 특성과 현장 교사들의 고민을 살펴봄으로써 수업전문성 향상을 위한 방향을 모색해야 할 것이다.

수업상황에서 직면하고 있는 교사의 현실이나 수업전문성 향상을 위한 교사의 경험을 제대로 이해했을 때, 우리 교육현장에 유용하게 적용될 수 있는 수업분석도구와 수업장학 모형을 탐색할 수 있고, 해외의 성공 사례를 통해 시사점을 도출해 낼 수 있을 것이다. 먼저, 교사가 직면하고 있는 학교 수업을 살펴보기로 한다.

이를 위해 남미정(2009)의 연구에서 활용하고 있는 교사의 교단일기 일부를 활용하였다. 이 연구에서는 교단일기를 통해 교사의 교직 수행을 분석하고 있으며, 이 절에서는 수업 수행을 중점적으로 살펴보기로 한다. 남미정(2009)의 연구에서는 수업 수행 상황에서 나타나는 경험과 감정을 범주화하여 수업의 일상성, 수업 속 함정, 교사의 대응방식, 정체성 혼란의 네 가지로 정리하고 있다. 다음은 교사의 수업 수행 분석에 관한 수업전문성과 관련된 연구내용의 일부이며, 이를 통하여 학교 수업 상황을 살펴보기로 하자.

> 평소에 생각만 하고 실천은 뒷전인 교사로서 자신의 모습이 거울에 비치듯 훤히 보인다. 아이들이 대답할 의미와 재미를 느끼게 할 질문을 던지지 못하는 선생… 교실 문을 나서는 등줄기에 아이들의 따가운 시선이 실린 듯 식은땀이 돋는다.
>
> 김혜련(여, 고등학교, 국어, 출처: 남미정, 2009, p. 52)

> 수업거부 사태는 그 경중을 달리할 뿐, 학교 교실에서 일상적인 사태가 되어 버렸다. 이런 사태의 배후에는 여러 가지 요인들이 작용하고 있겠지만, 그중 직접적인 요인 하나는 사교육의 창궐이다. 학교에서만 무언가를 배울 수 있었던 과거의 시기를 지나 이제 많은 학생들이 학원에서도 배우기 시작하면서 학교는 지식을 구할 수 있었던 그 독점적 지위를 상실하기 시작했다. 관료화되고 거대화된 학교보다는 개별화하고 수준별 수업이 가능한 학원에서 더러는 더 잘, 더 많이 배우기도 하게 되었으니 학교는 친구들과 떠들고 놀 수 있는 곳, 혹은 졸업장을 받을 수 있는 곳으로만 그 역할이 제한되어 가고 있는 것이다.
>
> 남미정(2009, p. 60)

그 밖에도 이 연구를 통해 교사에게 수업은 교직 수행의 전부가 아니라 담임업무, 행정업무 등에 떠밀리고, 수업 내에서도 수업 거부를 하는 학생, 반복으로 슬럼프를 겪는 교사 자신 등 수많은 변수로 인하여 수업 자체에 몰입하기 어려운 상황에 놓이는 것을 알 수 있다. 하지만 모든 변수와 상황을 제외하고라도 반복되고 지속적으로 수업을 수행하는 교사에게 전문성이 요구되고 있는 것 또한 사실이다.

> 수업의 일상성은 반복에만 있는 것은 아니다. 그 수업의 파도가 끊이지 않는다는

것이다. 수업은 반복되며 또한 지속하기 위한 전문성이 요구된다.

남미정(2009, p. 49).

교육의 성패에 있어서 교사의 중요성이 강조되고, 교사 전문성에 관한 관심이 높아 가고 있는 현실, 과거에 비해 더욱 우수한 교사가 충원되고 있다는 점에도 불구하고 공교육에 대한 불신과 위기론은 점차 가시화되고 있다(남미정, 2009). 이는 국내적인 특수 상황과 더불어 세계화, 개방화, 정보화와 같은 전 지구적 흐름이 학교 수업에 영향을 주고 있고, 경제적 효용성이 떨어지는 공교육은 가면 갈수록 그 정당성에 도전을 받을 것이다(곽병선, 2001).

이제 이러한 위기와 도전을 극복하기 위한 교사들의 노력을 다룬 연구를 살펴보기로 하자. 다음은 수업비평 공동체에 관한 연구(신지혜, 2011)에서 나타난 수업비평의 경험에 대한 내용이다.

학교에서 보면 다른 얘기들은 많이 하는데, 수업에 대해서는 거의 얘기를 하지 않아요. 그래서 나오는 거고, 수업에 대해서 깊이 있는 것도 좋지만 수다 수준이라도 그렇게 할 수 있는 거에 의미가 있다고 생각하고요. 아까도 말씀하셨듯이, 수업에 대해서 고민할 수 있는 시간이 주마다 있다는 거. 그게 의미 있다고 생각하거든요.

F교사(배움과 나눔의 공동체 '다온', 출처: 신지혜, 2011, p. 91)

글쓰기는 일단 제가 그 수업을 보는 눈이 좀 만들어져야 하는데, 지금 만들어지는 과정이라 생각하고 글쓰기를 한다면 좀 부담스러울 것 같아요. 어떻게 수업을 바라보는 게, 그리고 제 수업도 보고 그렇게 쓰겠지만, 아직은 어떤 식으로 그 수업을 바라보고 글을 써야 할까라는 부담감은 있어요.

D교사(역사교육연구소, 출처: 신지혜, 2011, p. 83)

해당 연구(신지혜, 2011)에서 나타난 수업비평 공동체의 목적은 수업전문성 신장으로, 공통적인 활동은 '수업 동영상의 공유' '전사록 작성과 공동체 토론을 통한 수업분석' '수업에 대한 글쓰기 및 나누기'로 이루어지고 있었다. 수업에 대한 글쓰기 및 나누기 활동이 이루어지다 보니 모임이 시작 단계에 있는 경우 글쓰기에 대한 필요성을 느끼고 있지만, 글쓰기에 대한 부담과 어려움을 갖는 모습을 볼 수 있다.

다음은 초임교사의 수업공개 후 수업협의회에 대한 경험에 관한 내용이다. 수업협의회에서 동료교사와 행정가에게 수업에 대한 다양한 피드백을 받는 것은 교사에게 있어서 자신의 수업을 다른 관점에서 볼 수 있는 계기가 되고 있다(윤석주, 2014).

> 사실은 (협의회에서) 좋은 말들을 많이 해 주시기는 하는데 … 어떤 점을 집는 게 다 다르잖아요, 사람마다. 그래서 아 나는 내 수업에서 나는 언제나 얼마만큼 아이들이 이해를 하고 있느냐, 또는 친구랑 얼마만큼 협동하고 있느냐를 중점으로 둔다면 또 다른 선생님들이 내 수업을 볼 때 자료 제시 방식이나 참여도라든가, 애들 책상 배치라든가 이런 부분에 관심을 갖는구나 생각을 하게 됐고, 아 또 그분들의 관점에서 다시 내 수업을 한 번 다시 돌아가 본다면 또 고칠 것도 있고 … 내 수업은 나 혼자만 너무 빠져들게 되면 사실 좋은 점을 보고 하는 거니까 단점들을 그냥 놓쳐 버릴 수 있잖아요. 다른 사람의 관점으로 다시 내 수업을 떠올려 보면은, 아, 이거는 조금 바꿀 걸 그랬나 그런 생각이 들지요.
>
> D교사(여, 경력 2년, 출처: 윤석주, 2014, p. 209)

교직을 수행하면서 수업 상황에서 겪는 어려움을 극복하기 위해 공식적인 수업장학 이외에 개별적이고 자발적인 활동을 하는 모습을 볼 수 있다. 수업장학, 배움공동체, 수업비평 수업협의회와 같은 다양한 활동에서는 나타나는 공통점은 수업전문성 향상이지만, 전문성 향상을 위한 공통적인 방법은 찾기 어렵다. 선행연구에서 나타난 것과 같이 수업을 관찰하는 사람마다 관점이 다르고, 수업관찰 관점에 대한 기준이 없다는 점에서 수업전문성 향상을 위한 활동에 참여하는 교사 역시 어려움을 갖는 것을 알 수 있었다. 교사들의 수업에 대한 고민과 수업전문성 향상을 위한 현재의 활동에서 느끼는 갈증 등은 앞서 살펴본 관찰 가능한 ICALT 도구의 적용 가능성을 보여 주는 일례라고 할 수 있다.

지금까지 ICALT 수업관찰도구 전반의 이해를 통해 우리나라 학교에서의 적용 가능성을 살펴보았다면, 다음 장에서는 관찰도구로서의 타당도, 신뢰도의 확인과 구체적인 활용 방법을 익히면서 수업전문성 향상을 위한 실전에 대비해 보도록 한다.

## 참고문헌


곽병선(2001). 교실교육의 개혁과 교사의 수업전문성. **한국교원교육연구**, 18(1), 5-13.

남미정(2009). 중등학교 교사들의 교단일기에 나타난 교직 탈전문화 현상 연구. 충남대학교 대학원 박사학위논문.

서울대학교 교육연구소(1995). **교육학용어사전**. 서울: 하우동설. (https://terms.naver.com/entry.nhn?docId=511267&cid=42126&categoryId=42126, 2019. 08. 15.)

신지혜(2011). 수업전문성 신장을 위한 수업비평 공동체에 관한 연구. **한국열린교육학회**, 19(2), 71-97.

윤석주(2014). 수업장학을 통한 초등학교 초임교사들의 수업전문성 향상에 대한 질적 탐구. **교육문제연구**, 27(3), 195-217.

Carnine, D. W., Dixon, R. C., & Silbert, J. (1998). Effective strategies for teaching Mathematics. In E. J. Kameenui, & D.W. Carnine (Eds.), *Effective teaching strategies that accommodate divers learners*. Upper Saddle River, NJ: Prentice Hall.

Cornelius-White, J. (2007). Learner-centred teacher-student relationships are effective: a meta-analysis. *Review of Educational Research*, 77(1), 113-143.

Danielson, C. (2013). *The framework for teaching: Evaluation instrument.* Princeton: The Danielson Group.

Fuller, F. F. (1969). Concerns of teacher: A developmental conceptualization. *American educational research journal, 6*(2), 207-226.

Gagne, R. M., Briggs, L. J., Wager, W. W. (1990). *Principles of instruction design*. New Yokr: Holt Rinehard, and Winston.

Hampton, S. E., & Reiser, R. A. (2004). Effects of a theory-based feedback and consultation process on instruction and learning in college classrooms. *Research in Higher Education, 45*, 497-527.

Hattie, J. A. C., & Clinton, J. (2008). Identifying accomplished teachers: a validation study. In L. Ingvarson & J. A. C. Hattie (Eds.), *Assessing teachers for professional certification: the first decade of the National Board for Professional Teaching Standards* (pp. 313-344). Oxford, UK: Elsevier.

Michelle Helms-Lorenz, M., Van de Grift, W., & Maulana, R. (2016). Longitudinal effects of induction on teaching skills and attrition rates of beginning teachers. *School Effectiveness and School Improvement*, *v.27*, 178-204.

Houtveen, A. A. M., Booij, N., De Jong, R., & Van de Grift, W. J. C. M. (1999). Adaptive instruction and pupil achievement. *School Effectiveness and School Improvement*, *10*(2), 172-192.

Kame'enui, E. J., & Carnine, D. W. (Eds.) (1998). *Effective teaching strategies that accommodate divers learners*. Upper Saddle River, NJ: Prentice Hall.

Koeze, P. A. (2007). *Differentiated instruction: the effect on student achievement in an elementary school* (Unpublished doctoral dissertation). Ypsilanti, MI: Eastern Michigan University.

Lang, J., & Kersting, M. (2007). Regular feedback from student ratings of instruction: Do college teachers improve their ratings in the long run? *Instructional Science, 35*(3), 187-205.

Lorenz, M., Maulana, R., Canrinus, E., van Veen, K., & van de Grift, W. (2016). *Teaching skills and transition smoothness of teachers educated in professional development schools in The Netherlands*. Groningen: University of Groningen.

Lundberg, I., & Linnakylä, P. (1992). *Teaching reading around the world*. The Hague: IEA.

Marzano, R. J. (2003). What works in schools. *Translating Research into Action*. Alexandria, VA: ASCD.

Maulana, R., & Helms-Lorenz, M.(2016). Observations and student perceptions of the quality of preservice teachers' teaching behaviour: construct representation and predictive quality. *Learning Environments Research, 19*(3), 335-357.

Maulana, R., Helms-Lorenz, M., & Van de Grift, W. (2014). Development and evaluation of a questionnaire measuring pre-service teachers' teaching behavior: A Rasch moelling approach. *School Effectiveness and School Improvement*. Advance online publication.

Marzano, R. J. (2003). What works in schools. *Translating Research into Action*. Alexandria, VA: ASCD.

Nunes, T., & Bryant, P. (1996). *Children doing mathematics*. Oxford: Blackwell.

Nusche, D., et al. (2014), OECD Reviews of Evaluation and Assessment in Education: Netherlands 2014, OECD Publishing.

Pearson, P. D., & Fielding, L. (1991). Comprehension instruction. In R. Barr., M. L. Kamil., P. B. Mosenthal., & P. D. Pearson (Eds.), *Handbook of reading research*: Volume II (pp. 815-860). White Plains, NY: Longman.

Pianta, R. C., & Hamre, B. K. (2009). Conceptualization, measurement, and improvement of classroom processes: Standardized observation can leverage capacity. *Educational Researcher, 38*, 109-119.

Pressley, M., Wood, E., Woloshyn, V. E., Martin, V., King, A., & Menke, D. (1992). Encouraging mindful use of prior knowledge. Attempting to construct explanatory answers facilitates learning. *Educational Psychologist, 27*(1), 91-109.

Rosenshine, B. V., & Meister, C. (1997). Cognitive strategy instruction in reading. In S. Stahl., & D. A. Hayes (Eds). *Instructional models in Reading* (pp. 85-

107). Mahwah, NJ: Erlbaum.

Rosenshine, B. V., & Stevens, R. (1986). Teaching functions, In M. C. Wittrock (Ed.), *Handbook of research on teaching* (3rd ed., pp. 376-390). New York: Macmillan.

Slavin, R. (1996). *Education for all*. Exton, PA: Swets & Zeitlinger Publishers.

Scheerens, J., & Bosker, R. (1997). *The foundations of educational effectiveness*. Oxford: Pergamon.

Smith, T. W., Baker, W. K., Hattie, J. A. C., & Bond, L. (2008). A validity study of the certification system of the National Board for Professional Teaching Standards. In L. Ingvarson & J. A. C. Hattie (Eds.), *Assessing teachers for professional certification: the first decade of the National Board for Professional Teaching Standards* (pp. 345-378). Oxford, UK: Elsevier.

University of Groningen (2018). ICALT Training supplement.

Van der Lans, R., Van de Grift, W., & van Veen, K. (2018). Developing an Instrument for Teacher Feedback: Using the Rasch Model to Explore Teachers' Development of Effective Teaching Strategies and Behaviors. *Journal of experimental education*, *86*(2), 247-264.

Van de Grift, W. (2007). Quality of teaching in four European countries: a review of the literature and application of an assessment instrument. *Educational Research*, *49*(2), 127-152.

Van de Grift, W., Seyeoung Chun, Ridwan Maulana, Okhwa Lee & Michelle Helms-Lorenz (2016). Measuring teaching quality and student engagement in South Korea and The Netherlands. *School Effectiveness and School Improvement*.

Van de Grift W., Thoni A. M. Houtveen, Henk T. G. van den Hurk & Oscar Terpstra (2019). Measuring teaching skills in elementary education using the Rasch model. *School Effectiveness and School Improvement*.

Van de Grift, W. J. C. M. (2013). Measuring teaching quality in several European countries. *School Effectiveness and School Improvement*. Advance online publication. doi:10.1080/09243453.2013.794845.

Wang, M. C., Reynolds, M. C., & Walberg, H. J. (1995). Serving students at the margins. *Educational Leadership*, *52*(4), 12-17.

Yair, G. (2000). Educational battlefields in America: The tug-of-war over students' engagement with instruction. *Sociology of Education*, *73*(4), 247-269.

# ICALT 수업관찰도구의 양호도 검증

## 1. ICALT 수업관찰도구의 타당도

이 장에서는 ICALT 수업관찰도구의 타당도와 신뢰도 그리고 객관도에 관한 논의를 통해 ICALT 수업관찰 측정도구의 양호도를 살펴보고자 한다. 먼저, ICALT 수업관찰도구가 교사의 발달단계에 따른 내적 구조에 근거하여 교사의 수업전문성을 충실하게 측정하고 있는지에 관한 논의를 위해 확인적 요인분석을 통해 도구의 타당성을 살펴본다. 다음으로, ICALT 수업관찰도구가 교사의 수업전문성을 안정적이고 일관적이며 오차 없이 측정하고 있는지를 확인하기 위해 문항내적일관성 신뢰도를 알아본다. 마지막으로, ICALT 수업관찰도구가 수업관찰전문가에 의해 주관적 편견 없이 공정하게 활용될 수 있는가라는 논의를 위해 도구의 객관도를 확인한다.

ICALT 수업관찰도구는 Fuller(1969)의 교사발달단계에 따른 교사의 관심사 이론(Fuller's theory of teacher concerns)에 근거하고 있다. 그렇다면 ICALT 수업관찰도구의 6개 수업전문성 영역의 난이도는 이 이론에 근거하여 차등적일 것이라는 논의가 가능하다. 이에 이 장에서는 이 부분을 문항반응이론에 의한 ICALT 문항분석을 통해 살펴보고자 한다.

요인분석(factor analysis)은 다변량 분석 기법의 하나로서 변수 간의 상관관계를 이용하여 여러 변수로 측정된 자료(개념)를 보다 적은 수의 요인으로 축소시킴으로써 변수 사이에 존재하고 있는 구조를 발견하거나(탐색적 요인분석) 확인해 보는(확인적 요인분석) 통계분석 기법이다. 요인분석은 주어진 변수들을 (각 요인에 대응되는 요인적재치의 값을 이용하여) 가상적인 공통 요인들의 일차결합으로 나타내고 이들 요인 가운데 중요한 N개의 요인만을 선택하여 전체를 설명하는 것이 주요 목적이다. 요인분석은 N개의 변수를 비슷한 특성을 가진(상관관계가 높은) 변수끼리 묶어서 전체의 특성을 파악하고, 요인분석의 결과를 구조방정식 모형이나 회귀분석의 측정변수로 사용하거나 측정도구의 타당성을 평가하는 데 이용한다.

## 1) 확인적 요인분석을 이용한 ICALT 수업관찰도구의 타당도 검증

확인적 요인분석(confirmatory factor analysis)은 공통요인모형(탐색적 요인분석 모형)을 검증하고자 하는 목적에서 사용하는 통계 기법으로, 연구자가 이론을 바탕으로 설정한 모형을 검증하는 방법이다. 확인적 요인분석의 단계는 다음과 같다.

- 요인모형을 이론에 맞게 설정한다.
- 요인모형에 자료를 적용한다.
- 요인모형의 추정된 값과 적합도를 평가한다.

### (1) 모형에 대한 평가

① 추정된 값(parameter estimates)에 대한 평가

- 고유변량(error variance)이 0보다 작게 도출되는 것과 같은 부적절한 추정치가 있는지를 확인한다.[1]

- 추정치의 부호와 크기 정도가 적당한지 확인한다.
- 추정치가 통계적으로 유의미한지 확인한다.

② 모형의 적합도 평가

- 카이제곱 검증을 이용한 모형평가: 카이제곱 검증의 영가설[2]은 너무 엄격하여 모형을 쉽게 기각시키는 경향이 있다. 또한, 카이제곱 검증은 F × (표본 크기 −1)의 값을 통해 결정되므로 표본의 크기에 민감[3]하다.
- 적합도 지수를 이용한 모형평가: 카이제곱 검증의 문제점을 해결하기 위해 많은 적합도 지수가 개발되었다. 연구자는 표본 크기에 민감하지 않고 모형의 간명성을 고려한 동시에 해석의 기준이 확립된 적합도 지수를 선정해야 한다. 대표적인 것으로 NNFI[4] 와 RMSEA가 있다.

### (2) 확인적 요인분석을 이용한 ICALT 수업관찰 측정도구의 타당도 검증 절차

① [AMOS 초기설정 변경하기]

[Estimation]과 [Output]에서의 설정 변경

[View] → [Analysis Properties...] 클릭

[Estimation]: 모형 추정 방법의 선택

- 구조방정식 모형에서는 추정 방법으로 최대우도법을 많이 이용하므로 [Maximum likelihood]를 클릭
  - 최대우도법은 분석자료에 결측치(missing value)가 없다는 것을 전제로 하며 결측치가 존재한다면 FIML(Full Information Maximum Likelihood)을 이용

---

1) 이러한 경우를 '헤이우드(Heywood) 케이스'라고 하며, 위반변수를 제거하거나 오차분산을 .005 이하의 값으로 고정하여 해결한다.

2) 모형은 변수 사이의 관계를 완벽하게 설명한다.

3) 이로 인해, 표본이 커질수록 카이제곱 값이 커지므로 영가설을 기각할 확률이 높아진다.

4) AMOS에서는 NNFI를 TLI(Tucker Lewi Index)로 표기하며, .90 이상이면 좋은 적합도로 판정한다.

[그림 6-1] Analysis Properties 메뉴

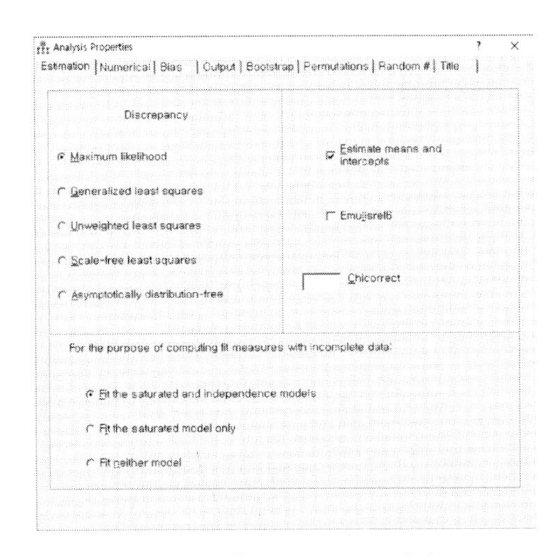


[그림 6-2] Estimation 설정

–FIML을 이용하여 결측치를 추정하기 위해서는 [Estimate means and intercepts]를 클릭(이렇게 하면, 잠재변수와 오차의 평균이 0으로 표시됨)

[Output]: 분석한 모형의 결과 가운데 연구자가 원하는 결과를 선택

- 추정한 미지수의 표준화된 값을 보려면 [Standardized estimates]를 클릭

–구조방정식 모형에서 추정된 계수의 해석은 회귀분석에서 표준화된 회귀계수(standardized regression weights)를 해석하는 방법과 동일

–[Squared multiple correlations]: 내생변수가 외생변수에 의해 설명되는 비율(회귀분석에서 R2와 비슷한 것)

–[Critical ratios for differences]: 모수의 t통계 값

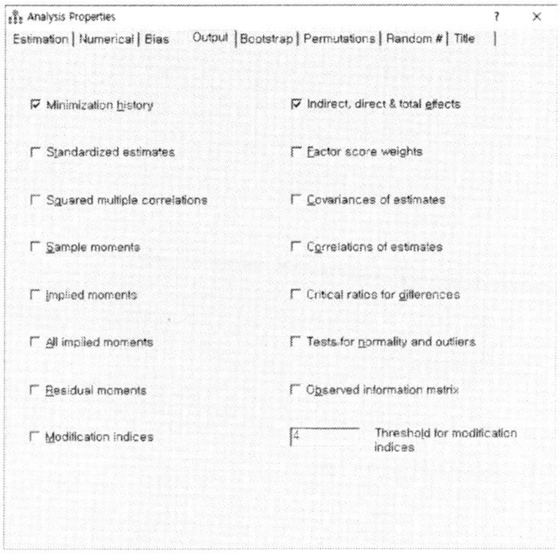

[그림 6-3] Output 설정

② [데이터 불러오기]

[File] → [Data Files...]

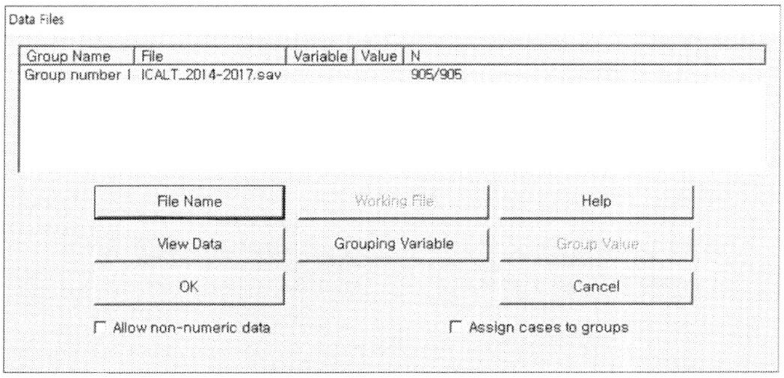

[그림 6-4] 데이터 불러오기

③ [요인모형 그리기]

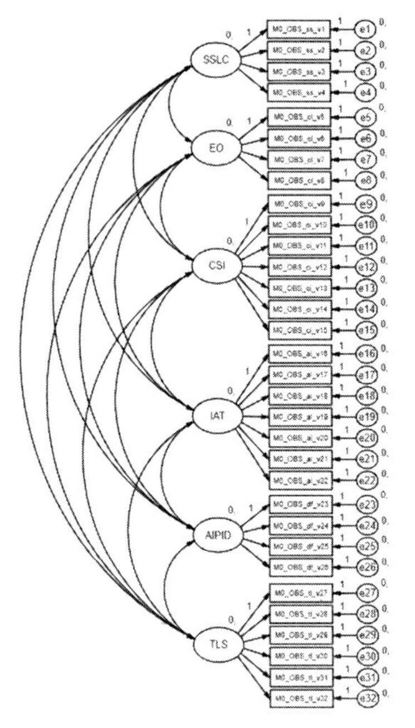


[그림 6-5] ICALT 요인모형 그리기

④ [분석 실행]

[Analyze] → [Calculate Estimates]

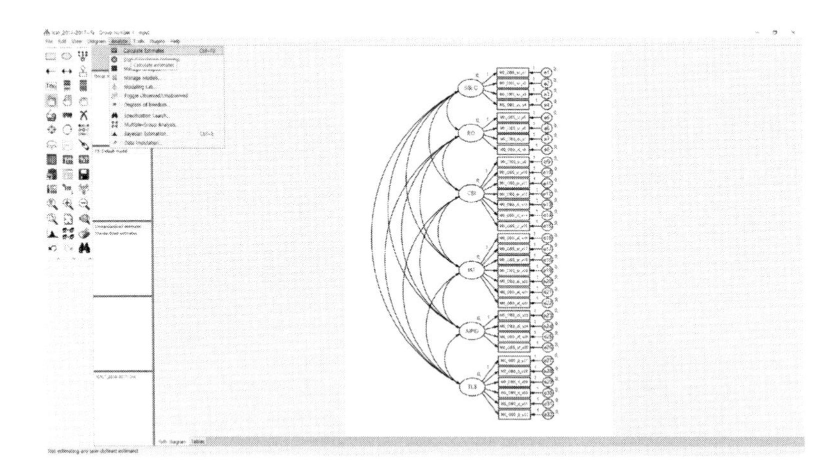

[그림 6-6] 분석실행

⑤ [분석 결과]

적합도 지수 확인: [Amos Output]에서 [Model Fit] 클릭

**CMIN**

| Model | NPAR | CMIN | DF | P | CMIN/DF |
|---|---|---|---|---|---|
| Default model | 111 | 2099.638 | 449 | .000 | 4.676 |
| Saturated model | 560 | .000 | 0 | | |
| Independence model | 32 | 17065.868 | 528 | .000 | 32.322 |

**Baseline Comparisons**

| Model | NFI Delta1 | RFI rho1 | IFI Delta2 | TLI rho2 | CFI |
|---|---|---|---|---|---|
| Default model | .877 | .855 | .901 | .883 | .900 |
| Saturated model | 1.000 | | 1.000 | | 1.000 |
| Independence model | .000 | .000 | .000 | .000 | .000 |

**RMSEA**

| Model | RMSEA | LO 90 | HI 90 | PCLOSE |
|---|---|---|---|---|
| Default model | .064 | .061 | .067 | .000 |
| Independence model | .186 | .184 | .189 | .000 |

[그림 6-7] 적합도 지수 확인

- 요인적재치(factor loading)가 '1'이 넘는 값[5]이 있는지 확인: [Amos Output]에서 [Estimates] 클릭

**Standardized Regression Weights: (Group number 1 - Default model)**

| | | | Estimate |
|---|---|---|---|
| M0_OBS_ss_v1 | <--- | SSLC | .733 |
| M0_OBS_ss_v2 | <--- | SSLC | .687 |
| M0_OBS_ss_v3 | <--- | SSLC | .808 |
| M0_OBS_ss_v4 | <--- | SSLC | .771 |
| M0_OBS_cl_v5 | <--- | EO | .704 |
| M0_OBS_cl_v6 | <--- | EO | .767 |
| M0_OBS_cl_v7 | <--- | EO | .743 |
| M0_OBS_cl_v8 | <--- | EO | .672 |
| M0_OBS_ci_v9 | <--- | CSI | .683 |
| M0_OBS_ci_v10 | <--- | CSI | .661 |
| M0_OBS_ci_v11 | <--- | CSI | .710 |
| M0_OBS_ci_v12 | <--- | CSI | .735 |
| M0_OBS_ci_v13 | <--- | CSI | .686 |
| M0_OBS_ci_v14 | <--- | CSI | .726 |
| M0_OBS_ci_v15 | <--- | CSI | .702 |
| M0_OBS_al_v16 | <--- | IAT | .653 |
| M0_OBS_al_v17 | <--- | IAT | .665 |
| M0_OBS_al_v18 | <--- | IAT | .757 |
| M0_OBS_al_v19 | <--- | IAT | .730 |
| M0_OBS_al_v20 | <--- | IAT | .609 |
| M0_OBS_al_v21 | <--- | IAT | .647 |
| M0_OBS_al_v22 | <--- | IAT | .527 |
| M0_OBS_df_v23 | <--- | AIPID | .604 |
| M0_OBS_df_v24 | <--- | AIPID | .718 |
| M0_OBS_df_v25 | <--- | AIPID | .836 |
| M0_OBS_df_v26 | <--- | AIPID | .817 |
| M0_OBS_tl_v27 | <--- | TLS | .721 |
| M0_OBS_tl_v28 | <--- | TLS | .770 |
| M0_OBS_tl_v29 | <--- | TLS | .756 |
| M0_OBS_tl_v30 | <--- | TLS | .697 |
| M0_OBS_tl_v31 | <--- | TLS | .606 |
| M0_OBS_tl_v32 | <--- | TLS | .759 |

[그림 6-8] 요인적재치 확인

분산추정치(Variance)에 '–'[6]가 있는지 확인

Variances: (Group number 1 - Default model)

| | Estimate | S.E. | C.R. | P | Label |
|---|---|---|---|---|---|
| SSLC | .259 | .021 | 12.311 | *** | |
| EO | .265 | .023 | 11.615 | *** | |
| CSI | .222 | .019 | 11.466 | *** | |
| IAT | .284 | .026 | 10.784 | *** | |
| AIPID | .353 | .037 | 9.514 | *** | |
| TLS | .548 | .045 | 12.123 | *** | |
| e1 | .223 | .012 | 18.278 | *** | |
| e2 | .253 | .013 | 18.965 | *** | |
| e3 | .214 | .013 | 16.327 | *** | |
| e4 | .315 | .018 | 17.436 | *** | |
| e5 | .269 | .014 | 18.627 | *** | |
| e6 | .299 | .017 | 17.338 | *** | |
| e7 | .296 | .016 | 17.919 | *** | |
| e8 | .315 | .016 | 19.067 | *** | |
| e9 | .254 | .013 | 20.174 | *** | |
| e10 | .380 | .019 | 20.301 | *** | |
| e11 | .311 | .016 | 19.977 | *** | |
| e12 | .349 | .018 | 19.733 | *** | |
| e13 | .372 | .018 | 20.152 | *** | |
| e14 | .297 | .015 | 19.847 | *** | |
| e15 | .331 | .017 | 20.041 | *** | |
| e16 | .382 | .019 | 20.192 | *** | |
| e17 | .552 | .027 | 20.142 | *** | |
| e18 | .349 | .018 | 19.254 | *** | |
| e19 | .338 | .017 | 19.594 | *** | |
| e20 | .468 | .023 | 20.332 | *** | |
| e21 | .392 | .019 | 20.230 | *** | |
| e22 | .420 | .020 | 20.701 | *** | |
| e23 | .615 | .031 | 19.679 | *** | |
| e24 | .440 | .024 | 18.404 | *** | |
| e25 | .265 | .018 | 14.883 | *** | |

[그림 6-9] 분산추정치 확인

⑥ [결과 해석]

**〈표 6-1〉 ICALT 수업관찰 측정도구의 확인적 요인 분석모형 적합도(N=905)**

| $X^2$ | df | CFI | TLI | RMSEA |
|---|---|---|---|---|
| 2099.638 | 449 | .900 | .883 | .064 |

적합도 해석 기준은 RMSEA의 경우 .06 이하면 매우 좋은 것으로, .06~.08 사이이면 좋은 적합도로 해석한다(Hu & Bentler, 1999). TLI와 CFI의 경우

5) 이러한 경우를 '헤이우드(Heywood) 케이스'라고 한다. 위반 변수를 제거하거나, 오차분산을 .005 이하의 값으로 고정시킨다.

6) 헤이우드 케이스.

1부터 0의 연속체에 따라 다르게 나타나며, 그 값이 .90 이상이면 적합도가 좋다고 할 수 있다(Bentler, 1990; Tucker & Lewis, 1973).

〈표 6-1〉에서 보는 바와 같이 ICALT 수업관찰 측정도구의 확인적 요인 분석모형의 적합도는 만족할 만한 수준으로 나타났다. 6개 요인에 대한 적재치는 .527 ~ .836으로 나타났다.

## 2. ICALT 수업관찰도구의 신뢰도

신뢰도란 '한 검사가 측정하고자 하는 것을 일관성 있게 측정하거나 오차 없이 정확하게 측정하는 정도'를 의미한다. 신뢰도는 일관성(consistency), 안정성(stability), 정확성(accuracy), 신빙성(dependability), 예측 가능성(predictability)과 동의어로 사용되고 있다.

〈타당도와 신뢰도가 모두 낮은 경우〉

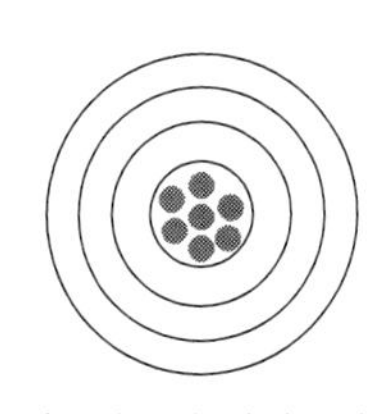

〈타당도와 신뢰도가 모두 높은 경우〉

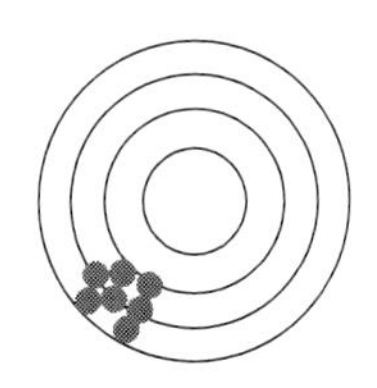

〈신뢰도는 높지만 타당도는 낮은 경우〉

[그림 6-10] 신뢰도의 개념

고전 검사이론에서 검사의 신뢰도는 관찰점수 분산에 대한 진점수 분산의 비율로 정의한다. 또한, 검사의 신뢰도는 관찰점수 분산에 대한 오차점수 분산의 비율을 1에서 뺀 값으로 정의한다.

$$\text{검사의 신뢰도 계수} = \frac{S_t^2}{S_x^2} = 1 - \frac{S_e^2}{S_x^2}$$

$S_x^2$: 관찰점수 분산

$S_t^2$: 진점수 분산

$S_e^2$: 오차점수 분산

이 신뢰도의 정의공식에서 검사의 진점수 분산과 오차점수 분산의 정확한 양을 알 수 없기 때문에 원래의 정의공식에 따른 신뢰도 계수를 구할 수는 없다. 따라서 검사의 신뢰도는 검사-재검사 신뢰도, 동형검사 신뢰도 및 문항 내적 일관성 신뢰도와 같은 방법으로 추정하게 된다.

### 1) 신뢰도의 종류

#### (1) 검사-재검사 신뢰도(test-retest reliability)

동일한 검사를 동일한 피험자 집단에 일정 시간 간격을 두고 두 번 실시하여 두 검사 점수의 상관계수에 의하여 신뢰도를 검정하는 방법으로 흔히 안정성 계수(coefficient of stability)라고도 부른다(단점: 기억효과, 연습효과, 성숙).

#### (2) 동형검사 신뢰도(parallel-farm reliability)

동형의 검사를 제작한 뒤 동일 피험자 집단에 두 검사를 실시하여 두 검사 점수의 상관계수에 의하여 신뢰도를 검정하는 방법이다(단점: 동형검사를 제작하기가 매우 어려움).

#### (3) 문항 내적 일관성 신뢰도(internal consistency reliability)

검사를 구성하고 있는 문항 간의 일관성을 측정하는 것으로 KR-20,[7] KR-21,[8] Hoyt 신뢰도, Cronbach $\alpha$ 등이 있다. Cronbach $\alpha$가 많이 사용되며 공

---

7) Kuder-Richardson Formula 20: 문항점수가 0과 1로만 계산될 때(이분점수) 적용하는 공식.

8) Kuder-Richardson Formula 21: 문항점수가 연속변수이며 문항의 난이도가 같다는 가정하에 적용하는 공식.

식은 다음과 같다.

$$\alpha = \frac{n}{n-1}(1 - \frac{\sum s_i^2}{s_x^2})$$

$n$: 문항 수

$S_i^2$: 문항 점수 분산

$S_x^2$: 총점의 분산

### (4) ICALT 수업관찰 측정도구의 신뢰도(문항 내적 일관성 신뢰도, Cronbach α) 분석 절차

[예시: '안전하고 고무적인 수업분위기' 영역의 측정문항에 대한 신뢰도 분석]

SPSS의 [분석(A)] → [척도분석(A)] → [신뢰도 분석(R)]

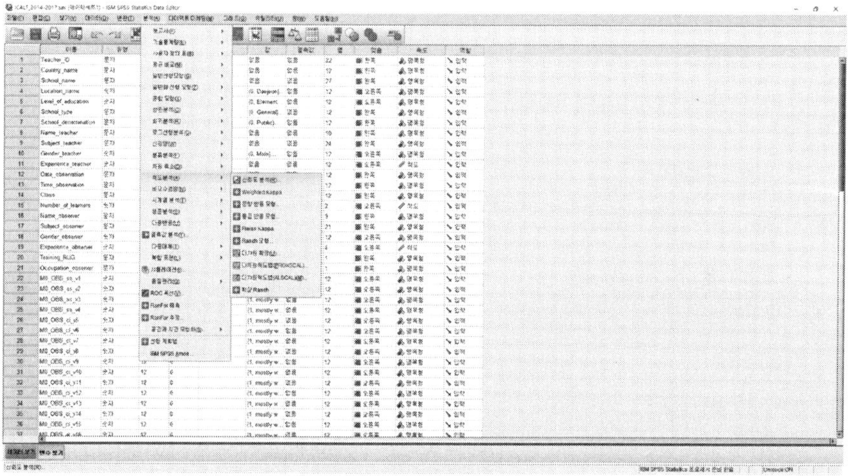

[그림 6-11] 신뢰도 분석 메뉴

[항목(I)]에 분석 대상 수업전문성 영역의 측정문항을 입력하고, [통계량]을 설정한다.

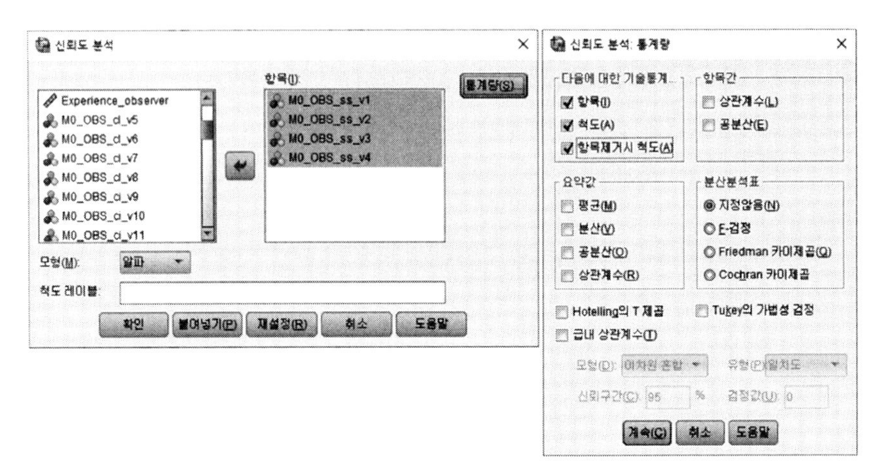


[그림 6-12] 신뢰도 분석 절차

[신뢰도 분석결과 화면(예시)]

케이스 처리 요약

| | | N | % |
|---|---|---|---|
| 케이스 | 유효 | 899 | 99.3 |
| | 제외됨[a] | 6 | .7 |
| | 전체 | 905 | 100.0 |

a. 목록별 삭제는 프로시저의 모든 변수를 기준으로 합니다.

신뢰도 통계량

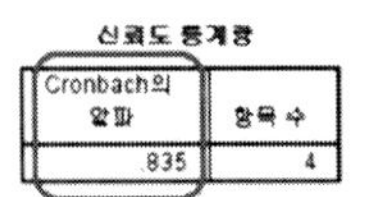

| Cronbach의 알파 | 항목 수 |
|---|---|
| .835 | 4 |

항목 통계량

| | 평균 | 표준편차 | N |
|---|---|---|---|
| M0_OBS_ss_v1 | 3.45 | .695 | 899 |
| M0_OBS_ss_v2 | 3.44 | .693 | 899 |
| M0_OBS_ss_v3 | 3.33 | .786 | 899 |
| M0_OBS_ss_v4 | 3.10 | .883 | 899 |

항목 총계 통계량

| | 항목이 삭제된 경우 척도 평균 | 항목이 삭제된 경우 척도 분산 | 수정된 항목-전체 상관계수 | 항목이 삭제된 경우 Cronbach 알파 |
|---|---|---|---|---|
| M0_OBS_ss_v1 | 9.87 | 3.958 | .678 | .789 |
| M0_OBS_ss_v2 | 9.88 | 4.043 | .644 | .802 |
| M0_OBS_ss_v3 | 9.99 | 3.606 | .702 | .775 |
| M0_OBS_ss_v4 | 10.21 | 3.388 | .661 | .800 |

척도 통계량

| 평균 | 분산 | 표준편차 | 항목 수 |
|---|---|---|---|
| 13.32 | 6.317 | 2.513 | 4 |

[그림 6-13] 신뢰도 분석 결과 화면(예시)

### 2) ICALT 수업관찰 측정도구의 신뢰도(문항 내적 일관성 신뢰도, Cronbach's α) 분석 결과

결과의 해석에서는 〈신뢰도 통계량〉의 'Cronbach의 알파' 값을 먼저 확인한다. 이 값이 0.6 이상이면 신뢰도가 높다고 할 수 있다. 학자마다 견해의 차이가 일부 있으나, 보편적으로 Cronbach 알파계수는 0.60 이상, '수정된 항목-전체 상관관계(Corrected Item Total Correlation: CITC)'[9]는 0.30 이상이면 만족한다는 견해가 지배적이다. 단, CITC가 0.30 이상이지만 상대적으로 타 항목에 비해 현저히 낮을 때에는 연구자의 판단에 따라 제거할 수도 있다.

〈항목 총계 통계량〉에서는 '항목이 삭제된 경우 Cronbach 알파(Alpha If Item Deleted)' 항목과 CITC 항목을 확인해야 한다. '항목이 삭제된 경우 Cronbach 알파' 항목은, 해당 항목을 제거했을 때에 전체 신뢰도(Cronbach 알파 값)를 보여 주는 것이다. 만약 이 값들 중에서 〈신뢰도 통계량〉의 Cronbach의 알파 값보다 큰 값이 있다면, 그 항목을 제외하는 편이 신뢰도 제고에 도움이 된다는 뜻이다. 반대로, '해당 항목을 제거했을 때에 전체 신뢰도' 값이 크게 낮아지는 경우가 있다면 이 항목이 매우 중요한 속성이란 뜻이 되는 셈이다. 한편, '수정된 항목-전체 상관관계' 값이 음수이면서 절대값이 클 경우에는 영향력이 크지만 방향이 반대인 경우로, 이 경우에는 혹시 척도의 방향이 타 항목들과 반대로 되어 있지는 않은지 확인해야 한다. '수정된 항목-전체 상관관계' 값이 음수이면서 0에 가까울 때에는 해당 항목이 다른 변수들과 다른 성격을 가지고 있는 것으로 판단되므로, 제외하는 것이 좋다.

---

9) 각 개별 변수와 그 변수를 제외한 나머지 변수로 구성된 척도와의 상관계수를 의미한다.

〈표 6-2〉 ICALT 수업관찰 측정도구의 신뢰도 분석 결과

| 하위영역 | 측정 문항 | CITC | 항목이 삭제된 경우 Cronbach 알파 | Cronbach의 알파 | Cronbach의 알파 | 항목이 삭제된 경우 Cronbach 알파 | CITC |
|---|---|---|---|---|---|---|---|
| 안전하고 고무적인 수업분위기 | v01 | .678 | .789 | .835 | .963 | .962 | .613 |
| | v02 | .644 | .802 | | | .962 | .566 |
| | v03 | .702 | .775 | | | .961 | .701 |
| | v04 | .661 | .800 | | | .961 | .706 |
| 효율적 수업운영 | v05 | .603 | .781 | .815 | | .962 | .604 |
| | v06 | .636 | .768 | | | .961 | .694 |
| | v07 | .684 | .742 | | | .962 | .632 |
| | v08 | .618 | .774 | | | .962 | .568 |
| 명료하고 구조화된 수업내용 | v09 | .647 | .852 | .870 | | .962 | .633 |
| | v10 | .629 | .854 | | | .962 | .634 |
| | v11 | .654 | .850 | | | .962 | .685 |
| | v12 | .683 | .846 | | | .961 | .704 |
| | v13 | .600 | .858 | | | .962 | .675 |
| | v14 | .673 | .848 | | | .962 | .685 |
| | v15 | .643 | .852 | | | .962 | .677 |
| 집중적이고 활발한 수업 | v16 | .592 | .819 | .841 | | .962 | .631 |
| | v17 | .571 | .824 | | | .962 | .646 |
| | v18 | .693 | .802 | | | .961 | .718 |
| | v19 | .647 | .810 | | | .961 | .692 |
| | v20 | .573 | .822 | | | .962 | .579 |
| | v21 | .624 | .814 | | | .962 | .630 |
| | v22 | .463 | .837 | | | .962 | .543 |
| 교수 · 학습 전략 | v27 | .650 | .842 | .863 | | .962 | .606 |
| | v28 | .719 | .829 | | | .962 | .658 |
| | v29 | .683 | .835 | | | .961 | .688 |
| | v30 | .646 | .842 | | | .962 | .605 |

| | | | | | | | |
|---|---|---|---|---|---|---|---|
| 교수 · 학습 전략 | v31 | .551 | .857 | .863 | .963 | .962 | .551 |
| | v32 | .695 | .832 | | | .962 | .641 |
| 개별화 학습지도 | v23 | .505 | .838 | .821 | | .962 | .651 |
| | v24 | .643 | .775 | | | .962 | .599 |
| | v25 | .737 | .731 | | | .962 | .654 |
| | v26 | .702 | .747 | | | .962 | .650 |
| 학습자 참여 | v33 | .696 | .784 | .838 | | .962 | .634 |
| | v34 | .751 | .726 | | | .962 | .682 |
| | v35 | .667 | .816 | | | .962 | .653 |

〈표 6-2〉에 나타난 바와 같이, ICALT 수업관찰 측정도구의 수업전문성 영역 및 전체 신뢰도는 .815 ~ .963으로 매우 높은 신뢰도를 확보하고 있는 것으로 나타났다.

## 3. ICALT 수업관찰도구의 객관도

객관도(objectivity)는 주로 채점, 관찰, 평정에서 개인의 주관적 편견을 배제하고 얼마나 객관성을 유지하느냐를 말한다. 따라서 객관도란 동일한 반응결과를 여러 사람이 채점 · 관찰 · 평정할 경우에 채점자들 · 관찰자들 · 평정자들 사이에 어느 정도 일관성이 있느냐, 혹은 동일한 채점자 · 관찰자 · 평정자가 시기를 달리하여 2회 이상 동일한 반응결과를 채점 · 관찰 · 평정할 경우 그 사이에 얼마나 일관성이 있느냐의 정도라고 정의할 수 있다.

### 1) 급내상관계수

급내상관계수(Intraclass Correlation Coefficient: ICC) 또는 신뢰도 계수

(reliability coefficient)는 반복성과 재현성을 평가하는 데 매우 흔하게 사용되는 지표로, 측정값들의 총 변량 중 개인 간 변량에 의해 야기된 부분에 대한 추정치이다(Szklo & Nieto, 2007). 이를 구하는 공식은 다음과 같다.

$$ICC = \frac{V_b}{V_T} = \frac{V_b}{V_b + V_e}$$

$V_T$: 총 변량(total variance), $V_b$와 $V_e$의 총합

$V_b$: 일반적인 신뢰도 연구에서는 개인 간 변량(variance between individuals)

$V_e$: 개인 내 변량(variance within individuals), 원하지 않은 변량, 오차, 동일 대상에 대한 여러 측정값들 간 분산(변량)의 추정치

ICC는 0(전혀 일치하지 않음)부터 1(완벽하게 일치함) 사이의 값을 갖는다. Shrout와 Fleiss(1979)는 분산분석의 종류(일원배치 혹은 이원배치), 평가자 효과(평균 측정치의 차이) 고려 여부, 분석단위(개별 또는 평균 측정치)에 따라 어떤 ICC를 선택해야 할지 제시하였다. 첫 두 가지는 통계적 모형 선택과 관련되며, 두 번째와 세 번째는 연구 결과의 용도와 관련된 것이다.

전형적인 평가자 간 신뢰도 연구에서는 n명의 대상자가 k명의 평가자에 의해 독립적으로 평가를 받게 되는데, 다음과 같은 세 가지 경우로 분류할 수 있다.

① 각 대상자가 평가자 집단으로부터 무작위 추출된, k명으로 구성된 서로 다른 평가단(평가자 세트)에 의해 평가

② 평가자 집단으로부터 무작위 추출된 k명의 평가자 각각이 n명의 대상자 모두를 평가

③ 연구의 관심 대상인 k명의 평가자가 있으며, 이들 각각이 n명의 대상자 각각을 평가

이 중 ①의 경우는 일원배치 분산분석으로 분석한다[Shrout와 Fleiss(1979)의 ICC (1,1)]. ②의 경우는 해당 결과를 인구집단 내의 다른 평가자들에게까지 일반화하는 목적이 있으며, 평가자를 임의효과로 취급하는 이원배치 변량(임의)효과 모형(two-way random effects model)으로 분석한다[ICC(2,1)]. 측정값의 변동에서 평가자의 효과를 고려하며, 이때의 ICC는 신뢰도 연구에서 일반적으로 목표하는 일치도(agreement)로서, 평가자들의 교환 가능성이라고도 할 수 있다. ③의 경우는 연구의 관심이 단 한 명의 평가자 또는 고정된 k명의 평가자로서, 평가자를 고정효과로 가정하는 이원배치 혼합효과 모형(two-way mixed effects model)을 이용한다[ICC(3,1)]. 이 모형에서는 평가자에 의한 변동을 고려하지 않으며, 산출된 ICC는 평가자 간 일관성(consistency)으로 해석한다. 대부분의 신뢰성 연구에서 연구자들은 일관성이 아니라 일치도에 관심이 있고 그들의 평가 척도가 여러 평가자에게 사용되기를 바랄 것이므로 일반적으로는 이원배치 변량효과 모형이 적절하다[ICC(2,1)].

## 2) ICALT 수업관찰 측정도구의 급내상관계수 측정 절차

ICALT 도구를 사용하여 동영상 수업을 20명의 수업관찰자가 측정하였다. 20명의 수업관찰자 간에 측정치가 유의하게 일치하는가를 검증하여 ICALT

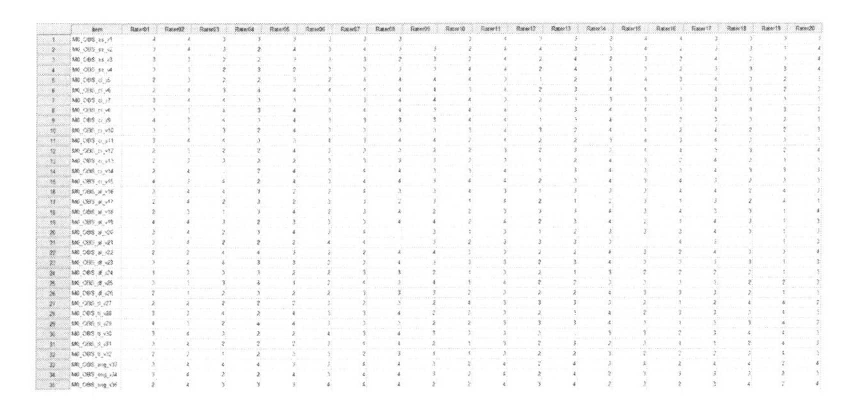

[그림 6-14] ICALT 수업관찰 측정도구의 객관도 특정을 위한 예제 데이터

수업관찰 측정도구의 객관도를 확인하였다(예제 데이터: ICALT_ICC_Test.sav).

[Analyze] → [Scale] → [Reliability Analysis] [Statistics]

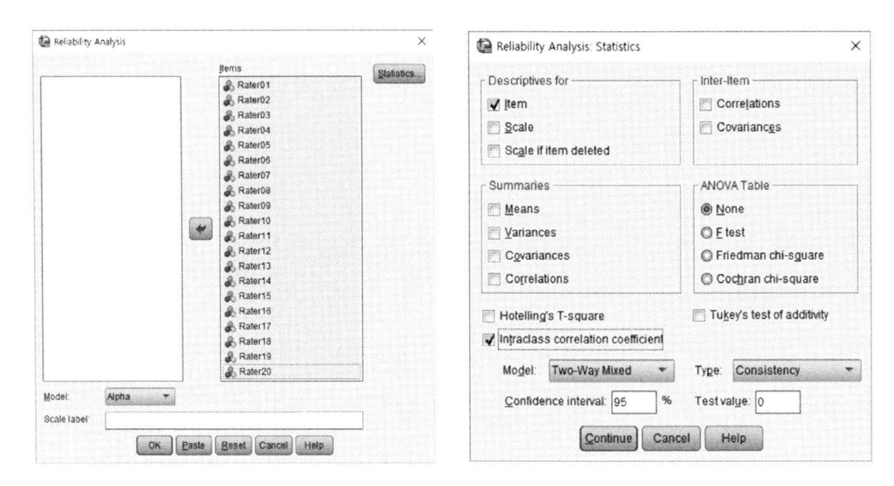


[그림 6-15] ICALT 수업관찰 측정도구의 급내상관계수 측정 결과

**Intraclass Correlation Coefficient**

| | Intraclass Correlation[b] | 95% Confidence Interval | | F Test with True Value 0 | | | |
|---|---|---|---|---|---|---|---|
| | | Lower Bound | Upper Bound | Value | df1 | df2 | Sig |
| Single Measures | .117[a] | .060 | .220 | 3.640 | 29 | 551 | .000 |
| Average Measures | .725[c] | .559 | .849 | 3.640 | 29 | 551 | .000 |

Two-way mixed effects model where people effects are random and measures effects are fixed.

a. The estimator is the same, whether the interaction effect is present or not.

b. Type C intraclass correlation coefficients using a consistency definition. The between-measure variance is excluded from the denominator variance.

c. This estimate is computed assuming the interaction effect is absent, because it is not estimable otherwise.

[그림 6-16] ICALT 수업관찰 측정도구의 급내상관계수 측정 결과 화면

Average Measures의 ICC=.725, 즉 20명의 수업관찰자 간에 시행한 측정이 72.5% 일치하고, 이는 통계적으로 유의한($p$=.000) 것으로 나타났다.

참고로, ICC는 연구 집단에서의 측정값들의 범위에 영향을 받기 때문에 해석할 때 주의가 필요하다. 예를 들어, 연구 집단의 측정값들이 전체적으로 다 높은 수준이고 범위가 작다면 개인 내 변량(오차)에 비해 상대적으로

개인 간 변량이 작고 ICC가 낮다. 이와 같이 표본의 특성이 반영되므로 서로 다른 연구 집단의 ICC는 비교하기 어렵다. 또한, 0.40 미만은 '좋지 않음(poor)', 0.4~0.6은 '보통(fair)', 0.6~0.75는 '좋음(good)', 0.75~1.00은 '매우 좋음(excellent)'으로 분류되기도 한다(Cicchetti, 1994). 하지만 절대적인 기준은 없다.

## 4. ICALT 문항특성과 ZPD 탐지

문항반응이론은 문항특성을 문항특성곡선에 의해 분석하는 검사이론으로 문항특성과 피험자 능력이 표본 집단에 따라 변하지 않으며, 피험자 집단이 검사문항의 특성(난이도, 변별도)에 영향을 주지 않도록 하는 검사이론이다. 시험, 설문지를 설계 · 분석 · 채점하고 인간의 능력, 태도 등을 측정하는 데에 활용되고 있다.

### 1) ICALT 문항특성

#### (1) 문항특성곡선

문항특성곡선(item characteristic curve)은 준거변수(criterion variable)와 한 문항에 답을 맞힐 확률과의 함수적 관계를 말한다. 문항반응이론에 의한 문항특성곡선에서 준거변수는 피험자가 가지고 있는 직접 관찰이 불가능한 잠재적 특성인 능력(ability)을 의미한다. 그러므로 문항특성곡선이란 피험자의 능력에 따른 문항의 답을 맞힐 확률을 나타내 주는 곡선을 말한다. 문항특성곡선에서 X축을 나타내는 준거변수인 피험자의 능력은 그리스 문자 $\theta$(theta)로 표기하며, Y축은 피험자 능력 수준에 따라 문항의 답을 맞힐 확률 $P(\theta)$를 나타낸다. 문항반응이론에 의한 전형적인 문항특성곡선은 [그림 6-17]과 같다.

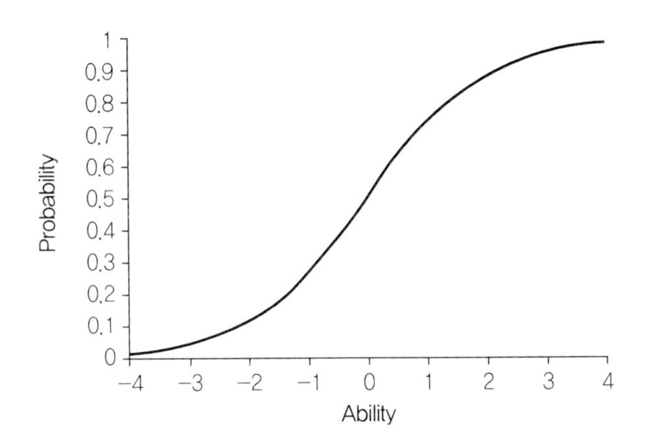


[그림 6-17] 문항반응이론에 따른 문항특성곡선

### (2) ICALT 도구의 문항난이도

**문항난이도**(item difficulty)는 문항의 답을 맞힐 확률이 .5에 해당하는 능력 수준의 점을 말하며, β 혹은 b로 표기한다.

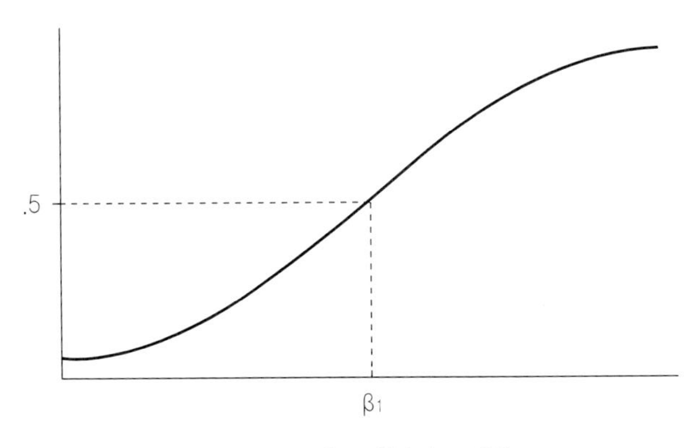


[그림 6-18] 문항난이도 예시

문항난이도의 이론적 범위는 −∞에서 +∞에 존재하나 일반적으로는 −2에서 +2 사이에 존재한다. 물론 문항난이도의 언어적 표현에 대응되는 문항난이도 지수에 대한 명확한 범위는 설정되어 있지 않지만 일반적으로 [그림 6-19]와 〈표 6-3〉과 같이 분류할 수 있다(Baker, 2001).

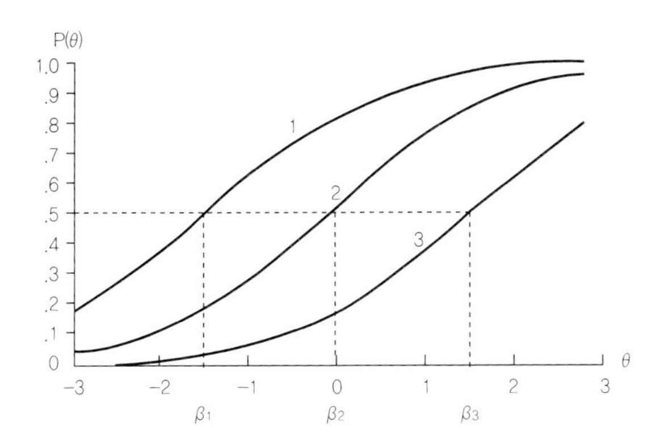


[그림 6-19] 문항난이도에 따른 문항특성곡선의 일반적인 모습

〈표 6-3〉 문항특성곡선의 숫자적 의미

| 언어적 표현 | 문항난이도 범위 |
|---|---|
| 매우 쉽다 | −2.0 이하 |
| 쉽다 | −2.0 ~ −.5 |
| 중간이다 | −.5 ~ +.5 |
| 어렵다 | +.5 ~ +2.0 |
| 매우 어렵다 | +2.0 이상 |

ICALT 측정도구의 문항난이도에 관한 문항특성곡선은 [그림 6-20]과 같다.

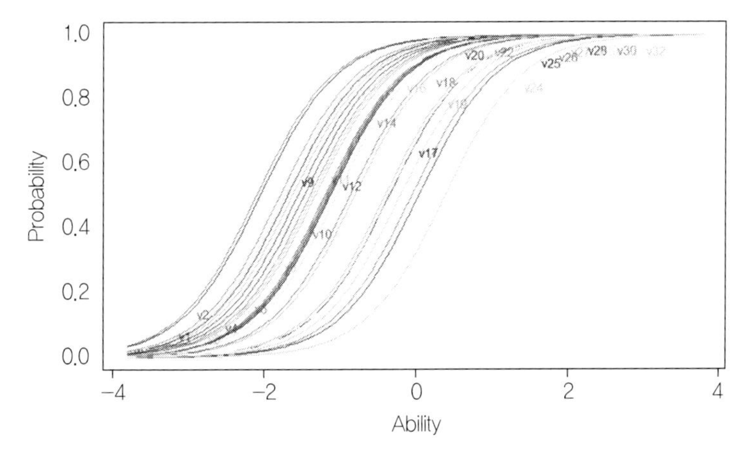


[그림 6-20] ICALT 측정도구의 문항별 난이도 곡선

ICALT 측정도구의 수업전문성 영역별 문항의 난이도에 관한 문항특성곡선은 [그림 6-21]과 같다.

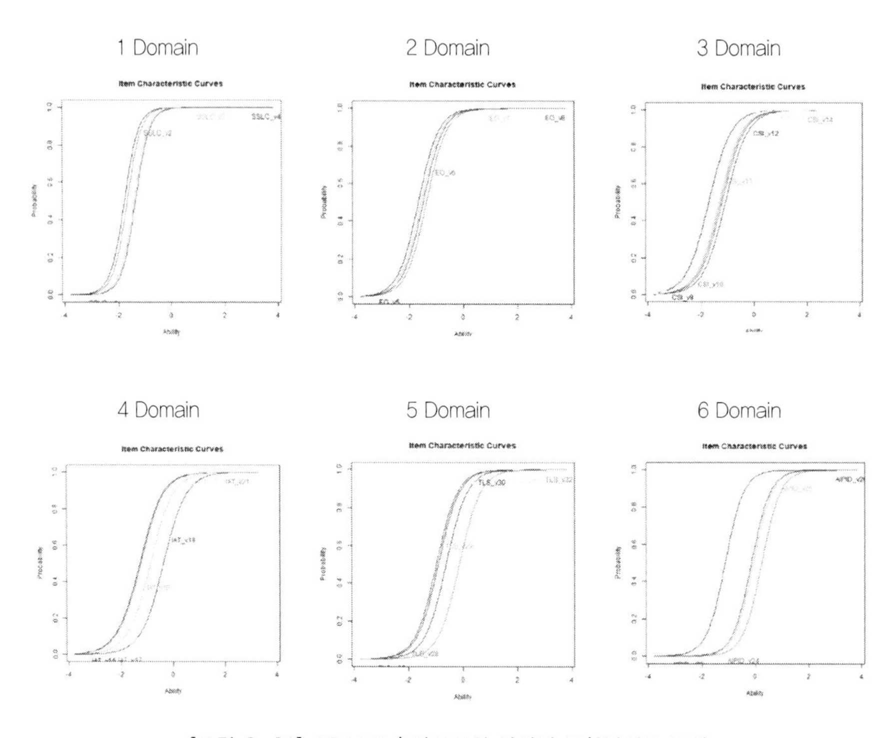


[그림 6-21] ICALT 측정도구의 영역별 문항난이도 곡선

## 2) ICALT 도구 활용과 ZPD 탐지

ICALT 도구는 교사가 수업할 때 교사의 교육적-교수능력 차원에서 교사의 전문성 발달을 위해 사용될 수 있다. 여기에서는 수업관찰자가 ICALT 점수를 어떻게 활용할 수 있는지를 설명한다. 대부분의 경우 고려 중인 교사의 동료, 즉 동료 관찰자의 관점을 취합한다. 물론 교사들은 그들의 수업행동을 평가하기 위해 그들 자신의 수업 가운데 하나를 녹화한 비디오를 관찰할 수도 있다.

### (1) Rasch 모형의 이해

Rasch 모형은 문항에 대한 피험자의 반응을 수리적 공식에 의해 추정하는 것으로, 1960년 덴마크의 수학자 George Rasch에 의해 발표되었고, 이후 미국 시카고대학교 교육학과의 Benjamin D. Wright(1977)에 의해 소개되고 실용화되었다. Rasch 모형은 문항반응모형의 이론에 근거하고 있으나, 기본적으로 문항난이도만을 포함하여 피험자의 능력을 추정하는 데 있어서 특수한 형태의 문항반응모형으로 취급된다.

Rasch 모형은 피험자의 능력을 추정하기 위해 로지스틱(logistic) 함수를 이용하고 있으며, 피험자의 능력과 문항난이도를 위한 측정치를 산출하기 위해 피험자의 능력과 문항난이도의 차이를 알아보고, 이러한 차이에 의해 피험자가 정답을 제시할 확률을 산출한 후 로지트 점수로 변환시킨다.

ICALT 관찰도구의 문항을 Rasch 모형에 의한 문항난이도로 정렬할 수 있다(Van de Grift et al., 2014). Rasch 모형에 의한 문항난이도로 정렬하면, 난이도가 높아짐에 따라 문항이 정렬되는 '단계(ladder)'가 만들어진다. Rasch 모형에 의한 문항난이도 순서는 남성과 여성, 소규모 및 대규모 수업 교사, 예술과 인문학 분야의 학교 과목 교사, 자연과학과 사회과학, 그리고 초 · 중등 교사를 포함하는 서로 다른 하위그룹에서 동일하게 나타난다.

'가장 쉬운' 문항은 맨 위에 나열되며, '가장 어려운' 문항은 하단에 나열된다. 난이도는 문항의 다양한 난이도 사이의 거리를 나타내는 측정 스틱으로 볼 수 있다. 일부 문항은 같은 난이도 점수를 가지고 있으며, 이러한 문항들은 본질적으로 단계(ladder)에서 같은 곳에 위치한다. ICALT 도구의 문항난이도는 〈표 6-4〉와 같다.

〈표 6-4〉 ICALT 도구의 문항난이도 정리

| 영역 | 교사는 | 난이도 |
| --- | --- | --- |
| 1. 수업분위기 | 학생의 말과 행동을 존중한다. | −5.57 |
| 3. 수업내용 | 수업내용을 명료하게 제시하고 설명한다. | −1.94 |
| 1. 수업분위기 | 분위기를 편안하게 유지한다. | −1.78 |
| 1. 수업분위기 | 학생의 자신감을 증진시킨다. | −1.05 |
| 3. 수업내용 | 학생에게 피드백을 제공한다. | −.99 |
| 2. 수업운영 | 수업이 질서 있게 진행되도록 노력한다. | −.95 |
| 1. 수업분위기 | 상호존중을 증진한다. | −.85 |
| 2. 수업운영 | 효과적으로 수업을 관리한다. | −.76 |
| 3. 수업내용 | 잘 구조화된 방식으로 가르친다. | −.71 |
| 3. 수업내용 | 학생이 최선을 다하도록 격려한다. | −.67 |
| 2. 수업운영 | 수업 시간을 효율적으로 사용한다. | −.67 |
| 2. 수업운영 | 학생이 적절한 방식으로 활동하고 있는지 확인한다. | −.50 |
| 4. 수업활동 | 학생이 반성적으로 생각하도록 자극을 주는 질문을 한다. | −.42 |
| 3. 수업내용 | 모든 학생이 수업에 참여하게 한다. | −.12 |
| 4. 수업활동 | 수업의 도입에서 수업목표를 분명하게 명시한다. | −.12 |
| 4. 수업활동 | 학생의 능동적인 참여를 자극하는 학습활동과 과제양식을 제공한다. | −.04 |
| 3. 수업내용 | 학습자료 사용과 과제해결 방법을 자세히 설명한다. | .16 |
| 4. 수업활동 | 해결방법을 학생 스스로 생각하도록 격려한다. | .16 |
| 3. 수업내용 | 설명단계에서 학생이 학습내용을 이해하는지 확인한다. | .23 |
| 4. 수업활동 | 미진한 학생이 자신감을 갖도록 격려한다. | .36 |
| 4. 수업활동 | 학생과 상호작용을 하는 수업을 한다. | .65 |
| 5. 학습전략 | 학생이 비판적으로 생각하도록 북돋아 준다. | .65 |
| 5. 학습전략 | 배운 것을 적용하도록 자극한다. | .71 |
| 4. 수업활동 | 학생이 생각한 것을 크게 말할 수 있도록 한다. | .81 |
| 5. 학습전략 | 복잡한 문제를 단순화하는 방법을 학생에게 가르친다. | 1.26 |
| 6. 개별화 | 학습목표 도달 여부를 평가한다. | 1.32 |

| | | |
|---|---|---|
| 5. 학습전략 | 의도한 활동을 활용하도록 자극한다. | 1.54 |
| 5. 학습전략 | 학습성과를 확인하도록 학생에게 가르친다. | 1.57 |
| 6. 개별화 | 개인차를 고려하여, 수업방식을 적절하게 조절한다. | 1.79 |
| 5. 학습전략 | 학생에게 실행 전략을 성찰하게 한다. | 1.82 |
| 6. 개별화 | 미진한 학생을 위한 별도의 학습과 지도 시간을 제공한다. | 1.86 |
| 6. 개별화 | 개인차를 고려하여 수업내용을 적절하게 조절한다. | 2.26 |

### (2) ZPD 탐지

근접발달영역은 Vygotsky가 제시한 아동의 인지발달 이론이다. Vygotsky의 인지발달 이론에서는 아동이 과제를 혼자서 해결할 수 있는 실제적 발달수준과 성인 혹은 유능한 타인의 도움을 받아 해결할 수 있는 잠재적 발달수준을 구분하고 있다. 따라서 아동은 실제적 발달수준에 머무르거나 계속해서 유능한 타인의 도움만을 받아 해결하게 할 것이 아니라 이 둘 사이의 간극을 줄여 현재 발달수준을 점차 늘려 가야 한다. 여기서 중요한 것은 실제적 발달수준과 잠재적 발달수준 사이의 간극인데, 이 간극을 **근접발달영역**(ZPD)이라고 한다.

곧 근접발달영역 안에서 정교한 교수 · 학습 작용이 일어나게 되면 학습자의 현재 발달수준이 늘어나게 되고, 아동이 성인과 같은 수준으로 계속해서 발달해 나간다는 것이다. 이는 앞서 학계에서 널리 알려졌던 피아제의 이론에서 발달이 개인에 의해 일어난다고 보았던 것과는 다른 인식으로 개인과 사회가 지속적으로 접촉 · 교류하면서 인지적 발달이 일어난다고 본 것이다.

이러한 Vygotsky의 이론에 따르면, 학습자(이 경우 관찰되는 교사)는 학습의 도움을 받는가 안 받는가에 따라 차이가 많이 난다는 것이다. 따라서 학습은 '현재 수준'과 '목표 수준' 간의 차이 보정이 적절히 지원될 때 이루어지며, 현재 수준이란 교사가 지금도 스스로 실행할 수 있는 수업기술 수준을 말하며 목표 수준이란 아직은 수행하지 못하지만 앞으로 수행할 수 있게 될 수업기술 수준을 말한다고 할 수 있다. 이 두 수준 사이의 영역인 전환 영역이

ICALT에서 말하는 근접발달영역으로, 교사가 현재 경험하고 있는 어려움을 극복하고 앞으로 더 나아갈 기회를 제공하는 관찰자의 지원 가능한 수준을 가리킨다. ICALT 측정도구에 의한 표본 교사의 ZPD 예시는 [그림 6-22]와 같다.

| Domain | Item | Rasch-score | The teacher.... | 1 | 2 | 3 | 4 |
|---|---|---|---|---|---|---|---|
| climate | 1 | 1 | shows respect for students in behaviour and language | | | | X |
| instruction | 9 | 2 | explains the subject matter clearly | | | X | |
| climate | 2 | 3 | creates a relaxed atmosphere | | | | X |
| climate | 3 | 4 | supports student self-confidence | | | X | |
| instruction | 10 | 5 | gives feedback to students | | | X | |
| climate | 5 | 6 | ensures that the lesson runs smoothly | | | X | |
| climate | 4 | 7 | ensures mutual respect | | | | X |
| organization | 7 | 8 | ensures effective class management | | | X | |
| instruction | 14 | 9 | gives well-structured lessons | | | | X |
| activating | 13 | 10 | encourages students to do their best | | | X | |
| organization | 8 | 11 | uses learning time efficiently | | | X | |
| organization | 6 | 12 | checks during processing whether students are carrying out tasks properly | | | X | |
| activating | 19 | 13 | asks questions that encourage students to think | | | X | |
| activating | 11 | 14 | involves all students in the lesson | | | X | |
| instruction | 22 | 15 | explains the lesson objectives at the start of the lesson | | X | | |
| activating | 16 | 16 | uses teaching methods that activate students | X | | | |
| instruction | 15 | 17 | clearly explains teaching tools and tasks | | | X | |
| teaching learning | 18 | 18 | encourages students to reflect on solutions | X | | | |
| instruction | 12 | 19 | checks during instruction whether students have understood the subject matter | | | X | |
| differentiation | 17 | 20 | boosts the self-confidence of weak students | | X | | |
| activating | 21 | 21 | provides interactive instruction | | | X | |
| teaching learning | 31 | 22 | encourages students to think critically | X | | | |
| teaching learning | 30 | 23 | encourages students to apply what they have learned | | X | | |
| teaching learning | 20 | 24 | has students think out loud | X | | | |
| teaching learning | 27 | 25 | teaches students how to simplify complex problems | X | | | |
| differentiation | 23 | 26 | checks whether the lesson objectives have been achieved | X | | | |
| teaching learning | 28 | 27 | encourages the use of checking activities | X | | | |
| teaching learning | 29 | 28 | teaches students to check solutions | X | | | |
| differentiation | 25 | 29 | adapts instruction to relevant student differences | | X | | |
| teaching learning | 32 | 30 | asks students to reflect on approach strategies | X | | | |
| differentiation | 24 | 31 | offers weak students additional learning and instruction time | X | | | |
| differentiation | 26 | 32 | adapts processing of subject matter to student differences | X | | | |

[그림 6-22] ICALT 측정도구에 의한 표본 교사의 ZPD

# 참고문헌

Baker, F. B. (2001). The basics of item response theory: ERIC.

Bentler, P. M. (1990). Comparative fit indexes in structural models. *Psychological Bulletin, 107*(2), 238.

Cicchetti, D. V. (1994). Guidelines, criteria, and rules of thumb for evaluating normed and standardized assessment instruments in psychology. *Psychological assessment, 6*(4), 284.

Fuller, F. F. (1969). Concerns of teachers: A developmental conceptualization. *American Educational Research Journal, 6*(2), 207-226.

Hu, L. T., & Bentler, P. M. (1999). Cutoff criteria for fit indexes in covariance structure analysis: Conventional criteria versus new alternatives. *Structural equation modeling: a multidisciplinary journal, 6*(1), 1-55.

Shrout, P. E., & Fleiss, J. L. (1979). Intraclass correlations: uses in assessing rater reliability. *Psychological Bulletin, 86*(2), 420.

Szklo, M., & Nieto, J. (2007). Identifying noncausal associations: confounding. *Epidemiology beyond the basics* (2nd ed.), Sudbury, MA: Jones and Bartlett, 160.

Tucker, L. R., & Lewis, C. (1973). A reliability coefficient for maximum likelihood factor analysis. *Psychometrika, 38*(1), 1-10.

van de Grift, W., Helms-Lorenz, M., & Maulana, R. (2014). Teaching skills of student teachers: Calibration of an evaluation instrument and its value in predicting student academic engagement. *Studies in Educational Evaluation, 43*, 150-159.

Wright, B. D. (1977). Solving measurement problems with the Rasch model. *Journal of Educational Measurement, 14*(2), 97-116.

# ICALT 수업관찰의 방법

## 1. ICALT 수업관찰의 개요

이 장에서는 ICALT 수업관찰은 어떤 목적과 방향으로 실시되어야 하는지에 대해 수업장면과 연결하여 논의하고자 한다. 교사의 수업전략과 수업행동은 수업장면에서 ICALT 영역별 지표와 점수로서 어떻게 연결될 수 있는지, 어떻게 구체화되고 점수화할 수 있는지 구체적인 사례들을 들어 알아보고자 한다. 교사의 수업 노하우와 초점행동을 통해 수업전문성의 지표들을 탐지해 볼 수 있다.

### 1) ICALT 수업관찰의 목적

수업관찰 단계는 장학의 한 단계, 곧 장학협의회를 위해 필요한 수업에 대한 객관적인 자료를 수집하고 이를 분석하기 위해 준비하는 단계라고 보는 것이라는 전통적인 의견이다(변영계, 김경현, 2005). 여기서는 수업을 관찰하고 기록한 결과는 교수자의 수업 특징이나 문제점을 알아내고, 후속 조치의 일환으로 제공할 수업코칭의 전략을 수립하기 위하여 분석되어야 함을 강조한다.

효과적인 수업장학을 위해서 수업관찰은 우선 관찰대상으로 적합하다고 판단되는 사상이나 행동에 주의를 집중하고, 작성된 기록에서 유의미한 해석이 도출될 수 있는 방식으로 제시해야 하며, 또 자료를 바르게 해석할 수 있도록 해야 한다(Yoloye, 1977). 따라서 수업관찰과 분석은 교사의 교수행동에 대한 객관적인 기록을 한 후 수업개선의 방향과 목적에 맞게 해석하는 것이 중요하다.

ICALT 수업관찰도구는 이러한 교사의 교수행동에 대한 기본적이고 최소한의 행동영역이 '관찰'될 것을 전제로 교사의 전문성을 측정 점수와 객관적인 기록으로 보여 주는 관찰도구이다. 증거기반의 객관적인 행동지표가 수업전문성으로 기능하는지 실제 수업 실행 장면에서 측정되어야 한다. 수업을 0~4점 사이의 항목에 대한 점수를 합산하여 얻을 수 있기 때문에 수업장면은 도구의 6개 영역에서의 32개 항목과 114개의 지표를 배경으로 짚어낼 수 있다. 그리고 장학관리자 또는 수업관찰전문가는 점수화한 항목들을 분석하고 개별 교사의 ZPD 영역을 탐지하여 수업개선을 위한 지도 조언에 활용할 수 있다.

교사는 다양한 여건에서 일정한 시간 동안 수업의 흐름을 관리하며 학생들과 상호작용하는 수업의 전문가이다. 교사 개인의 수준, 학생의 컨디션, 수업과목과 차시 등을 차치하더라도 기본적인 교사의 능력, 소양, 전문성 수준은 변하지 않을 것이라는 것이 ICALT 도구의 기본 출발점이다.

수업관찰의 어려움은 '어떻게 아날로그적인 수업을 분절된 단위로 나눠서 수업관찰을 하는 것이 가능한가' 하는 점이다. 한 장면에서 여러 개의 질문(전문성 항목)이 동시에 나타나기도 하고, 1영역의 항목과 4영역의 항목에서 같은 질문이 있을 수 있지만 그것이 의미하는 바는 서로 다르다. 또한, 흘러가는 시간 동안 수업에 대한 느낌으로만 또는 빈도와 강도의 어느 것으로 통일해서 점수를 줄 것인가에 대한 합리적인 의심을 가질 수 있다.

이 장에서는 실제적인 수업장면에서 ICALT 관찰도구의 영역과 각 하위 항목이 실제 장면과 어떻게 매칭되는지, 영역별로 교수행동에 대한 관찰점수가 관찰되고 점수화하는 것이 적절한지에 대하여 독자의 시선에서 판단하여 보고자 한다.

### 2) 수업관찰표에 대한 고찰

수업관찰법에 대한 전통적인 방법은 체계적 관찰법, 비체계적 관찰법, 녹화법 등이 있다. 이 중 체계적 관찰법의 대표적인 것은 기호체계법과 범주체계법이다(변영계, 김경현, 2005). 기호체계법은 한 장면을 스냅사진 찍듯이 수업장면을 기술하는 방식으로 어떤 특정한 행동이나 현상에 초점을 두고 기술하는 방식이다. 예를 들면, 교사가 ICT 매체를 사용하는 것, 교육목표를 말해주는 것, 학습자에게 학습오류를 시정하게 하는 활동 등을 하는지 여부에 초점을 두고 분석하는 방법이다. 반면, 범주체계법은 달리 사전에 정해진 관찰행동이 일어나는 대로 누가적으로 기록하는 방법이다. 계속 관찰된 점수가 누가되어서 합계로 나타나게 된다. 사전에 정해진 관찰행동이 일어나는 대로 누가적으로 기록한다. 이 관찰법에 따라 관찰된 자료는 양화될 수 있다(변영계, 김경현, 2005).

ICALT 수업관찰도구는 범주체계법과 일맥상통하는 측면이 있으며, 잘 정의된 행동사례와 특징을 중심으로 체크리스트를 작성하는 것은 동일하다. 대표적인 범주체계법은 Flanders의 언어상호작용 분석이 있다. 이 경우 대략 3초마다 교수 · 학습 과정에서 발생하는 행동을 기록한다. 수업의 효율화를 위한 연구나 수업장학에 이러한 범주체계 형태의 관찰법이 많이 활용되어 왔는데, 주로 교수 · 학습의 과정에서 일어나는 학습자의 학습에 대한 열중도나 학습자의 학습에 투입하는 시간 등을 측정하기 위한 기초 자료를 얻기 위해 사용되어 왔다(변영계, 김경현, 2005).

교수 · 학습 과정에서의 효율성 측정에는 실제학습시간비를 알아내는 수업관찰도 행해졌다. 실제학습시간비(학업열중도)란 전체 시간에 대해 학생이 학업에 몰두한 시간의 백분율로, 학업 중 행동을 나타내는 범주의 기록된 수를 전체 행동의 기록 수로 나눈 것에 100을 곱한 비율로 나타낼 수 있다. 이런 방식으로 각 학생 학업열중도를 구할 수 있고, 또 학업 열중도의 평균치로 전체 학급의 열중도를 계산할 수 있으며, 학급 내 열중도의 변사도(열중도의 개인차)를 도출할 수 있다. 예를 들면, BTES-초임교사평가 연구(Maliave et al., 1977)가 있다. 그러한 방식으로 Bloom(1953)이 개발한 자극회상방식이 있는데 주로 강의나 토의 중의 학생의 내현적 열중도를 측정하는 데 사용된다. 이어 Aderson 등(1979)이 교수 · 학습 과정을 관찰하면서 교사가 피드백을 어떻게 하는지를 관찰할 수 있는 관찰체계표를 만들었다. 한편, Solomon과 Kendall(1976)은 교수 · 학습의 과정을 관찰하기 위하여 101개의 범주를 만들어 교사, 학생, 학급의 조직 등을 관찰하였다(변영계, 김경현, 2005).

교수 · 학습 관찰표를 적용한 연구로는 교사나 학생의 행동 유형에 따라 분류한 연구도 있다. Zahorik(1968)은 교사의 피드백 행동을 14가지 범주로 분류하였고, Stalling(1978)의 연구에서는 학생의 행동에 대한 교사행동 피드백을 3가지 범주로 크게 분류하였다. BTES-초임교사평가 연구(Maliave et al., 1977)에서도 피드백 유형을 몇 가지 범주로 나누었다. 이와 유사한 수업의 단서(Cues)를 관찰하기 위해 교사의 수업행동을 분류한 목록이나 범주를 근거로 하여 관찰자가 교사의 행동에 부호를 매기는 관찰방법을 사용할 수 있다(변영계, 김경현, 2005). 그리고 Solomon(1976)의 연구에서는 '교사가 지시한다.' '교사가 교구나 교재의 사용법을 설명하거나 시범을 보인다.' '교사가 수렴적인 질문을 한다.' '교사가 확산적인 질문을 한다.' 등의 수업단서를 나타내는 몇 가지 행동을 교사의 수업행동을 관찰하는 목록에 포함시키고 있다. 또한 Anderson 등(1979)에 의해 개발된 수업관찰체계에는 수업을 위한 개관이나 도입, 전개활동에서의 시범이나 질문 유형 등을 더 자세하게 포함시키고 있다(변영계, 김경현, 2005).

우리가 앞으로 사용할 ICALT 도구는 이와 같은 대표적인 교사의 교수행동 사례를 범주로 보고, 6개 도메인(영역)과 114개의 구체적인 수업행동지표와 좋은 실천사례는 무엇인지 보여 준다. 교사의 수업 활동 및 작업은 ICALT 관찰도구를 사용하여 측정된다. 효과적인 교사 수업행동의 6가지 범주로 ICALT 측정도구가 구성되어 교사의 수업전문성을 측정하게 된다. 그것은 안전하고 고무적인 수업분위기(SLC)를 실현하고, 효율적 수업운영(ECM)을 조직하며, 명료하고 구조화된 수업내용(CSI)을 제공하고, 집중적이고 활발한 수업(IAT)을 제공하며, 교수 · 학습전략을 수립하고(TLS), 개별화 학습지도(DI)할 수 있게 지도하는 것을 포함하고 있다.

## 2. ICALT 수업관찰도구의 활용

### 1) 관찰 시기

수업관찰에서 공통적으로 사용되는 척도(평가기준)는 피드백 방식과 수업단서가 얼마나 자주 나타나는가의 빈도(횟수, 양)를 이용하고 있다. ICALT 도구는 수업 전반의 내용을 포함하지만 시간의 흐름에 따르는 수업 단계로서의 의미는 아니다. 이러한 관찰법을 사용할 때 '학습 진행의 어느 시점의 행동을 관찰할 것인가?'는 크게 고정된 것이 아니다. 왜냐하면 어느 시점에서 관찰하느냐에 따라 나타나는 빈도와 행동의 특성이 다르기 때문이다. 그 대신 한 장면에 여러 가지 지표가 나타날 수도 있으며 관찰자의 전문성에 따라 정확한 안목으로 체크리스트를 작성하는 것을 신뢰하는 것이 더 중요하다.

### 2) 주관성 개입

수업관찰의 신뢰성을 위해 주관적인 판단을 최소화하는 것이 중요하다. 이 체크리스트의 점수는 교사의 수업개선의 방향을 좌우하기 때문이다. 이를 위해 관찰 항목을 세분화하는 것이 가능한 해결 방법이 될 수 있다. 해당하는 행동특성을 명확하게 정의하여 가능한 한 객관성이 높은 관찰이 되도록 해야 한다. 변영계와 김경현(2005)이 **수업관찰**의 주된 목적은 수업 중 교사의 수업기술 개선과 관련한 교수행동을 체계적으로 분석하기 위해 자료를 수집하는 데 있다고 주장한 것과 같이, 장학담당자는 수업 중에 발생하는 수업상황을 의미 있게 기록할 수 있는 자기 나름의 기록법을 개발하여 정확하게 기록하는 것이 중요하다고 하였다. 수업관찰 내용은 전반적인 사항을 관찰할 수도 있고, 사전에 합의된 몇 가지 사항을 중점적으로 관찰할 수도 있다. 그러나 개인별로 다른 질문과 측정도구를 사용한다면 합의된 결과를 도출하기에는 어려운 점이 발생할 것이다. ICALT 수업관찰도구는 합의된 표준적인 질문을 제시하여 준다.

이 도구를 사용하는 수업관찰전문가는 어떤 수업장면에서 그 항목에 대한 관찰증거를 얻을 수 있는지 실제로 수업관찰을 연습하고 훈련함으로써 관찰자의 안목을 갖게 된다.

관찰자 훈련과 연수를 통해 관찰자 한 사람이 측정한 점수와 관찰자 여러 명이 같은 장면을 보고 측정한 점수도 비교하여 신뢰성을 확보해야 한다. 수업관찰전문가는 직접 관찰을 통하여 수업을 보기도 하지만, 영상을 통해서도 동일한 측정이 이루어지는지 검토해 볼 수 있다. 또, 한 번의 관찰로써 그 수업에 대한 정확한 측정이 이루어졌는지 반성하고, 촬영된 동영상 수업으로 2차 관찰 및 추가적인 정보를 얻어야 할 때도 있다.

### 3) 직접 관찰과 동영상 수업관찰에 차이가 있는가?

수업관찰 및 수업분석 데이터로는 동영상 자료가 많이 사용되고 있으며 간접적으로 수업관찰을 통해 수업전문성을 분석하는 추세이다. 영국 교육기준청(Ofsted) 연구 리포트에 의하면(Allen Kinross, 2018), 수업장면을 여러 번 관찰할 수 있어서 좀 더 정확하게 수업관찰을 할 수 있다는 입장과 직접 관찰 수업에서 볼 수 있는 정보가 비디오에 담기지 못하여 정보 손실이 일어날 수 있다는 입장에 대한 논쟁이 계속 벌어지고 있었다.

장순선, 이옥화, 김득준(2018)은 ICALT 수업관찰도구를 대상으로 직접관찰에 비해 동영상 수업관찰에서 발견되기 어려운 수업전문성 요소가 무엇인지 확인하였다. 이 연구를 통해서 ICALT 도구로 분석한 결과, 수업의 직접관찰에서는 발견되었지만 동영상 수업을 통한 수업관찰에서는 관찰되기 어려운 수업전문성의 영역이 있다는 것을 확인할 수 있었다.

이 연구의 결과에 따르면, ICALT 수업전문성 영역 중 직접관찰에서는 32개의 수업전문성 요소가 모두 존재하는 것이 확인되었으나 동영상 관찰에서는 1영역(안전하고 고무적인 수업분위기)과 2영역(효율적 수업운영)에서 직접관찰에 비해 교사의 전문성이 관찰되기 어려웠다고 밝혔다. 또한, 3영역(명료하고 구조화된 수업내용)와 4영역(집중적이고 활발한 수업), 6영역(교수 · 학습전략)에서는 다소 확인되기 어렵다고 나타났다. 교사의 수업활동이 동영상에 담기지 못하는 이유는 수업전문성 부족이라기보다는 동영상이 정보전달 매체로 갖는 한계, 혹은 동영상 촬영방법이 제대로 사용되지 못한 한계인 것으로 판단된다. 따라서 동영상을 촬영하거나 제작할 때는 수업전문성의 요소가 고루 발견될 수 있도록 촬영의 가이드라인이 필요하다. 그리고 한 번의 수업관찰로 교사의 전문성을 정확하게 탐지하는 것에 대한 어려움과 부담감을 느낀다면 동일한 수업을 촬영된 영상으로 2차 관찰 또는 후속 관찰을 하는 것이 객관성을 확보하기에 더 나은 방법이 될 것이다.

## 3. 수업관찰 점수의 기록 방법

### 1) 수업을 관찰하는 동안 '수업행동 점검지표' 확인하기

수업을 관찰하는 동안 '수업행동 점검지표(좋은 실천사례)'를 〈표 7-1〉의 관찰척도에 제시된 바에 따라 확인해야 한다. 단, '0, 1' 관찰 표기는 강제적이지는 않다. 그러나 이러한 점검지표의 확인은 문항별 점수를 부여하는 데 절대적인 도움을 주기 때문에 가능한 수업관찰 중 '수업행동 점검지표(좋은 실천사례)' 확인이 권장된다. 따라서 점검지표 확인은 관련 문항과 연계된 구체적인 행동의 예시로 활용된다고 볼 수 있다.

**〈표 7-1〉 관찰척도(0,1)의 의미**

| | 지표: 교사는 ... Indicator: The teacher ... | 결과 Results | 좋은 실천사례: 이 선생님은 ... Examples of good practice: The teacher ... | 관찰[1] Observed[1] |
|---|---|---|---|---|
| 1 | 학생의 말과 행동을 존중한다. ...shows respect for learners in his/her behaviour and language | 1 2 3 4 | 학생의 말을 중간에서 끊지 않는다. ...lets learners finish their sentences | 0 1 |
| | | | 학생의 발표 및 의견을 경청한다. ...listens to what learners have to say | 0 1 |
| | | | 틀에 박힌 타입으로 단정 지어 말하지 않는다. ...does not make role stereotyping remarks | 0 1 |
| 2 | 분위기를 편안하게 유지한다. ...maintains a relaxed atmosphere | 1 2 3 4 | 학생에게 긍정적으로 이야기해 준다. ...addresses learners in a positive manner | 0 1 |
| | | | 유머를 사용하고 허용(권장)한다. ...uses and stimulates humor | 0 1 |
| | | | 학생이 실수할 수도 있다는 사실을 인정한다. ...accepts the fact that learners make mistakes | 0 1 |
| | | | 모든 학생에 대한 공감을 보여 준다. ...shows compassion and empathy for all learners present | 0 1 |
| 3 | 학생의 자신감을 증진시킨다. ...promotes learners' self-confidence | 1 2 3 4 | 학생의 질문과 발표에 긍정적인 피드백을 한다. ...gives positive feedback on questions and remarks from learners | 0 1 |
| | | | 학생의 활동에 대해 칭찬을 한다. ...compliments learners on their work | 0 1 |
| | | | 학생이 기여한 부분을 인정해 준다. ...acknowledges the contributions that learners make | 0 1 |
| 4 | 상호존중을 증진한다. ...fosters mutual respect | 1 2 3 4 | 학생이 서로 경청하도록 격려한다. ...stimulates learners to listen to each other | 0 1 |
| | | | 학생이 누군가를 놀릴 때 적절히 개입한다. ...intervenes when learners make fun of someone | 0 1 |
| | | | 학생 간 (문화) 차이 및 특성을 인정한다. ...keeps (cultural) differences and idiosyncrasies in mind | 0 1 |
| | | | 학생 간 일체감을 갖도록 격려한다. ...stimulates solidarity between learners | 0 1 |
| | | | 모둠활동을 경험할 수 있도록 지원한다. ...encourages learners to experience activities as group events | 0 1 |

관찰(Observed) 척도(점수)의 의미

0 = 관찰되지 않음

1 = 관찰됨

## 2) 문항의 점수 이해하기

한 문항의 점수(척도)는 그 문항에 속해 있는 **수업행동 점검지표**(좋은 실천사례)의 0과 1을 산술적으로 합친 점수가 절대 아니다. 수업행동 점검지표(좋은 실천사례)는 수업관찰자가 관련 문항과 관련된 적합한 수업행동이 나타나는

**〈표 7-2〉 결과 척도(1~4)의 의미**

| | 지표: 교사는 ...<br>Indicator: The teacher ... | 결과[1)]<br>Results[1)] | 좋은 실천사례: 이 선생님은 ...<br>Examples of good practice: The teacher ... | 관찰<br>Observed |
|---|---|---|---|---|
| 1 | 학생의 말과 행동을 존중한다.<br>...shows respect for learners in his/her behaviour and language | 1 2 3 4 | 학생의 말을 중간에서 끊지 않는다.<br>...lets learners finish their sentences | 0 1 |
| | | | 학생의 발표 및 의견을 경청한다.<br>...listens to what learners have to say | 0 1 |
| | | | 틀에 박힌 타입으로 단정 지어 말하지 않는다.<br>...does not make role stereotyping remarks | 0 1 |
| 2 | 분위기를 편안하게 유지한다.<br>...maintains a relaxed atmosphere | 1 2 3 4 | 학생에게 긍정적으로 이야기해 준다.<br>...addresses learners in a positive manner | 0 1 |
| | | | 유머를 사용하고 허용(권장)한다.<br>...uses and stimulates humor | 0 1 |
| | | | 학생이 실수할 수도 있다는 사실을 인정한다.<br>...accepts the fact that learners make mistakes | 0 1 |
| | | | 모든 학생에 대한 공감을 보여 준다.<br>...shows compassion and empathy for all learners present | 0 1 |
| 3 | 학생의 자신감을 증진시킨다.<br>...promotes learners' self-confidence | 1 2 3 4 | 학생의 질문과 발표에 긍정적인 피드백을 한다.<br>...gives positive feedback on questions and remarks from learners | 0 1 |
| | | | 학생의 활동에 대해 칭찬을 한다.<br>...compliments learners on their work | 0 1 |
| | | | 학생이 기여한 부분을 인정해 준다.<br>...acknowledges the contributions that learners make | 0 1 |
| 4 | 상호존중을 증진한다.<br>...fosters mutual respect | 1 2 3 4 | 학생이 서로 경청하도록 격려한다.<br>...stimulates learners to listen to each other | 0 1 |
| | | | 학생이 누군가를 놀릴 때 적절히 개입한다.<br>...intervenes when learners make fun of someone | 0 1 |
| | | | 학생 간 (문화) 차이 및 특성을 인정한다.<br>...keeps (cultural) differences and idiosyncrasies in mind | 0 1 |
| | | | 학생 간 일체감을 갖도록 격려한다.<br>...stimulates solidarity between learners | 0 1 |
| | | | 모둠활동을 경험할 수 있도록 지원한다.<br>...encourages learners to experience activities as group events | 0 1 |

결과(Result) 척도(점수)의 의미

1 = 대체적으로 약함　　2 = 강함보다는 더 약함

3 = 약함보다는 더 강함　　4 = 대체적으로 강함

지를 점검하게 해 주고 그 문항에 적당한 점수를 부여하는 근거를 제공하는 것이다. 즉 수업을 관찰하면서 문항에 점수를 부여하는 동안, 수업 교사에게 관찰된 행동의 빈도와 질이 개인적 수준의 가중치 등을 통해 각 문항마다 1, 2, 3, 4점으로 종합 환산된다고 볼 수 있다.

### 3) 문항 점수 기록 시 유의점

ICALT 관찰도구에 따라 수업행동 점수를 부여할 때는 여러 가지 유형의 예외적 상황이 발생한다. 그 중 대표적 사례는 첫 번째로 관찰되지 않은 행동의 경우, 두 번째로 의심이 되는 경우, 세 번째로 개인의 생각과 객관성 문제, 네 번째로 교육자적 편견이다. 각각의 경우에 대해 유의할 점을 살펴본다.

① 관찰되지 않은 수업행동: 수업관찰 내내 어떤 특정 유형의 수업행동을 볼 수 없을 때는 반드시 문항 점수(척도)를 1점을 부여해야 한다. 관찰 후 수업교사와의 소통 과정에서 관찰자는 특정 문항에 왜 1점을 부여했는지 설명할 수 있어야 한다. 1점을 주는 이유는 두 가지 경우이다. 첫째는 문항과 관련된 점검지표 행동 중 어느 것도 관찰하지 못하였거나, 둘째는 교사의 수업기술이 전체적으로 보아 아직은 적정하지 않다고 느낄 때이다.

단, 1점을 주는 규칙의 예외가 있는데, '안전하고 고무적인 수업분위기' 영역의 1~4번 문항이다. 어떤 교사는 이미 안전하고 고무적인 학습 분위기 환경을 형성했기 때문에 더 이상 그와 관련된 행동을 드러낼 필요가 없을 수 있다. 만약에 수업이 안전하고 고무적인 학습 분위기에서 이루어지는 것이 분명하다는 강력한 인상을 받았다면, 설사 구체적인 행동을 나타내는 수업행동 점검지표(좋은 실천사례) 행동을 관찰하지 못했더라도 (단지 이 영역에서만) 3, 4점을 부여할 수도 있다. 다만, 안전한 학습 분위기를 해치는 어떠한 행동도 관찰되지 않았는지를 유념해야 할 것이다.

② **의심이 되거나, 확실하지 않은 경우:** 두 점수 사이에서 고민이 있을 경우에는 두 점수 가운데 더 낮은 점수를 부여한다. 예를 들어, 2점과 3점에서 고민 있을 때, 2점을 선택한다. 만약 2점과 3점을 부여하는 데 오래 고민이 된다면, 교사가 구체적인 수업기술을 소유하고 있는지 아직까지 명백히 확신할 수 없는 경우이다. 이 경우에는 수업관찰 후 교사와의 대화를 통해 의견을 나눌 수 있을 것이다. 어떠한 경우에도 고민이 되는 두 점수에 모두 체크하는 것은 허용되지 않는다.

③ **객관성과 관찰자 개인의 주관성:** '좋은 교육이란 무엇인가?' '좋은 교육을 구성하고 있는 것은 무엇인가?' 등 교육에 관한 관찰자 자신의 생각보다는 오히려 ICALT 수업관찰 측정도구의 문항을 사용하여 관찰하는 동안 교사의 수업행동을 바라보는 것이 이상적이다. 중요한 것은 어떤 교사에게 남아 있는 긍정적이거나 부정적인 인상을 무시해야 한다는 것이다. ICALT 수업관찰 측정도구의 각 문항에 속해 있는 구체적인 교사의 수업행동과 영역을 살펴보아야 한다. 수업교사의 수업행동을 객관적으로 확인하는 데 있어서, 모든 것을 잘하거나 혹은 모든 것을 못하는 교사는 많지 않음을 깨닫는 것이 도움이 될 수 있다. 예를 들면, 관찰자가 부여한 문항의 점수가 '이 선생님이 좋아.'라는 감정을 가지고 점수를 부여하기 시작한다면 점수는 당연히 높아질 수밖에 없다. 각 문항마다 관련 행동이 나타나는지의 여부와 관찰자의 점수가 수업교사에 대한 관찰자의 편견 없이 부여되어야 할 것이다.

## 4. ICALT 영역과 문항별 관찰의 실제

ICALT 도구는 총 35개의 문항으로 구성되어 있으며, 그중 32개는 교사의 교육, 교수행동과 관련되어 있고, 3개 문항은 학생의 수업 참여와 관련된 문항이다.

이 항목들은 학생 성과에 관한 효과적인 교사 행동에 대한 사례, 즉 많은 실증 연구들로부터 7영역으로 구분되었다. 이 장에서는 ① 안전하고 고무적인 수업분위기, ② 효율적 수업운영, ③ 명료하고 구조화된 수업내용, ④ 집중적이고 활발한 수업, ⑤ 교수 · 학습전략, ⑥ 개별화 학습지도의 6개 영역과 관련하여 실제 장면의 수업에서 교사의 언어와 반응을 중심으로 설명하였다.

관찰자 또는 관찰전문가는 의뢰받은 수업교사의 교실에 직접 들어가면 그 학급의 분위기를 살펴보게 된다. 관찰전문가들은 직접 수업에 영향을 주지 않는 범위 내에서 수업 참관을 하며 ICALT 도구에 대한 매뉴얼에 따라 6개의 영역에 대한 점수를 4점 척도 안에서 관찰점수를 주게 된다.

### 1) 영역 1: 안전하고 고무적인 수업분위기

1영역에서는 학생과 교사의 수업을 위한 감정적인 라포 형성 및 안전한 수업분위기를 만들기 위해 노력하고 학생의 수업동기를 유발하기 위한 다양한 노력을 하게 된다. 이 영역에서는 수업단계 전반에 걸쳐 학습장(교실)의 분위기가 어떠한지, 학생에게 수업내용에 대한 지도 · 조언 등이 적절한지에 대한 문항에 체크를 하게 된다.

이 영역은 4가지 문항으로 구성된다.

- 학생에 대한 존중
- 편안한 분위기
- 자신감 증진
- 상호존중 증진

학습의 분위기를 부드럽게 이끌기 위한 교사의 행동을 주로 관찰하게 되며, 교사가 사용하는 말의 톤과 높낮이, 단어 선택 등은 시간의 흐름에 따르는 수업 단계로서의 의미는 아니다.

교사는 학생의 나이와 발달단계에 맞게 교수법을 조절하게 되며, 수업전문성의 핵심적인 요소로서 유연한 대처능력, 학생에 대한 교사의 지도 방법, 피드백 방식, 지도 · 조언 등에 명확한 지시로서 교육과정을 안내한다. 이것을 판단하기 위한 하위 지표는 YES/NO로 교사 행동을 구분할 수 있다.

① 학생의 말과 행동을 존중한다.

- 학생의 말을 중간에서 끊지 않는다.
- 학생의 발표 및 의견을 경청한다.
- 틀에 박힌 타입으로 단정 지어 말하지 않는다.

**초등 3학년 〈도덕〉 2. 최선을 다하는 삶**

**교사**: 우리가 최선을 다하는 사람들의 특징을 말해 봅시다.

**학생 1**: 시간 계획을 잘 세웁니다.

**학생 2**: 약속을 잘 지킵니다.

**학생 3**: 최선을 다해서 학교 과제를 해 오지 않습니다.

**학생들**: 야~!!!

**교사**: ○○가 엉뚱한 대답을 하는구나. 왜 그렇게 생각했는지 말해 줄래요?

**학생 3**: 과제가 너무 많아요. 학원 숙제도 많아서요.
학원 숙제는 안 하면 학원 선생님이 일러바쳐서 엄마께 혼이 나요.

**교사**: 숙제가 많아서 힘든 점이 많구나. 하지만 숙제는 친구들도 다 해 오는 걸.
우리는 과제를 해 오는 것과 약속을 지키는 것이 최선을 다하는 삶이라고 생각해.
얘들아, 여러분은 ○○이를 어떻게 도와줄 수 있을까?

어떤 교사는 학생의 말을 끝까지 듣기도 전에 판단하거나 틀에 박힌 말로 학생의 발언을 무시할 때도 있다. 다인수의 학급에서는 모든 학생의 생각을 발표하고 들어 줄 시간이 부족하다. 하지만 그 시간에 학생들에게 대답한 차례이거나 중요한 질문에는 교사가 정중하고 진지한 태도로 들어 주게 되면 학생의 수업참여가 활발해질 뿐만 아니라 수업분위기는 더욱 탐구적으로 고양될 수 있을 것이다. 많은 다양한 장면에서 발견될 수 있는 이러한 피드백 과정은 어느 한 시점이 아니라 수업의 모든 단계에서 발견될 수 있으므로 빈도나 횟수가 아닌 교사의 진지한 태도를 눈여겨보고 판단하면 좋을 것이다.

② 분위기를 편안하게 유지한다.

- 학생에게 긍정적으로 이야기해 준다.
- 유머를 사용하고 허용(권장)한다.
- 학생이 실수할 수도 있다는 사실을 인정한다.
- 모든 학생에 대한 공감을 보여 준다.

**초등 6학년 〈실과〉 1. 나의 진로**

**교사**: 나의 잠재되어 있는 다양한 특성을 알아보기 위해 인터뷰 놀이를 하겠습니다.
**학생 1**: 너의 장점이 무엇이라고 생각하니?
**학생 2**: 나는 책을 읽어서 어려운 낱말을 잘 이해합니다.
**교사**: 이번에는 인터뷰를 한 짝의 장점을 이야기해 봅시다.
**학생 2**: ○○는 매우 친절합니다. 미술 시간에 준비물을 잘 빌려 줍니다.
**학생 3**: 네가 준비물을 잘 안 챙겨오니까 문제지.
**교사**: 얘들아. 누구나 장점을 가지고 있어요. 그리고 단점도 존재합니다.
그러나 다른 사람의 단점보다는 장점을 볼 수 있는 긍정적인 눈을 가져 보세요.

학습분위기를 조성하고 유지하는 능력은 교사의 진지한 태도와 부드러운 말투에서 드러나기도 한다. 어떤 경직된 분위기를 타개하기 위해 교사가 유머를 사용하여 학생의 무거운 분위기를 전환시킬 수도 있다. 교사는 다양한 배경과 지식수준을 가지고 있는 모든 학생을 배려하여 설명의 난이도를 조절할 수 있어야 한다. 관찰자는 학생의 실수를 비웃거나 타박하지 않고 수용해 주는 교사를 위의 항목을 통해 관찰하여 구별할 수 있을 것이다.

③ 학생의 자신감을 증진시킨다.

- 학생의 질문과 발표에 긍정적인 피드백을 한다.
- 학생의 활동에 대해 칭찬을 한다.
- 학생이 기여한 부분을 인정해 준다.

이 항목에 대한 교사의 행동은 앞서 설명한 교사의 태도를 통해 수업분위기가 긍정적으로 준비되었을 때 그 다음 단계로 학생의 참여에 대한 교사의 반응을 관찰하는 것이다.

학생이 질문이나 발표를 했을 때 긍정적인 피드백을 제공해 주는가? 학생의 활동에 대해 칭찬을 해 주는지, 학생들이 기여한 부분(노력한 부분)을 인정해 주는 것은 이 수업을 진행할 때 학생들이 교사를 믿고 적극적으로 수업에 참여를 할지, 자신이 스스로 수업에 참여를 할지, 아니면 적당히 뒤로 물러나 방관을 할지에 대한 중요한 연결 고리가 될 수도 있다.

④ 상호존중을 증진한다.

- 학생이 서로 경청하도록 격려한다.
- 학생이 누군가를 놀릴 때 적절히 개입한다.
- 학생 간 (문화) 차이 및 특성을 인정한다.
- 학생 간 일체감을 갖도록 격려한다.
- 모둠활동을 경험할 수 있도록 지원한다.

수업은 교사와 학생의 1대 1 수업이 아니다. 그렇다고 교사 한 명의 수업을 학생 여러 명이 일방적으로 듣기만 하는 것도 아니다. 학생은 서로를 존중해야 하며, 친구끼리 생각을 자유롭게 나누고 더 발전된 생각을 갖도록 하는 것은 교사의 수업 역량에 달려 있다.

그러나 이 항목을 따져 본다면 상호존중 및 협력관계는 어쩌면 학생 개개인의 인성 문제일 수도 있고, 학급의 분위기를 주도하는 소수의 학생의 문제일 수도 있다. 유독 반항적이거나 비협조적인 학생이 있어 수업분위기를 부정적인 에너지로 만들어 갈 때도 있다. 수업 중 상호 간 질서가 잡혀 있는 경우에는 이러한 걱정이 불필요하겠지만, 이와 같은 경우 관찰자는 어떻게 판단해야 하는지 고민스러울 수 있을 것이다.

평상시 교사의 힘과 권위가 학생과의 관계에서 영향력을 주고 있다면 교사의 지시와 관리 능력에 따라 수업분위기는 금방 제 궤도로 돌아올 수 있을 것이다. 1영역은 교사의 교실 관리 능력은 수업분위기 조성에 따른 다양한 변수가 존재함에도 불구하고, 생활지도 및 학급경영 전반에 대한 평가의 기초가 되기도 한다.

### 2) 영역 2: 효율적 수업운영

효율적인 수업운영은 학습에 도움이 되는 구조와 관련이 있다. 수업에서는 낭비되는 시간이 없어야 한다. 이를 위해서는 교사의 사전 수업 준비가 필요하다. 학생의 과제를 파악하고 교재 안에서 수업목표를 달성하기 위한 다양한 방법을 모색해야 한다. 효율적 수업운영을 위해서는 체계적인 학습설계와 수업전개를 위한 교수학습과정안의 작성이 도움이 될 수 있다. 학생이 어느 시점에서 무엇을 해야 할 것인지 아는 것은 수업 중의 시간 낭비를 막을 수 있다.

⑤ 수업이 질서 있게 진행되도록 노력한다.

- 학생이 질서 있게 교실에 들어오고 착석하게 한다.
- 문제가 있을 때 적시에 적절히 관여한다.
- 합의된 규정과 행동규칙을 준수하게 한다.
- 수업이 끝날 때까지 모든 학생이 활동에 참여하게 한다.
- 학생이 도움이 필요할 때, 무엇을 해야 할지 분명히 알려 주고 언제 도움을 요청할지 명확히 설명한다.
- 수업 중 과제가 끝난 다음 어떻게 해야 할지 정확히 알려 준다.

**초등 4학년 〈미술〉 5. 글자와 디자인**

**교사**: 내 이름으로 그림 글자를 꾸며 봅시다. 먼저 자기가 원하는 장래희망을 돌아가며 발표해 봅시다.

**학생 1**: 저는 요리 연구가입니다. 제 이름을 음식으로 꾸며 보고 싶습니다.

**학생 2**: 저는 식물학자입니다. 자연물과 꽃으로 제 이름을 꾸밀 것입니다.

**교사**: 좋습니다. 자기가 좋아하는 사물과 관심 주제로 그림글자를 꾸미도록 합니다.
우리가 1시간 동안 그림을 그린 후에 친구의 이름을 감상하도록 하겠어요.
색칠을 시작하기 전에 선생님에게 와서 스케치를 보여 주면 좋겠습니다.
아이디어가 떠오르지 않으면 관심 주제로 가져온 책을 살펴봐도 좋겠어요.
하지만 친구의 그림을 따라 그리지 않았으면 좋겠어요. 여러분 스스로 자기만의 작품을 만들어 봐요.

⑥ 학생이 적절한 방식으로 활동하고 있는지 확인한다.

- 학생이 자신이 수행해야 하는 과제를 이해했는지 확인한다.
- 과제 수행 중 학생 간 사회적 관계가 제대로 작동되도록 피드백을 제공한다.

**초등 5학년 〈국어〉 8. 문장의 구조**

**교사**: 모둠별로 문장 완성 놀이를 하겠습니다. 책상 위의 단어카드를 뒤집어 섞어 주세요.

**학생 1**: 지금부터 시작하겠습니다. 기록이부터 차례대로 문장 성분 카드를 뒤집어서 낱말을 불러 주세요.

**학생 2**: '친구가 노래를 먹는다.'입니다.

**학생 3**: (친구들 웃음) 문장이 어색합니다. '친구가 노래를 부른다.'가 맞을 것 같습니다. 다음은 칭찬이 차례입니다.

**학생 3**: '선생님은 학생을 좋아한다.'인데, 이 문장은 잘 연결된 것 같습니다.

**학생 4**: 제 카드는 '아기가 난다.'고 했는데, 음~ 무엇을 바꾸면 좋을까요?
서술어를 바꾸겠습니다. '아기가 잔다.'로 고치겠습니다.

**교사**: 1모둠이 참 잘하고 있습니다. 서술어 말고 주어를 바꿀 수도 있겠네요.
아기를 다른 낱말로 바꾸어서 해 볼 사람?

⑦ 효과적으로 수업을 관리한다.

- 어떤 자료가 쓰일지 명확히 설명한다.
- 수업자료를 사용할 준비가 잘 되어 있다.
- 수업자료가 학생 수준과 발달단계에 맞게 제공된다.

**초등 1학년 〈수학〉 4단원 비교하기**

**교사**: 두 친구의 줄넘기를 준비하였나요? 어떻게 하면 길이를 비교할 수 있을까요?

**학생 1**: 서로 겹쳐 봅니다.

**학생 2**: 한쪽 끝을 맞추어 봅니다.

**교사**: 누가 더 길고 짧은지 짝과 이야기해 봅시다.

**학생 4**: ○○ 줄넘기가 △△ 줄넘기보다 더 깁니다.

**교사**: 이번에는 가려진 빨간 색연필과 파란 색연필의 길이를 볼까요? 둘 중에 더 긴 것은 무엇일까요?

**교사**: 물건의 길이를 정확하게 비교하려면 어떻게 해야 할까요?

⑧ 수업 시간을 효율적으로 사용한다.

- 정시에 수업을 시작한다.
- 수업의 시작, 중간, 끝 지점에 시간 낭비를 하지 않는다.
- 불필요한 중단이 일어나지 않게 한다.
- 학생이 기다리지 않게 한다.

**초등 3학년 〈과학〉 4. 지구와 달**

**교사**: 지구가 둥글다는 믿음으로 마젤란이 세계 일주에 성공하였는데, 마젤란이 항해한 길을 따라 지구본을 가지고 인형을 옮겨 봅시다(마젤란 항해지도는 교과서에 나옴).

**학생 1**: 선생님~ 지구본이 기울어져 있어요. 고장 난 거 아니에요?

**교사**: 지구는 중심축이 23.5도 기울어져 있어요. 고장 난 게 아닙니다.

학교 물건이기도 하고, 학습자료는 마구 돌리거나 장난을 치지 않도록 하세요.

모둠별로 친구들이 돌아가면서 항해 길과 이동 장소를 찾아보세요.
지우개로 된 작은 인형을 옮겨 보는 거예요. 시간은 5분을 줄게요.
**학생 2**: (친구와 실갱이 함) 야! 마구 돌리면 안 된다고 했어.
내가 먼저 관찰하고 너한테 넘겨 준다고 했잖아.
**학생 3**: 선생님. 쟤들 싸워요. ○○가 양보를 안 해요.
**교사**: 시간이 얼마 없어요. 친구들과 사이좋게 순서를 정해서 실험을 하도록 해요.
질서를 지키지 않으면 실험재료를 사용하지 못하게 할 거예요.

이 장면의 경우, 학생들이 순서를 지키지 않고, 자료를 사용하는 데 적절한 규칙이 적용되지 못해 학습 시간을 낭비할 수 있는 여지가 있다.

### 3) 영역 3: 명료하고 구조화된 수업내용

명료하고 구조화된 수업내용은 학생들 사이에서 존재하는 지식을 활성화시키는 것이 포함된다. 새로운 학습자료를 제시하고 싶다면 단계별로 설명하는 것이 필요하며, 쉬운 학습에서 복잡한 학습으로 이동하거나 또는 그 반대로 이동할 수 있다. 수업구조는 잘 계획되어야 한다. 교사는 학습목표에 따라 수업안을 구상하고 목표 달성을 위한 수업활동과 자료들을 미리 계획해두어야 한다. 교사는 수업내용이 충분히 이해되었는지 여부를 다양한 질문으로 확인하게 되며, 발산적 사고를 꾀하기도 한다. 학생은 긍정적인 기대를 표현함으로써 격려를 받고 학업 성과를 산출한다. 교사는 학습목표, 과제, 설명 간의 일관성을 분명히 해야 한다.

이 영역은 7가지 문항으로 구성된다.

- 학습자료에 대한 명확한 설명
- 학생에게 피드백 제공
- 모든 학생의 수업 참여

• 과제가 이해되는지 확인
• 학생이 최선을 다할 수 있도록 동기 부여
• 구조화된 교수법
• 수업도구의 사용과 지시 사항에 대한 설명

그러나 수업자료를 완벽히 준비하고 학생 눈높이에 맞춰서 제공하였다 하더라도 학생의 참여도와 의미에 따라서 수업의 성패는 알 수가 없다. 그렇다 하더라도 학생의 몰입과 참여도가 교사의 성공적인 수업 운영에 대한 관건이기 때문에 관찰자는 교사가 효과적으로 수업을 관리할 수 있는 지도력에 따르는 위의 교수행동사례를 보이고 있는지를 관찰할 수 있어야 한다.

⑨ 수업내용을 명료하게 제시하고 설명한다.
• 학생의 사전지식을 일깨운다.
• 차근차근 단계를 밟아 가며 수업한다.
• 학생이 이해할 수 있는 질문을 한다.
• 때때로 수업내용을 요약해 준다.

**초등 3학년 〈미술〉 1. 색과 색상환(따뜻한 색, 차가운 색)**

교사: 봄에 나무들과 들판을 보았나요?
학생: 가족과 벚꽃 구경을 갔을 때 보았어요. 개나리와 진달래를 보았어요.
교사: 봄, 여름, 가을, 겨울을 생각할 때 대표적인 색깔에 대한 설명을 해 볼까요?
학생 1: 봄은 따뜻하고 밝은 색이 많은데, 여름에는 시원한 물과 바다를 연상시키는 진한 색채가 떠올라요.
학생 2: 가을에는 빨강 노랑의 단풍잎이 생각나요.
교사: 그래요. 오늘 우리는 교과서에 나온 10색상환을 보고 따뜻한 색과 차가운 색을 알아볼 거예요.

⑩ 학생에게 피드백을 제공한다.

- 대답이 맞고 틀린지 여부를 명확히 알려 준다.
- 대답이 왜 맞고 틀린지 명확히 설명해 준다.
- 학생이 대답에 이르는 방식에 대해 피드백을 해 준다.

**초등 3학년 〈수학〉 5. 분수와 소수**

**교사**: 1/2, 1/3, 1/6 의 분수의 공통점이 뭘까요?

**학생**: 분자가 1인 분수입니다. 단위 분수입니다.

**교사**: 네. 맞았어요. 단위분수라고 배웠어요.

**교사**: 오늘 우리는 단위분수의 크기 비교를 해 보려고 합니다.
먼저 우리가 수직선으로 1/2, 1/3, 1/6을 나타내어 보고 크기 비교를 해 볼 거예요.
가장 큰 분수는 어느 것일까 예상을 해 볼까요?

**학생 1**: 1/6인 것 같습니다. 분모의 숫자가 가장 크기 때문입니다.

**교사**: ○○ 친구의 의견도 일리가 있지만, 우리가 수직선을 그려 봐야 할 것 같습니다.

**학생 2**:(수행 후) 선생님. 1/2이 가장 길이가 깁니다.

**교사**: 잘했어요. ○○ 친구가 1/6이 가장 크다고 생각했는데, 우리가 발견한 사실은 정반대지요. 크기의 순서를 말해 볼까요?

**학생 3**: 1/2, 1/3, 1/6 순으로 분수의 크기를 정할 수 있습니다.

**교사**: 왜 그런지 설명을 누가 설명을 해 볼까요?

⑪ 모든 학생이 수업에 참여하게 한다.

- 활발한 참여를 유도할 수 있는 학생 과제를 만든다.
- 학생이 곰곰이 생각할 수 있는 질문을 한다.
- 학생이 수업내용을 잘 듣고 지속적으로 활동할 수 있게 한다.
- 질문 후 '생각할 시간'을 허용한다.
- 수업에 자발적으로 참여하지 않은 학생도 적극적으로 학습에 참여할 수 있게 유도한다.

학생은 그 경험과 사전지식이 각각 다르다. 또한, 학생의 흥미와 관심분야도 각각이다. 어떤 학생은 그림을 가지고 설명해야 잘 이해하는 반면, 어떤 학생은 예를 들어 설명할 때 이해가 빠르다. 학생의 수준도 다르기 때문에 학생의 눈높이를 맞춰 다양한 질문을 하고 과제를 제시하도록 한다. 모든 학생을 배려한 교사의 노력이 완전학습의 달성 가능성을 높인다. 학생의 좌석 구조에 변화를 주거나 모둠활동을 통해 상호 협력하고 심화학습을 도울 수 있다. 교사의 질문에 따라서 심도 있는 질문 또는 심화된 발문을 한다. 모든 학생이 수업목표를 달성하도록 참여 정도를 높일 수 있게 지도하거나 조언을 해 주는 것도 중요하다.

⑫ 설명단계에서 학생이 학습내용을 이해하는지 확인한다.

- 학생이 곰곰이 생각할 수 있는 질문을 한다.
- 학생이 학습내용을 이해하고 있는지 주기적으로 확인한다.

**초등 3학년 〈사회〉 3. 교통수단의 발달**

**교사**: 옛날과 오늘날의 교통수단을 분류해 볼까요?

**학생 1**: 옛날 교통수단은 가마, 말, 돛단배, 뗏목, 수레 등이 있습니다.

**학생 2**: 오늘날 교통수단은 기차, 버스, 비행기, 여객선 등이 있습니다.

**교사**: 잘 찾았어요. 선생님이 제시한 예시 말고도 더 있을 것 같은데. 또 말해 볼까요?

**학생 3**: 오늘날에는 자동차, 오토바이, 트럭 등이 더 있어요.

**교사**: 잘 찾았어요.

**교사**: 옛날과 오늘날의 교통수단이 변화한 까닭은 무엇일까요?

**학생 1**: 옛날 교통수단은 사람이나 동물의 힘을 이용했는데, 오늘날 교통수단은 기계의 힘을 이용한 거 같습니다.

**교사**: 오! 잘 이야기했어요. 혹시 교통수단을 어떤 재료로 만들었는지 알 수 있을까?

**학생 2**: 옛날 교통수단은 주변에서 구할 수 있는 나무나 자연에서 얻은 것 같습니다.

**교사**: 또 어떤 특징이 있을까요?

**학생 3**: 과학기술의 발달로 교통수단이 변화한 것 같습니다.

**교사**: 아하. 그렇군요. 그럼 앞으로도 과학기술이 발달하면 오늘날 교통수단과 다른 모습의 이동수단이 등장하겠네요.

이 장면에서 교사의 마지막 질문을 살펴보면 미래의 이동수단에 대한 생각을 해 볼 수 있도록 심화된 질문을 던질 수도 있다. 수업목표 단계에서뿐만 아니라 수업활동 단계별로 활동이 왜 필요한지, 왜 이 활동을 해야 하는지, 내용을 이해했는지 등 수업목표를 향해 달려갈 수 있도록 학습에 대한 이유를 계속 환기시켜 주고 있다.

⑬ 학생이 최선을 다하도록 격려한다.

- 최선을 다하는 학생을 칭찬한다.
- 모든 학생이 최선을 다해야 한다는 것을 명확하게 한다.
- 학생이 달성해야 할 것에 대해 긍정적인 기대감을 표현한다.

**초등 3학년 〈국어〉 4. 높임 표현**

**교사**: 높임말을 사용하는 주변 상황을 몇 가지로 정해 보았어요. 모둠별로 상황을 정하고 높임말을 사용하는 역할극을 짜 보도록 해요. 1모둠은 어떤 상황을 정했나요?

**학생 1**: 저희 모둠은 마트에서 손님과 가게 주인의 역할로 나눠서 해 보려고 합니다.

**교사**: 우리가 역할극을 할 때 주의할 사항이 몇 가지 있어요.
역할극을 준비하거나 친구들의 역할극을 보면서 모둠별 평가를 할 건데, 어떤 점을 주의해야 할까요?

**학생 2**: 다 같이 열심히 참여해야 합니다.

**학생 3**: 자신이 맡고 싶은 역할만 고집부려서는 안 됩니다.

**학생 4**: 듣는 사람을 배려해서 큰 목소리로 분명한 목소리로 발표합니다.

**교사**: 모둠별로 발표 후에 여러분이 직접 심사를 하고 최선을 다한 친구와 모둠에게는 칭찬 메달을 주려고 합니다.

⑭ 잘 구조화된 방식으로 가르친다.

- 수업이 단계적으로 구성되고, 단계 간 전환이 잘 이루어진다.
- 수업이 단순한 것에서 복잡한 것으로 진행되게 논리적으로 구성한다.
- 활동과 과제는 가르치는 내용과 연관되어 있다.
- 수업에서 타당한 다양한 발표, 설명, 통제 활동, 자유 활동 등을 제공한다.

교사는 미리 교재 연구를 통하여 수업활동에 맞는 자료와 전략을 사용하게 된다. 수업지도안을 미리 작성하여 수업에서 학습자 개인의 수준에 따라 보충학습지와 심화학습지, 일반화 및 수업 적용을 위한 게임 활동을 구성하기도 한다.

⑮ 학습자료 사용과 과제해결 방법을 자세히 설명한다.

- 학생이 해야 할 일을 명확히 해 준다.
- 수업의 목표와 과제가 서로 어떤 관계가 있는지를 설명한다.
- 어떤 자료와 출처가 이용될 수 있는지를 명확하게 설명한다.

예를 들면, 사회과에서 조사학습이나 과학실험 설계를 할 때 교사의 자세한 안내 및 수업단계별 활동 안내가 있을 때 학생이 수업의 구조를 쉽게 이해하며 학습내용에 대한 흥미가 생기고 목표 달성에 대한 의욕을 가질 수 있다.

**초등 3학년 〈사회〉 2. 우리 고장의 문화유산**

**교사**: 우리는 1~5차시에 걸쳐 우리 고장의 문화유산 소개하기 놀이를 할 거예요. 우리 고장 문화유산을 조사해서 어떤 방법으로 발표하는 게 좋을지 정해 봅시다.

**학생 1**: 선생님. 우리 고장 문화유산을 어디에서 조사하나요?

**학생 2**: 인터넷에서 조사하거나 직접 찾아가 보면 좋을 것 같아요.

**교사**: 아직 다음 주까지 시간이 많으니까 주말을 이용하여 부모님과 직접 탐방을 해도 좋아요. 문화재청 홈페이지를 가면 우리 고장에 있는 문화재를 찾을 수 있습니다. 문화재를 조사할 때 어떤 정보를 찾아보면 좋을까요?

**학생 3**: 문화재가 어디에 있는지, 보호하는 기관은 무엇인지, 언제 어느 시대의 유산인지 알아보면 좋을 것 같습니다.
**학생 4**: 선생님, 다 조사하기 어려운데 모둠별로 정하면 어떨까요?
**교사**: 여러분에게 우리 고장 문화유산 지도를 보여 줄게요. 설명을 듣고 모둠에서 어떤 문화재를 조사할지 어떤 방법으로 조사할 것인지 상의해 봅시다.

### 4) 영역 4: 집중적이고 활발한 수업

학생의 활발한 참여를 이끄는 것이 이 영역의 주된 평가 특징이다. 교사가 학습 장벽을 인식하고 이에 적절하게 대응함으로써 이러한 성과를 거둘 수 있다. 또한, 교사는 학습자료와 관련된 전형적인 오해를 알려 주고 오해를 바로 잡도록 해 준다.

교사는 학생의 요구에 민감해야 하며, 학생에게 설명 · 과제 · 질문 · 피드백 등을 조정해야 하고, 학습목표를 놓치지 않아야 한다. 이 영역의 평가지표는 학생과 교사의 주고받는 대화 속에서 짚어 낼 수 있다. 교사와 학생의 상호작용을 통해 지원과 지도를 받으며, 학생은 자신감을 갖게 되며 학습 성공의 기회를 학습하고 발전시키게 된다.

이 영역에는 7가지 문항이 있다.

- 활발한 활동 방식 사용
- 부진학생의 자신감 격려
- 학생이 해결책에 대해 생각하도록 자극
- 사고력을 키울 수 있는 질문
- 학생이 생각을 말할 수 있도록 기회 제공
- 대화식 수업 제공

⑯ 학생의 능동적인 참여를 자극하는 학습활동과 과제양식을 제공한다.

- 다양한 대화와 토론방법을 사용한다.
- 의도된 (사전)활동을 제공한다.
- 소집단으로 나누어 활동하게 한다.
- ICT 기술을 활용한다.
- 다양한 교수전략을 사용한다.
- 다양한 과제를 제시한다.
- 수업자료를 다양화한다.
- 일상생활에서 자료와 예를 가져온다.
- 연결되는 질문을 한다.

**초등 3학년 〈사회〉 2. 우리 고장 문화유산**

**교사**: 오늘 공부한 내용과 소감을 우리 반 게시판에 올려 보도록 합니다.
더 알고 싶은 내용을 질문으로 올려도 좋습니다.
우리 반 패들렛에 모두 접속해 주세요. (스마트 패드를 모두 가지고 있음)

**학생 1**: 문화유산을 보호해야 하는 까닭을 알게 되었습니다. 우리 고장의 문화유산을 지키기 위해 홍보활동을 열심히 할 것을 다짐하였습니다.

**학생 2**: 우리 주변의 문화유산을 훼손하지 않고 함부로 만지지 않겠습니다.

**학생 3**: 우리 고장 대전에 제가 찾아가 보지 않은 유산이 많이 있어서 꼭 부모님과 보러 가고 싶습니다.

**학생 4**: 제가 새롭게 알게 된 문화유산을 이미지와 짧은 설명으로 패들렛에 올려 보았습니다. 친구들에게 이 문화유산에 대한 정보를 알려 주고 싶습니다.

**교사**: 여러분이 우리 고장의 문화유산 이야기에 대한 우리 반 친구들의 생각을 온라인에서도 나눌 수 있습니다. 그리고 부모님께도 이러한 내용을 공유하고 우리 고장에 대한 자긍심을 갖고 다른 지역에 사는 친구들에게도 소개할 수 있으면 좋을 것 같습니다.

**교사**: 그래서 다음 시간에는 우리 고장 초청장 만들기를 해 보겠습니다.

이 장면에서는 디지털매체를 활용하여 수업에 적용한 수업장면을 보여 주고 있다. 교육혁신에 따른 전문학습공동체 및 교내 학습동아리, 교사 자율연수 등으로 교사는 수업의 다양한 기술 및 수업방법 등에 더 가깝게 접하고 있는 추세이다. 하브루타 대화식 방법, 액션러닝, 질문식 수업 방법, 토의 토론식 수업, 거꾸로 교실, 문제해결학습(Problem Based Learning: PBL) 등 다양하다. 이제는 모둠협력 수업을 기반으로 디지털 기기를 활용한 학생의 참여를 적극적으로 이끌어 내고 있다.

실물자료, 동영상자료, 모형 및 반구조화된 수업자료를 이용하는 등 수업자료 형태를 다양화하며, 교사는 첨단 기술을 이용하여 학생들에게 설문조사 및 퀴즈를 내어 실시간 자료를 활용한다. 피드백 제공도 실시간 온라인 환경에서 가능하다. 소셜미디어를 사용한 학습, 디지털교과서와 스마트패드 활용, 앱 활용 학습 등 다양한 디지털매체를 이용하여 수업을 이끌어 가고 있다. 프로젝트 학습과 영상 제작 등 다양한 형태로 과제를 제시하며 평가에도 적용하고 있다. 앞으로는 교사의 수업전문성 요소에 디지털 리터러시 능력에 관한 요소가 더 부각될 것이다 .

⑰ 미진한 학생이 자신감을 갖도록 격려한다.

- 미진한 학생의 질문에 대해 긍정적인 피드백을 준다.
- 미진한 학생에게 성취할 수 있다는 긍정적인 기대를 보여 준다.
- 미진한 학생의 학습활동에 대해 칭찬한다.
- 미진한 학생이 기여한 바를 인정한다.

**초등 3학년 〈국어〉 7. 국어사전 찾기**

**교사**: 국어사전은 우리가 이용하기 쉽게 체계적으로 되어 있어요. 어떻게 구성되어 있는지 찾아볼까요?

**학생 1**: 한글의 자음으로 모서리에 적혀 있어요. 'ㄱ ~ ㅎ'까지 이루어져 있습니다.

학생 2: 선생님. 자음이 무엇인가요?

교사: 오~. OO이가 질문을 잘 해 주었어요. 한글 체계는 자음과 모음으로 이루어져 있죠.

학생 3: 모음은 'ㅏ, ㅑ, ㅓ, ㅕ, ㅗ, ㅜ, ㅠ, ㅡ, ㅣ'와 같은 글자들을 말하지요?

교사: 그래. △△가 잘 알고 있구나. OO이는 자음에 대해 어떤 글자들이 있는지 이제 좀 알 수 있겠니?

학생 2: 자음은 'ㄱ, ㄲ, ㄴ, ㄷ, ㄸ, ㄹ, ㅁ, ㅂ, ㅅ, ㅇ, ㅈ, ㅉ, ㅊ, ㅋ, ㅌ, ㅍ, ㅎ'을 말하는 것 맞지요?

교사: 그래 자음은 글자를 구성하는 첫 소리와 받침을 구성하고 있단다.

학생 3: 국어사전을 찾을 때에는 글자를 분해해서 자음과 모음으로 나눠서 순서대로 찾으면 되겠네요.

교사: 아주 잘 이해했구나. 이제 칠판에 제시된 낱말을 국어사전에서 찾아볼 때 어떤 순서대로 실려 있을까 카드를 옮겨 보자.

(학교, 대나무, 도토리, 구름, 오리를 국어사전에서 나오는 순서대로 나열해 보세요)

학생 2: (손을 들고) 선생님. 제가 해 볼게요.

교사: 그래, OO이가 자음을 순서대로 잘 알고 있는지 확인해 보자. 여러분도 자신이 한 것과 맞는지 OO가 잘 해결하는 동안 기다려 주세요.

⑱ 해결방법을 학생 스스로 생각하도록 격려한다.

- 해결할 수 있는 길을 보여 준다.
- 문제해결과 참고자료를 검색하는 전략을 가르친다.
- 자료 활용과 참고자료를 활용하는 방법을 가르친다.
- 문제 해결을 위한 체크리스트를 제공한다.

**초등 3학년 〈과학〉 5. 자석과 나침반의 관계**

교사: 물에 뜬 나침반에서 빨간 바늘이 가리키는 곳이 어디일까요?

학생: 북쪽입니다.

교사: 자석을 가지고 N극을 나침반 빨간 바늘에 가져다 대면 어떻게 될까요?

학생: N극과 N극은 서로 밀어내는 관계이므로 빨간 바늘이 왼쪽으로 옮겨 갈 것입니다.

**교사**: 여러분이 예상한 대로 실험이 이루어질지 알아보도록 해 봅시다.
반대로 자석의 S극을 가까이할 때 빨간 바늘이 어떻게 움직이는지 알아봅시다.
실험이 끝나면 교과서에 그림으로 나타내어 보세요.
(실험을 하고 5분 경과)

**교사**: 자석을 N극과 S극을 알 수 없게 해 두었을 때, 나침반 바늘의 방향으로 자석의 극을 알아낼 수 있을까요? 어떤 실험을 계획하고 결과를 얻을 수 있을까요?

많은 교사가 수업에서 어려움을 호소하는 부분은 교사가 직접 문제를 해결해 주지 않고, 학생들이 해결방법을 찾도록 안내하며 기다리는 것이다. 수업목표를 달성하기 위한 과제를 제시했을 때 학생 스스로 해결책에 이를 수 있도록 안내하는 것이 중요하다.

⑲ 학생이 반성적으로 생각하도록 자극을 주는 질문을 한다.

- 모든 학생이 질문에 대답할 기회를 가질 수 있게 충분히 기다린다.
- 학생이 서로 질문하고 설명하도록 격려한다.
- 학생이 자신의 전략의 다른 점(단계)에 대해 설명하게 한다.
- 가르친 내용을 이해했는지 주기적으로 확인한다.
- 학생의 반응과 반성적 사고를 촉진하는 질문을 한다.
- 무엇에 대한 수업인지를 학생이 이해하였는지 주기적으로 확인한다.

⑳ 학생이 생각한 것을 크게 말할 수 있도록 한다.

- 학생이 해결 방법에 대한 자신의 생각을 소리 내어 말할 기회를 준다.
- 학생이 해결 방법을 말로 표현하게 한다.

㉑ 학생과 상호작용을 하는 수업을 한다.

- 학생 간 상호작용을 활발하게 한다.
- 교사와 학생 간 상호작용을 활발하게 한다.

다음의 상황에서 모둠 활동 안에서 친구들과 여가활동의 필요성과 고장의 환경에 따른 여가활동을 구분하여 이야기하도록 교사의 지도 조언이 있을 수 있다.

**초등 3학년 〈사회〉 2. 고장 사람들의 여가 생활**

**교사**: 자연환경을 이용한 여가 생활은 무엇이 있을까요?

**학생 1**: 바닷가에서 낚시를 하거나 수영을 합니다.

**교사**: 바다도 좋아요. 또 다른 자연환경에서 여가 생활을 생각해 보아요.

**학생 2**: 산을 오르거나 자연에서 캠핑을 합니다.

**학생 3**: 선생님. 우리 고장에는 자연환경보다 인문환경이 더 많은 것 같아요.

**교사**: 그럼 우리가 자주 이용하는 인문환경에서 어떤 여가 생활을 하고 있나요?

**학생 1**: 우리 가족은 영화관에서 영화를 봅니다.

우리 가족은 주말에 공원에서 산책을 하거나 자전거를 탑니다.

**학생 2**: 박물관이나 경기장을 자주 이용합니다. 근처 도서관에서 책을 봅니다.

**교사**: 여가 생활은 우리에게 어떤 도움을 줄까요? 모둠 친구들끼리 의견을 나눠 보세요.

**학생 1**: 여가는 일을 하거나 공부를 하지 않는 시간에 노는 거 같아.

**학생 2**: 남은 시간에 즐거움을 위해서 자신이 좋아하는 일을 하면서 쉬는 거지.

**학생 3**: 휴식하면서 스트레스를 풀기에도 좋을 거 같아.

**학생 4**: 일만 하고 쉬지 않으면 병에 걸리지 않을까? 머리도 식히고, 자신이 좋아하는 취미 활동도 할 수 있게 되니 여가 생활이 꼭 필요한 것 같아.

㉒ 수업의 도입에서 수업목표를 분명하게 명시한다.

- 수업을 시작하면서 학습목표를 알려 준다.
- 과제의 목표와 수업의 목표를 명료하게 해 준다.

**초등 4학년 〈사회〉 2. 도시와 도시문제**

**교사**: 도시의 문제들을 사진으로 찍어 오라고 과제를 내주었어요. 어떤 사진들을 찍었는지 확인해 볼까요?

**학생 1**: 교통문제가 심각했어요. 교통정체, 주차문제, 교통사고 발생도 많았고요.

**학생 2**: 차량이 많아지면서 매연문제가 있고, 미세먼지와 대기 오염문제가 있어요.

**학생 3**: 쓰레기 문제도 있어요. 음식물 쓰레기가 넘쳐나서 냄새 나고 보기가 힘들었어요.

**학생 4**: 제가 쓰레기 문제를 찾아보니 소각하면 대기에 안 좋은 가스가 올라가요. 땅에 묻으면 썩지 않아서 토양이 오염되고요.

**교사**: 여러분이 찍은 사진들을 보니 도시에 살기 싫어지네요. 도시가 이렇게 된 까닭이 있을텐데, 문제의 원인은 뭘까요?

**학생 2**: 도시에 사람들이 많아져서 그런 것 같아요. 주택도 부족하고 자동차가 많아져서 살기 힘들어졌어요.

**학생 1**: 부모님은 직장 때문에 사람들이 도시로 자꾸 모여든다고 했어요. 살기 편한 곳이 도시니까요. 일자리도 많고요.

**교사**: 여러분이 잘 이야기해 주었어요. 도시 문제의 원인을 종합하면 크게 2가지 정도로 이야기할 수 있겠는데요?

**학생 5**: 제 생각은 산업화에 따른 인구 집중이라고 생각해요.

**학생 6**: 저는 도시화와 산업화라는 말을 사용하면 좋을 것 같습니다.

앞서 논의한 바와 같이, 수업목표는 각 단계별 활동 속에서도 목표를 향해 달려가야 하는 활동들로 집약되어야 하고, 집중적이고 활발한 수업활동에서 꼭 관찰되어야 할 기본 항목이다.

학생이 학습내용에서 꼭 필요한 부분을 서로 이야기하고 추가적인 발언을 할 수 있도록 개방적인 자세를 가지도록 한다. 친구의 발언에 대해 인정해 주고, 주의 깊게 듣도록 평상시의 대화를 주고받는 분위기가 중요하다. 자신이 생각한 내용이 다르고 원하는 정답에서 멀어졌더라도 사회적 기술을 배워서 다른 사람의 의견을 존중하는 태도를 가지도록 한다. 교사는 학생의 의견을 충분히 듣고, 종합할 수 있게 유도하거나 요약해서 핵심을 찾아가도록 안내한다.

### 5) 영역 5: 교수 · 학습전략

5영역과 6영역에 대한 두 가지의 특별한 이야기가 있다. 네덜란드의 연구 결과에 따르면, 5, 6영역은 전문성 영역에서 가장 고차원의 수업전문성을 드러내고 있으며, 약 10% 교사가 이 두 개의 영역에서 평균보다 낮은 범주에 있음을 보여 주고 있다(van den Hurk, 2018). 이 교사들은 위계적으로 볼 때 교육적 · 교훈적 행동의 수준이 여전히 불충분하다고 판단되었음을 의미한다. 그러므로 5, 6영역은 가장 관찰이 가장 어려운 영역이라는 점을 강조한다.

따라서 설명할 마지막 두 영역에서는 특별한 수업장면이 소개되고 있지 않다. 수업주제 및 과제에 따른 교사의 수업전략을 통해 교사는 학생을 지원하고 더 높은 수준의 절차를 수행할 수 있도록 학생의 내적 학습절차를 개발하도록 돕는 방법을 수업장면이 아닌 주제 및 전략의 예로서 제시하기로 한다.

5영역은 학생의 자기주도학습에 기여하고 더 나은 학습성과와 연결되어 있다. 교사가 학습전략을 가르치는 것에는 인지전략(정보 선택 및 구성, 암기를 목표로 한 내용 리허설, 정보의 이해와 통합을 목표로 한 정교화 등), 메타인지전략(작업 방향 설정, 작업 처리 방법 계획, 학습 과정 모니터링 및 결과 반영 등)이 포함된다. 예를 들면, 언제, 어떻게, 왜 전략들을 사용해야 하는지 직접적으로 설명하거나 학습전략의 사용을 모델링할 수 있고, 힌트를 사용하여 학생에게 전략의 사용을 상기시키는 것과 같은 간접 교수 방법을 사용할 수 있다.

㉗ 복잡한 문제를 단순화하는 방법을 학생에게 가르친다.

- 복잡한 문제를 어떻게 단순화하는지 가르친다.
- 복잡한 문제를 쪼개서 더 단순하게 만드는 방법을 가르친다.
- 복잡한 문제를 정리하게 가르친다.

-점을 찍어 한 번에 잇는 선 잇기 문제에서 점의 개수를 적은 것에부터 선을 긋는 방법을 축소(단순화)하여 식을 세우거나 원리를 파악하는 방법 가르치기
-문제에 주어진 자료를 표로 만들거나 그림으로 정리하여 복잡한 문제에 보다 쉽게 접근할 수 있도록 하는 방법 가르치기
-복잡한 수학문제에서 변수의 개수를 줄이거나 원래 문제를 몇 개의 부분으로 나누어 해결하는 방법 가르치기

㉘ 의도한 활동을 활용하도록 자극한다.

- 학습지문을 전략적으로 이해하도록 주의를 기울인다.
- 학생이 해결방법을 문제 상황과 연결 짓게 한다.
- 대안적 전략을 적용하도록 격려한다.

-컵 표면의 변화 실험에서 컵 표면의 물은 어디에서 온 것인지 유추하고 다른 물체를 이용한 추가 실험을 통해 차가운 물체에 닿아 액체로 뭉쳐지는 현상의 개념과 원리를 알기
-제목, 학생의 배경지식이나 경험, 지문에 나타난 정보, 지문의 맥락을 고려하여 이어질 내용, 글의 구조를 예측하거나 글의 내용에 대해 궁금한 점을 스스로 질문하고 그에 대한 답을 찾으면서 읽는 등의 전략을 사용하도록 하기
-실생활과 관련된 문제에 대한 토론 수업에서 '6단 논법' 방법을 상대방의 주장을 논리적으로 비판하고 자신의 의견을 효과적으로 전달하는 데 연관 지어 사용하도록 하기
-어려운 지문의 주제와 핵심내용을 파악하기 위해 핵심어(keyword) 찾기, 도식 조직자(graphic organizer) 그리기 등 다양한 대안 전략을 적용하도록 자극하기

㉙ 학습성과를 확인하도록 학생에게 가르친다.

- 결과를 유추하는 방법을 가르친다.
- 결과를 예측하는 방법을 가르친다.
- 어떻게 실제 상황과 결과를 연계하는지 가르친다.

- 경제 성장과정에서 나타나는 여러 문제(환경오염, 빈부격차, 지역격차)를 확인하고 모둠별로 문제해결하기 위해 어떤 노력을 기울일지를 토의하고 결과를 예상해 보기
- 우리 몸의 체온 조절 및 항상성의 원리를 주제로 한 생명과학 수업에서 짝과 토의하여 운동 전후 우리 몸의 체온 변화를 추정(estimate)하도록 하고, 실제 운동 전과 후의 체온을 측정하여 시간의 경과에 따른 체온 변화를 그래프로 그리고 과학적 근거를 토대로 결과를 예측(predict)하도록 하기
- 등차수열과 등비수열에 대해 배운 내용을 실제 저축 계획을 세우는 활동과 연계하도록 하기

㉚ 배운 것을 적용하도록 자극한다.

- 배운 것을 다른 학습상황에 의도적으로 적용하게 자극한다.
- 하나의 해결방법이 다른 상황에서 어떻게 적용될 수 있을지 설명해 준다.
- 이전에 풀어 본 문제와 연관 짓는다.

- 작은 소리를 잘 들을 수 있는 방법(간이 청진기, 실 전화)을 살펴보고 소리를 모으는 방법을 생각하면서 소리를 모으는 기구를 만들어 보기
- 수업시간에 학습한 이익집단의 특성과 기능을 '최저 임금 인상'을 주제로 한 자율활동 토론 시간에 적용하도록 하기
- 염색체에 의한 유전의 종류와 유전 현상에 대해 풀어 본 문제를 연관 지어 가계도를 작성하게 하기

㉛ 학생이 비판적으로 생각하도록 북돋아 준다.

- 어떤 일이 발생한 배경을 설명하게 한다.
- 학생의 의견을 묻는다.
- 제시된 해결 방법이나 답에 대해 학생으로 하여금 곰곰이 생각하게 한다.
- 학생 자신의 예를 제시하게 한다.

-읽기 과정에서 지식과 경험을 적극적으로 활용하여 글을 읽고 느낌 말하기
-해안 사구가 점점 사라지는 배경에 대해 설명하게 하기
-우리나라가 직면한 가장 심각한 사회문제와 그렇게 생각하는 이유에 대하여 묻기
-제시된 자원문제 해결을 위한 지속 가능한 대안에 대해 생각해 보고, 자신이 일상생활에서 할 수 있는 해결책을 말해 보도록 하기

㉜ 학생에게 실행 전략을 성찰하게 한다.

- 학생이 적용한 전략의 다른 점(단계)을 설명하게 한다.
- 가능한 문제해결 전략에 대해 명료하게 설명해 준다.
- 여러 전략의 장단점을 확장하게 한다.

-다양한 경제활동의 사례를 모의 게임(모둠별 라면가게 운영전략 및 선호도 조사)을 통해 우리 경제의 특징인 자율과 경쟁의 의미를 살펴보기
-'주제탐구 보고서 쓰기'를 위해 관심 주제를 선정하고 관련된 정보와 지식을 수집한 후, 수집된 정보와 지식을 언어로 구조화하는 과정에서 학생이 사용한 전략의 단계에 대해 설명하도록 하기
-글의 내용 파악을 위한 여러 가지 읽기 전략(SQ3R, RCR, Skimming, Scanning)에 대해 명시적으로 설명하기
-여러 전략의 장단점을 정리하고 전략의 쓰임과 활용을 고려하여 특정 상황에 어떤 전략을 사용할지 생각하도록 하기

### 6) 영역 6: 개별화 학습지도

개별화는 교사가 가르치는 학생의 특성을 개별적으로 인식하고 학습에서 학생이 서로 다른 학습 요구를 가지고 있음을 이해하는 것으로부터 시작한다. 교사는 학생의 다양한 학습 요구, 능력, 관심, 학습 선호도에 맞게 대응(교수법을 조정하거나 수업방법을 제시할 때, 각 학생의 개별성을 강조하는 행동)할

수 있다. 개별화와 관련되어 관찰되는 수업행동지표에는 여분의 시간을 개별적으로 주거나 학생이 이해하지 못했을 때 추가적으로 그 학생에게 별도의 지시를 주는 행위, 우수한 학생에게 선행하여 가르치기와 학습부진 학생에게 재교육을 하는 행동 등이 있으며, 다양한 효과적인 교수 방법의 시행도 포함된다.

우리가 일반적으로 말하는 수준별 수업과 같이 동질집단이라고 가정된 집단 속에서조차 약간씩의 수준 차이는 발생할 수 있는데, 교사가 제시한 질의에 제대로 반응하지 못하거나, 활동 관찰 시 잘 따라오지 못하는 학생이 있을 때 교사의 개별적 개입이 요구된다. 기본 개념이나 원리를 이해하지 못하거나 선행 지식이 있어야 과업수행이 가능한데 그렇지 못한 경우 교사는 별도의 시간을 확보하여 지도하고 설명, 과제부여 등의 방법을 통해 학생이 미진한 부분을 보충할 수 있도록 세심하게 주의를 기울인다. 물론 현실적으로 30명 이상의 학생이 있는 다인수 학급에서는 특히 모든 학생의 수준차를 한 차시 내에 모두 반영하여 수업을 고안하고 개별적으로 확인하며 제시간 안에 문제를 완벽하게 해결하는 것이 쉬운 일은 아니다. 그러나 학생의 미진한 부분을 보충하기 위한 교사의 도움은 학생의 학습동기를 자극하여 한 단계 도약하도록 하는 도움닫기의 중요한 역할을 할 수 있다.

이 영역은 크게 4가지 문항으로 구성되어 있고, 각 문항이 나타나는 사례를 통해 교사의 개별화 수업 지도를 판단할 수 있다.

㉓ 학습목표 도달 여부를 평가한다.

- 수업목표가 도달되었는지 평가한다.
- 학생의 수행을 평가한다.

| -학습한 내용에 대하여 학생 스스로 성찰하여 키워드로 이야기하고 이유 말하기<br>-질의응답 활용(지각변동의 종류와 특징에 대해 답하기)<br>-형성평가(활동지)를 주고 학생이 직접 질문에 답하도록 하기(주어진 이차함수의 최솟값 과 최댓값 구하는 문제 해결하기)<br>-체육 수업에서 포핸드 롱서브를 통해 목표물을 맞히는 정도를 평가<br>-중국어 수업에서 교사가 제시한 사칙연산을 보고 손가락으로 표시하도록 하기 |
|---|

㉔ 미진한 학생을 위한 별도의 학습과 지도시간을 제공한다.

- 미진한 학생에게 별도로 공부할 시간을 준다.
- 미진한 학생 지도를 위한 별도의 시간을 마련한다.
- 미진한 학생에게 별도의 연습/과제를 내준다.
- 미진한 학생에게 사전 또는 사후 지도를 한다.

| -사회 · 문화 현상 탐구를 위한 연구계획서 작성 모둠 활동에서 어려움을 느끼는 학생에게 별도의 시간을 주고 양적 연구와 질적 연구방법의 특성과 차이를 정리하도록 돕기<br>-수학 시간에 조건부 확률을 이용해 과업을 수행하는 모둠 활동을 할 때, 개념 이해가 부족한 학생에게 별도의 시간을 활용하여 기본 개념을 설명하기<br>-중력에 의한 물체의 운동에 대해 실험하고 토의하는 과학 수업에서 자유낙하와 수평 방향으로 던진 물체의 운동에 대해 어려움을 느끼는 학생에게 기본 개념인 속도와 가속도 개념을 상기시킬 수 있는 학습자료를 주고 답하도록 하기 |
|---|

㉕ 개인차를 고려하여 수업방식을 적절하게 조절한다.

- 잘하는 학생에게 별도의 과제를 내준다.
- 소집단이나 개별 학생에게 추가 지도를 한다.
- 보통 수준의 학생에게만 맞춰 수업하지 않는다.

-연속함수의 성질을 이해하고 이를 이용하여 사잇값 정리를 이해하는 수학 수업에서 다른 학생들이 개념을 이해하고 문제 풀이를 하는 동안 해당 과업을 이미 완성한 학생에게는 사잇값 정리를 만족하는 조건을 가진 실생활 자료를 찾아 문제를 적용해 보는 과제 부여하기
-하위 수준의 집단 혹은 학생에게 필요한 경우 수업내용과 관련된 기본 개념 설명, 문제 풀이를 위한 과정 등을 추가로 설명하기
-수학 학습지를 주고 해결하도록 할 때, 보통 수준의 문제뿐 아니라 상위 수준과 하위 수준의 학생을 고려한 문제도 골고루 부여하고 각기 다른 수준의 학생들이 자신의 수준과 능력에 따른 학습을 할 수 있도록 세심하게 고려하기

㉖ 개인차를 고려하여 수업내용을 적절하게 조절한다.

- 학생에 따라 과제수행의 시간과 양을 달리한다.
- 과제를 완수할 시간을 융통성 있게 한다.
- 일부 학생에게 추가적인 도움과 수단을 사용하도록 한다.

-(몇십 몇) ÷ (몇) 나눗셈 몫과 나머지를 구하는 방법에 대하여 학생 수준을 파악하여 단계별로 나눗셈 문제를 해결하도록 나눗셈 단계별 미션지 해결하기
-영미단편소설을 읽고 주인공에게 편지를 쓰는 작문 활동에서 상위 수준의 학생과 하위 수준의 학생에게 요구하는 작문의 양을 다르게 하거나 하위 수준의 학생에게 시간을 더 부여하기
-영어 지문을 읽고 주제문을 찾는 과업에 어려움을 느끼는 학생에게 모르는 어휘의 의미와 쓰임을 인터넷을 활용하여 검색하도록 하기

## 참고문헌

변영계, 김경현(2005). **수업장학과 수업분석**. 서울: 학지사.
장순선, 이옥화, 김득준(2018). 수업관찰 유형에 따른 수업전문성 요인 차이 분석:

ICALT 수업분석 관찰도구 활용을 기반으로, **교육공학연구**, 34(3), 441-465.

Anderson, L. W., & Burns, R. B. (1989). *Research in classrooms*. New York: Pergamon Press.

Allen-Kinross, P. (2018). New campaign would make school libraries a statutory requirement. [online] Schools Week.

Ofsted. (2018). Six models of lesson observation: an international perspective. Published: May 2018. Reference no: 180022.

Solomon, D., & Kendall, A. J. (1976). Final report: Individual characterisrtics and children's performance in varied educational settings. Spencer Foundation Project.

Yoloye, A. E. (1977) *Observational techniques*. New York: The Free Press.

Zahorik, J. A. (1968) Classroom feedback behavior of teacher. *The Journal of Educational Research*, 62.

van den Hurk, H. T. G. (2018). HOW DO WE LEARN TEACHERS? : Improving the instructional skills of the students of the Master Educational Needs program of the Seminar for Orthopedagogics, University of Applied Sciences Utrecht, Research Centre for Learning and Innovation. ISBN: 978-90-71909-19-1.

https://schoolsweek.co.uk/new-campaign-would-make-school-libraries-a-statutory-requirement/ [Accessed 24 May 2018].

https://assets.publishing.service.gov.uk/government/uploads/system/uploads/attachment_data/file/708815/Six_models_of_lesson_observation.pdf

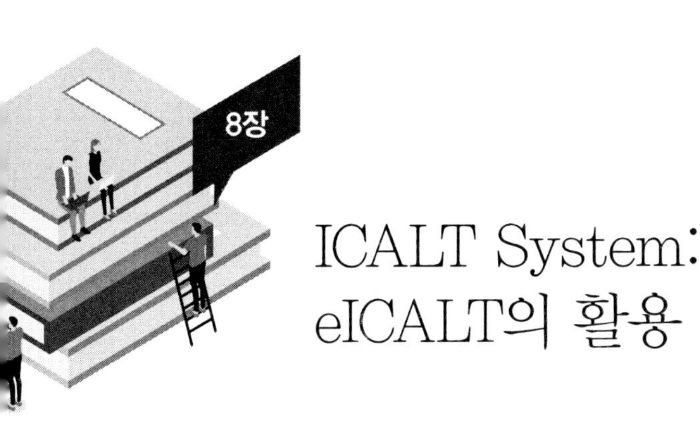


# ICALT System: eICALT의 활용

## 1. eICALT 활용 실습

수업관찰 결과는 ICALT 설문지에 표시를 하거나, ICALT System인 eICALT에서 업로드할 수 있다. 이 장에서는 eICALT에서 수업관찰 결과 입력부터 활용까지의 과정을 살펴보고자 한다.

- 인터넷 주소(http://icalt.kr)에 접속한다.
- 처음 접속할 경우, [그림 8-1]의 '이용신청' 버튼을 클릭한 다음에 해당 기록 사항을 입력한다.
- ICALT-K 연수 과정 중에 수업분석 실습을 하려면 '연수신청' 버튼을 클릭한 다음 '이용신청하기'와 같은 내용으로 입력한다.
- 기록 사항은 [그림 8-2]와 같다. 본인이 자주 사용하는 이메일 주소(아이디)와 이름, 핸드폰 번호를 입력하고 개인정보 수집 및 활용 동의의 '동의합니다'에 체크하고 신청하기를 클릭한다.

[그림 8-1] eICALT 첫 화면

[그림 8-2] 이용신청하기 화면

- 신청 과정이 완료되면 신청하기에서 입력한 핸드폰 번호로 시스템에서 부여하는 비밀번호를 문자로 전송받게 된다.
- 첫 로그인은 「http://icalt.kr」로 다시 접속하여, 본인이 처음 등록한 아이디와 문자로 전송받은 비밀번호를 입력한다.
- 화면 상단의 '○○○ 님, 반갑습니다'를 클릭하고 개인정보 변경을 클릭하여 기억하기 쉬운 비밀번호를 입력하고 저장한다.
- **수업분석전문가**의 **수업관찰도구** 입력은 [그림 8-3]과 같이 로그인 후에 뜨는 화면에서 왼쪽 메뉴에 있는 [관찰자료 업로드]를 클릭하면 [관찰자료 업로드] 화면이 뜬다. [관찰자료 업로드]를 누르면 오른쪽 화면이 보인다. 해당 인적 사항 등을 입력하며 내려가면, [그림 8-4]와 같이 수업관찰의 첫 번째 영역인 '안전하고 고무적인 수업분위기'를 시작으로 본격적으로 입력하고 마지막 '저장' 버튼을 클릭한다.
- 이후, 수업분석전문가는 자신의 관찰을 성찰한 내용을 마이페이지에서 입력한다.

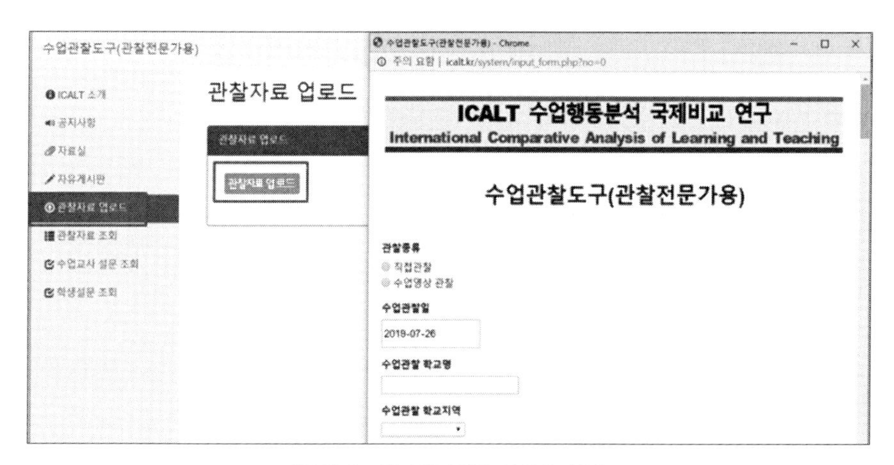


[그림 8-3] 관찰자료 업로드 화면

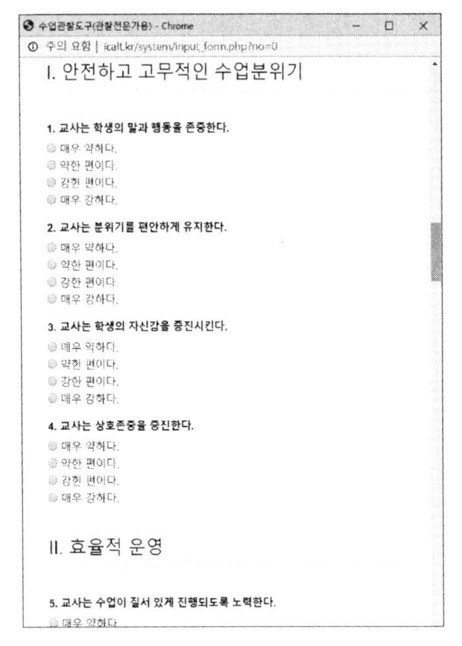

수업관찰도구(관찰전문가용) - Chrome

주의 요함 | icalt.kr/system/input_form.php?no=0

I. 안전하고 고무적인 수업분위기

**1. 교사는 학생의 말과 행동을 존중한다.**
- 매우 약하다.
- 약한 편이다.
- 강한 편이다.
- 매우 강하다.

**2. 교사는 분위기를 편안하게 유지한다.**
- 매우 약하다.
- 약한 편이다.
- 강한 편이다.
- 매우 강하다.

**3. 교사는 학생의 자신감을 증진시킨다.**
- 매우 약하다.
- 약한 편이다.
- 강한 편이다.
- 매우 강하다.

**4. 교사는 상호존중을 증진한다.**
- 매우 약하다.
- 약한 편이다.
- 강한 편이다.
- 매우 강하다.

II. 효율적 운영

**5. 교사는 수업이 질서 있게 진행되도록 노력한다.**
- 매우 약하다

[그림 8-4] 관찰자료 입력 화면

수업교사에게 받은 설문 결과는 [관찰자료 조회]의 '수업교사설문 입력'에서 입력한다.

수업관찰도구(관찰전문가용)

관찰자료 조회

| 순번 | 고유번호 | 관찰전문가성명 | 수업관찰학교/수업교사성명 | 관찰종류 | SLC | ECM | CSI | IAT | TLS | DI | LE | 입력/수정일시 | 수정/삭제 | 리포트 | 비고 |
|---|---|---|---|---|---|---|---|---|---|---|---|---|---|---|---|
| 1 | 1858 | | | 동영상 | 4.00 | 3.50 | 3.71 | 4.00 | 2.50 | 3.50 | 4.00 | 2018-09-02 11:19:19<br>2018-09-02 11:37:23 | | | |
| 2 | 1849 | | | 동영상 | 2.75 | 4.00 | 2.86 | 2.71 | 1.75 | 2.83 | 3.00 | 2018-08-31 20:42:28 | | | |
| 3 | 1845 | | | 동영상 | 3.25 | 3.75 | 3.57 | 3.43 | 2.00 | 3.00 | 3.33 | 2018-08-31 19:40:59 | | | |
| 4 | 989 | | | 동영상 | 3.00 | 2.50 | 3.14 | 2.14 | 1.00 | 2.83 | 3.67 | 2018-03-02 15:19:28 | | | |
| 5 | 968 | | | 동영상 | 3.75 | 2.50 | 3.14 | 2.86 | 2.25 | 2.17 | 0.00 | 2018-03-02 11:00:56<br>2018-03-02 11:15:41 | | | |

[그림 8-5] 수업교사설문 입력

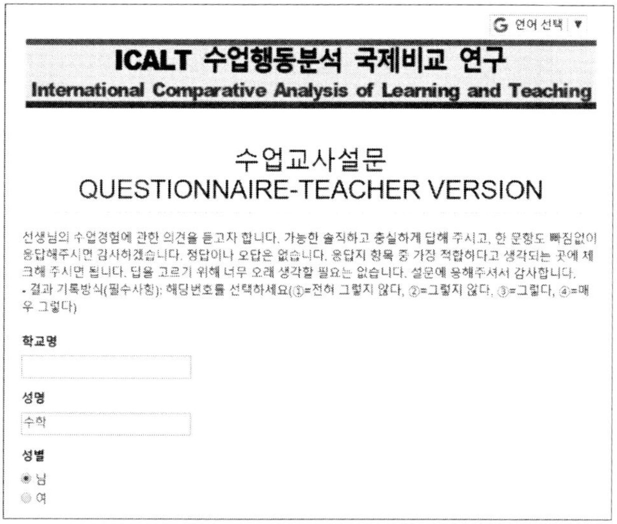

G 언어 선택 ▼

ICALT 수업행동분석 국제비교 연구
International Comparative Analysis of Learning and Teaching

수업교사설문
QUESTIONNAIRE-TEACHER VERSION

선생님의 수업경험에 관한 의견을 듣고자 합니다. 가능한 솔직하고 충실하게 답해 주시고, 한 문항도 빠짐없이 응답해주시면 감사하겠습니다. 정답이나 오답은 없습니다. 응답지 항목 중 가장 적합하다고 생각되는 곳에 체크해 주시면 됩니다. 답을 고르기 위해 너무 오래 생각할 필요는 없습니다. 설문에 응해주셔서 감사합니다.
- 결과 기록방식(필수사항): 해당번호를 선택하세요(①=전혀 그렇지 않다, ②=그렇지 않다, ③=그렇다, ④=매우 그렇다)

학교명

성명

수학

성별

◉ 남
○ 여

[그림 8-6] 수업교사설문 입력 화면

ICALT의 각 영역과 항목은 난이도를 가진다. 1영역이 가장 쉽고 점차 어려워지다가 가장 어려운 영역은 5영역이다(6장 참고). 쉬운 순서부터 나열하면, 안전하고 고무적인 수업분위기, 효율적 수업운영, 명료하고 구조화된 수업내용, 집중적이고 활발한 수업, 교수 · 학습전략, 개별화 학습지도 순이다.

## 2. 분석 절차

- [관찰자료 조회]에서는 지역, 검색구분(관찰전문가, 수업교사, 수업관찰학교), 검색어, 관찰일, 실습자료 여부, 교실수업, 동영상, 보기 개수 등 기준으로 검색할 수 있다. 교실수업은 교실에서 수업을 직접 관찰한 것이고, 동영상은 수업을 동영상으로 촬영한 것을 관찰한 것이다.
- [관찰자료 조회]에서는 수업교사별로 관찰전문가가 관찰 입력한 내용을 수정/삭제할 수 있다.
- [관찰자료 조회]의 리포트에서 보고서 2는 입력한 데이터의 영역별로 점

수를 알 수 있다.

- [관찰자료 조회]는 리포트에서 보고서 1(비교 그룹 선택)은 성별, 지역, 학교급, 설립 유형별로 비교 그룹을 선택할 수 있고, 이를 집단과 비교하여 관찰 영역 및 요소별로 볼 수 있다. 비교 그룹을 선택하고 '확인'을 클릭하면 수업분석이 완료된다.

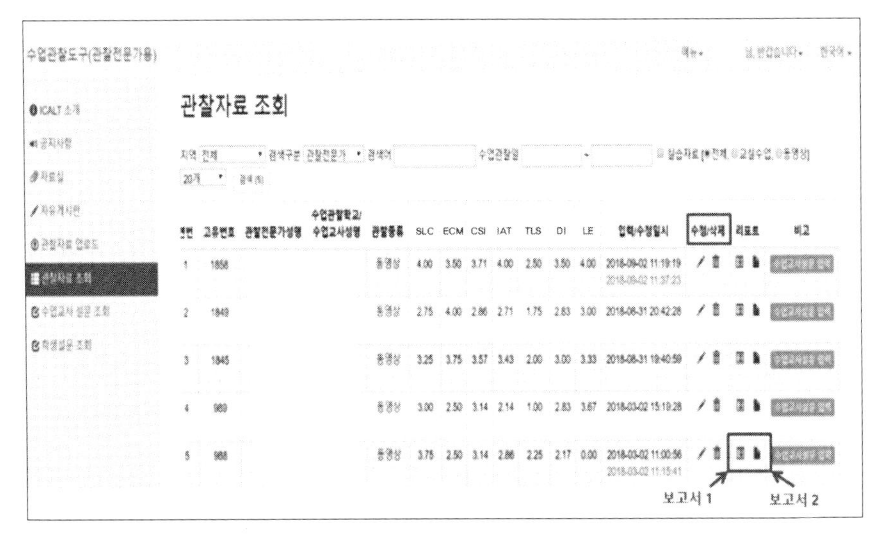


[그림 8-7] 관찰자료 조회 화면

## 3. 분석 결과의 해석

- 분석 결과는 다음 [그림 8-8]과 같이 분석되어 제공된다.
- 화면 상단에는 수업관찰전문가 본인 또는 수업교사에게 결과 보고서를 보낼 수 있는 이메일전송 기능과 프린트 기능이 있다.
- 보고서 1에서는 [그림 8-9]와 같이 전체 결과와 선택한 비교 그룹 결과와 본인의 결과를 비교하여 영역별로 보여 주며, 보고서 화면의 막대그래프에 커서를 가져다 놓으면 자세한 점수를 볼 수 있다.

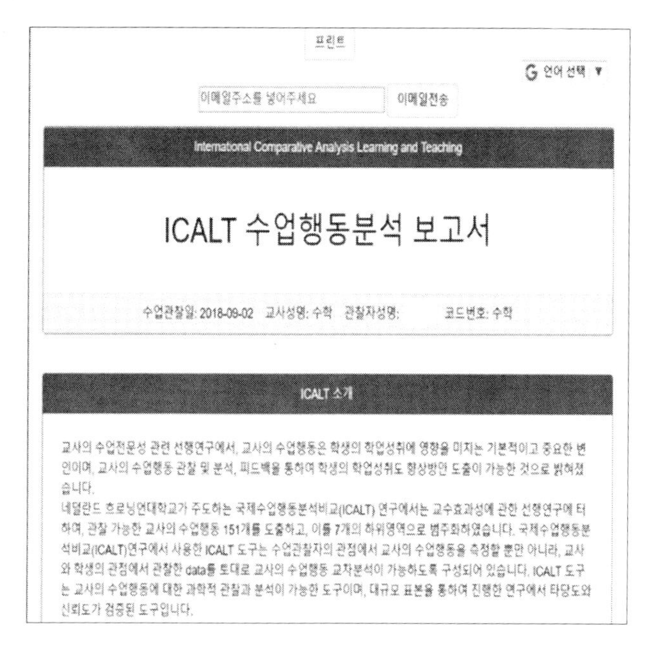


[그림 8-8] 수업분석 보고서 1

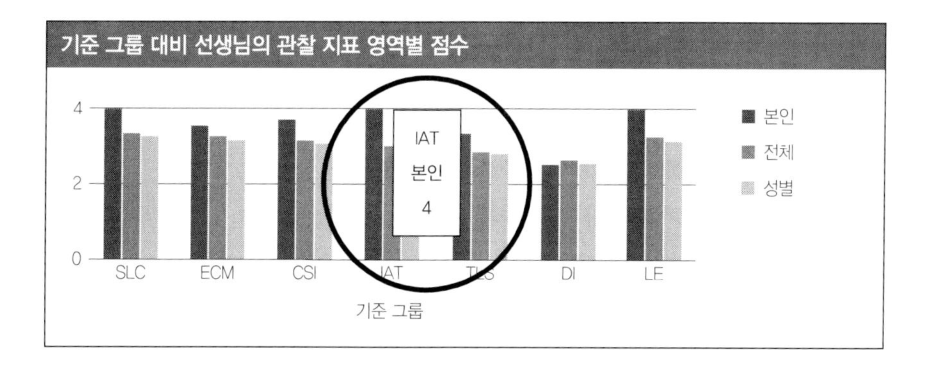


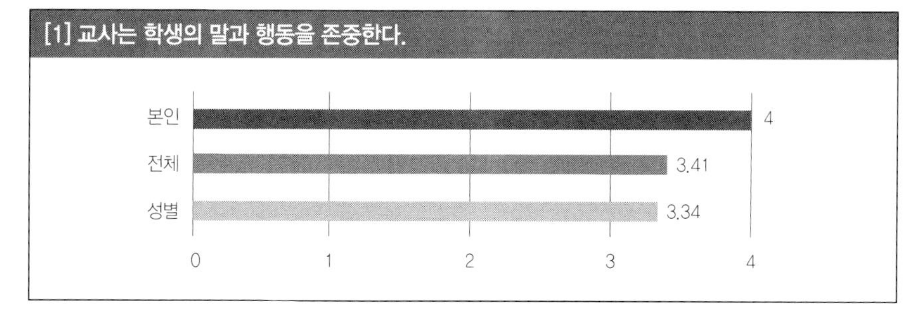


[그림 8-9] 수업분석 보고서 1(성별 비교) 영역별 점수와 항목별 점수

- [그림 8-10]에서는 ECM(효율적 수업운영)에서만 전체 점수와 학교급 점수보다 높은 수업전문성을 보인다.
- '교사는 학생의 말과 행동을 존중한다.'는 1번 항목에서는 전체 점수와 학교급 점수보다 낮은 3점을 나타내었다.
- 분석 결과에서 점수가 2.5 이상이면 양호한 수준으로 본다.

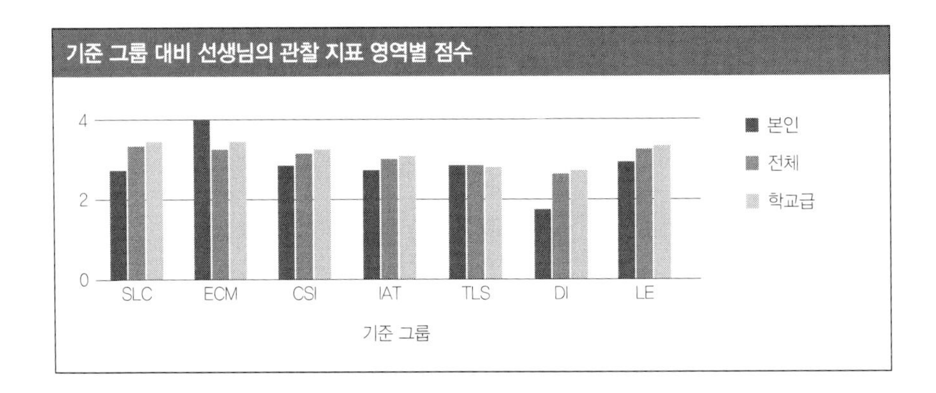


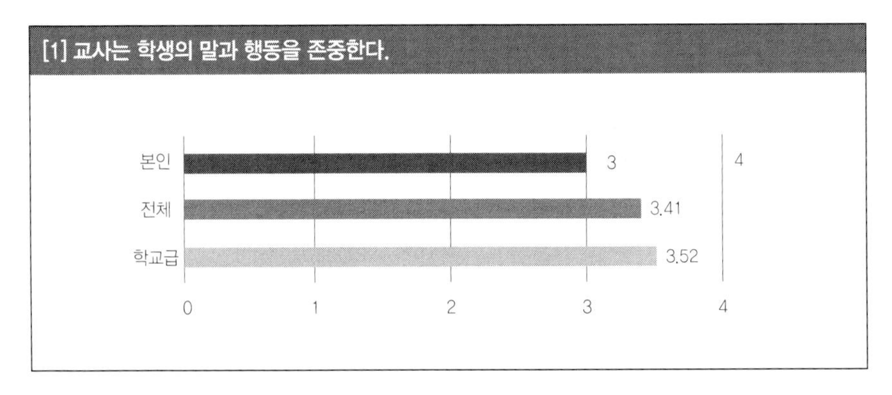


[그림 8-10] 수업분석 보고서 1(학교급 비교) 영역별 점수와 항목별 점수

- 보고서 2는 영역별로 각 항목의 수업관찰 결과를 보여 준다. 다음 [그림 8-11]의 경우, 교사는 학생의 말과 행동을 존중한다는 항목에 매우 강하다는 결과가 50%를 차지하고 있다.

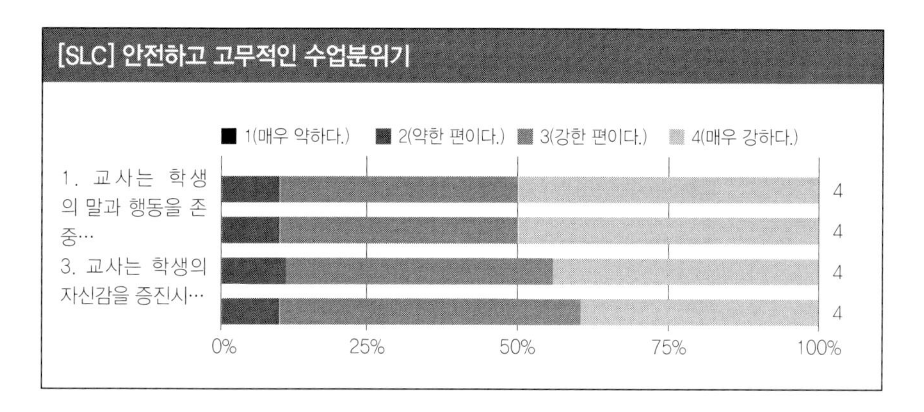


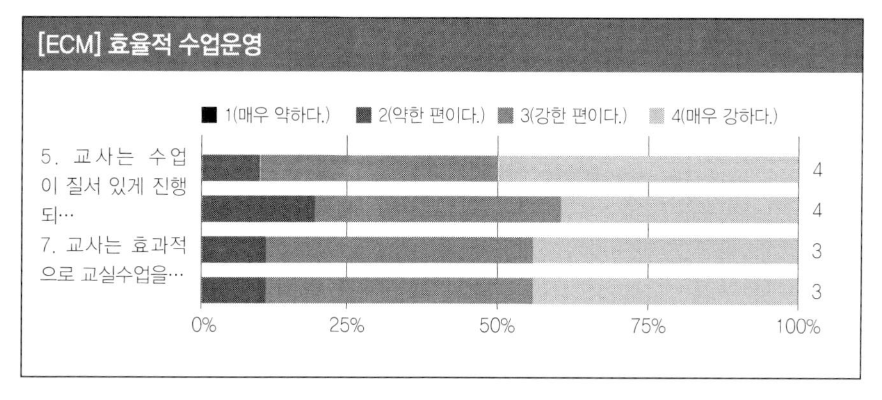


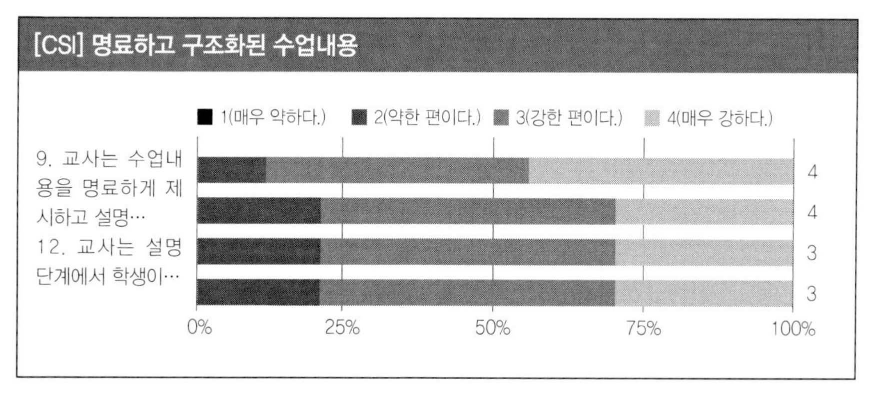


[그림 8-11] 수업분석 보고서 2 영역별 점수

- 보고서 2의 마지막 부분에서는 본인의 점수와 전체 평균점수를 영역별로 비교할 수 있는 종합점수가 제공된다.

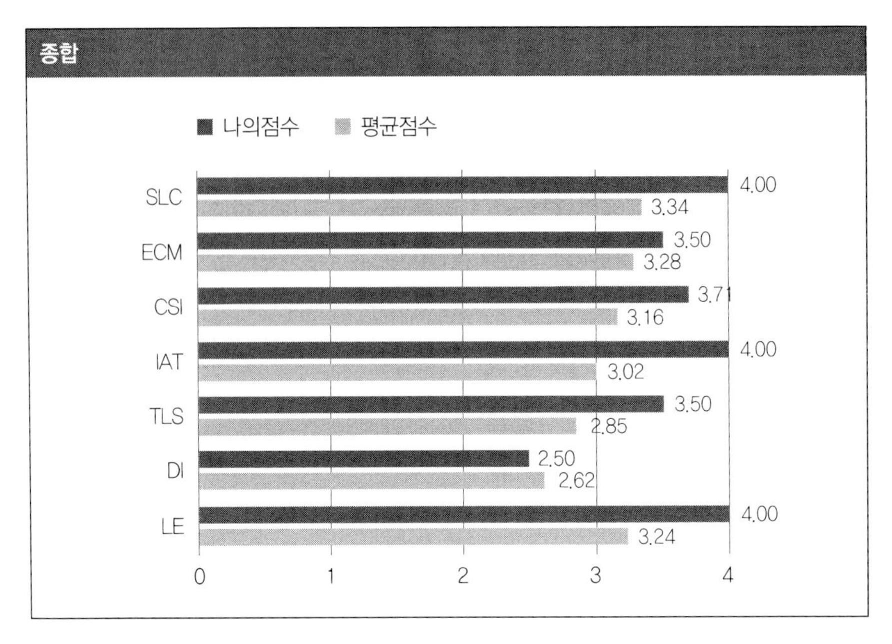


[그림 8-12] 수업분석 보고서 2 종합점수

# 수업전문성 발달 코칭 4부


제9장 수업코칭

제10장 수업장학의 적용

제11장 수업분석전문가 자격 및 연수

# 수업코칭

## 1. 수업코칭의 이해

### 1) 코칭의 이해

코칭은 헝가리 코치(Kocs)라는 마을에서 이동수단으로 사용했던 마차인 콕시(koczi)에서 그 어원을 찾을 수 있다. 콕시는 이전의 마차에 비하여 덮개가 있고 바퀴가 커서 훨씬 편안한 승차감을 제공하는 개조된 마차였는데, 이러한 마차의 특징을 살려서 원하는 목적지까지 안전하고 수월하게 이동할 수 있도록 도와주는 도구라는 의미로 사용되었다. 콕시가 유럽 전역으로 퍼져나가게 되었고, 영국에서는 이 마차를 코치(Coach)라고 불렀다(조성진, 2009).

도구의 의미로 사용되던 코치는 1880년경 영국에서 운동선수를 훈련시키는 사람을 코치라 하고, 선수의 역량을 향상시키기 위해 지도하는 행위를 코칭이라고 부르기 시작하면서 인간의 능력을 향상시키는 행위를 표현하는 용어로 자리 잡게 되었다. 1950년대 경영학 분야에 소개되기 시작한 코칭은 1980년대 미국이 경제적 위기를 벗어나기 위한 방편으로 기업에서 활용을 시작하면서 교육학과 심리학 등 일반적인 학문과 예술분야로 확산되었다.

국제코치연맹(International Coach Federation: ICF)은 코칭의 정의를 '개인의 잠재력을 극대화하기 위한 영감을 주고, 사고를 자극하는 창의적인 과정 속에서 전문코치와 코칭 고객과의 파트너 관계를 맺는 것'이라고 하였고, 한국코치협회(Korea Coach Association: KCA) 는 '개인과 조직의 잠재력을 최고치로 끌어올려 최대의 가치를 실현할 수 있도록 돕는 수평적인 파트너십'으로 정의하고 있다. 코칭의 정의는 다양하지만, '인간의 성장과 발전가능성 및 잠재능력에 대한 믿음을 바탕으로, 코칭을 받는 사람이 스스로 답을 찾을 수 있도록 하는 활동'을 코칭의 기본적인 속성으로 볼 수 있다(한국코치협회, 2008).

코칭은 코칭을 하는 사람인 코치(coach)와 코칭을 받는 사람인 코치이(coachee)가 서로 합의하에 결정한 목표를 달성하기 위해서 진행하는 활동이다. 코칭의 목적을 효과적으로 달성하기 위한 코칭의 특징은 다음과 같다. 첫째, 코칭은 끊임없이 성과를 향상시키는 것을 목적으로 한다. 즉, 코치이의 문제해결 역량을 키우고 발전시키는 과정을 계속적으로 실행해야 하는 과정이다. 둘째, 코칭은 상호 간의 대화를 통해 이루어진다. 코치와 코치이가 상대방의 의견을 존중하고 경청하며, 질문과 피드백을 통해 최선의 해결방안을 찾아가는 과정이다. 셋째, 코칭은 상호 간의 신뢰를 바탕으로 한다. 코치는 코칭의 목표와 기대를 명확히 하여 코치이에게 전달해야 하고 코칭을 하는 과정 중에 구성원이 보이는 심리적 변화와 행동적 변화에 주목할 필요가 있다. 넷째, 코칭은 코치이에게 책임을 요구해야 한다. 즉, 코치이가 수동적인 대상이 아니라 적극적인 참여자가 되어 목표달성을 위해 최선을 다할 수 있도록 격려해야 한다. 다섯째, 코칭은 코치에 의해 강요될 수 없다. 코치와 코치이가 함께 설정했던 목표는 팀으로 책임을 지게 되므로 코칭의 수용 여부는 코치이의 선택에 맡겨져야 한다(김현수, 유동수, 한상진, 2008).

## 2) 코칭의 구성 요인과 역량

코칭의 구성 요인으로는 '방향 제시, 개발, 수행평가, 관계'가 있다. 코치와 코치이는 현재 수행하고 있는 업무나 과제가 어떤 목적을 갖고 있으며, 최종 목표가 무엇인지에 대한 구체적인 방향을 서로 합의하여 방향을 설정해야 한다. 코치는 코치이가 가지고 있는 재능, 역량, 기술 등 잠재력을 개발하고 향상하기 위해 지속적인 지원을 해서 현재보다 더 높은 성과를 올릴 수 있도록 수행역량을 개발시킬 수 있어야 한다. 코치는 코치이와 충분한 대화를 통해 설정한 목표를 이루어 가는 과정에서 코치이에게 적극적인 책임을 요구하고, 코치이가 수행한 결과에 대해서 객관적이고 공정하게 평가를 진행하며, 평가 결과를 피드백해야 한다. 이러한 평가와 피드백은 코치이가 스스로 자신을 평가해 보고 현재 자신의 역량 수준을 인식하는 데 도움이 된다. 코칭은 상대방과 개방적이고 신뢰할 수 있는 인간관계를 맺어야 효과적이다. 코치가 코치이를 신뢰하게 되면, 코치이는 코치의 기대에 부응하기 위해 스스로 노력하게 된다. 코치는 코치이를 인정하고 지속적인 관심을 표명하며, 경청해 주고, 지지하고, 성장의 동기를 부여함으로써 코치이와 좋은 유대관계를 맺을 수 있다(CMOE, 2003).

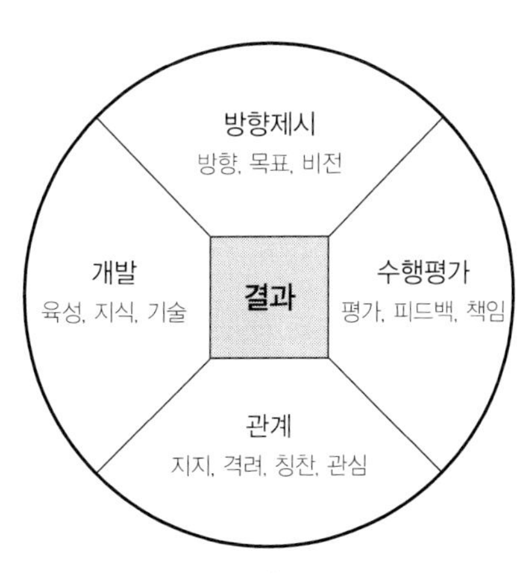


[그림 9-1] 코칭의 구성 요인

출처: CMOE (2003).

코칭을 할 때 코치는 코치이의 말은 물론 사실과 감정의 구분 및 비언어적 표현까지 함께 포착하는 경청의 태도와 역량이 필요하다. 대부분의 사람들은 문제에 대한 해답이 자신의 내부에 있다는 사실을 알지 못하는 경우가 많다. 코치는 사람들이 자신의 잠재의식에 있는 해답을 들여다볼 수 있는 거울 역할을 해 주는 적절한 질문을 할 수 있어야 한다. 그리고 코치는 코치이에게 무엇을 잘하고 있는지, 어떤 점이 뛰어나고 탁월한지, 자신의 행동을 고치고 발전하기 위해서 무엇을 해야 할지에 관한 피드백 기술이 요구된다.

### 3) 코칭의 유형

코칭의 유형은 비즈니스 코칭, 라이프 코칭, 커리어 코칭, 학습코칭, 수업코칭 등이 있다. 비즈니스 코칭은 기업이나 조직에 근무하는 사람이 가지고 있는 주제를 다룬다. 주로 목표관리, 동기부여, 문제해결, 조직문화, 리더십, 인재육성, 관계개선 등의 이슈와 관련이 있다. 비즈니스 코칭은 개개인에게 숨겨진 잠재능력을 개발하여 조직이 최대의 능력을 발휘할 수 있도록 지원해 주며, 일과 개인 생활의 균형, 조직경영, 대외 이미지 관리, 연설능력 등의 이슈들을 다룬 코칭활동을 주로 진행한다(김현수, 유동수, 한상진, 2008).

라이프 코칭은 개인적인 삶의 질을 향상시키는 과정으로 성인학습에 기초를 둔다. 대인관계, 삶의 의미 찾기, 노후설계, 개인의 비전 만들기 등 생의 전반적 이슈를 다룬다. 즉, '개인의 삶이나 의미 발견, 비전 만들기와 같은 개인의 성장 및 발전, 인간관계 개선을 위한 전반적인 이슈를 다루는 커뮤니케이션 과정'으로 볼 수 있다(김현수, 2007).

커리어 코칭을 진로지도 분야와 코칭이 합쳐진 것으로 고객이 커리어 목표를 달성할 수 있도록 세부적인 목표를 설정하고, 자신의 가치관을 이해하고, 스스로 목표와 관련된 행동을 할 수 있도록 지원하는 과정이다(박윤희, 2010).

학습코칭은 학습을 통하여 성장을 가능하게 함으로써 성과를 개선하는 과정이다. 학습코칭은 "가능성과 잠재능력에 초점을 맞추며, 가르치는 것보다 학습을 촉진하고, 코치가 그들의 성과를 최대화하고 잠재력을 발휘할 수 있도록 한다. 코치이에게 결과에 대한 주인의식과 완전한 책임감을 준다(조성진, 2013)."는 특징이 있다.

수업코칭은 전문성을 가진 동료들끼리 자신들의 수업실천에 대해 성찰하고, 이와 관련하여 확장된 사고를 함으로써 새로운 기술을 가다듬고 개발하는 과정이다(김광민, 2018). 이 장에서는 수업코칭을 '관찰교사가 ICALT 도구를 사용하여 공개된 수업을 관찰하고, 그 결과를 수업을 진행한 교사에게 피드백해 줌으로써, 수업을 진행한 교사 스스로 수업전문성을 기를 수 있도록 조력하는 과정'으로 정의하고자 한다.

### 4) 수업코칭의 특징

김광민(2018)은 **수업코칭**을 "교사의 교수행위에 대해 직면한 문제를 위계적 관계가 아닌 수평적 관계인 동료교사와의 피드백과 의견 교환을 통해 교사가 답을 찾는 과정을 돕는 행위를 일컫는다. 이처럼 수업코칭은 수업장학, 수업 컨설팅 등과 목적, 관계성, 전문성 향상을 위한 방향에서 다른 접근을 추구한다."라고 정의하였다. 수업코칭의 개념과 혼용되는 경우가 많은 컨설팅, 멘토링, 장학의 개념 비교는 〈표 9-1〉과 같다. 다른 개념들과는 달리 수업코칭만의 특징은 수평적 관계에서 이루어지며, 지속성을 지니는 것이다.

8장에서 소개한 **수업분석** 과정에서 수업교사와 **수업분석전문가**는 서로 수평적 관계로서, 수업분석전문가가 일방적으로 해결책을 제시해 주는 관계가 아니라, 수업분석 결과를 바탕으로 **수업전문성** 향상과 수업개선이라는 목표를 위해 지속적으로 함께 고민하고 실천해 나가는 학습공동체이다. 따라서 ICALT 수업분석을 중심으로 이루어지는 수업개선 활동들은 수업코칭이라 할 수 있다. 이 장에서는 그 사례를 소개하고자 한다.

〈표 9-1〉 수업코칭, 멘토링, 컨설팅, 장학의 개념 구분과 비교

| 구분 | 내용 |
|---|---|
| 수업코칭 | • 수업교사 '스스로' 성찰 통해 문제해결<br>• 연속성, 쌍방향, 덜 직접적<br>• 과정 및 내용 중심<br>• 수업교사의 요구에 따른 영역에 초점<br>• 코칭 전 과정의 의사결정권을 동등하게 가짐<br>• 코치와 수업교사 간 수평적 관계(동료성) |
| 수업멘토링 | • 우월적 지식을 소유한 멘토가 답을 제시<br>• 멘토와 멘티(수업교사) 간 수직적 관계<br>• 우월적 지위와 지식을 가진 멘토가 이끌어 감 |
| 수업컨설팅 | • 컨설팅 요청한 교사의 문제를 컨설턴트가 해결<br>• 일회성, 일방적, 직접적<br>• 내용 중심<br>• 컨설턴트와 수업교사 간 수직적 관계 |
| 수업장학 | • 장학담당자가 장학의 내용을 결정, 문제해결 전략, 수립, 실행과정 관찰 및 진단, 대안 수립, 해결(장학담당자 책임)<br>• 장학담당자의 직위, 경력, 전문성에서 우월한 위치 확보<br>• 장학담당자와 교사 간 수직적 관계 |

출처: 김광민(2018).

## 2. 수업코칭의 절차

수업교사와 수업분석전문가는 수업코칭 전 과정을 대화를 통하여 서로 협의하에 진행하였다. 수업코칭의 절차는 [그림 9-2]와 같이 진행되었다. 총 2차에 걸친 수업관찰 및 피드백과 그 과정 사이에서 이루어지는 ZPD 탐지와 개선 전략 수립을 통하여 수업을 개선해 나갔다. 또한, 이 과정은 일회성으로 그치는 것이 아니라 지속적으로 진행해 나가고 있다.

(1) 수업코칭 계약: 수업분석전문가와 수업교사는 수업교사 자신이 향상

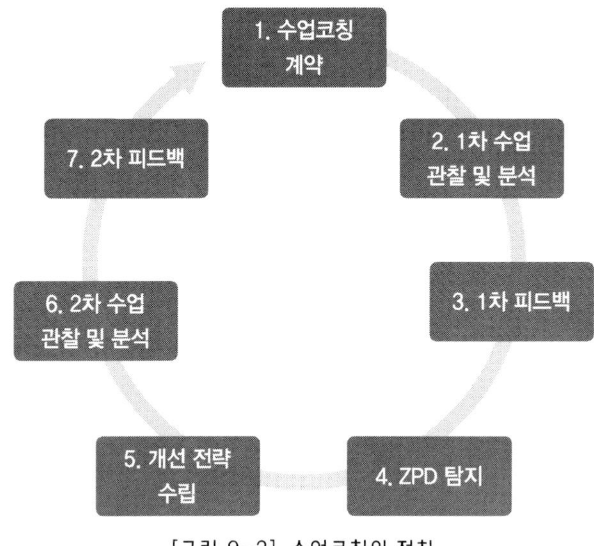


[그림 9-2] 수업코칭의 절차

시키길 원하는 수업이나 잠재적인 성장력이 관찰되는 수업을 선택하고 수업코칭 일정과 수업관찰 방법(직접 관찰이나 동영상 관찰) 등을 결정한다.

(2) 1차 수업관찰 및 분석: 1차 수업관찰을 하고 그 결과를 분석한다.

(3) 1차 피드백: 분석 결과 도출된 보고서를 바탕으로 1차 피드백을 제공한다.

(4) ZPD 탐지: 수업분석 결과를 Rasch 척도에 반영하여 관찰을 기반으로 교사의 ZPD를 탐지한다. '현재 수준'과 '목표 수준' 간의 차이 보정을 탐색한다.

(5) 개선 전략 수립: 4단계의 결과와 ICALT의 '항목'과 '좋은 실천사례'를 중심으로 수업 개선 전략을 구체적으로 수립하고 반영하여 수업을 재설계한다.

(6) 2차 수업관찰 및 분석: 5단계에서 설계한 수업으로 2차 수업관찰을 하고 그 결과를 분석한다.

(7) 2차 피드백: 1차 수업관찰 결과와 비교를 하고 개선 전략 반영 여부를 중심으로 2차 피드백을 제공한다.

# 3. 수업코칭의 사례

## 1) 1차 수업관찰 및 피드백

수업을 진행한 교사는 교육경력 5년인 정보 교사이다. 수업관찰전문가는 관찰전문가 연수에 참가한 이후 3년 동안 수업관찰을 해 왔으며, 교육경력 10년의 중학교 정보 교사이다. 수업관찰 대상 수업은 국공립 중학교 1학년 정보 교과 수업이었으며, 학생 수는 25명이었다. 수업관찰은 직접관찰로 진행되었으며, 수업의 교수 · 학습 과정안은 다음 〈표 9-2〉와 같다.

**〈표 9-2〉 1차 수업관찰 대상 수업의 교수 · 학습 과정안**

<table>
<tr><th>학년</th><td>중학교 1학년</td><th>과목</th><td>정보</td><th>교과서</th><td colspan="2">천재교과서</td></tr>
<tr><th>대단원명</th><td>II. 자료와 정보</td><th>중단원명</th><td>2. 자료와 정보의 분석</td><th>소단원명</th><td colspan="2">2. 정보의 구조화</td></tr>
<tr><th>학습목표</th><td colspan="4">• 실생활의 정보를 표, 다이어그램 등의 다양한 형태로 구조화할 수 있다.<br>• 문제해결을 위한 정보의 활용 목적에 따라 가장 효과적인 구조화 형태가 무엇인지 판단할 수 있다.</td><th>차시</th><td>2/2</td></tr>
<tr><th>학습자료</th><td colspan="3">교재, PPT, 활동지</td><th rowspan="2">교수 · 학습 방법</th><td colspan="2" rowspan="2">문제해결학습<br>협동학습</td></tr>
<tr><th>장소</th><td colspan="3">컴퓨터 실습실</td></tr>
</table>

| 단계 (시간) | 교수 · 학습 과정 | 교수 · 학습 활동 | 학습자료 및 유의 사항 |
|---|---|---|---|
| 도입 (5분) | 출석 확인<br>학습 분위기 조성 | • 상호 간 인사 후 출석을 확인한다.<br>• 주변을 정리하고 책상 위에 준비물이 제대로 준비되어 있는지 확인한다.<br>• 모둠학습 진행을 안내하고 모둠별로 앉을 수 있도록 한다. | • 한 모둠은 4~5명의 이질적인 구성원으로 구성할 수 있도록 한다. |

| 단계<br>(시간) | 교수 · 학습<br>과 정 | 교수 · 학습 활동 | 학습자료 및<br>유의 사항 |
|---|---|---|---|
| 도입<br>(5분) | 학습동기<br>유발<br>선수학습<br>확인 | • 두 명이 짝이 되어 스무고개를 한다.<br>–최소한의 질문으로 정답을 맞히는 사람이 이긴다.<br>–정답을 빨리 맞히기 위한 질문은 어떻게 만들어야 할지를 생각하게 하고 그 방법을 공유한다.<br>–글로 설명된 자료와 표로 정리된 자료를 비교해 본다. 이 두 자료의 차이점을 발표해 보게 한다.<br>• 이전 차시에 배운 정보의 구조화 의미와 특징을 발문한다.<br>–정보의 구조화는 무엇이고 왜 하는 것일까요?<br>–목록형, 계층형, 테이블형, 그래프형 구조의 차이는 무엇일까요? | • PPT |
| | 학습목표<br>제시 | • 학습목표를 큰 소리로 읽도록 한다.<br>• 오늘 수업에 대해서 안내한다. | |
| 전개<br>(35분) | 문제 상황 | • 모둠별로 수행할 문제 상황을 제시한다.<br>–학급 게시판을 꾸미기 위하여 모둠별로 학급 연락망, 조직도, 시간표 등을 선택하여 만들어 보자. | • PPT |
| | 문제해결 | • 모둠에서 맡을 임무와 역할을 명확히 분담하도록 안내한다.<br>• 수행하는 활동들을 활동지 파일에 입력하도록 안내한다.<br>• 주어진 정보를 파악하게 안내한다.<br>• 꼭 필요한 내용 요소를 뽑아내게 유도한다.<br>• 뽑아낸 내용 요소들을 비슷한 것끼리 분류하고 정리하게 한다.<br>• 내용 요소 간의 관계를 정리하여 정보를 가장 잘 표현할 수 있는 형태로 구조화하도록 안내한다.<br>• 사용하는 응용 소프트웨어는 모둠별로 선택하게 한다. | • 활동지 파일<br>• 모둠 활동이 진행되는 동안 교실을 순회하며 진행이 더딘 모둠 혹은 도움을 요청한 모둠을 살핀다. |

| 단계(시간) | 교수 · 학습 과정 | 교수 · 학습 활동 | 학습자료 및 유의 사항 |
|---|---|---|---|
| 전개(35분) | 공유<br>비교<br>분석 | • 모둠별로 결과물을 클라우드 서비스에 공유한다.<br>• 정보의 특징과 정보 간의 관계, 구조화의 목적과 용도 등을 발표한다.<br>• 어느 모둠이 정보 활용 목적에 알맞게 구조화했는지 비교 · 분석한다. | • 발표의 기회가 골고루 가도록 한다. |
| 정리(5분) | 학습내용<br>정리<br>차시예고 | • 학습목표를 재확인하며 학습내용을 정리한다.<br>• 생활 속에서 정보의 구조화 예시를 찾아보게 한다.<br>• 다음 차시 학습을 예고한다.<br>• 상호 간 인사로 수업을 마친다. | • PPT |

출처: 교육부(2015). 김현철, 이용진, 김수환, 이화정, 김승범(2018). pp. 70-73. 참고하여 재구성.

• [그림 9-3], [그림 9-4]와 같이 전체 평균점수와 학교급 평균과 비교한 결과, '개별화 학습지도' 영역 점수가 2.50으로 양호한 수준이지만 다른

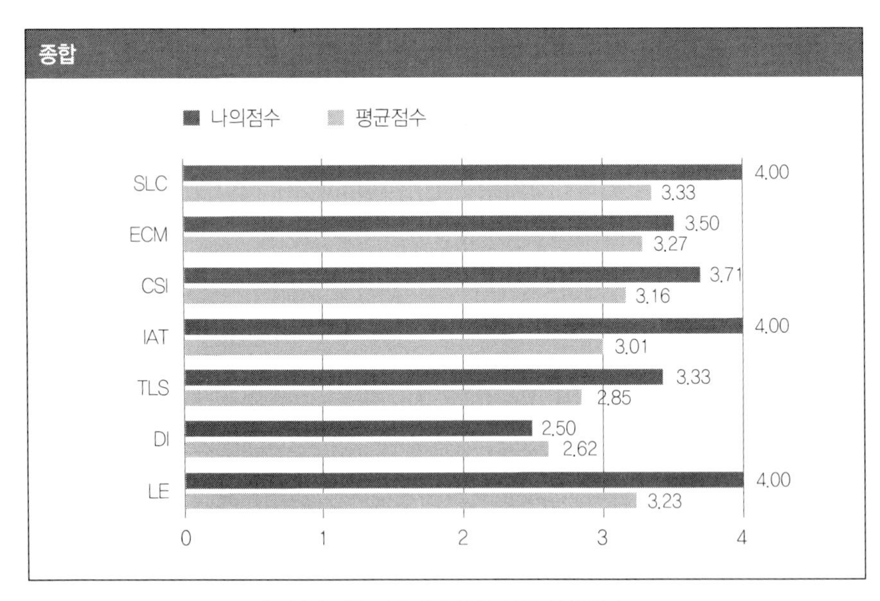


[그림 9-3] 1차 수업분석 결과 종합점수

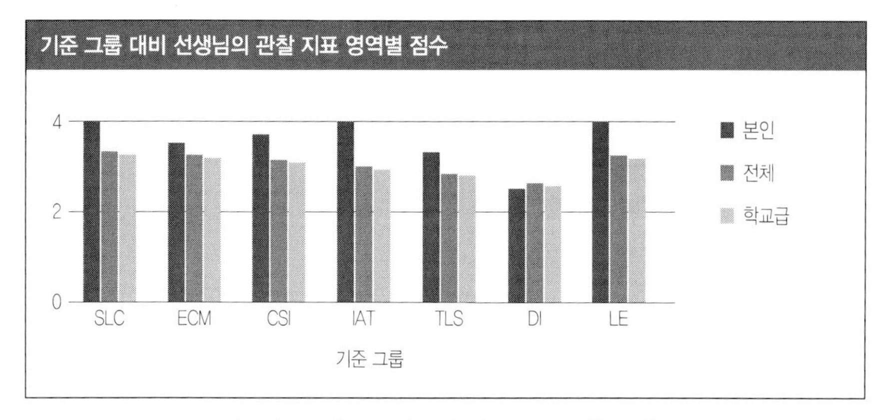


[그림 9-4] 보고서 1 결과(비교 그룹-학교급)

영역에 비하여 낮게 나타났다. 수업코칭에서는 교사의 행동이 중심이므로 학생의 행동인 '학습자 참여(LE)' 영역에 대한 내용은 배제하였다.

- 모든 영역이 2.50 이상으로 양호한 수준이지만, 각 항목별로 보면 '개별화 학습지도' 영역 24번, 25번, 26번 항목과 '교수 · 학습전략' 영역의 32번 항목 점수가 모두 2점으로 낮게 나타났다([그림 9-5], [그림 9-6], [그림 9-7], [그림 9-8] 참조).

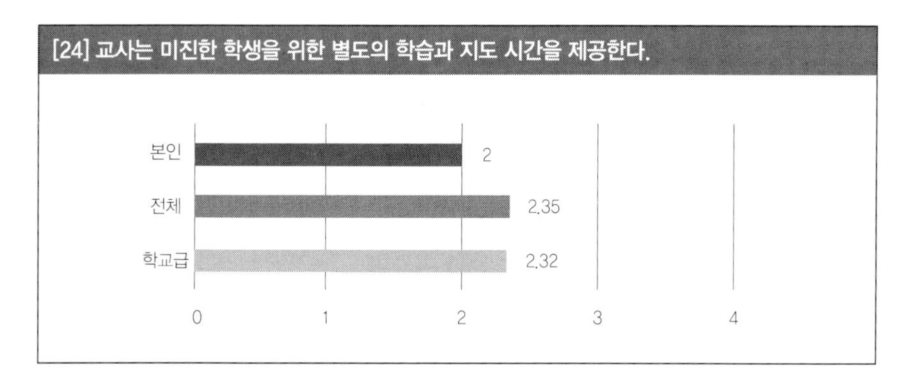


[그림 9-5] 항목 24번 : 보고서 1 결과(비교 그룹-학교급)

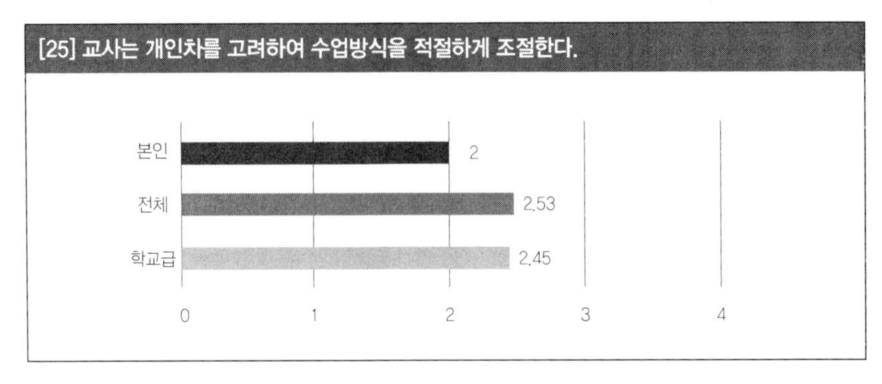


[그림 9-6] 항목 25번 : 보고서 1 결과(비교 그룹-학교급)

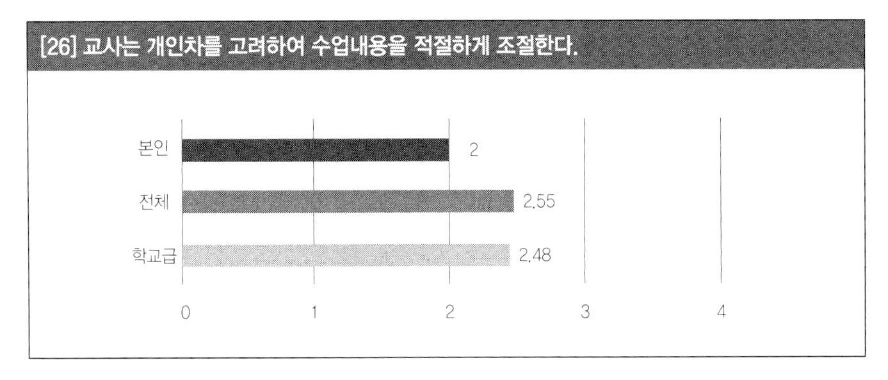


[그림 9-7] 항목 26번 : 보고서 1 결과(비교 그룹-학교급)

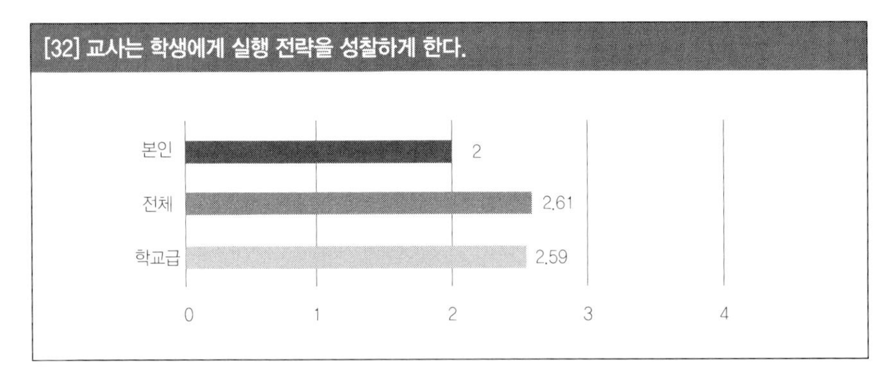


[그림 9-8] 항목 32번 : 보고서 1 결과(비교 그룹-학교급)

## 2) ZPD 탐지

- 수업분석 결과를 바탕으로 ZPD 탐지 결과는 〈표 9-3〉과 같다. 난이도가 높은 하단으로 갈수록 낮은 점수를 보였다. 수업전문성 수준의 경계가 분명하여 '현재 수준'과 '목표 수준' 간의 차이 보정을 도출해 내기에 용이하였다.
- 가장 낮은 수업전문성을 보인 '항목'과 '좋은 실천사례'는 〈표 9-3〉, 〈표 9-4〉, 〈표 9-5〉와 같다. 항목 24, 25, 26, 32가 2점으로 낮게 관찰되었고, 각 항목별 실천사례는 〈표 9-4〉, 〈표 9-5〉에서와 같다.

〈표 9-3〉 ZPD 탐지 결과

| 영역 | 항목 | Rasch 척도 | 좋은 실천사례: 교사는… | 1 | 2 | 3 | 4 |
|---|---|---|---|---|---|---|---|
| 1. 수업분위기 | 1 | 1 | 학생의 말과 행동을 존중한다. | | | | ✓ |
| 3. 수업내용 | 9 | 2 | 수업내용을 명료하게 제시하고 설명한다. | | | | ✓ |
| 1. 수업분위기 | 2 | 3 | 분위기를 편안하게 유지한다. | | | | ✓ |
| 1. 수업분위기 | 3 | 4 | 학생의 자신감을 증진시킨다. | | | | ✓ |
| 3. 수업내용 | 10 | 5 | 학생에게 피드백을 제공한다. | | | | ✓ |
| 2. 수업운영 | 5 | 6 | 수업이 질서 있게 진행되도록 노력한다. | | | | ✓ |
| 1. 수업분위기 | 4 | 7 | 상호존중을 증진한다. | | | | ✓ |
| 2. 수업운영 | 7 | 8 | 효과적으로 수업을 관리한다. | | | ✓ | |
| 3. 수업내용 | 14 | 9 | 잘 구조화된 방식으로 가르친다. | | | ✓ | |
| 3. 수업내용 | 13 | 10 | 학생이 최선을 다하도록 격려한다. | | | | ✓ |
| 2. 수업운영 | 8 | 11 | 수업 시간을 효율적으로 사용한다. | | | ✓ | |
| 2. 수업운영 | 6 | 12 | 학생이 적절한 방식으로 활동하고 있는지 확인한다. | | | | ✓ |
| 4. 수업활동 | 19 | 13 | 학생이 반성적으로 생각하도록 자극을 주는 질문을 한다. | | | | ✓ |
| 3. 수업내용 | 11 | 14 | 모든 학생이 수업에 참여하게 한다. | | | | ✓ |

| | | | | | | | |
|---|---|---|---|---|---|---|---|
| 4. 수업활동 | 22 | 15 | 수업의 도입에서 수업목표를 분명하게 명시한다. | | | | ✓ |
| 4. 수업활동 | 16 | 16 | 학생의 능동적인 참여를 자극하는 학습활동과 과제양식을 제공한다. | | | | ✓ |
| 3. 수업내용 | 15 | 17 | 학습자료 사용과 과제해결 방법을 자세히 설명한다. | | | ✓ | |
| 4. 수업활동 | 18 | 18 | 해결방법을 학생 스스로 생각하도록 격려한다. | | | | ✓ |
| 3. 수업내용 | 12 | 19 | 설명단계에서 학생이 학습내용을 이해하는지 확인한다. | | | | ✓ |
| 4. 수업활동 | 17 | 20 | 미진한 학생이 자신감을 갖도록 격려한다. | | | | ✓ |
| 4. 수업활동 | 21 | 21 | 학생과 상호작용을 하는 수업을 한다. | | | | ✓ |
| 5. 학습전략 | 31 | 22 | 학생이 비판적으로 생각하도록 북돋아 준다. | | | ✓ | |
| 5. 학습전략 | 30 | 23 | 배운 것을 적용하도록 자극한다. | | | ✓ | |
| 4. 수업활동 | 20 | 24 | 학생이 생각한 것을 크게 말할 수 있도록 한다. | | | | ✓ |
| 5. 학습전략 | 27 | 25 | 복잡한 문제를 단순화 하는 방법을 학생에게 가르친다. | | | | ✓ |
| 6. 개별화 | 23 | 26 | 학습목표 도달 여부를 평가한다. | | | | ✓ |
| 5. 학습전략 | 28 | 27 | 의도한 활동을 활용하도록 자극한다. | | | | ✓ |
| 5. 학습전략 | 29 | 28 | 학습성과를 확인하도록 학생에게 가르친다. | | | | ✓ |
| 6. 개별화 | 25 | 29 | 개인차를 고려하여, 수업방식을 적절하게 조절한다. | | ✓ | | |
| 5. 학습전략 | 32 | 30 | 학생에게 실행 전략을 성찰하게 한다. | | ✓ | | |
| 6. 개별화 | 24 | 31 | 미진한 학생을 위한 별도의 학습과 지도시간을 제공한다. | | ✓ | | |
| 6. 개별화 | 26 | 32 | 개인차를 고려하여 수업내용을 적절하게 조절한다. | | ✓ | | |

ZPD

**〈표 9-4〉 개별화 학습지도 영역**

| 지표: 교사는… | | | 결과[1] | 좋은 실천사례: 선생님은 | 관찰[2] |
|---|---|---|---|---|---|
| 개별화 학습 지도 | 24 | 미진한 학생을 위한 별도의 학습과 지도 시간을 제공한다. | 1 2 3 4 | 미진한 학생에게 별도로 공부할 시간을 준다. | 0 1 |
| | | | | 미진한 학생 지도를 위한 별도의 시간을 마련한다. | 0 1 |
| | | | | 미진한 학생에게 별도의 연습/과제를 내준다. | 0 1 |
| | | | | 미진한 학생에게 사전 또는 사후 지도를 한다. | 0 1 |
| | 25 | 개인차를 고려하여, 수업방식을 적절하게 조절한다. | 1 2 3 4 | 잘하는 학생에게 별도의 과제를 내준다. | 0 1 |
| | | | | 소집단이나 개별 학생에게 추가 지도를 한다. | 0 1 |
| | | | | 보통 수준 학생에게만 맞춰 수업하지 않는다. | 0 1 |
| | 26 | 개인차를 고려하여 수업내용을 적절하게 조절한다. | 1 2 3 4 | 학생에 따라 과제수행의 시간과 양을 달리한다. | 0 1 |
| | | | | 과제를 완수할 시간을 융통성 있게 한다. | 0 1 |
| | | | | 일부 학생에게 추가적인 도움과 수단을 사용하도록 한다. | 0 1 |

**〈표 9-5〉 교수 · 학습전략 영역**

| 지표: 교사는… | | | 결과[1] | 좋은 실천사례: 선생님은 | 관찰[2] |
|---|---|---|---|---|---|
| 교수 학습 전략 | 32 | 학생에게 실행 전략을 성찰하게 한다. | 1 2 3 4 | 학생이 적용한 전략의 다른 점(단계)을 설명하게 한다. | 0 1 |
| | | | | 가능한 (문제 해결) 전략에 대해 명료하게 설명해 준다. | 0 1 |
| | | | | 여러 전략의 장단점을 확장하게 한다. | 0 1 |

## 3) 개선 전략 수립

- 〈표 9-6〉은 개선 전략이 반영된 교수 · 학습 과정안이다.
- 수업전문성이 낮게 나타난 '개별화 학습지도' 영역의 24, 25, 26번과 '교수 · 학습전략' 영역의 32번의 '항목'과 '좋은 실천사례'의 내용을 중심으로 수업교사와 수업분석전문가는 토의를 거쳐 개선 전략을 도출하였다. 도출된 전략은 〈표 9-6〉의 음영 처리된 부분에 나와 있다.

〈표 9-6〉 개선 전략이 반영된 교수 · 학습 과정안

<table>
<tr><th>단계<br>(시간)</th><th>교수 ·<br>학습 활동</th><th colspan="2">교수 · 학습 활동</th><th>학습자료 및<br>유의 사항</th></tr>
<tr><td rowspan="4">도입<br>(5분)</td><td>출석 확인<br>학습<br>분위기<br>조성</td><td colspan="2">• 상호 간 인사 후 출석을 확인한다.<br>• 주변을 정리하고 책상 위에 준비물이 제대로 준비되어 있는지 확인한다.<br>• 모둠학습 진행을 안내하고 모둠별로 앉을 수 있도록 한다.</td><td>한 모둠은 4~5명의 이질적인 구성원으로 구성할 수 있도록 한다.</td></tr>
<tr><td>학습동기<br>유발<br>선수학습<br>확인</td><td colspan="2">• 두 명이 짝이 되어 스무고개를 한다.<br>-최소한의 질문으로 정답을 맞히는 사람이 이긴다.<br>-정답을 빨리 맞히기 위한 질문은 어떻게 만들어야 할지를 생각하게 하고 그 방법을 공유한다.<br>-글로 설명된 자료와 표로 정리된 자료를 비교해 본다. 이 두 자료의 차이점을 발표해 보게 한다.<br>• 이전 차시에 배운 정보의 구조화 의미와 특징을 발문한다.<br>-정보의 구조화는 무엇이고 왜 하는 것일까요?<br>-목록형, 계층형, 테이블형, 그래프형 구조의 차이는 무엇일까요?</td><td>PPT</td></tr>
<tr><td>개선 전략</td><td>• 항목: 24<br>• 미진한 학생에게 보충설명을 해 준다.<br>• 미진한 학생에게 추가 학습과제를 부과한다.</td><td>• 발문 결과, 이해가 잘되지 않은 학생들이 많았으므로 보충 설명을 쉽고 간단히 해 준다.<br>• 목록형, 계층형, 테이블형, 그래프형 구조 그림 자료들을 구분하게 한다.</td><td>미진한 학생들을 기억해 두었다가 학습 활동 시 관심을 가지고 관찰한다.</td></tr>
<tr><td>학습목표<br>제시</td><td colspan="2">• 학습목표를 큰 소리로 읽도록 한다.<br>• 오늘 수업에 대해서 안내한다.</td><td></td></tr>
</table>

<table>
<tr><td rowspan="7">전개<br>(35분)</td><td>문제 상황</td><td colspan="2">• 모둠별로 수행할 문제 상황을 제시한다.<br>–학급 게시판을 꾸미기 위하여 모둠별로 학급 연락망, 조직도, 시간표 등을 선택하여 만들어 보자.</td><td>• PPT</td></tr>
<tr><td>문제해결</td><td colspan="2">• 모둠에서 맡을 임무와 역할을 명확히 분담하도록 안내한다.<br>• 수행하는 활동들을 활동지 파일에 입력하도록 안내한다.<br>• 주어진 정보를 파악하게 안내한다.<br>• 꼭 필요한 내용 요소를 뽑아내게 유도한다.<br>• 뽑아낸 내용 요소들을 비슷한 것끼리 분류하고 정리하게 한다.<br>• 내용 요소 간의 관계를 정리하여 정보를 가장 잘 표현할 수 있는 형태로 구조화하도록 안내한다.<br>• 사용하는 응용 소프트웨어는 모둠별로 선택하게 한다.</td><td>• 활동지 파일<br>• 모둠활동이 진행되는 동안 교실을 순회하며 진행이 더딘 모둠 혹은 도움을 요청한 모둠을 살핀다.</td></tr>
<tr><td rowspan="2">개선 전략</td><td>• 항목: 25<br>–잘하는 학생들은 자기주도적 과제를 하게 한다.</td><td>–단계마다 학습 안내를 하는 것이 아니라, 진행이 잘되는 모둠은 자기주도적으로 할 수 있게 한다.</td><td rowspan="2">• 모둠원의 역할이 편중되지 않도록 수시로 바꾸어 진행하도록 유도한다.</td></tr>
<tr><td>• 항목: 26<br>–일부 학생에게 추가적인 도움과 수단을 사용하도록 한다.</td><td>–추가 시간이 필요한 모둠은 시간을 더 제공하고 구조화 예시를 보여 주며 적합한 표현방식을 선택하게 한다.</td></tr>
<tr><td>공유<br>비교<br>분석</td><td colspan="2">• 모둠별로 결과물을 클라우드 서비스에 공유한다.<br>• 정보의 특징과 정보 간의 관계, 구조화의 목적과 용도 등을 발표한다.<br>• 어느 모둠이 정보 활용 목적에 알맞게 구조화했는지 비교 · 분석한다.</td><td>• 발표의 기회가 골고루 가도록 한다.</td></tr>
<tr><td>개선 전략</td><td>• 항목: 32<br>–학생들이 사용한 여러 단계별 전략에 대해 설명해 보게 한다.<br>–여러 전략이 가지고 있는 장단점을 열거해 보라고 한다.</td><td>–발표 시, 정보 활용 목적에 알맞게 구조화라는 과정에서 사용한 전략들을 발표하게 한다.<br>–결과물들의 비교 · 분석뿐 아니라 사용한 전략들도 비교 · 분석하게 한다.</td><td>• 문제해결 과정을 성찰하는 기회로 삼는다.</td></tr>
<tr><td>정리<br>(5분)</td><td>학습내용<br>정리<br>차시예고</td><td colspan="2">• 학습목표를 재확인하며 학습내용을 정리한다.<br>• 생활 속에서 정보의 구조화 예시를 찾아보게 한다.<br>• 다음 차시 학습을 예고한다.<br>• 상호 간 인사로 수업을 마친다.</td><td>• PPT</td></tr>
</table>

### 4) 2차 수업관찰 및 피드백

- 1차 수업관찰 결과와 비교하여 수업전문성이 향상되었는지 분석하였다.
- 그 결과 〈표 9-7〉, [그림 9-10]과 같이 1차에서 4점이었던 두 영역을 제외한 모든 영역에서 수업전문성이 향상되었다. 특히, '개별화 학습지도' 영역에서 1점이 향상되어 가장 많이 개선되었다.
- 2차 수업분석 결과와 1차에서 수립한 개선 전략 반영 여부를 중심으로 2차 피드백을 제공하였다.

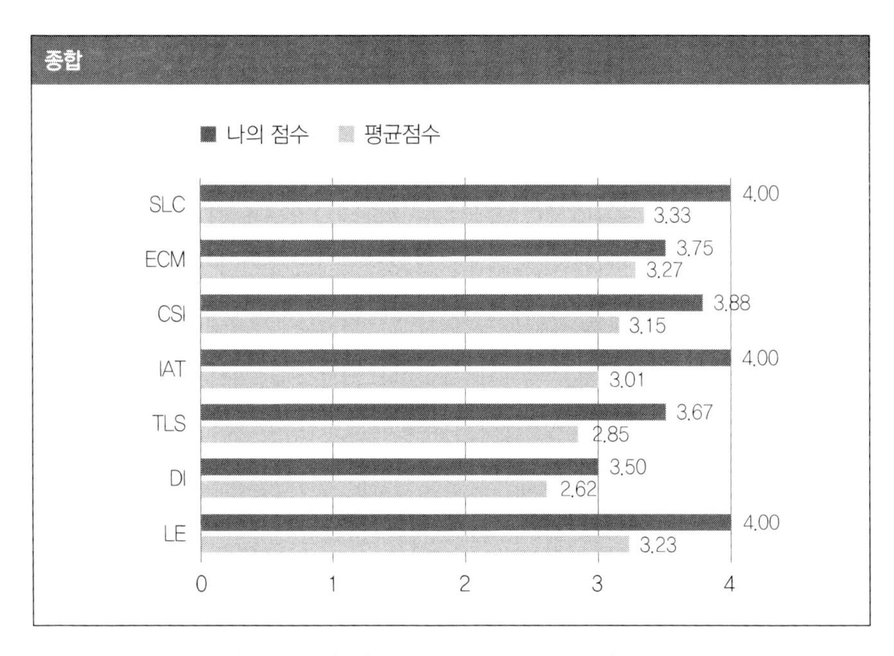


[그림 9-9] 2차 수업분석 결과 영역별 종합점수

〈표 9-7〉 1차, 2차 수업분석 영역별 종합점수 비교

| | 평균점수 | 1차 점수 | 2차 점수 | 비교 |
|---|---|---|---|---|
| 1. 수업분위기 | 3.33 | 4.00 | 4.00 | 0 |
| 2. 수업운영 | 3.27 | 3.50 | 3.75 | +0.25 |
| 3. 수업내용 | 3.15 | 3.71 | 3.86 | +0.15 |
| 4. 수업활동 | 3.01 | 4.00 | 4.00 | 0 |
| 5. 학습전략 | 2.85 | 3.33 | 3.67 | +0.34 |
| 6. 개별화 | 2.62 | 2.50 | 3.50 | +1.00 |

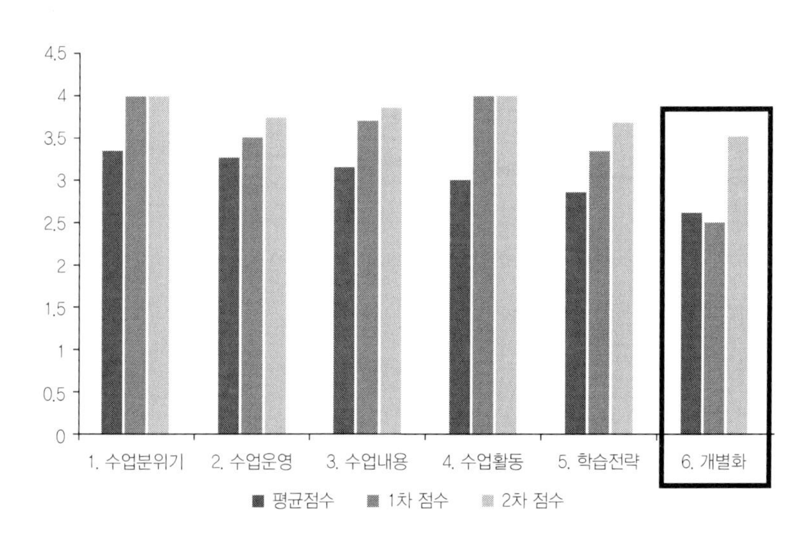


[그림 9-10] 1차, 2차 수업분석 영역별 종합점수 비교

## 참고문헌

교육부(2015). 정보과 교육과정. 교육부 고시 제2015-74호, 별책10.

김광민(2018). 동료 간 수업코칭이 영어교사 교수 역량 강화에 미치는 영향. 한국교원대학교 대학원, 박사학위논문.

김현수, 유동수, 한상진(2008). 한국형 코칭. 서울: 학지사.

김현수(2007). 한국형 리더십코칭의 스킬. 한국 산업 및 조직심리학회 추계 학술대회 및

**심포지엄 발표집**. 31-42.

김현철, 이용진, 김수환, 이화정, 김승범(2018). **중학교 정보**. 서울: 천재교과서.

나진(2010). 리더의 코칭이 조직구성원의 직무성과 및 직무만족에 미치는 영향. 중앙대학교 글로벌인적자원개발대학원, 석사학위논문.

박윤희(2010). 성공적인 커리어코칭 과정에 관한 연구. 숭실대학교 대학원, 박사학위논문.

조성진(2009). 코칭이 자기효능감, 성과 및 가족관계에 미치는 영향과 이에 대한 감성지능의 조절효과. 충남대학교 대학원 박사학위논문.

조성진(2013) 코칭을 활용한 대학생 진로지도 프로그램 운영 효과: 관광경영 전공 대학생을 중심으로. **직업교육연구**, 32(5). 27-46.

조인화(2016). 코칭리더십이 영업사원의 직무몰입 및 직무성과에 미치는 영향. 고려대학교 대학원, 석사학위논문.

CMOE(2003). Coaching skills program. Company Resource. Sandy, UT.

Corporate coach U Korea(2008). **코칭클리닉 workbook**. 한국코치협회.

# 수업장학의 적용

## 1. 수업장학과 학교장의 역할

학교에서 교내 수업장학은 왜 하는가? 이 질문에 대하여 우리는 서슴없이 교사의 수업전문성 신장을 통한 학교 교육의 질 향상과 교사가 겪고 있는 교육 활동의 어려움을 돕기 위한 교육 정보와 아이디어 등의 공유를 위해 필요하다고 답할 것이다. 그러나 학교에서 교내 장학활동에 대한 교사의 반응은 대부분 '형식적 활동' '보여 주기식 이벤트' '일회성 행사' 등으로 교내 장학활동이 교사의 수업전문성에 도움이 되지 않는다는 의견이 지배적이다. 일부 수업장학의 긍정적 요인으로 거론되는 것도 '수업을 준비하면서 자신을 돌아보는 계기가 되었다.' '수업을 준비하면서 갖게 되는 고민 그 자체가 밑거름된다.' 등의 준비 과정에서 느끼는 자기성찰에 대한 것들이 대부분이다. 하지만 장학활동의 핵심이라고 할 수 있는 장학자의 지도 · 조언 등의 환류 활동이 유익했다고 답하는 교사는 찾기 힘든 것이 현실이다.

현재 교육현장에는 전통적인 장학활동이 교사의 자율성을 침해하고 구시대적 권위주의 유산으로 치부하며 장학의 무용론이 확산되어 있다. 따라서 교내 장학이 갖는 본래의 교육적 목적을 달성하고, 교사의 수업전문성 신장을 통한 교육의 질 향상을 추구하는 교내 장학의 활성화를 위한 방법을 모색해야 할 것이다. 이 장에서는 학교교육을 총괄하는 학교장의 측면에서 수업장학의 효과성을 위한 방법을 살펴보고자 한다.

전통적으로 교장은 학교에서 지도성을 발휘하는 핵심 주체로 인정되고 있지만, 최근 교육의 분권화 및 학교의 자율권이 확대되고 단위 학교로 많은 권한과 책임이 부과되면서 학교 내에서 지도성 역할과 책임은 교장뿐만 아니라 교감, 부장교사, 학교운영위원회 등 다양한 학교 구성원들에게 분산되고 있다.

「초 · 중등교육법」 제20조에 명시된 교직원의 임무를 살펴보면 다음과 같다.

① 교장은 교무를 통할(統轄)하고, 소속 교직원을 지도 · 감독하며, 학생을 교육한다.
② 교감은 교장을 보좌하여 교무를 관리하고 학생을 교육하며, 교장이 부득이한 사유로 직무를 수행할 수 없을 때는 교장의 직무를 대행한다. 다만, 교감이 없는 학교에서는 교장이 미리 지명한 교사(수석교사를 포함한다)가 교장의 직무를 대행한다.
③ 수석교사는 교사의 교수 · 연구 활동을 지원하며, 학생을 교육한다.
④ 교사는 법령에서 정하는 바에 따라 학생을 교육한다.

이처럼 교실수업을 통해 직접 학생을 대면하는 교사뿐만 아니라, 교과 수업을 담당하지 않는 교감과 교장에게도 학생을 교육하는 것이 기본 책무로 명시되어 있다. 우리나라에서는 통상적으로 교장 등 학교 행정가들이 학생 수업을 직접 담당하지 않는다는 점에서 볼 때, 교장 등의 학생 교육 직무는 직접 수업을 담당할 것을 규정한 것이기보다는 학생의 교육 활동에 대한 지원과 지도 · 조언에 중점이 있는 것으로 해석된다. 특히 교장과 함께 학교 행정가로 분류되는 교감은 학교 교육에 있어 교장 못지않게 중요한 역할은 담당한다.

그러나 현실에서 확인되는 교감의 역할은 제한적으로 작용되고 있다. 박상완(2011)은 교감의 역할은 교장과 교사 간의 중간자, 교장 보조와 지원 역할, 교사의 특성과 요구를 파악하고 지원하는 역할이며, 교감직의 특성으로는 교감직에 고유한 역할과 직무가 명확하게 구별되어 있지 않으며, 법적 결정권이 없는 데 따른 영향력에 제한을 받고 있다고 하였다. 그리고 교감의 역할에 영향을 미치는 주요 요인으로서 교장이 교감에게 얼마나 많은 역할과 권한을 위임하는가에 있다고 하였다. 결국 교감의 역할은 교장의 지도성에 크게 영향을 받고 있기에 학교장은 학교 교육력을 결정하는 가장 중요한 요인인 것이다.

학교장은 법적으로 교무를 통할하고, 소속 교직원을 지도 · 감독하며, 학생을 교육하는 학교행정의 최종 의사 결정권자이다. 학교장은 학교교육 활동 개선을 통하여 학생의 미래에 영향을 줄 수 있는 장학과 관련한 수많은 의사결정을 한다. 학교장들이 똑같은 조건, 똑같은 상황에서 각각 다른 결정을 내리는 것은 학교장이 가지고 있는 가치관 · 신념 · 철학이 다르기 때문이다(주삼환, 2007). 결국, 학교를 총괄하는 학교장의 행정 행위에 있어 핵심은 학교장의 신념체제이며, 이러한 신념체제가 바탕이 되어 행정 행위가 발휘된다. 이것은 의사결정의 근거로 교육행정가의 철학이 중요함을 의미하며, 학교장이 학교를 경영하기 위해 내리는 모든 의사결정도 그 자신의 교육에 대한 신념 · 철학이 반영된 것이라 할 수 있다. 학교장은 자신의 교육 철학에 따라 단위학교의 운명을 좌우할 만큼 대단히 중요하다. 따라서 학교장이 장학에 대하여 어떠한 태도나 신념을 가지고 있느냐, 그리고 장학자로서 필요한 전문적 지식과 기술을 가지고 있느냐 하는 것은 학교장학 문화 형성 및 장학의 효과성을 결정하는 가장 중요한 요인이 될 것이다.

일선 학교에서 계속적으로 보다 증진된 장학효과성을 유지하기 위해서는 장학의 수혜자인 교사가 장학에 대해 긍정적이고 수용적인 인식을 갖도록 하는 것이 중요하며, 학교장이 장학 행위를 발휘할 때 교사가 기꺼이 따를 수 있는 가치, 규범, 신념 등의 학교조직문화가 형성되어야 한다(배원식, 2007). Alfonso(1986)는 문화를 "보이지 않는 장학사(unseen supervisor)"라 하여 문화가 실제 장학 행위를 이끄는 강력한 통제 기제이며 어떤 요인보다도 강력하게 장학 실제를 결정하는 가장 중요한 요소라 하였고, 정바울(2000)도 장학담당자는 학교조직 구조와 교사문화의 문화적 대리인 역할을 해야 한다고 주장하여 문화의 중요성을 강조하였다.

학교에서 장학이 성공을 거두려면 교사가 장학의 필요성을 인정하고 자신의 전문성 신장을 위한 과정으로 수용하며, 동료 교사와 함께 고민을 나누고 성장하는 학교문화가 반드시 필요하다. 학교장은 교사가 스스로 수업개선을 위해 노력하는 자율문화, 동료 교사와 함께하는 공동체문화, 서로 믿고 신뢰하는 신뢰문화가 학교문화로 정착할 수 있도록 노력해야 한다. 이러한 학교문화가 장학활동의 출발점인 동시에 도달하고자 하는 장학의 목표인 것이다. 따라서 학교장은 교사가 가지고 있는 역량을 충분히 발휘하도록 돕고, 교사로서 자긍심을 가지고 학생을 가르치는 일에 정성을 쏟을 수 있는 학교문화가 되도록 여건을 만드는 역할을 해야 한다.

## 2. 수업장학의 실태와 문제점

학교에서는 오래전부터 교사의 수업전문성 향상을 위한 활동으로 교육청 장학사에 의한 수업장학뿐만 아니라 교내 교장, 교감, 연구부장 및 동 교과 교사에 의한 교내 장학이 진행되어 왔다. 그러나 '관리자 임상장학' '교과 자율장학' 등의 전통적인 장학활동은 수혜 당사자인 교사로부터 긍정적인 평가를 받지 못하였고, 기존의 장학활동이 교사의 전문성 개발에 크게 기여하고 있지 못하다는 평가를 받았다. 즉, 기존의 전통적인 형식의 수업장학은 장학자와 수업 교사의 관계가 지나치게 수직적이며 타율적인 측면이 있으며, 교사의 수업에 대한 내적 성찰보다는 수업의 형식적 외연에 치중된 측면이 많았다.

'장학'이란 용어에 대한 교사의 부정적 인식을 해소하고자 2000년 이후 '컨설팅' '멘토링' '코칭' 등의 용어로 대체되어 다양한 형태의 장학활동이 운영되고 있다. 현재 학교에서 주로 운영되는 수업장학활동의 형태는 크게 4가지로 구별된다.

첫째, 교육청 주관 '수업컨설팅'이다. 수업컨설팅은 수업개선을 위한 교사의 자발적이고 능동적인 참여를 통한 수업개선을 목적으로 한다는 점에서 기존의 장학과 다른 차별성을 지닌다. 현재 수업컨설팅 활동은 학년 초 교육청의 공문 시행을 통해 일선 학교에서는 학기별 1회(연 2회) 희망 교과(희망교사) 신청을 의무화하여 시행하고 있다. 이때 컨설팅 수업교사는 공문에 명시된 장학진(장학사, 교감, 수석교사 중심의 컨설턴트 인력풀)에서 컨설턴트를 선정하여 수업지도안 작성에 대한 조언을 받고, 실제 수업참관을 실시하고 수업에 대한 피드백을 받도록 한다. 그러나 많은 학교에서 교사의 수업컨설팅 희망이 저조하여 순번제로 돌리거나, 1~2년차 저경력 교사를 지정하여 운영하고 있으며, 컨설턴트 선정에도 수업전문성에 대한 요소보다는 친밀관계에 따라 지정하여 형식적으로 운영되는 경향이 크다.

둘째, 학교 자체적으로 운영되는 '자율장학'이다. 자율장학은 대부분 학교에서 운영되는 대표적인 수업장학의 모습이다. 대부분의 학교는 연간 교육계획에 의해 교과별 연 1회 수업 공개를 통한 자율적 수업장학활동을 실시한다. 이때 각 교과에서는 교과협의회를 통해 공개수업 교사를 선정하여 교장, 교감, 동 교과 교사의 수업참관과 학교별 수업참관록에 기초하여 사후 평가회를 진행된다. 이러한 자율장학도 주로 저경력 교사를 중심으로 진행되며, 포괄적이고 약식적으로 구성된 수업참관록에 근거한 수업평가회 활동은 교사의 수업전문성에 도움을 주기에는 매우 부족한 실정이다.

셋째, 교육청 주관 교사들의 '수업연구회'이다. 수업연구회는 학교와 교과의 제한 없이 희망 교사가 팀을 구성하여 교육청으로부터 소정의 연구비를 지원받아 운영된다. 연구회는 교실수업 개선을 목적으로 자체적인 활동을 진행하고 학년말 소속 교사들 중심의 수업나눔 행사를 갖는다. 이러한 수업연구회 활동은 학교와 교과의 제한이 없기에 다양한 통합 교과적인 수업연구 활동이 가능하며, 수업개선을 위한 교사의 자발적 운영이라는 것이 큰 장점이다. 그러나 수업연구회에 참여하는 교사의 수가 미비하기에 수업연구회 활동이 학교 전체의 수업개선 효과로 이어지기에는 부족한 실정이다.

넷째, 교사의 '자발적인 연수 참여'이다. 자신의 수업운영에 고민을 갖는 교사가 수업에 대한 반성적 사고를 통해 수업개선에 도움이 될 연수 프로그램을 찾아 참여하는 것이다. 이러한 자발적 연수 참여를 통해 수업전문성을 발달시키는 교사의 비율은 상대적으로 적지만, 수요자의 자발적 참여라는 점에서 효과적이고 바람직한 모습이다.

이상에서 살펴본 교육청 주관의 '수업컨설팅'이나 학교 자체적으로 운영하는 '자율장학'에서도 수업교사의 자발적 참여는 극히 저조하고 형식적이며 요식적 활동으로 진행되는 문제점은 여전히 남아 있다. 교사연구회 또는 자발적 연수 참여를 통한 '수업나눔'은 수업개선을 위한 교사의 자발적 참여로 이루어진다는 점에서 긍정적이나 아직 학교 수업 전체에 파급되기에는 부족한 실정이다.

장학의 형태와 운영 방식은 시대의 변화에 따라 달라졌지만, 수업장학은 여전히 교사에게 수업전문성 향상에 도움이 되지 않으며 부담만 큰 불필요한 활동으로 인식되고 있다. 대부분의 교사가 수업장학에 대해 부정적인 가장 큰 이유는 수업장학의 핵심이라 할 수 있는 장학자로부터 제공받는 피드백이 부실하고 형식적이며 수업개선을 위한 구체적인 지도 · 조언이 되지 못하기 때문이다.

또한, 수업장학을 수행하는 장학자(교장, 교감, 수석교사 등) 역시 수업 교사에게 수업전문성 신장에 도움이 되는 전문적이고 구체적인 피드백을 제공하는 것은 매우 어려운 일이다. 장학자는 자신의 교육경력과 수업장학 경험 등의 개인적인 수업운영 노하우를 바탕으로 수업을 분석하고 피드백을 제고하고 있다. 때문에 동일한 수업에 대해서도 장학자의 개인적 특성에 따라 피드백 내용과 방향이 달라지며, 특히 자신의 장학자로서의 피드백 내용이 피장학자인 교사의 수업에 대한 지적으로 비춰질까 염려하여 구체적이고 적극적인 지도 · 조언 활동보다는 포괄적인 피드백으로 그치는 경향이 있다.

## 3. ICALT 수업분석의 필요성

수업분석은 효과적이고 생산적인 수업을 위해 수업기록에 기초하여 교수 · 학습 과정에서 이루어진 사실과 현상을 비판적 시각으로 보고 교수학적 이론을 배경으로 적절성을 검토하는 일이다(천호성, 2005). 수업분석은 양적 분석과 질적 분석으로 분류할 수 있으며, 양적 분석은 수업의 형태를 분석하여 분류화된 체계나 범주를 기준으로 수업 중 도출되는 의미 있는 수업정보를 수치를 사용하여 정량적으로 표현하는 분석법이다. 질적 분석은 수업의 내용적인 측면을 중심으로 전문가에 의해 분석되며 전개된 수업활동이 교과나 단원의 목적에 비추어 타당하였는가를 보려는 분석법이다. 효과적인 수업분석을 위해서는 양적 · 형태적 분석과 질적 · 내용적 분석이 함께 이뤄져야 한다.

장학활동이 수업교사의 전문성 신장에 도움이 되기 위해서는 수업행동에 대한 과학적 검증과 분석이 이루어지고 그 결과가 수업교사에게 효과적으로 전달되어야 한다. 교사의 수업전문성은 자신의 수업에 대한 체계적 · 구체적인 관찰과 분석을 통한 피드백이 꾸준히 제공될 때 향상될 수 있기 때문이다. 그러나 아쉽게도 지금까지 교사의 수업상황을 체계적이며 과학적으로 분석하는 데 유용한 수업분석 도구는 매우 부족한 실정이다. 지금까지 대부분 학교가 수업장학에서 활용하는 수업참관록은 수업 활동의 질적 분석에 중점을 두고 구성되었으며, 이마저도 단순한 체크리스트 형식 또는 추상적인 서술형 표현으로 수업교사에게 실질적 도움을 주는 피드백 자료로 활용되기에는 부족함이 많았다. 따라서 수업장학이 교사의 수업전문성 신장의 목적을 달성하기 위해서는 수업교사에게 효과적인 피드백을 제공할 수 있는 보다 체계적이며 과학적인 수업분석 도구가 반드시 필요하다.

수업을 객관적으로 분석할 수 있는 분석도구 중에서 가장 널리 알려진 것이 1960년 미네소타대학교 Flanders 교수가 개발한 언어상호작용 분석법이다. Flanders의 언어상호작용 분석법은 수업의 주요 변인인 교사와 학생의 언어적 행동에 초점을 맞추었다는 점과 일정한 분류체계에 따라 기록하고 분석하는 객관적 분석법이라는 점에서 과학적인 수업분석 도구로 인정되었다.

언어상호작용 분석법은 몇 가지 중요한 한계를 가지고 있다. 첫째, 수업분석에 많은 노력과 시간이 필요하다. 둘째, 교사와 학생의 언어 상호작용에 한해서만 분석할 수 있다. 셋째, 교사중심의 일제 수업에 한하여 적용할 수 있다. 넷째, 수업형태를 분석하여 그 결과가 바람직하게 나왔다고 해서 그 수업이 곧 좋은 수업이라고 단정할 수는 없다. 결국, Flanders의 언어상호작용 분석법은 기존의 장학자의 경험과 주관적 특성이 강하게 작용하는 수업분석의 단점을 보완하기에는 부족함이 많다고 할 수 있다.

따라서 수업을 객관적이고 과학적으로 분석하여 수업교사의 장·단점을 효과적으로 피드백이 가능한 수업분석 도구가 필요하다. 최근에 새롭게 개발된 ICALT 수업행동 분석도구는 기존의 수업분석 도구가 지닌 단점의 많은 부분을 보완하고 있어 수업장학의 효과성을 향상시키는 데 큰 도움이 된다.

ICALT 수업분석도구가 지닌 장점은 다음과 같다. 첫째, ICALT 도구의 6개 영역과 114개 세부 질문을 통해 수업을 구성하는 다양한 요인에 대한 종합적인 진단이 가능하다. 둘째, ICALT 도구는 훈련된 관찰자가 수업을 분석하기에 매우 용이하다. 셋째, ICALT 도구는 수업분석을 통해 수업교사의 장단점을 명확하게 드러내어 피드백을 제공할 수 있다. 넷째, 수업교사는 ICALT 분석자료를 통해 자신의 부족한 수업전문성 영역을 이해하고 발전적 대안을 마련할 수 있다. 다섯째, ICALT 도구는 교사의 경력과 무관하게 전 연령층의 교사에게 반복적인 피드백이 가능하다. 여섯째, ICALT 도구는 교사 스스로 자신의 수업에 대한 성찰 기회를 제공하고 자발적인 수업개선 노력의 방향성을 제시한다.

## 4. ICALT를 활용한 수업장학 운영 사례

모든 교사는 매시간 수업을 성공적으로 수행하며 수업전문가로서 인정받기를 소망한다. 또한, 모든 학교장은 자신의 경험과 노하우를 바탕으로 수업장학을 통해 후배 교사의 수업전문성 신장에 실질적인 도움을 주고자 한다. 그러나 앞서 살펴본 바와 같이 현재 학교에서 이루어지는 수업장학은 수업을 실시하는 교사와 장학자의 책임을 가진 학교장 모두에게 매우 어려운 과제이다. 그렇다면 수업장학활동이 교사와 장학자 모두에게 의미있는 효과적인 활동으로 작동하여 교사의 수업전문성을 신장하고, 수업개선에 긍정적 효과를 달성하기 위해서는 무엇이 필요한가. 그 답은 기존의 수업장학의 문제점 해결을 통해 찾을 수 있을 것이다.

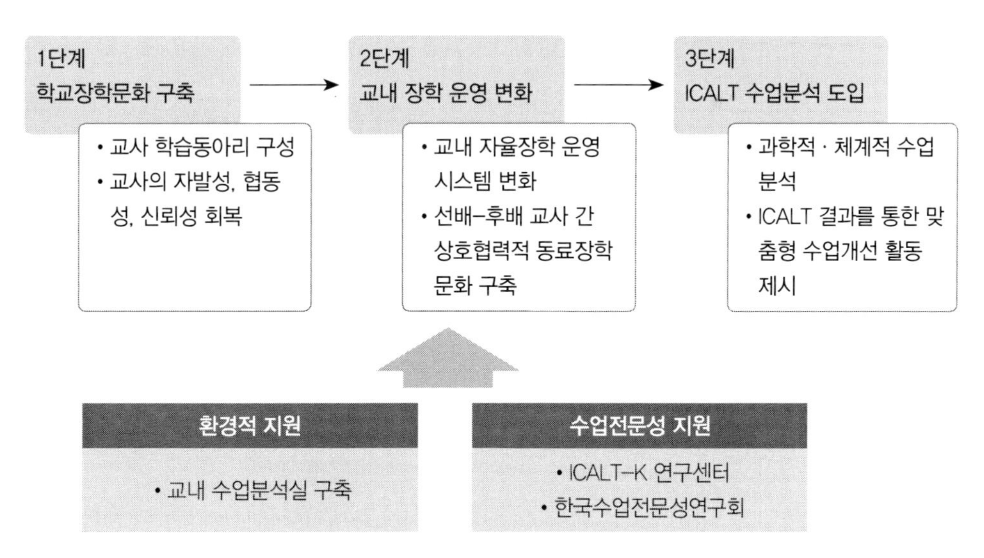


[그림 10-1] 수업장학에서 ICALT 수업분석의 적용 사례

효과적인 교내 수업장학을 위해서는, 첫째, 교사 스스로 교실 문을 열고 동료 교사와 수업을 나눌 수 있는 학교장학문화의 형성이 필요하다. 둘째, 형식적이고 일방적인 전통적 수업장학에서 새로운 형태의 수업장학 시스템이 필요하다. 셋째, 체계적이며 과학적인 수업분석 틀이 필요하다. 넷째, 이상의 수업장학활동이 원활하게 운영될 수 있도록 학교 시설 환경과 수업전문성 신장을 위한 전문가 그룹의 지원체계가 필요하다. [그림 10-1]은 효과적인 교내 수업장학을 위한 ICALT 수업분석 적용 사례이다.

### 1) 교사학습동아리를 통한 장학문화 구축

권위적이고 폐쇄적인 학교문화에서 교사는 교육전문가로서의 자긍심을 잃고 수업전문성 향상을 위한 의지가 꺾이게 된다. 그리고 자긍심을 잃은 교사는 교육적 패러다임의 변화에 둔감해지고 교실 문을 걸어 잠그고 수업을 사유화하며 고립되어 간다. 그리고 이러한 현상은 악순환의 반복으로 연결되어 결국 학교 교육력의 약화로 나타나게 된다.

따라서 교내 수업장학이 성공을 거두려면 교사가 장학을 수용하고, 스스로 수업전문성 신장을 위해 노력하며, 동료 교사와 수업의 어려움을 나누는 학교문화가 먼저 형성되어야 한다. 교사가 스스로 하고자 하는 자율문화, 서로 돕고 도움을 받고자 하는 협동문화, 서로 믿고 신뢰하는 신뢰문화를 형성하기 위해서 학교장은 모든 자원을 활용하여야 한다. 이러한 장학문화는 장학의 출발점인 동시에 장학에서 도달하고자 하는 장학의 목표인 것이다. 그러므로 장학의 수월성을 제고하거나 장학활동을 개선하기 위해서는 무엇보다도 학교장학문화 형성을 위한 노력이 선행되어야 한다.

학교장학문화 형성을 위한 첫 단계로는 학교 내에서 교사가 교육적 주제를 가지고 함께 모일 수 있는 교사학습동아리 형성이 필요하다. 교사학습동아리 운영은 일차적으로 독서 토론회 형식으로 수업개선을 위한 다양한 자료를 함께 읽고 생각을 나누며 동아리 교사 간의 공감대와 신뢰를 높이는 활동이 필요하다. 이후 구성원 간에 공감대와 신뢰가 구축되었다면 동아리 교사가 함께 수업을 구성하는 수업연구 활동으로 발전시킬 수 있다. 이때 모임의 구성과 운영 방식은 교사의 자발성을 최대한 존중하며, 학교장은 관여를 최소화하고 보이지 않는 영역에서 행정적 · 재정적 지원을 아끼지 않는다.

### 2) 수업장학 운영의 변화

현재의 학교에서 이루어지는 교내 수업장학은 과거의 교장, 교감을 중심으로 진행되었던 임상장학에서 자율적인 동료장학 중심으로 운영 방식이 바뀌어 운영되고 있다. 그러나 자율적인 동료장학마저도 '수업 등 할 일이 많아서' '수업을 공개하는 것이 두려워서' '수업공개를 평가라 인식하는 교사의 폐쇄성 때문에' 등의 이유로 잘 이루어지지 않고 있다.

동료장학을 통해 수업개선의 긍정적 효과를 기대하는 일부 교사마저도 다른 교사의 협조를 얻기가 힘들어 자율적인 동료장학이 실제 효과적으로 운영되기는 매우 힘든 실정이다. 따라서 학교장은 학교에서 자율적인 동료장학이 효과적으로 운영될 수 있도록 교내 장학에 대한 노력이 필요하다.

그 예로서 교직원 연수를 통해 수업장학의 필요성을 인식시키고, 전 교사가 자율적인 동료장학을 통하여 실질적인 도움을 인식할 수 있도록 교내 장학 운영을 개선하였다. 우선 1학기에는 고경력 교사가 자신의 수업을 저경력 교사에게 먼저 공개하고, 2학기에는 저경력 교사가 1학기에 본인에게 수업을 공개한 선배 교사를 초청하여 수업을 공개하는 것이다. 이때, 고경력 교사는 후배 교사에게 오랜 경험에 따른 노하우를 보여 줄 수 있으며, 저경력 교사는 선배 교사의 수업을 참관하며 자신의 수업에 적용할 수 있는 장점을 얻을 수 있다. 저경력 교사가 선배 교사의 수업을 참관할 때도 반드시 동 교과로 한정할 필요는 없다. 오히려 동 교과와 다른 교과를 섞어서 수업참관이 이루어지는 것이 선후배 교사가 수업공개를 통해 자연스럽게 정보를 공유하고 교실수업의 고민을 나누면서 수업전문성을 키우는 데 더욱 효과적이다.

이와 같은 교내 동료장학 운영방식은 과거의 교장, 교감 중심의 임상장학에서 나타나는 타율성이나, 교사에게 맡겨진 자율적인 동료장학에서 나타나는 형식적 운영의 단점을 보완할 수 있다. 결국, 동료장학 운영에 있어서 교사의 주도적이며 자발적 참여와 효과성을 키울 수 있다.

### 3) ICALT 수업분석을 활용한 수업장학 효과성 제고

장학활동의 결과가 교사의 수업전문성으로 연결되기 위해서는 우선 교사의 수업활동에 대한 정확한 관찰과 진단이 필요하다. 체계적이고 과학적인 연구를 통해 만들어진 ICALT 수업분석을 활용하여 수업교사의 장단점을 확인하고 구체적인 피드백을 제공한다면 교사는 자신의 부족한 수업 영역에 대하여 구체적인 해결과제를 인식하고 주도적인 수업개선 노력을 통해 자신의 수업전문성을 향상시킬 수 있다. 또한, 필요에 따라 ICALT 수업분석과 피드백을 일정한 주기로 반복한다면 수업의 개선효과를 보다 효과적으로 확인할 수 있다. 〈표 10-1〉은 ICALT 수업분석을 통한 교내 수업장학 운영 사례이다.

〈표 10-1〉 ○○중학교 ICALT 수업분석 일정

| 순서 | 활동 | 대상 | 활동 세부 내용 |
|---|---|---|---|
| 1 | 교내 수업장학 계획 수립 | 전체 교직원 | • 학교 실정에 따라 교내 수업장학 프로그램 운영 |
| 2 | ICALT 수업분석 소개 | 전체 교직원 | • 효과적인 수업장학을 위한 ICALT 수업분석 소개<br>• 지원기관: ICALT-K, 한국수업전문성연구회 |
| 3 | ICALT 수업분석(1차) | 대상자-ICALT 수업분석 전문가 | • ICALT 수업분석 참여교사 선발(희망 교사, 저경력 교사, 복직 교사 우선 선발)<br>• ICALT 수업분석 전문가 섭외(한국수업전문성연구회 협조 요청) |

| 4 | ICALT 분석 결과 피드백 | 대상자-ICALT 수업분석 전문가 | • ICALT 분석 결과에 근거하여 수업분석 전문가의 피드백 제공<br>• ICALT 6개 영역에 대한 수업 교사의 강·약점 분석<br>• 수업 교사의 부족한 수업활동에 대한 구제적인 행동 지표 안내 |
|---|---|---|---|
| 5 | ICALT 수업분석 (2차) | 대상자-ICALT 수업분석 전문가 | • 1차 ICALT 수업분석과 피드백 이후 2차 ICALT 수업분석 실시<br>• 수업분석의 효과성과 신뢰도를 위하여 동일한 ICALT 수업분석 전문가 참여 (한국수업전문성연구회 협조 요청) |
| 6 | ICALT 분석 결과 피드백 | 대상자-ICALT 수업분석 전문가 | • ICALT 분석 결과에 근거하여 수업분석 전문가의 피드백 제공<br>• ICALT 6개 영역에 대한 수업 교사의 강·약점 분석<br>• 부족한 수업활동에 대한 지속적인 자기 개발 활동 안내 |

이런 과정을 거쳐서 ICALT 수업장학에 참여 교사들의 1차와 2차 수업분석의 결과는 다음과 같다. [그림 10-2]는 참여한 교사 전체의 평균이며, [그림 10-3]은 참여 교사 1명의 예이다. 수업활동 영역 등 6가지 모든 영역에서 향상되었고, 어려운 영역인 개별화 학습지도 영역은 2차에서도 다른 영역에 비해 낮게 나타났지만 다른 영역보다 큰 폭의 향상을 보였다. 오른쪽의 신규 교사의 결과에서 1차에 비해 2차에서 괄목할 만한 향상을 거둔 것을 알 수 있다.

| Domain | D-1 수업분위기 (SLC) | D-2 수업운영 (ECM) | D-3 수업내용 (CSI) | D-4 수업활동 (IAT) | D-5 학습전략 (TLS) | D-6 개별화 (DI) | 학습참여 (LE) |
|---|---|---|---|---|---|---|---|
| 1차 평균 | 3.159 | 3.136 | 2.936 | 2.805 | 2.980 | 2.318 | 3.061 |
| 2차 평균 | 3.273 | 3.364 | 3.233 | 3.130 | 3.271 | 2.727 | 3.394 |
| 증감 | 0.114 | 0.227 | 0.296 | 0.325 | 0.291 | 0.409 | 0.333 |

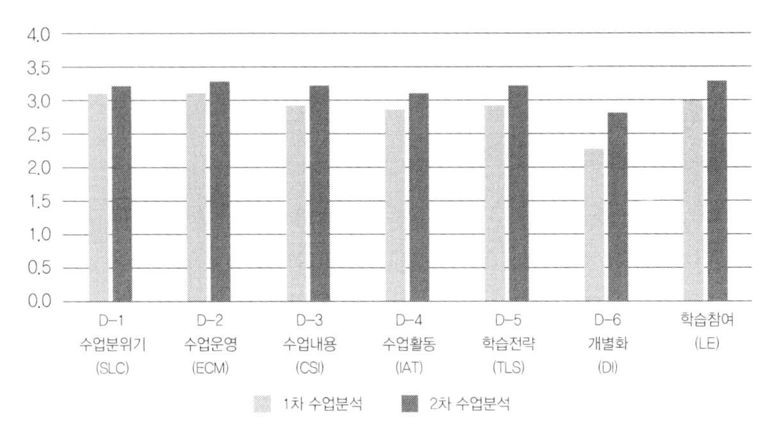


[그림 10-2] ICALT 수업장학 사례 결과(참여 교사 10명 평균)

| Domain | D-1 수업분위기 (SLC) | D-2 수업운영 (ECM) | D-3 수업내용 (CSI) | D-4 수업활동 (IAT) | D-5 학습전략 (TLS) | D-6 개별화 (DI) | 학습참여 (LE) | 합계 |
|---|---|---|---|---|---|---|---|---|
| 1차 평균 | 2.00 | 1.75 | 2.00 | 1.71 | 2.00 | 1.00 | 1.00 | 11.46 |
| 2차 평균 | 3.25 | 3.50 | 3.43 | 3.57 | 3.83 | 3.25 | 4.00 | 24.83 |
| 증감 | 1.25 | 1.75 | 1.43 | 1.86 | 1.83 | 2.25 | 3.00 | 13.37 |

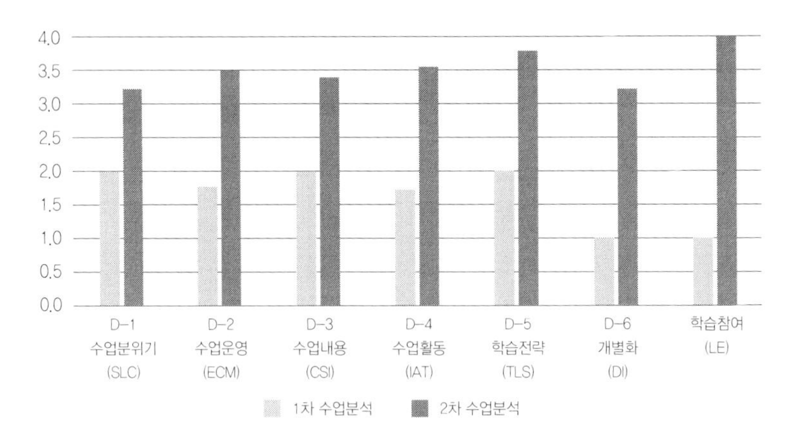


[그림 10-3] ICALT 수업장학 사례 결과(참여 교사 1명 사례)

## 4) 수업장학 지원체제 구축 및 수업분석전문가 활용

### (1) 교내 수업분석실을 통한 수업장학 환경 지원

일반적으로 실제 수업을 녹화하여 수업장면을 분석하고 부족한 점을 수정 · 보완하는 과정은 복합적인 교수활동을 효과적으로 이해하고 교수방법을 개선하는 유용한 방법으로 활용되고 있다. 이때 한 시간의 수업 전체를 녹화하여 분석 · 평가하기도 하며, 한 시간의 수업내용 중 일부분을 별도로 녹화한 후 분석하기도 한다. 이를 위해서는 전문적인 영상 촬영 시스템이 필요한데 학교에 수업분석실이 구축되어 있으면 교사와 학생의 수업활동을 분석하여 교사에게 수업에 대한 성찰의 기회를 제공하고 수업전문성 신장에 도움이 될 것이다. [그림 10-4]는 학교 내에 설치된 수업분석실의 구성 예시이다.

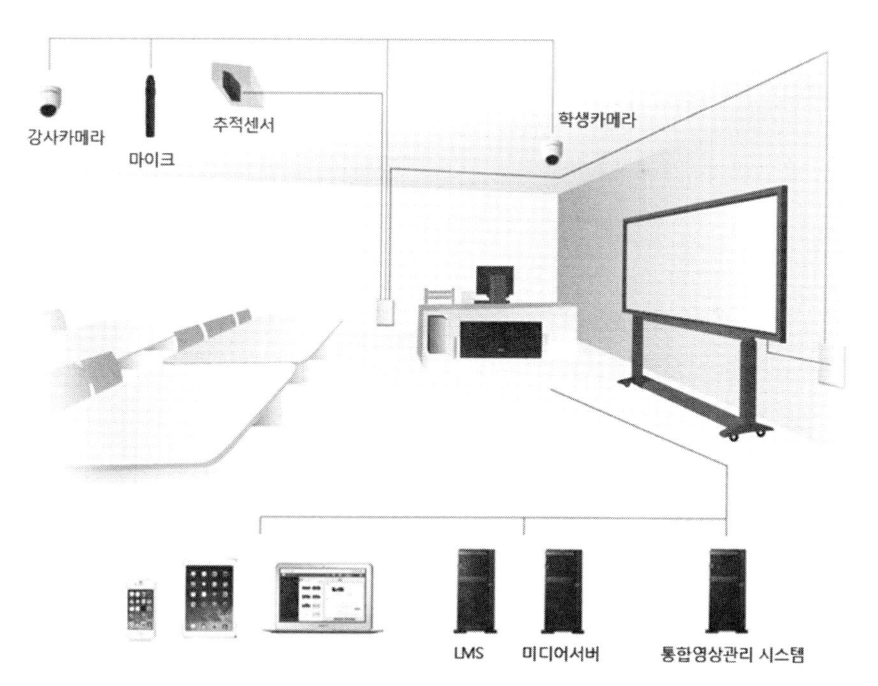


[그림 10-4] 수업분석실 구성 예시도

### (2) ICALT 수업분석전문가를 통한 수업전문성 지원

ICALT 수업분석은 소정의 전문가 교육과정을 이수한 훈련된 수업분석 전문가에 의해서 이루어질 때 수업분석의 신뢰도를 담보할 수 있다. 'ICALT-K 연구센터'와 '한국수업전문성연구회'에서는 연수 과정을 통해 수업분석전문가를 양성하고 있다. 한국수업전문성연구회는 이미 풍부한 현장 교육경험을 지니고 있으며 수업분석에 필요한 교육을 이수한 수업분석전문가를 확보하고 있기에 일선 학교에서 수업분석전문가의 도움이 필요할 때 지원을 받을 수 있다.

## 참고문헌

박상완(2011). 교감의 역할과 교감직의 특성에 대한 질적 분석. **한국교원교육연구**, 28(2). 365-389.

배원식(2007). 학교조직문화에 따른 교장의 장학행위와 장학효과성의 관계. 충남대학교 대학원 박사학위논문.

정바울(2000). 초등학교 장학문화 연구–중등학교와 비교하여. **교육행정학연구**, 18(1). 127-153.

주삼환(2007). **교육행정철학**. p. 316. 서울: 학지사.

천호성(2005). 사회과 교실수업분석의 방법과 과제–관찰, 수업기록, 분석시점을 중심으로–. **시민교육연구**, 37(3).

Alfonso, R. J. (1986). The Unseen Supervisor: Organization and culture as determinants of teacher behavior. paper presented at the meeting of the American Educational Research Association, San Francisco, CA, April.

# 수업분석전문가 자격 및 연수

## 1. ICALT 수업분석전문가 자격

수업분석전문가 자격은 수습과정–2급–1급–수석(master)의 4단계로 구성되어 있으며, 각 과정에서 갖추어야 할 조건을 충족하였을 시 다음 단계로 올라가는 과정이다. 각 과정마다 수업관찰 20회를 의무화하여 보다 높은 수준의 수업관찰 능력을 갖추도록 훈련하고, 교사의 수업전문성을 발현시킬 수 있는 ICALT 수업분석전문가를 양성한다. 수업분석전문가의 **자격과정**은 〈표 11–1〉과 같다.

첫째, 수업분석전문가 수습 과정은 ICALT를 활용한 수업전문성 향상에 관심이 있고 교육경력 7년 이상인 교사가 참여할 수 있는 과정이다. 이 과정은 대체로 15~20명을 한 조로 편성하여 ICALT 도구에 대한 이해, 수업관찰 훈련과 최소한의 기본연수 8시간을 받게 함으로써 수업분석전문가 2급 과정 취득을 위한 20시간 수업관찰 등 제반 요건을 갖출 수 있는 자격을 부여하는 과정이다.

둘째, 수업분석전문가 2급 과정은 수습 과정을 거친 후 수업관찰도구 항목

태깅과 ZPD 탐지 및 결과 분석 등 4시간 심화연수와 수업관찰 20시간을 마친 교사에게 수업분석전문가 1급 과정 취득을 위한 제반 요건을 갖출 수 있는 자격을 부여하는 과정이다.

셋째, 수업분석 전문가 1급 과정은 2급 과정을 취득한 후 4시간의 심화연수와 수업관찰 20시간을 충족한 교사에게 최고 단계인 수석 자격 취득을 위한 제반 요건을 갖출 수 있는 자격과 학교 현장에서 수업관찰 및 코칭을 할 수 있는 자격을 부여하는 과정이다.

넷째, 수석 과정은 수업분석전문가 최고 단계로 1급 과정을 거친 교사가

〈표 11-1〉 수업분석전문가 자격 과정

| 구분 | 수업분석전문가 수습 과정 | 수업분석전문가 과정 | | |
|---|---|---|---|---|
| | | 심화 과정 | | 수석 |
| | | 2급 | 1급 | |
| 자격 대상 | • ICALT와 수업전문성 향상에 관심 있는 교직 경력 7년 이상인 교사 | • ICALT-K 연수 및 수업분석 수습 과정을 수료한 자 | • 수업분석전문가 2급 취득 후 ICALT-K 연수 및 수업분석 과정을 수료한 자 | • 수업분석전문가 1급 취득 후 ICALT 통계분석 기법, 코칭 등의 과정을 수료한 자 |
| 자격 연수 | • 기초 과정 8시간 연수<br>• 15~20명이 기초 과정 8시간 연수(1회) (단, 8시간을 2회로 나누어서 연수 시 반드시 1회 연수 때와 동일한 구성원이어야 함) | • 20시간 수업관찰<br>• 4시간 심화 과정 연수 | • 20시간 수업관찰<br>• 4시간 심화 과정 연수 | • 20시간 수업관찰<br>• 8시간 심화과정 연수 |
| 자격 부여 | • 2급 자격증 취득을 위한 20시간 수업관찰자격 생성 | • 20시간 수업관찰 후 수업분석 전문가 1급 자격증취득을 위한 20시간 관찰 자격 생성 | • 20시간 수업관찰 후 수석자격증 취득을 위한 20시간 수석 자격 생성<br>• 수업관찰 및 코딩 | • 수업분석전문가 1급 자격증 취득자 대상 수업코칭 연수자격 취득<br>• 수업관찰 및 코칭 |

ICALT 통계분석기법(문항반응이론, Rasch 모형 등) 및 코칭과정 , 심화연수 8시간과 20시간 수업관찰을 실시한 교사에게 부여하고 있다. 또한 수석 과정은 ICALT 관찰자 연수강사 자격뿐만 아니라 교사를 대상으로 수업관찰 및 수업코칭, 외부 ICALT 전문강사로 활동할 수 있는 자격이 부여된다.

## 2. ICALT 수업분석전문가 연수

수업분석전문가 훈련과정 프로그램은 수업분석전문가를 배양하기 위한 과정으로서 각 과정별로 수업분석전문가가 수업관찰을 위해 습득해야 되는 기본(심화)연수와 ICALT 관찰도구를 활용한 수업관찰 능력을 향상시키는 데 훈련과정의 목적이 있다.

### 1) 수업분석전문가 수습 과정의 연수 주제 및 내용

수업분석전문가 수습과정의 연수 주제 및 내용은 〈표 11-2〉와 같다. 이 과정은 ICALT 연구의 배경과 이론, 코딩 관리 규정과 같은 수업분석에 대한 기초적인 기술 습득에 있다. 또한, ICALT 관찰도구의 내용과 사용법 숙지 그리고 수업관찰 동영상 시청 및 수업관찰 실습을 실시한다. 이 과정은 7개 도메인의 총 35개의 문항 중 교사의 교육 · 교수 행동과 관련된 32개의 문항과 학생의 수업 참여와 관련된 3개의 문항으로 이루어진 ICALT 관찰도구에 대한 이해도를 높이고 도구에 대한 기초적 지식을 습득하는 데 있다. 과정 참여자들은 수업관찰 분석 결과 35개 문항 중 관찰합치도 .70 이상이 도달하여야 하며, 7개 영역 35개 문항과 하위 124개 실천사례 짝 맞추기 테스트에서 70점 이상 도달하였을 때 수습 과정을 수료한 것으로 간주한다.

〈표 11-2〉 수업분석전문가 수습 과정의 연수 주제 및 내용

| 구분 | 차시 | 주제 | 내용 |
|---|---|---|---|
| 수습 과정 | 1 | 수업분석의 기초 | • 수업전문성 이해<br>• ICALT 연구의 배경과 이론 이해<br>• ICALT 코딩 관리 규정<br>• 수업행동분석 국제비교 연구결과 분석 |
| | 2 | ICALT 수업관찰도구의 이해 | • 안전하고 고무적인 수업분위기(수업분위기)<br>–학생에 대한 존중<br>–편안한 분위기<br>–자신감 증진<br>–상호존중 증진<br>• 효율적인 수업운영(수업운영)<br>–질서 있는 수업진행<br>–적절한 과제 완성<br>–효과적인 수업관리<br>–효율적인 학습시간 사용<br>• 명료하고 구조화된 수업내용(수업내용)<br>–학습자료에 대한 명확한 설명<br>–학생에게 피드백 설명<br>–모든 학생의 수업 참여<br>–과제의 이해정도 확인<br>–구조화된 교수법<br>–수업도구의 사용과 지시 사항에 대한 설명<br>• 집중적이고 활발한 수업(수업활동)<br>–활발한 활동 방식 사용<br>–부진학생의 자신감 격려<br>–학생들이 해결책에 대해 생각하도록 자극 유도<br>–사고력을 키우는 질문<br>–학생이 자기 생각을 말할 수 있도록 기회 제공<br>–대화식 수업 제공<br>• 교수 · 학습전략(학습전략)<br>–복잡한 문제의 단순화<br>–통제 활동의 사용 촉진<br>–학생에게 해결책을 확인하도록 가르치기 |

| | | | |
|---|---|---|---|
| | | | –배운 것을 적용하도록 장려<br>–비판적 사고를 하도록 장려<br>–자신의 학습전략에 대해 생각하게 하기<br>• 개별화 학습지도(개별화)<br>–수업의 목표 달성 여부 확인<br>–부진학생에게 추가 학습 시간 및 수업 시간 제공<br>–학생 간 차이에 대한 수업 조정<br>–학생 간 차이에 따라 학습자료 처리 조정<br>• 학생 참여도<br>–학생의 수업 집중도<br>–학생의 흥미도<br>–학생의 능동적 학습활동 |
| | 1 | 수업관찰 실습 I | • ICALT 표준수업동영상 시청 |
| | 2 | 수업관찰 실습 II | • ICALT 수업관찰도구를 활용한 수업분석실습(1차 참여자와 동일한 구성원 15인이 35개 문항 중 관찰합치도 .70 이상 도달) |
| | 2 | ICALT 수업관찰 도구 테스트 | • 7개 영역 35개 문항과 하위 120개 실천사례 짝 맞추기 테스트(70점 이상 도달) |
| 총 연수 시간 | 8 | | |

## 2) 수업분석전문가 2급 과정의 연수 주제 및 내용

수업분석전문가 2급 과정의 연수 주제와 내용은 〈표 11–3〉과 같다. 이 과정은 CALT 표준수업동영상 시청 후 수업관찰결과를 직접 ICALT 관찰도구의 항목에 기반을 둔 태킹연수와 ZPD 탐지 및 결과 분석, 수업지도안 개선안 설계 등을 연수함으로써 수업관찰이나 수업분석에 대한 수업분석전문가로서의 역량을 제고하는 데 있다.

〈표 11-3〉 수업분석전문가 2급 과정의 연수 주제 및 내용

| 구분 | 차시 | 주제 | 내용 |
|---|---|---|---|
| 2급 과정 | 1 | 수업관찰 시청 및 결과 분석 | • ICALT-K 표준수업동영상 시청 |
| | 1 | ICALT 수업관찰도구 항목 태킹 | • ICALT 관찰도구의 하위 120개 항목 기반 태깅 관찰 |
| | 1 | 근접발달영역(ZPD) 탐지 | • ZPD의 개념 및 탐지 결과 분석 |
| | 1 | 수업지도안 작성 | • 수업지도안 개선안 설계 및 작성 |
| 총 연수 시간 | 4 | | |

## 3) 수업분석전문가 1급 과정의 연수 주제 및 내용

수업분석전문가 1급 과정의 연수 주제와 내용은 〈표 11-4〉와 같다. 이 과정은 ICALT-K 표준수업동영상 시청 후 수업관찰결과를 직접 6개 영역의 32개의 문항에 ICALT 관찰도구의 항목에 기반을 둔 태킹연수와 관찰자가 교사의 현재 겪고 있는 어려움과 앞으로 더 향상될 수 있는 기회를 제시하는 활동을 수행할 수 있도록 지원하는 ZPD 탐지 및 결과 분석, 수업지도안 개선안 설계 등을 연수함으로써 수업분석의 역량을 강화하는 데 있다. 또한 수업관찰결과 보고서를 작성하여 수업관찰에 대한 객관적인 코딩 자료를 제공함으로써 교사의 수업전문성을 높이는 데 있다.

〈표 11-4〉 수업분석전문가 1급 과정의 연수 주제 및 내용

| 구분 | 차시 | 주제 | 내용 |
|---|---|---|---|
| 1급 과정 | 1 | 1차 수업관찰 결과 분석 | • ICALT 표준수업동영상 시청 및 분석 |
| | 1 | ICALT 관찰도구 항목 태킹 | • ICALT 관찰도구의 하위 120개 항목기반 태깅 관찰 |
| | 1 | ZPD 탐지 및 코딩 | • ZPD의 개념 및 탐지 결과 분석 |
| | 1 | 수업코칭 결과 보고서 작성 | • 수업코칭 최종 보고서 세부 작성 요령 숙지 |
| 총 연수 시간 | 4 | | |

## 4) 수석 과정 연수 주제 및 내용

수업분석전문가 수석(Master) 과정의 연수 주제와 내용은 〈표 11-5〉와 같다. 이 과정은 수업분석전문가의 최고 단계로서 수업코칭 결과보고서 작성, 수업코칭모형 연수, 측정도구 양호도 검증, 관찰자 신뢰도, 문항반응이론(Rasch 모형, ZPD 산출), 비교연구방법과 같은 통계분석기법을 습득함으로써 수업관찰결과를 다양한 방법으로 분석할 수 있는 최고의 수업분석전문가의 역량을 키우는 단계이다. 또한, 이 과정은 ICALT 관찰자 연수강사 자격뿐만 아니라 교사를 대상으로 수업관찰 및 수업코칭, 외부 ICALT 전문강사로 활동할 수 있는 자격이 부여되는 과정이다.

〈표 11-5〉 수업분석전문가 수석 과정의 연수 주제 및 내용

| 구분 | 차시 | 주제 | 내용 |
|---|---|---|---|
| 수석 과정 | 2 | 수업코칭 결과 보고서 작성 | • 수업코칭 최종 보고서 세부 작성 요령 숙지 |
| | 4 | 통계분석기법 | • 측정도구 양호도 검증<br>–도구의 타당도(요인분석)<br>–도구의 신뢰도<br>• 관찰자 신뢰도<br>–관찰자 간 일치도<br>–관찰 내 일치도<br>• 문항반응이론<br>–문항의 난이도(Rasch 모형)<br>–피험자 능력도(ZPD 산출)<br>• 비교연구방법<br>–Multiple Group Confirmatory Factor Analysis<br>–Differential Item Functioning |
| | 2 | 수업코칭 모형 연수 | • 교사 대상 수업관찰 및 코칭 모형 연수 |
| 총 연수 시간 | 8 | | |

## 5) 수업분석전문가 이수증 및 자격증

ICALT 수업분석 전문가

이 수 증

이름 ____

생년월일 ____

훈련구분 ____

귀하는 국제수업전문성연구(ICALT: International Comparative Analysis of Learning & Teaching) 한국연구센터(ICALT-K)와 네덜란드 흐로닝언대학교(RUG)가 공동으로 운영하는 상기 ICALT 수업분석 훈련과정을 이수하였기에 이 증서를 수여합니다.

국제수업전문성연구
한국센터장 천 세 영

ATTENDANCE
of ICALT Classroom Analyst

THIS IS TO CERTIFY AND APPROVE THAT
____

Born in ____

HAS SUCCESSFULLY ATTENDED AND COMPLETED THE 1ST PERIOD TRAINING OF ICALT (International Comparative Analysis of Learning&Teaching) CLASSROOM ANALYST. ICALT IS THE CO-OPERATION BETWEEN ICALT-K (ICALT Korea Center) and RUG(Rijksuniversiteit Groningen/University of Groningen, The Netherlands).

Director, ICALT-K
Seyeoung CHUN, ph.D

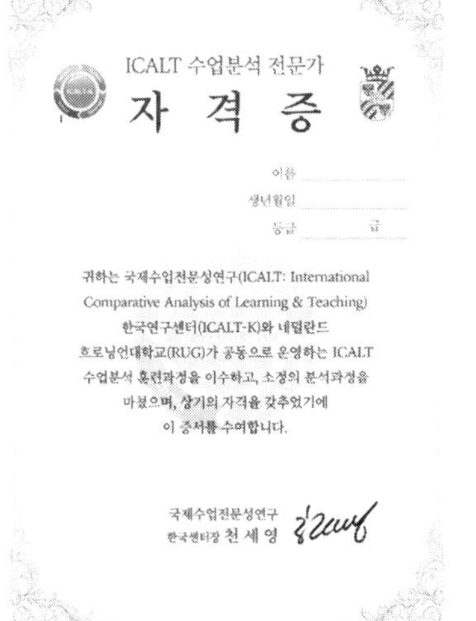

ICALT 수업분석 전문가

자 격 증

이름 ____

생년월일 ____

등급 ____ 급

귀하는 국제수업전문성연구(ICALT: International Comparative Analysis of Learning & Teaching) 한국연구센터(ICALT-K)와 네덜란드 흐로닝언대학교(RUG)가 공동으로 운영하는 ICALT 수업분석 훈련과정을 이수하고, 소정의 분석과정을 마쳤으며, 상기의 자격을 갖추었기에 이 증서를 수여합니다.

국제수업전문성연구
한국센터장 천 세 영

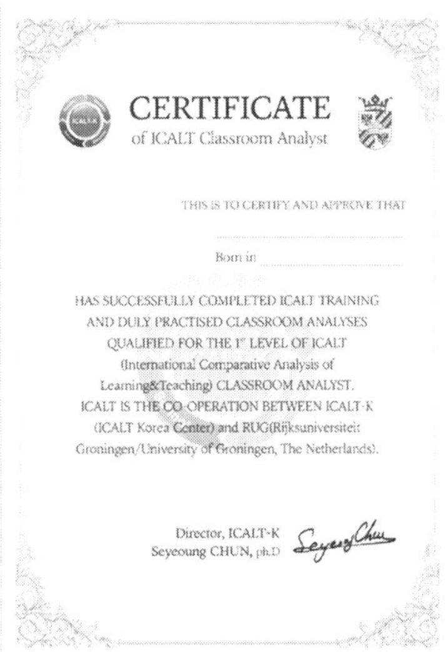

CERTIFICATE
of ICALT Classroom Analyst

THIS IS TO CERTIFY AND APPROVE THAT
____

Born in ____

HAS SUCCESSFULLY COMPLETED ICALT TRAINING AND DULY PRACTISED CLASSROOM ANALYSES QUALIFIED FOR THE 1ST LEVEL OF ICALT (International Comparative Analysis of Learning&Teaching) CLASSROOM ANALYST. ICALT IS THE CO-OPERATION BETWEEN ICALT-K (ICALT Korea Center) and RUG(Rijksuniversiteit Groningen/University of Groningen, The Netherlands).

Director, ICALT-K
Seyeoung CHUN, ph.D

[그림 11-1] 수업분석전문가 이수증과 자격증 예시

# 부록

1. ICALT 연구의 주요 논문
2. ICALT 수업관찰도구
3. ICALT 수업관찰전문가 성찰 설문
4. ICALT 수업교사 설문
5. ICALT 학생 설문

# 부록 1 ICALT 연구의 주요 논문

1) Van de Grift, W. (2007). Quality of teaching in four European countries: a review of the literature and application of an assessment instrument. *Educational Research, 49*(2), 127-152. DOI: 10.1080/00131880701369651.

2002년부터 영국, 플랑드르(벨기에), 니더작센주(독일), 네덜란드의 장학사들이 ICALT(International Compalyse Analysis of Learning and Teaching) 프로젝트에 대한 계획을 세우고 프로젝트를 시작했습니다. 해당 유럽 국가들의 장학사들은 훌륭하고 효과적인 교육의 기본 특성에 대한 연구 결과와 교육의 질을 평가하는 데 사용할 수 있는 관찰도구의 지표와 항목을 검토했습니다. 또한 장학사들은 공동으로 초등학교 교수 · 학습의 질을 관찰하고 분석하기 위한 도구를 개발했습니다. 이 연구의 목적은 관찰도구를 활용하여 4개국에서 신뢰성, 평가자 간 신뢰도 및 타당성을 시험해 보는 것입니다. 연구를 위하여 영국, 플랑드르(벨기에), 니더작센주(독일), 네덜란드 854개의 교실에서 수학 수업을 관찰하였으며, 수업에 참여한 학생들은 9세였습니다. 4개국의 장학사는 관찰도구의 올바른 사용을 위해 교육을 받았으며, 각국의 장학 또는 평가 기간에 이 관찰도구를 활용했습니다. 연구결과, 4개 국가에서 '효율적인 수업관리(efficient classroom management)' '안전하고 고무적인 수업분위기(safe and stimulating learning climate)' '명확한 수업(clear instruction)' '학생 간 차이를 반영한 수업(adaptation of teaching)' '교수 · 학습전략(teaching-learning strategies)' 등의 5가지 측면에서 신뢰할 수 있는 유효한 방법으로 수업의 질을 비교할 수 있었습니다. 결론적으로 교사들 차이의 몇 퍼센트만이 4개국의 차이로 설명될 수 있습니다. 네덜란드 장학사가 수집한 자료에서 수업의 질 차이는 17~40%가 학교 간 차이에 기인하였기 때문에 4개국 수업의 질 차이는 비교적 작았습니다. 또한, 수업의 질에 대한 5가지 측면이 학생의 참여, 태도, 행동 및 성취에 긍정적이고 유의미하게 상관관계가 있다는 결론을 내릴 수 있습니다.

**2) Maulana, R., Helms-Lorenz, M., & Van de Grift, W. (2014). Development and evaluation of a questionnaire measuring pre-service teachers' teaching behavior: A Rasch moelling approach. School Effectiveness and School Improvement. Advance online publication. DOI: 10.1080/09243453.2014.939198.**

이 연구는 교사 교육 및 교사 전문성 개발 프로그램에서 교수 행동에 학생들의 인식을 활용하는 것을 측정하는 것의 실질적인 가치를 탐구하기 위해 (예비)교사의 교수 행동에 대한 학생들의 인식을 활용하는 측정도구를 개발 및 검토하였습니다. 네덜란드의 중등학교 91명의 예비교사가 가르치는 1,635명 학생, 45명의 교사와 해당 교사의 무작위 표본인 학생 809명, 46명의 교사와 해당 교사의 무작위 표본인 학생 826명의 자료를 분석하였습니다. Rasch 모델링을 데이터에 활용하기 전에 기존의 고전검사분석을 예비 접근 방식으로 사용했습니다. 또한, 다층분석을 사용하여 외적 준거로서 학생의 학습 참여에 대한 측정의 예측 타당성을 조사했습니다. 연구결과, 교사 행동을 측정하는 대표적인 측정 기준이 Rasch 모델의 요구 사항을 충분히 충족시키는 것으로 나타났습니다. 그 밖에 이 연구에는 연구와 교육 현장(실제)에 대한 연구 결과의 시사점에 대해 논의했습니다.

**3) Lorenz, M., Maulana, R., Canrinus, E., van Veen, K., & van de Grift, W. (2016). Teaching skills and transition smoothness of teachers educated in professional development schools in The Netherlands. Groningen: University of Groningen.**

이 연구의 목적은 3년 동안 네덜란드의 중등 교육에서 Professional Development Schools(이하 PDS)를 기반으로 한 교원 양성의 결과를 평가하는 것입니다. 이 연구는 PDS 출신 및 PDS 출신이 아닌 예비교사의 행동 및 정의적 성취 측정을 탐색합니다. PDS 출신이 아닌 교사 약 150명을 PDS 출신 교사 50명과 3년 동안 비교하였으며, 응답률은 감소하였습니다. 수업 기술의 전문가 등급 기준에 근거하여, 두 번째 해에는 PDS 출신 교사의 수업관찰 등급은 PDS 출신이 아닌 교사에 비해 높았습니다. 이것은 학생들의 인식 결과와 일치했습니다. 분산 분석 결과에 따르면, 학생들이 인식한 교수 기술은 PDS 출신 교사가 PDS 출신이 아닌 교사의 교수 기술에 비해 연구의 두 번째 해에 유의미한 차이가 있었으며, 세 번째 해에는 차이가 없는 것으로 나타났습니다. PDS 출신 교사들은 매년 높은 교사 효능을 보고했습니다. 직무 만족도와 직무에 대한 두 그룹 간에 차이는 발견되지 않았습니다. PDS 출신 교사는 PDS 출신이 아닌 교사에 비해 교원 양성이 훨씬 더 긍정적이라고 평가했습니다. PDS 출신 교사는 PDS 출신이 아닌 교사에 비해 첫해에 더 많은 학습 기회를 보고했습니다. 이 연구에서는 그 밖에 연구의 시사점 및 제한 사항에 대해 논의되었습니다.

4) **Maulana, R., & Helms-Lorenz, M.(2016). Observations and student perceptions of the quality of preservice teachers' teaching behaviour: construct representation and predictive quality. *Learning Environments Research, 19*(3), 335-357. DOI 10.1007/s10984-016-9215-8.**

수업관찰자와 학생의 인식은 교수 행동을 조사하는 데 중요한 도구로 인식되지만 수업관찰자와 학생(각각의 설문 도구가 다름) 모두 유사하게 구성된 교수 행동 지표에 동의하는지, 학생의 학업 성과와 어떻게 연결되는지에 대해서는 거의 알려져 있지 않습니다. 이 연구는 숙련된 교사 관찰자와 학생이 인식하고 있는 예비 교사의 교수 행동 지표를 비교해 보았습니다. 또한 학생의 학습 참여를 위한 두 가지 교수 행동 측정의 예측력을 조사했습니다. 이 연구에 사용된 교수 행동의 이론적 구조는 실증적인 교사 효과성 연구에서 파생된 증거 기반 연구를 기반으로 합니다. 이 연구는 네덜란드에서 2,164명의 학생과 108명의 교사를 포함하는 국가 프로젝트의 일부였습니다. 연구결과, 교수 행동에 대한 수업관찰자와 학생의 인식이 비슷한 이론적 토대를 바탕으로 하지만, 행동 지표는 어느 정도 다른 것으로 나타났습니다. 또한 두 가지 관점 모두 학생의 학습 참여를 예측할 수 있는 중요한 예측 변수이지만, 학생의 인식은 수업관찰자보다 학습 참여를 더 잘 예측하는 것으로 나타났습니다. 이러한 연구결과를 바탕으로 이 연구에서는 학습 환경 및 교사 교육에 관한 연구에 대한 시사점이 논의되었습니다.

**5) Wim, J.C.M., van de Grift, Seyeoung Chun, Ridwan Maulana, Okhwa Lee & Michelle Helms-Lorenz (2016): Measuring teaching quality and student engagement in South Korea and The Netherlands, School Effectiveness and School Improvement, DOI: 10.1080/09243453.2016.1263215.**

한국과 네덜란드에서 평가된 교사의 기술 측정을 위한 6개의 관찰 척도와 1개의 학생 참여 측정 척도는 충분히 신뢰할 수 있고, 학생 참여에 대한 충분한 예측 값을 제공합니다. 다중그룹 확인적 요인 분석(multigroup confirmatory factor analysis)에 따르면, 요인 부하값과 절편이 두 국가에서 허용 가능한 범위 내에서 동일하다는 것을 알 수 있습니다. 따라서 두 국가의 교사 평균 점수를 신뢰할 수 있고 유효한 방식으로 비교할 수 있습니다. 289명의 네덜란드 교사들은 '안전하고 고무적인 수업분위기(creating a safe and stimulating learning climate)'와 '집중적이고 활발한 수업(intensive and activating teaching)' '효율적인 수업운영(efficient classroom management)'에서 유의하게 점수를 얻었습니다. '명료하고 구조화된 수업분위기(clear and structured instruction)'에서는 두 국가 간 유의한 차이는 없었습니다. 375명의 한국 교사는 '교수 · 학습전략(teaching learning strategies)'과 '학생 간 차이를 반영한 수업(differentiating instruction)'에서 네덜란드 교사보다 훨씬 뛰어났습니다. 또한, 한국에서 더 높은 학생 참여 점수를 확인했습니다.

6) **Van der Lans, R., van de Grift, W., & van Veen, K. (2018). Developing an Instrument for Teacher Feedback: Using the Rasch Model to Explore Teachers' Development of Effective Teaching Strategies and Behaviors. *Journal of experimental education, 86*(2), 247-264. https://doi.org/10.1080/00220973.2016.1268086.**

이 연구는 어떻게 효과적인 수업이 개발될 수 있는지에 대한 기초 이해를 다지기 위해 효과적인 수업에 대한 설명과 교사발달에 대한 설명 간의 관련성을 알아보았습니다. 이 연구의 주요 전제는 '효과적인 수업은 점증적으로 발전된다'는 것으로, 이는 기본적인 교수 전략과 교수행동이 보다 복잡한 수준으로 발전되기 전에 요구되기 때문입니다. 이 연구에서 연구 대상은 878개의 교실에서 관찰된 교수행동을 포함하고 있으며, 교수행동은 ICALT(the International Comparative Analysis of Learning and Teaching) 관찰도구를 사용하여 관찰되었습니다. Rasch 분석을 사용하여 효과적인 교수행동 32개 중 31개가 점증적 순서에 적합하다는 것이 밝혀졌습니다. 또한, 이 순서는 교사 발달에 대한 설명과 유사합니다. 연구결과 이 도구가 교사의 효과적인 교수법 개발을 설명하는데 유용한 도구인 것으로 나타났습니다.

7) **Wim, J. C. M., van de Grift, Thoni A. M. Houtveen, Henk T. G. van den Hurk & Oscar Terpstra (2019): Measuring teaching skills in elementary education using the Rasch model. *School Effectiveness and School Improvement*. DOI: 10.1080/09243453.2019.1577743.**

초등학교와 유치원에서의 수업 기술 측정을 위한 관찰 척도가 개발되었습니다. 500개의 관측치를 바탕으로 척도가 Rasch 모델의 요구 사항을 충족시키는 것으로 나타났습니다. 이러한 관찰 척도는 초등학교와 유치원에서 교사의 근접발달영역을 찾는 데 도움이 될 수 있습니다. 이는 교사의 수업 기술 향상에 도움이 될 수 있습니다. 구체적으로 살펴보면, 연구에서 6~12세의 학생들과 가르치는 교사의 교수 기술을 측정하기 위해 31개 항목의 신뢰할 수 있는 Rasch 척도를 개발했습니다. 이 척도는 관찰된 교사의 근접발달영역을 나타내는 7개의 영역을 구별하는 데 적합합니다. 교사 배경에 따른 연구결과를 살펴보면, 먼저 남녀 교사의 평균 점수에는 차이가 없었습니다. 초임교사와 5년 미만의 경력 교사는 고경력 교사에 비해 교수 기술이 낮았습니다. 고학년을 가르치는 교사는 저학년 담당교사에 비해 우수한 교수 기술을 보여 주었습니다. 수업 규모와 교수 기술 사이에 유의하지만 작은 긍정적인 상관관계를 확인했습니다. 이는 학교의 리더십 수준 또는 가장 숙련된 교사가 더 큰 규모의 교실에 배치되는 학교 정책과 관련이 있을 수 있습니다. 유치원에서의 교육을 관찰하기 위해서는 이 연구의 부록 2절에 제시한 ICALT 척도의 24개 항목 버전을 사용하는 것이 좋습니다.

### 8) 천세영, 이옥화, 전미애(2017). ICALT 관찰도구를 활용한 교사의 교실수업전문성 분석 연구. 교육공학연구, 33권 2호, 517-536.

ICALT 도구를 활용하여 한국 교사의 수업행동을 관찰하고, 관찰한 결과를 6가지 하위 영역으로 구분하여 검증한 결과, 이 연구에 참여한 교사들의 수업전문성은 우수한 것으로 나타났습니다. 연구대상 교사들의 수업전문성은 교사 개인배경에 따라 차이가 있었는데, 성별로는 여자교사가, 학교급별로는 중학교 교사가 수업전문성 수준이 높은 것으로 나타났습니다. 교사의 수업전문성은 학생의 학습참여와 관련이 있으며, 교사의 수업전문성은 향상이 가능한 것으로 나타났습니다.

**9) 이옥화, 장순선, 김득준(2018). 수업관찰 유형에 따른 수업전문성 요인 차이 분석: ICALT 수업분석 관찰도구 활용을 기반으로. 교육공학연구, 34(3), 441-465.**

동영상 관찰과 직접 관찰 수업분석결과를 비교하여 두 수업관찰 유형 간에 분석결과에 수업전문성 요인의 차이가 있는지 분석하는 것이 연구의 목적이다. 두 가지 수업관찰 유형의 분석을 위해 수업전문성 분석도구인 ICALT를 활용하였다. ICALT 도구 사용법 훈련을 통해 검증된 수업관찰 전문가가 2016~2017년 충남, 충북, 대전, 경기, 울산 지역에서 수집한 총 458건(동영상 관찰 103건, 직접 관찰 355건)의 수업분석결과를 대상으로 두 관찰 유형별 차이를 분석하였다. 탐색적 요인분석을 사용하여 동영상 수업관찰과 직접 관찰 수업관찰의 결과에 차이가 있는 것이 확인되었다. 동영상 관찰의 탐색적 요인분석 과정에서 제거되었던 ICALT 수업전문성 요소는 1영역(안전하고 고무적인 수업분위기)과 2영역(효율적 운영 영역)은 모든 문항과 4영역(집중적이고 활발한 수업)의 3문항, 3영역(명료하고 구조화된 수업분위기)과 6영역(교수 · 학습전략)은 1문항이었다. 반면, 수업전문성의 난이도가 높은 5영역(학생 간 차이를 반영한 수업과 학습자 조절)의 경우는 모든 문항이 제거되지 않았다. 따라서 수업분석을 위한 동영상 녹화 시 안전하고 고무적인 수업분위기와 효율적 운영, 집중적이고 활발한 수업에 대한 관찰이 가능하도록 교사와 학생들의 상호 활동들이 포함되도록 유의해야 할 것이고, 명료한 방식으로 수업내용을 제시하고 설명하고 학생들이 비판적으로 생각하도록 유도하는 활동이 동영상에 포함되도록 고려해야 할 것이다.

### 10) 천세영, 김득준, 정일화(2018). 수업전문성 측정도구(ICALT)의 문항별 신뢰도 및 타당도에 관한 연구. 한국교원교육연구, 35, 31-54.

Van de Grift(2007)의 ICALT 도구가 한국적 상황에서 수업전문성을 측정하는 도구로 적용 가능한가를 확인하는 데 연구 목적을 두고 진행되었다. ICALT 수업전문성 관찰도구는 6개의 교사의 수업행동 도메인과 1개의 학생의 수업참여도 도메인을 구성하는 총 35개의 문항으로 구성되어 있다. 이 연구에서 사용된 자료는 2014, 2016, 2017년에 진행된 총 855개의 초등 및 중등 수업관찰이며, 주요 연구결과는 다음과 같다. 첫째, ICALT의 요인구조와 각 문항이 한국 교사의 수업전문성을 측정하기에 적합한지를 분석하고자 확인적 요인분석을 실행한 바, 모델 적합도를 나타내는 추정치의 값이 RMR 037, RMSEA .057, IFI .921, TLI .912, CFI .921 등 모두 통계적으로 유의한 것으로 검증되었다. 둘째, 모델 적합도를 떨어뜨리는 문항을 찾아 도구의 신뢰도와 타당도를 높일 수 있는 방법을 찾기 위해 탐색적 요인분석을 하였다. '전체(중등+초등)' 집단과 '중등' 집단은 4개 요인, '초등' 집단은 3개 요인이 추출되었고, 문항별 용어 번역의 적합성을 개선함으로써 관찰도구의 문화 간 타당도를 높일 수 있을 것으로 판단되었다.

### 11) 이재홍(2019). 교과교실제 정책과 수준별 수업에서의 교사의 수업전문성 발현 분석 연구. 충남대학교 대학원. 박사학위논문.

2000년대 초부터 일부 사립고등학교에서 실험적으로 운영되었던 교과교실제는 교과 특성에 적합한 교수학습 자료를 구비한 교실환경을 구축하고 학생들의 능력과 적성에 따라 학습집단을 재편성하여 학생중심의 수준별 맞춤형 교육을 실시하는 것이다. 따라서 교과교실제 정책의 교육적 효과를 검증하기 위해서는 교과교실제 운영에서 나타나는 수준별 이동수업이 교사의 수업전문성 발현에 어떠한 영향을 미치는가를 살펴볼 필요가 있다.

본 연구에서는 교과교실제의 주요 목적인 '수준별 · 맞춤형 수업의 활성화' 영역의 효과성 분석을 교사의 측면에서 분석하고자 ICALT 수업관찰도구를 활용하여 수준별 이동수업 실시 여부에 따른 교사의 수업전문성 차이를 분석하였다. 연구 대상은 2014년과 2017년에 ICALT 연구에 참여한 59명의 수업관찰자가 중 · 고등학교 91개교에 근무하는 교사 531명의 수업을 대상으로 교과교실제의 수준별 이동수업 실시 여부에 따라 관찰한 결과를 비교 분석하였다. 그 결과는 다음과 같다.

첫째, 수준별 이동수업 실시에 따른 수업전문성은 긍정적 효과가 발견되지 않았다. 오히려 측정 영역 중에서 고급 수준의 수업전문성 영역(개별화 수업 지도와 교수학습 전략)에서는 수준별 이동수업을 실시하지 않는 것이 좋다는 결과가 나타났다. 둘째, 학교급별 수준별 이동수업 여부에 따른 수업전문성은 중학교 교사가 고등학교 교사보다 높게 나타났다. 셋째, 교과교실제 유형별 수준별 이동수업 여부에 따른 수업전문성은 전체적인 교수 · 학습환경과 교육여건이 우수한 선진형 사례가 과목중점형 사례보다 높았다. 넷째, 영어와 수학교과에서 수준별 이동수업 여부에 따른 수업전문성은 영어교과에서는 차이가 나타나지 않았지만, 수학교과에서는 수준별 이동수업을 실시하지 않는 것이 수업전문성의 2개 영역(수업분위기와 교수학습전략)에서 높게 나타났다. 교과별 학급급을 달리하여 비교하면 영어교과에서는 수업전문성에 차이가 나타나지 않았지만, 수학교과에서는 중학교에서 수준별 이동수업을 실시하는 것이 고등학교에서보다 높게 나타났다.

우리나라의 중등학교는 평준화 정책에 의해 동일 학급 내에 학력 수준의 이질성이 심하게 편성되어 있고, 대학 입시에 집중되어있는 교육적 특성, 국가교육과정에 따른 교과서 내용 중심의 수업 진행, 그리고 수준별 이동수업에 따라 수준별 학습을 실시하고도 동일한 내신평가로 성적을 반영하는 것 등의 한국적 특성들이 혼합되어 있어 수준별 이동수업에 대한 교사의 수업전문성 발현 차이를 평가하는 것은 어려운 실정이다.

본 연구 결과를 종합해 보면 수준별 이동수업이 교사의 수업전문성 발현에 긍정적이라고 결론지을 수는 없다. 이것은 수준별 이동수업의 효과는 단순히 학생들을 교과 성적에 따라 동질화시킨다고 해서 교사의 수업전문성 발현에 도움이 되지는 않는다는 것을 의미한다. 따라서 이 연구 결과에 기반하여 후속 연구로 현재 중등학교에서 운영되는 교과교실제에서 수준별 이동수업이 교사의 수업전문성 발현에 긍정적일 수 있도록 면밀히 검토할 것을 제안한다.

### 12) 권현범(2019). ICALT로 측정한 교사의 수업전문성 발현에 영향을 주는 변인 분석. 충남대학교 대학원. 박사학위논문.

교사의 수업전문성은 교사 개인 변인과 학교 배경 변인에 따라 다르게 발현된다. 교사의 수업전문성을 측정하는 것뿐 아니라 외부 요인을 고려한 수업전문성 발현 차이를 연구할 필요성이 있다. 이를 위하여 이 연구에서는 ICALT를 이용하여 측정 가능한 교사의 수업전문성을 설정하였고, 교사 개인 변인과 학교 배경 변인이 교사의 수업전문성 발현에 어떤 영향을 미치는지를 분석하려는 목적을 지니고 있다. 연구 목적에 따른 구체적인 연구문제는 다음과 같다.

첫째, ICALT로 측정한 중등학교 교사의 수업전문성 발현은 교사 간, 학교 간 어떠한 차이가 있는가?

둘째, ICALT로 측정한 수업전문성 발현은 교사의 특성에 따라 어떠한 차이가 있는가?

셋째, ICALT로 측정한 수업전문성 발현은 학교의 특성에 따라 어떠한 차이가 있는가?

연구문제를 해결하기 위하여 대전, 충남, 충북 지역의 중학교와 고등학교 총 19개교와 수업교사 357명을 대상으로, 2014년에 실시한 ICALT 관찰전문가 관찰도구를 종속변인으로 구성하였다. 독립변인을 선정하기 위하여 교사의 전문성과 관련된 선행연구를 문헌 탐색하여 관련 변인을 선정하였고,

2014년 교육데이터서비스시스템에서 변인을 추출하였다. 이를 다시 상관분석, 차이검정 등을 실시하여 각 수업전문성 영역에 해당하는 설명변인을 얻은 다음 최종적으로 위계적 선형분석을 실시하였다. 독립변인은 교사 개인 변인과 학교 배경 변인으로 구분하였고, 교사 개인 변인은 성별, 연령, 경력, 학위유무, 과목으로 하였으며, 학교 배경 변인은 학교 일반 특성과 교직 특성 등으로 나누었다. 일반 특성에는 학급당 학생 수, 학업성취수준, 일반행정직원 비율, 학교 유형 등이 속하였고, 교직 특성은 교사 평균경력, 교원단체 가입율, 기간제 교사 비율, 교사 성비율, 평균 수업시수, 직무연수율, 평균잡무처리시간 등으로 하였다. 성별, 학위유무, 과목, 학교 유형 등의 변인은 이분형 자료로 더미 처리하여 분석하였다.

이를 바탕으로 세 가지 결론을 도출할 수 있었다. 첫째, 수업전문성 발현은 전반적으로 교사 간 차이보다 학교 간 차이가 더 크게 나타났다. 고급수준으로 수업전문성이 높아질수록 학교 배경 변인이 크게 작용하였고, 반대로 초급수준으로 수업전문성이 내려갈수록 교사 개인 변인이 크게 작용하는 특성을 발견했다. 둘째, 수업전문성 발현은 교사의 특성에 따라 차이가 있었다. 연령과 경력처럼 시간이 지남에 따라 얻게 되는 교사의 자질은 수업전문성 발현에 유의미한 변인으로 작용하지 않았다. 교사의 성별은 전반적으로 수업전문성 발현에 영향을 미치는 것으로 나타났지만, 여교사가 수업전문성을 잘 발현하였다. 국어, 영어, 수학 과목이 아닌 과목에서 수업운영과 수업내용 전문성이 더 잘 발현되는 것으로 조사되었다. 석사학위 이상을 취득하는 것만으로 수업전문성을 잘 발현한다고 할 수 없다는 것이 확인되었다. 셋째, 수업전문성 발현은 학교의 특성에 따라 차이가 있었다. 학교 배경 변인이 수업전문성 발현을 설명하는 경향에 따라 어떤 영역도 설명하지 못하는 변인, 모든 영역을 공통적으로 설명하는 변인, 특정한 영역만을 설명하는 변인 등으로 나눌 수 있었으며, 초급 수업전문성 영역 발현을 설명하는 변인이 고급 수업전문성을 발현하기 위하여 필요조건은 아닌 것으로 나타났다. 특히 학급당 학생 수와 교사의 잡무처리시간은 교사의 수업전문성 모든 영역 발현과 무관하였고, 수업전문성 모든 영역에서 사립보다는 공립 중등학교가, 교사의 경력이 높은 학교에서, 교원단체에 가입한 교사가 많을수록 개별 교사의 수업전문성이 잘 발현되는 것으로 나타났다. 또한 수업시수가 적을 때 수업분위기를 좋게 하며, 수업내용과 활동을 풍요롭게 운영하였고, 개별 학생들에게 학습전략지도를 해 줄 수 있는 것으로 나타났다. 교사의 직무연수를 표면적으로 이행하면 오히려 수업전문성 발현을 저해할 수 있음을 확인하였다.

# 부록 2 ICALT 수업관찰도구

1. 국가명: 대한민국　　　　　　　　2.수업관찰일(년-월-일) :
3. 학교명:
4. 지역: ①=대전 ②=충남 ③=충북 ④=울산 ⑤=대구 ⑥=경기 ⑦=서울 ⑧=기타(　　　　)
5. 학교급 및 유형: ①=초등학교 ②=중학교 ③=일반계 고등학교 ④=특성화 고등학교 ⑤=기타(　　　)
6. 설립유형: ①=국공립　　　②=사립　③=기타(　　　　　　　)
7. 학년: 초등학교( )학년 중학교( )학년 고등하교( )학년
8. 수준별 수업: ①=하반　②=중반　③=상반　④=수준별 수업 미실시
9. 수강 학생 수: (　)명
10. 수업관찰 시간: ①=1,2교시 ②=3,4교시 ③=5,6교시 ④=7,8교시
11. 수업관찰 유형: ①=직접관찰 ②=동영상관찰
12. 관찰전문가명:
13. 관찰전문가 담당과목:
14. 관찰전문가 성별: ①=남　②=여
15. 관찰전문가 직업: ①=유초중등교원 ②=대학교수 ③=기타(　　　)
16. 관찰전문가 교직경력: (　)년
17. 수업분석 전문가 자격 취득 여부(상위자격 표기): ①=수습 ②=2급 ③=1급 ④=수석분석 전문가
18. 수업분석 전문가 자격 연수 연도: (　　)년
19. 수업담당 교사명:
20. 수업담당 교사 성별: ①=남②=여
21. 수업담당 교사 수업과목(관찰대상과목):
22. 수업담당 교사 교직경력: ( )년
23. 수업담당 교사 최종학력: ①=학사　②=석사　③=박사

아래의 수업행동과 사건을 관찰하세요.

결과기록방식1(필수사항) 해당번호에 ○표 하시오: 1=매우 약하다, 2=약한 편하다, 3=강한 편이다, 4=매우 강하다

관찰기록방식2(선택사항) 해당번호에 ○표 하시오: 0=아니요 또는 나는 못 봤어요, 1=예 또는 나는 보았습니다.

| 지표: 교사는 ···<br>Indicator: The teacher ··· | | | 결과 [1]<br>Results [1] | 좋은 실천사례: 선생님은 ···<br>Examples of good practice: The teacher ··· | 관찰 [2]<br>Observed [2] |
|---|---|---|---|---|---|
| 안전하고 고무적인 수업분위기<br>Safe and stimulating learning climate | 1 | 학생의 말과 행동을 존중한다.<br>...shows respect for learners in his/her behaviour and language | 1 2 3 4 | 학생의 말을 중간에서 끊지 않는다.<br>...lets learners finish their sentences | 0 1 |
| | | | | 학생의 발표 및 의견을 경청한다.<br>...listens to what learners have to say | 0 1 |
| | | | | 틀에 박힌 타입으로 단정 지어 말하지 않는다.<br>...does not make role stereotyping remarks | 0 1 |
| | 2 | 분위기를 편안하게 유지한다.<br>...maintains a relaxed atmosphere | 1 2 3 4 | 학생에게 긍정적으로 이야기해 준다.<br>...addresses learners in a positive manner | 0 1 |
| | | | | 유머를 사용하고 허용(권장)한다.<br>...uses and stimulates humor | 0 1 |
| | | | | 학생이 실수할 수도 있다는 사실을 인정한다.<br>...accepts the fact that learners make mistakes | 0 1 |
| | | | | 모든 학생에 대한 공감을 보여 준다.<br>...shows compassion and empathy for all learners present | 0 1 |
| | 3 | 학생의 자신감을 증진시킨다.<br>...promotes learners' self-confidence | 1 2 3 4 | 학생의 질문과 발표에 긍정적인 피드백을 한다.<br>...gives positive feedback on questions and remarks from learners | 0 1 |
| | | | | 학생의 활동에 대해 칭찬을 한다.<br>...compliments learners on their work | 0 1 |
| | | | | 학생이 기여한 부분을 인정해 준다.<br>...acknowledges the contributions that learners make | 0 1 |
| | 4 | 상호 존중을 증진한다.<br>...fosters mutual respect | 1 2 3 4 | 학생이 서로 경청하도록 격려한다.<br>...stimulates learners to listen to each other | 0 1 |
| | | | | 학생이 누군가를 놀릴 때 적절히 개입한다.<br>...intervenes when learners make fun of someone | 0 1 |
| | | | | 학생 간 (문화) 차이 및 특성을 인정한다.<br>...keeps (cultural) differences and idiosyncrasies in mind | 0 1 |
| | | | | 학생 간 일체감을 갖도록 격려한다.<br>...stimulates solidarity between learners | 0 1 |
| | | | | 모둠활동을 경험할 수 있도록 지원한다.<br>...encourages learners to experience activities as group events | 0 1 |

| 지표: 교사는 ··· Indicator: The teacher ··· | | | 결과 [1] Results [1] | 좋은 실천사례: 선생님은 ··· Examples of good practice: The teacher ··· | 관찰 [2] Observed [2] |
|---|---|---|---|---|---|
| 효율적 수업운영 Efficient organization | 5 | 수업이 질서 있게 진행되도록 노력한다. ...ensures the lesson proceeds in an orderly manner | 1 2 3 4 | 학생이 질서 있게 교실에 들어오고 착석하게 한다. ...Learners enter and settle in an orderly manner | 0 1 |
| | | | | 문제가 있을 때 적시에 적절히 관여한다. ...intervenes timely and appropriately in case of disorder | 0 1 |
| | | | | 합의된 규정과 행동규칙을 준수하게 한다. ...safeguards the agreed rules and codes of conduct | 0 1 |
| | | | | 수업이 끝날 때까지 모든 학생이 활동에 참여하게 한다. ...keeps all learners involved in activities until the end of the lesson | 0 1 |
| | | | | 학생이 도움이 필요할 때, 무엇을 해야 할지 분명히 알려 주고, 언제 도움을 요청할지 명확히 설명한다. ...makes sure that learners know what to do if they need help with their work and explains clearly when they can ask for help | 0 1 |
| | | | | 수업 중 과제가 끝난 다음 어떻게 해야 할지 정확히 알려 준다. ...makes sure learners know what to do when they have finished their work | 0 1 |
| | 6 | 학생이 적절한 방식으로 활동하고 있는지 확인한다. ...monitors to ensure learners carry out activities in the appropriate manner | 1 2 3 4 | 학생이 자신이 수행해야 하는 과제를 이해했는지 확인한다. ...checks whether learners have understood what they have to do | 0 1 |
| | | | | 과제 수행 중 학생 간의 사회적 관계가 제대로 작동되도록 피드백을 제공한다. ...provides feedback on learners' social functioning whilst carrying out a task | 0 1 |
| | 7 | 효과적으로 교실수업을 관리한다. ··· provides effective classroom management | 1 2 3 4 | 어떤 자료가 쓰일지 명확히 설명한다. ...explains clearly which materials can be used | 0 1 |
| | | | | 수업자료를 사용할 준비가 잘 되어 있다. The materials for the lesson are ready for use | 0 1 |
| | | | | 수업자료가 학생 수준과 발달단계에 맞게 제공된다. Materials are geared at the right level and developmental stage of the learners | 0 1 |
| | 8 | 수업 시간을 효율적으로 사용한다. ... uses the time for learning efficiently | 1 2 3 4 | 정시에 수업을 시작한다. ...starts the lesson on time | 0 1 |
| | | | | 수업의 시작, 중간, 끝 지점에 시간 낭비를 하지 않는다. ...does not waste time at the beginning, during, or at the end of the lesson | 0 1 |
| | | | | 불필요한 중단이 일어나지 않게 한다. ...prevents any unnecessary breaks from occurring | 0 1 |
| | | | | 학생이 기다리지 않게 한다. ...does not keep learners waiting | 0 1 |

| 지표: 교사는 … Indicator: The teacher … | | | 결과 [1] Results [1] | 좋은 실천사례: 선생님은 … Examples of good practice: The teacher … | 관찰 [2] Observed [2] |
|---|---|---|---|---|---|
| 명료하고 구조화된 수업내용 Clear and structured instruction | 9 | 수업내용을 명료하게 제시하고 설명한다. …presents and explains the subject material in a clear manner | 1 2 3 4 | 학생의 사전지식을 일깨운다. …activates prior knowledge of learners | 0 1 |
| | | | | 차근차근 단계를 밟아 가며 수업한다. …gives staged instructions | 0 1 |
| | | | | 학생이 이해할 수 있는 질문을 한다. …poses questions which learners can understand | 0 1 |
| | | | | 때때로 수업내용을 요약해 준다. …summarizes the subject material from time to time | 0 1 |
| | 10 | 학생에게 피드백을 제공한다. …gives feedback to learners | 1 2 3 4 | 대답이 맞고 틀린지 여부를 명확히 알려 준다. …makes clear whether an answer is right or wrong | 0 1 |
| | | | | 대답이 왜 맞고 틀린지 명확히 설명해 준다. …makes clear why an answer is right or wrong | 0 1 |
| | | | | 학생이 대답에 이르는 방식에 대해 피드백을 해 준다. …gives feedback on the way in which learners have arrived at their answer | 0 1 |
| | 11 | 모든 학생이 수업에 참여하게 한다. …engages all learners in the lesson | 1 2 3 4 | 활발한 참여를 유도할 수 있는 학생 과제를 만든다. …creates learners assignments which stimulate active participation | 0 1 |
| | | | | 학생이 곰곰이 생각할 수 있는 질문을 한다. …asks questions which stimulate learners to reflect | 0 1 |
| | | | | 학생이 수업내용을 잘 듣고 지속적으로 활동할 수 있게 한다. …makes sure that learners listen and/or continue working | 0 1 |
| | | | | 질문 후 '생각할 시간'을 허용한다. …allows for 'thinking time' after asking a question | 0 1 |
| | | | | 수업에 자발적으로 참여하지 않은 학생도 적극적으로 학습에 참여할 수 있게 유도한다. …also invites learners to participate who do not volunteer to do so | 0 1 |
| | 12 | 설명단계에서 학생이 학습내용을 이해하는지 확인한다. …during the presentation stage, checks whether learners have understood the subject material | 1 2 3 4 | 학생이 곰곰이 생각할 수 있는 질문을 한다. …asks questions which stimulate learners to reflect | 0 1 |
| | | | | 학생이 학습내용을 이해하고 있는지 주기적으로 확인한다. …checks regularly whether learners understand what the lesson is about | 0 1 |

| 지표: 교사는 …<br>Indicator: The teacher … | | | 결과 [1]<br>Results [1] | 좋은 실천사례: 선생님은 …<br>Examples of good practice: The teacher … | 관찰 [2]<br>Observed [2] |
|---|---|---|---|---|---|
| 명료하고 구조화된 수업내용<br>Clear and structured instruction | 13 | 학생이 최선을 다하도록 격려한다.<br>...encourages learners to do their best | 1 2 3 4 | 최선을 다하는 학생을 칭찬한다.<br>...praises learners who do their best | 0 1 |
| | | | | 모든 학생이 최선을 다해야 한다는 것을 명확하게 한다.<br>...makes clear that all learners should do their best | 0 1 |
| | | | | 학생이 달성해야 할 것에 대해 긍정적인 기대감을 표현한다.<br>...expresses positive expectations about what learners are going to achieve | 0 1 |
| | 14 | 잘 구조화된 방식으로 가르친다.<br>...teaches in a well-structured manner | 1 2 3 4 | 수업이 단계적으로 구성되고, 단계 간 전환이 잘 이루어진다.<br>The lesson is built up in terms of clear stages and transitions between stages | 0 1 |
| | | | | 수업이 단순한 것에서 복잡한 것으로 진행되게 논리적으로 구성한다.<br>The lesson builds up logically, going from the simple to the complex | 0 1 |
| | | | | 활동과 과제는 가르치는 내용과 연관되어 있다.<br>Activities and assignments are connected to the materials presented during the presentation stage | 0 1 |
| | | | | 수업에서 타당한 다양한 발표, 설명, 통제 활동, 자유 활동 등을 제공한다.<br>The lesson offers a good variety of presentation, instruction, controlled practice, free practice, and so forth. | 0 1 |
| | 15 | 학습자료 사용과 과제해결 방법을 자세히 설명한다.<br>...gives a clear explanation of how to use didactic aids and how to carry out assignments | 1 2 3 4 | 학생이 해야 할 일을 명확히 해 준다.<br>...makes sure that all learners know what to do | 0 1 |
| | | | | 수업의 목표와 과제가 서로 어떤 관계가 있는지를 설명한다.<br>...explains how lesson aims and assignments relate to each other | 0 1 |
| | | | | 어떤 자료와 출처가 이용될 수 있는지를 명확하게 설명한다.<br>...explains clearly which materials and resources can be used | 0 1 |

| 지표: 교사는 ··· Indicator: The teacher ··· | | | 결과 [1] Results [1] | 좋은 실천사례: 선생님은 ··· Examples of good practice: The teacher ··· | 관찰 [2] Observed [2] |
|---|---|---|---|---|---|
| 집중적이고 활발한 수업 Intensive and activating teaching | 16 | 학생의 능동적인 참여를 자극하는 학습활동과 과제양식을 제공한다. ...offers activities and work forms that stimulate learners to take an active approach | 1 2 3 4 | 다양한 대화와 토론 방법을 사용한다. ...uses diverse forms of conversation and discussion | 0 1 |
| | | | | 의도된 (사전)활동을 제공한다. ...offers controlled (pre-)practice | 0 1 |
| | | | | 소집단으로 나누어 활동하게 한다. ...lets learners work in groups | 0 1 |
| | | | | ICT 기술을 활용한다. ...uses Information and Communication Technology (ICT, e.g., digiboard, beamer) | 0 1 |
| | | | | 다양한 교수전략을 사용한다. ...employs a variety of instruction strategies | 0 1 |
| | | | | 다양한 과제를 제시한다. ...varies assignments | 0 1 |
| | | | | 수업자료를 다양화한다. ...varies lesson materials | 0 1 |
| | | | | 일상생활에서 자료와 예를 가져온다. ...uses materials and examples from daily life | 0 1 |
| | | | | 연결되는 질문을 한다. ...asks a range of questions | 0 1 |
| | 17 | 미진한 학생이 자신감을 갖도록 격려한다. ...stimulates the building of self-confidence in weaker learners | 1 2 3 4 | 미진한 학생의 질문에 대해 긍정적인 피드백을 준다. ...gives positive feedback on questions from weaker learners | 0 1 |
| | | | | 미진한 학생에게 성취할 수 있다는 긍정적인 기대를 보여 준다. ...displays positive expectations about what weaker learners have to achieve | 0 1 |
| | | | | 미진한 학생의 학습활동에 대해 칭찬한다. ...compliments weaker learners on their work | 0 1 |
| | | | | 미진한 학생이 기여한 바를 인정한다. ...acknowledges the contributions made by weaker learners | 0 1 |
| | 18 | 해결방법을 학생 스스로 생각하도록 격려한다. ...stimulates learners to think about solutions | 1 2 3 4 | 해결할 수 있는 길을 보여 준다. ...shows learners the path they can take towards a solution | 0 1 |
| | | | | 문제해결과 참고자료를 검색하는 전략을 가르친다. ...teaches strategies for problem-solving and referencing | 0 1 |
| | | | | 자료 활용과 참고자료를 활용하는 방법을 가르친다. ...teaches learners how to consult resources and reference works | 0 1 |
| | | | | 문제해결을 위한 체크리스트를 제공한다. ...offers learners checklists for problem-solving | 0 1 |

| 지표: 교사는 … Indicator: The teacher … | | | 결과 [1] Results [1] | 좋은 실천사례: 선생님은 … Examples of good practice: The teacher … | 관찰 [2] Observed [2] |
|---|---|---|---|---|---|
| 집중적이고 활발한 수업 Intensive and activating teaching | 19 | 학생이 반성적으로 생각하도록 자극을 주는 질문을 한다. …asks questions which stimulate learners to reflect | 1 2 3 4 | 모든 학생이 질문에 대답할 기회를 가질 수 있게 충분히 기다린다. …waits long enough to give all learners the chance to answer a question | 0 1 |
| | | | | 학생이 서로 질문하고 설명하도록 격려한다. …encourages learners to ask each other questions and explain things to each other | 0 1 |
| | | | | 학생이 자신의 전략의 다른 점(단계)에 대해 설명하게 한다. …asks learners to explain the different steps of their strategy | 0 1 |
| | | | | 가르친 내용을 이해했는지 주기적으로 확인한다. …checks regularly whether instructions have been understood | 0 1 |
| | | | | 학생의 반응과 반성적 사고를 촉진하는 질문을 한다. …asks questions which stimulate reflection and learner feedback | 0 1 |
| | | | | 무엇에 대한 수업인지를 학생이 이해하였는지 주기적으로 확인한다. …checks regularly whether learners understand what the lesson is about | 0 1 |
| | 20 | 학생이 생각한 것을 크게 말할 수 있도록 한다. …lets learners think aloud | 1 2 3 4 | 학생이 해결 방법에 대한 자신의 생각을 소리 내어 말할 기회를 준다. …provides the opportunity for learners to think aloud about solutions | 0 1 |
| | | | | 학생이 해결 방법을 말로 표현하게 한다. …asks learners to verbalize solutions | 0 1 |
| | 21 | 학생과 상호작용을 하는 수업을 한다. …gives interactive instructions | 1 2 3 4 | 학생 간 상호작용을 활발하게 한다. …promotes the interaction between learners | 0 1 |
| | | | | 교사와 학생 간 상호작용을 활발하게 한다. …promotes the interaction between teacher and learners | 0 1 |
| | 22 | 수업의 도입에서 수업목표를 분명하게 명시한다. …clearly specifies the lesson aims at the start of the lesson | 1 2 3 4 | 수업을 시작하면서 학습목표를 알려 준다. …informs learners at the start of the lesson about the lesson aims | 0 1 |
| | | | | 과제 목표와 수업의 목표를 명료하게 해 준다. …clarifies the aims of assignments and their learning purpose | 0 1 |

| 지표: 교사는 …<br>Indicator: The teacher … | | | 결과 [1]<br>Results [1] | 좋은 실천사례: 선생님은 …<br>Examples of good practice: The teacher … | 관찰 [2]<br>Observed [2] |
|---|---|---|---|---|---|
| 교수 · 학습 전략<br>Teaching learning strategies | 27 | 복잡한 문제를 단순화하는 방법을 학생에게 가르친다.<br>...teaches learners how to simplify complex problems | 1 2 3 4 | 복잡한 문제를 어떻게 단순화하는지 가르친다.<br>...teaches learners how to simplify complex problems | 0 1 |
| | | | | 복잡한 문제를 쪼개서 더 단순하게 만드는 방법을 가르친다.<br>...teaches learners how to break down complex problems into simpler ones | 0 1 |
| | | | | 복잡한 문제를 정리하게 가르친다.<br>...teaches learners to order complex problems | 0 1 |
| | 28 | 의도한 활동을 활용하도록 자극한다.<br>...stimulates the use of control activities | 1 2 3 4 | 학습지문을 전략적으로 이해하도록 주의를 기울인다.<br>...pays attention to prediction strategies for reading | 0 1 |
| | | | | 학생이 해결 방법을 문제 상황과 연결 짓게 한다.<br>...lets learners relate solutions to the context of a problem | 0 1 |
| | | | | 대안적 전략을 적용하도록 격려한다.<br>...stimulates the application of alternative strategies | 0 1 |
| | 29 | 학습성과를 확인하도록 학생에게 가르친다.<br>...teaches learners to check solutions | 1 2 3 4 | 결과를 유추하는 방법을 가르친다.<br>...teaches learners how to estimate outcomes | 0 1 |
| | | | | 결과를 예측하는 방법을 가르친다.<br>...teaches learners how to predict outcomes | 0 1 |
| | | | | 어떻게 실제 상황과 결과를 연계하는지 가르친다.<br>...teaches learners how to relate outcomes to the practical context | 0 1 |
| | 30 | 배운 것을 적용하도록 자극한다.<br>...stimulates the application of what has been learned | 1 2 3 4 | 배운 것을 다른 학습상황에 의도적으로 적용하게 자극한다.<br>...stimulates the conscious application of what has been learned in other (different) learning contexts | 0 1 |
| | | | | 하나의 해결 방법이 다른 상황에서 어떻게 적용될 수 있을지 설명해 준다.<br>...explains to learners how solutions can be applied in different situations | 0 1 |
| | | | | 이전에 풀어 본 문제와 연관 짓는다.<br>...relates problems to previously solved problems | 0 1 |

| 지표: 교사는 … Indicator: The teacher … | | | 결과 [1] Results [1] | 좋은 실천사례: 선생님은 … Examples of good practice: The teacher … | 관찰 [2] Observed [2] |
|---|---|---|---|---|---|
| 교수 · 학습 전략 Teaching learning strategies | 31 | 학생이 비판적으로 생각하도록 북돋아 준다. …encourages learners to think critically | 1 2 3 4 | 어떤 일이 발생한 배경을 설명하게 한다. …asks learners to provide explanations for occurrences | 0 1 |
| | | | | 학생의 의견을 묻는다. …asks learners for their opinion | 0 1 |
| | | | | 제시된 해결 방법이나 답에 대해 학생으로 하여금 곰곰이 생각하게 한다. …asks learners to reflect on solutions or answers given | 0 1 |
| | | | | 학생 자신의 예를 제시하게 한다. …asks learners to provide examples of their own | 0 1 |
| | 32 | 학생에게 실행 전략을 성찰하게 한다. …asks learners to reflect on practical strategies | 1 2 3 4 | 학생이 적용한 전략의 다른 점(단계)을 설명하게 한다. …asks learners to explain the different steps of the strategy applied | 0 1 |
| | | | | 가능한 (문제 해결) 전략에 대해 명료하게 설명해 준다. …gives an explicit explanation of possible (problem-solving) strategies | 0 1 |
| | | | | 여러 전략의 장단점을 확장하게 한다. …asks learners to expand on the pros and cons of different strategies | 0 1 |
| 개별화 학습 지도 Adjusting instructions and learner processing to inter-learner differences | 23 | 학습목표 도달 여부를 평가한다. …evaluates whether the lesson aims have been reached | 1 2 3 4 | 수업목표가 도달되었는지 평가한다. …evaluates whether the lesson aims have been reached | 0 1 |
| | | | | 학생의 수행을 평가한다. …evaluates learners' performance | 0 1 |
| | 24 | 미진한 학생을 위한 별도의 학습과 지도 시간을 제공한다. …offers weaker learners extra study and instruction time | 1 2 3 4 | 미진한 학생에게 별도로 공부할 시간을 준다. …gives weaker learners extra study time | 0 1 |
| | | | | 미진한 학생 지도를 위한 별도의 시간을 마련한다. …gives weaker learners extra instruction time | 0 1 |
| | | | | 미진한 학생에게 별도의 연습/과제를 내준다. …gives weaker learners extra exercises/practices | 0 1 |
| | | | | 미진한 학생에게 사전 또는 사후 지도를 한다. …gives weaker learners 'pre- or post-instruction' | 0 1 |
| | 25 | 개인차를 고려하여, 수업방식을 적절하게 조절한다. …adjusts instructions to relevant inter-learner differences | 1 2 3 4 | 잘하는 학생에게 별도의 과제를 내준다. …puts learners who need little instructions (already) to work | 0 1 |
| | | | | 소집단이나 개별 학생에게 추가 지도를 한다. …gives additional instructions to small groups or individual learners | 0 1 |
| | | | | 보통 수준 학생에게만 맞춰 수업하지 않는다. …does not simply focus on the average learner | 0 1 |

| 지표: 교사는 ··· Indicator: The teacher ··· | | | 결과 [1] Results [1] | 좋은 실천사례: 선생님은 ··· Examples of good practice: The teacher ··· | 관찰 [2] Observed [2] |
|---|---|---|---|---|---|
| 개별화 학습 지도 Adjusting instructions and learner processing to inter-learner differences | 26 | 개인차를 고려하여 수업내용을 적절하게 조절한다. ...adjusts the processing of subject matter to relevant inter-learner differences | 1 2 3 4 | 학생에 따라 과제수행의 시간과 양을 달리한다. ...distinguishes between learners in terms of the length and size of assignments | 0 1 |
| | | | | 과제를 완수할 시간을 융통성 있게 한다. ...allows for flexibility in the time learners get to complete assignments | 0 1 |
| | | | | 일부 학생에게 추가적인 도움과 수단을 사용하도록 한다. ...lets some learners use additional aids and means | 0 1 |

| 지표: 학생들은 ··· Indicator: The learners ··· | | | 결과 [1] Results [1] | 좋은 실천사례: 학생들은 ··· Examples of good practice: Learners ··· | 관찰 [2] Observed [2] |
|---|---|---|---|---|---|
| 학습자 참여 Learner engagement | 33 | 수업에 충실히 참여한다. ...are fully engaged in the lesson | 1 2 3 4 | 수업에 집중한다. ...pay attention while instructions are given | 0 1 |
| | | | | 대화나 토론에 능동적으로 참여한다. ...participate actively in conversations and discussions | 0 1 |
| | | | | 질문을 한다. ...ask questions | 0 1 |
| | 34 | 흥미를 보인다. ...show that they are interested | 1 2 3 4 | 수업이 진행될 때 열심히 듣는다. ...listen actively when instructions are being given | 0 1 |
| | | | | 추가 질문을 하면서 흥미를 보인다. ...show their interest by asking follow-up questions | 0 1 |
| | 35 | 능동적인 수업 태도를 갖는다. ...take an active approach to learning | 1 2 3 4 | 추가 질문을 한다. ...ask follow-up questions | 0 1 |
| | | | | 책임감을 갖고 자신의 학습 과정을 진행한다. ...show that they take responsibility for their own learning process | 0 1 |
| | | | | 독립적으로 학습한다. ...work independently | 0 1 |
| | | | | 자기주도적으로 학습한다. ...take the initiative themselves | 0 1 |
| | | | | 시간을 효율적으로 쓴다. ...use their time efficiently | 0 1 |

# 부록 3 ICALT 수업관찰전문가 성찰 설문

※해당 번호에 ∨표시 하시거나 ( )안에는 알맞은 내용을 기록해 주세요.

---

국가명: 대한민국

수업관찰일(년-월-일):

---

학교명: (                    )학교

지역: ⓪=대전 ①=충남 ②=충북 ③=기타(            )

---

학교급: ⓪=초등학교 ①=중학교 ②=고등학교

학교 유형: ⓪=일반계 ①=특성화 ②=기타(            )

설립 유형: ⓪=국공립 ①=사립 ②=기타(          )

---

학년: 초(   )학년 중(   )학년 고(   )학년

수준별 수업의 경우: (          )반

수강학생 수: (      )명

수업관찰시간: ⓪=1, 2교시 ①=3, 4교시 ②=5, 6교시 ③=7, 8교시

---

관찰전문가명:

관찰전문가 담당과목:

관찰전문가 성별: ⓪=남 ①=여

관찰전문가 직업: ⓪=학교교사 ①=대학교수 ②=기타(          )

관찰전문가 경력: (      )년 (      )월

RUG훈련 참가여부: 예(      ) 아니요(      )

---

수업담당 교사명:

수업담당 교사 성별: ⓪=남 ①=여

수업담당 교사 수업과목(관찰대상과목):

수업담당 교사 경력: (      )년 (      )월

---

■ 수업관찰전문가 여러분!

다음 10개의 질문에 대해 가장 적합한 것을 골라 해당문항에 O표 해주세요.

1. 전혀 그렇지 않다. 2. 그렇지 않다. 3.그렇다. 4. 매우 그렇다.

Dear observer,
Please choose one answer that you think is the best in your situation by circling the number provided on the right side.
The following is the response category: 1 = completely not true, 2 = not true, 3 = true, 4 = completely true

| | |
|---|---|
| 1. 나는 늘 교사의 말을 신중히 들었다. (I always listen carefully to teachers ) | 1 2 3 4 |
| 2. 나의 판단에 대해 확신한다. (I am confident about my judgments about teachers ) | 1 2 3 4 |
| 3. 내 관찰이 성공적일까 두렵다. (I have doubts about my ability to succeed as an observer) | 1 2 3 4 |
| 4. 나는 늘 관찰기록을 정직하게 작성했다. (I have always been honest with myself about my (observing) qualities) | 1 2 3 4 |
| 5. 나보다 성공적으로 관찰을 한 교사가 부럽다. (I am jealous of teacher (observers) who are successful ) | 1 2 3 4 |
| 6. 나는 동료나 학생들의 감정을 불편하게 한 말을 한 적이 있다. (I have said things that hurt colleagues' or students' feelings) | 1 2 3 4 |
| 7. 다른 동료가 나와 다른 의견을 표현하면 화가 난다. (I feel angry when colleagues express ideas different from my own) | 1 2 3 4 |
| 8. 곤란에 빠진 학생과 동료를 돕는다. (I help students and colleagues who are in trouble) | 1 2 3 4 |
| 9. 다른 교사들이 내가 모르는 질문을 했을 때는 모른다고 인정한다. (I admit when I do not know something if a teacher (observer) asks a question ) | 1 2 3 4 |
| 10. 다른 교사들이 부탁을 해 오면 짜증이 나기도 한다. (I am irritated by teacher (observers) who ask for favors ) | 1 2 3 4 |

다음 두 질문에 자유롭게 기록해 주세요. (Please answer the following questions)

1. 이 수업교사에 대한 관찰기록을 할 때 긍정적인 점은 무엇이었나요? (Which positive factors might have influenced your judgment about this teacher?)

2. 이 수업교사에 대한 관찰기록을 할 때 부정적인 점은 무엇이었나요? (Which negative factors might have influenced your judgment about this teacher?)

# 부록 4 ICALT 수업교사 설문

선생님의 수업경험에 관한 의견을 듣고자 합니다. 가능한 한 솔직하고 충실하게 답해 주시고, 한 문항도 빠짐없이 응답해 주시면 감사하겠습니다. 정답이나 오답은 없습니다. 답을 고르기 위해 너무 오래 생각할 필요가 없습니다. 응답해 주신 결과는 오직 연구 목적으로만 사용할 것이며, 연구가 끝난 후에 모두 폐기할 예정입니다. 설문에 응해 주셔서 감사합니다.

※해당 번호에 ∨표시해 주시고, 빈칸과 (　　　) 안에는 알맞은 내용을 기록해 주세요.

1. 학교명: (　　　　)학교
2. 성 명:
3. 수업담당교사 성별: ①=남 ②=여
4. 이 반 수업을 맡은 년도: (　　　　)년부터
5. 담당과목:
6. 교육경력: (　　　)년
7. 교사자격 구분: ①=정규교사 ②=기간제 교사
8. 학교급 및 유형: ①=초등학교 ②=중학교 ③=일반계고등학교 ④=특성화고등학교 ⑤=기타(　　　　)
9. 이 수업의 학년: (　　　　)학년
10. 수준별 수업: ①=하반 ②=중반 ③=상반 ④=수준별 수업 미실시
11. 출생년도: (　　　　　　)년생
12. 수업한 반의 담임 여부: ①=아니요 ②=네

| | 이 반 수업에 대한 나의 느낌은… | 전혀 그렇지 않다 | 그렇지 않다 | 그렇다 | 매우 그렇다 |
|---|---|---|---|---|---|
| 1 | 학생들과 쉽게 친해진다. | ① | ② | ③ | ④ |
| 2 | 학생들과 보내는 시간을 즐기고 있다. | ① | ② | ③ | ④ |
| 3 | 학생들과 친해지기 어렵다. | ① | ② | ③ | ④ |
| 4 | 이 반 학생들을 가르치는 일이 별로 달갑지 않다. | ① | ② | ③ | ④ |
| 5 | 이 반 학생들의 사정을 잘 안다. | ① | ② | ③ | ④ |
| 6 | 이 반 학생들을 잘 안다. | ① | ② | ③ | ④ |
| 7 | 이 반 학생들에 대해서는 별로 이해하지 못한다. | ① | ② | ③ | ④ |
| 8 | 이 반 학생들의 학교 밖 생활에 대해서는 잘 모른다. | ① | ② | ③ | ④ |
| 9 | 이 반 학생들과 시간을 같이 보낸다. | ① | ② | ③ | ④ |
| 10 | 이 반 학생들과 이야기를 나눈다. | ① | ② | ③ | ④ |
| 11 | 학생들이 최선을 다하지 못할 때 도와줄 시간을 낼 수 있다. | ① | ② | ③ | ④ |
| 12 | 이 반 학생들은 내가 도움이 된다고 믿어 준다. | ① | ② | ③ | ④ |
| 13 | 나는 가끔 학생들이 필요할 때 도움이 못 될 때가 있는 것 같다. | ① | ② | ③ | ④ |
| 14 | 학생들이 필요로 할 때마다 내가 늘 도와주지는 못하는 것 같다. | ① | ② | ③ | ④ |
| 15 | 학생들을 꾸짖을 때 왜 그런지 항상 설명한다. | ① | ② | ③ | ④ |
| 16 | 보통의 경우 허락하지 않는 일도 이 반 학생들에게는 허용한다. | ① | ② | ③ | ④ |
| 17 | 이 반 학생들을 한결같은 방법으로 대하기가 쉽지 않다. | ① | ② | ③ | ④ |
| 18 | 이 반 학생들을 돌볼 시간을 갖기가 늘 어렵다. | ① | ② | ③ | ④ |
| 19 | 학생들에게 내가 기대하는 바에 대해 이야기한다. | ① | ② | ③ | ④ |
| 20 | 수업시간에 학생들에게 기대하는 바를 명확히 하려고 노력한다. | ① | ② | ③ | ④ |
| 21 | 이 반 학생들이 지키는 규칙을 바꾸기도 한다. | ① | ② | ③ | ④ |
| 22 | 가끔 나는 이 반 학생들에게 기대를 갖고 있지 않다고 느낀다. | ① | ② | ③ | ④ |

| | 이 반 수업에 대한 나의 느낌은… | 전혀 그렇지 않다 | 그렇지 않다 | 그렇다 | 매우 그렇다 |
|---|---|---|---|---|---|
| 23 | 학생들이 수업자료를 이해하지 못할 때, 나는 다른 방법을 쓴다. | ① | ② | ③ | ④ |
| 24 | 이 반 학생들이 이해하지 못한 것이 있을 때, 나는 여러 가지 방법으로 설명한다. | ① | ② | ③ | ④ |
| 25 | 이 반 학생들이 언제 내 수업을 잘 따라오지 못하였는지 말하기 어렵다. | ① | ② | ③ | ④ |
| 26 | 이 반 학생들이 언제 새 수업자료를 볼 준비가 되었는지 모르겠다. | ① | ② | ③ | ④ |
| 27 | 이 반 학생들에게 문제를 푸는 여러 방법을 보여 준다. | ① | ② | ③ | ④ |
| 28 | 이 반 학생들이 언제 도움이 필요한지 말하기 어렵다. | ① | ② | ③ | ④ |
| 29 | 이 반 학생들에게 이해할 수 있는 방법으로 가르치기가 쉽지 않다. | ① | ② | ③ | ④ |
| 30 | 학생들에게 숙제와 관련하여 많은 방법을 알려 준다. | ① | ② | ③ | ④ |
| 31 | 일반적으로 학생들에게 최소한의 방법만 알려 준다. | ① | ② | ③ | ④ |
| 32 | 학생들에게 너무 많은 방법을 알려 주지 않는 것이 좋다. | ① | ② | ③ | ④ |
| 33 | 학교 공부를 단계별로 지도해야 한다. | ① | ② | ③ | ④ |
| 34 | 숙제와 관련하여 나는 학생들에게 항상 해야 할 일을 말하고 있다. | ① | ② | ③ | ④ |
| 35 | 학교공부와 관련하여 학생들에게 단계별로 말을 해 준다. | ① | ② | ③ | ④ |
| 36 | 학생들에게 학교 공부에 관한 많은 것들을 스스로 결정하게 한다. | ① | ② | ③ | ④ |
| 37 | 학생들이 자기 멋대로 하게 할 수 없다. | ① | ② | ③ | ④ |
| 38 | 학생들이 학교 공부와 관련하여 너무 많은 것을 결정하게 내버려둘 수는 없다. | ① | ② | ③ | ④ |
| 39 | 우리가 학교에서 왜 배워야 하는지 설명한다. | ① | ② | ③ | ④ |
| 40 | 학교 공부가 어떻게 도움이 되는지에 대해 생각하도록 격려한다. | ① | ② | ③ | ④ |
| 41 | 학생들에게 학교가 왜 중요한지를 설명하기가 어렵다. | ① | ② | ③ | ④ |

| | 이 반 학생들은… | 전혀 아니다 | 아니다 | 그렇다 | 매우 그렇다 |
|---|---|---|---|---|---|
| 1 | 최선을 다하려고 노력한다. | ① | ② | ③ | ④ |
| 2 | 할 수 있는 데까지 열심히 한다. | ① | ② | ③ | ④ |
| 3 | 수업 중 토론에 참여한다. | ① | ② | ③ | ④ |
| 4 | 집중한다. | ① | ② | ③ | ④ |
| 5 | 매우 주의 깊게 듣는다. | ① | ② | ③ | ④ |
| 6 | 기분이 좋다. | ① | ② | ③ | ④ |
| 7 | 무언가를 할 때 흥미를 느낀다. | ① | ② | ③ | ④ |
| 8 | 재미있어 한다. | ① | ② | ③ | ④ |
| 9 | 새로운 것을 배우는 것을 즐거워한다. | ① | ② | ③ | ④ |
| 10 | 우리가 무엇인가를 할 때, 학생들은 적극적으로 참여한다. | ① | ② | ③ | ④ |
| | 이 반 학생들과 관련하여… | 전혀 아니다 | 아니다 | 그렇다 | 매우 그렇다 |
| 1 | 항상 학생들의 말을 주의 깊게 듣는다. | ① | ② | ③ | ④ |
| 2 | 학생들에 대한 나의 판단에 확신을 갖는다. | ① | ② | ③ | ④ |
| 3 | 내 수업의 수준에 대해서 나는 늘 자각하고 있다. | ① | ② | ③ | ④ |
| 4 | 곤란을 겪는 학생을 도와준다. | ① | ② | ③ | ④ |
| 5 | 학생의 질문 중 모르는 것이 있음을 인정한다. | ① | ② | ③ | ④ |

# 부록 5 ICALT 학생 설문

학생 여러분이 참여한 수업에 관한 의견을 알고자 합니다. 가능한 한 솔직하고 충실하게 답해 주시고, 한 문항도 빠짐없이 응답해 주시면 감사하겠습니다. 정답이나 오답, 혹은 학생 여러분의 성적과 관련이 없습니다. 답을 고르기 위해 너무 오래 생각할 필요가 없습니다. 응답해 주신 결과는 오직 연구 목적으로만 사용할 것이며, 연구가 끝난 후에 모두 폐기할 예정입니다. 설문에 응해 주셔서 감사합니다.

※해당 번호에 ∨표시해 주시고, 빈칸과 (    ) 안에는 알맞은 내용을 기록해 주세요.

1. 학교명: (  )학교
2. 수업담당 선생님 성함: (    )선생님
3. 수업담당 선생님 성별: ①=남    ②=여
4. 수업담당 선생님께 어느 해부터 배웠습니까? (    )년부터
5. 선생님의 수업담당과목:
6. 학생의 성별: ①=남 ②=여
7. 학교급 및 유형: ①=초등학교 ②=중학교 ③=일반계고등학교<br>④=특성화고등학교 ⑤=기타(    )
8. 학생의 학년: (   )학년
9. 설립유형: ①=국공립    ②=사립  ③=기타(   )
10. 수준별 수업: ①=하반 ②=중반 ③=상반 ④=수준별 수업 미실시
11. 출생년도: (   )년생

| | 수업에서 나의 선생님께서는… | 전혀 그렇지 않다 | 거의 그렇지 않다 | 그렇다 | 자주 그렇다 |
|---|---|---|---|---|---|
| 1 | 내가 모르면 나를 도와주신다. | ① | ② | ③ | ④ |
| 2 | 다른 학생들이 나를 존중하게 한다. | ① | ② | ③ | ④ |
| 3 | 내가 시간을 잘 사용하고 있는지 확인하신다. | ① | ② | ③ | ④ |
| 4 | 평가를 위해 내가 공부할 필요가 있는 것을 알려 주신다. | ① | ② | ③ | ④ |
| 5 | 지난 수업시간에 배운 것을 반복해 주신다. | ① | ② | ③ | ④ |
| 6 | 내가 생각해 보아야 할 문제를 질문하신다. | ① | ② | ③ | ④ |
| 7 | 내가 질문을 하면 대답해 주신다. | ① | ② | ③ | ④ |
| 8 | 내가 이미 알고 있는 것을 살펴서 가르치신다. | ① | ② | ③ | ④ |
| 9 | 내가 다른 학생들을 존중하게 한다. | ① | ② | ③ | ④ |
| 10 | 내가 어떻게 해야 하는지를 설명해 주신다. | ① | ② | ③ | ④ |
| 11 | 내가 무엇을 해야 할지를 깨닫도록 해 주신다. | ① | ② | ③ | ④ |
| 12 | 내게 모든 것을 분명하게 설명해 주신다. | ① | ② | ③ | ④ |
| 13 | 내가 딴짓을 하지 않고 공부하도록 이끌어 주신다. | ① | ② | ③ | ④ |
| 14 | 수업의 목표가 무엇인지를 명확하게 말씀해 주신다. | ① | ② | ③ | ④ |
| 15 | 재미있게 말씀하신다. | ① | ② | ③ | ④ |
| 16 | 학습할 내용을 내가 어떻게 공부할 것인지 물어보신다. | ① | ② | ③ | ④ |
| 17 | 나의 해결방법을 검토할 수 있게 가르치신다. | ① | ② | ③ | ④ |
| 18 | 내가 생각할 수 있게 격려하신다. | ① | ② | ③ | ④ |
| 19 | 내 답이 괜찮은지 그렇지 않은지 이유를 명확히 알려 주신다. | ① | ② | ③ | ④ |
| 20 | 숙제, 과제의 해결 또는 제출 기한을 명확하게 알려 주신다. | ① | ② | ③ | ④ |
| 21 | 수업준비를 잘해 오신다. | ① | ② | ③ | ④ |
| 22 | 나를 존중해 주신다. | ① | ② | ③ | ④ |
| 23 | 내가 반 친구들과 협력하도록 자극을 주신다. | ① | ② | ③ | ④ |
| 24 | 내가 주의를 집중하는지 확인하신다. | ① | ② | ③ | ④ |

| | 나의 선생님께서는… | 전혀 그렇지 않다 | 거의 그렇지 않다 | 그렇다 | 자주 그렇다 |
|---|---|---|---|---|---|
| 25 | 이해하기 쉬운 예를 들어 주신다. | ① | ② | ③ | ④ |
| 26 | 내가 이미 알고 있는 것과 연결하여 주신다. | ① | ② | ③ | ④ |
| 27 | 분명한 규칙을 적용하신다. | ① | ② | ③ | ④ |
| 28 | 수업내용을 내가 요약할 수 있도록 도와주신다. | ① | ② | ③ | ④ |
| 29 | 내가 어떻게 학습해야 하는지를 말씀해 주신다. | ① | ② | ③ | ④ |
| 30 | 어려운 과제에 대해 내가 자신감을 갖도록 하신다. | ① | ② | ③ | ④ |
| 31 | 내가 생각할 수 있도록 자극과 동기를 부여하신다. | ① | ② | ③ | ④ |
| 32 | 내가 숙제, 과제를 어떻게 해결했는지 선생님에게 설명하게 하신다. | ① | ② | ③ | ④ |
| 33 | 나에게 관심을 가지신다. | ① | ② | ③ | ④ |
| 34 | 수업목표를 알려 주신다. | ① | ② | ③ | ④ |
| 35 | 내가 수업한 내용을 잘 이해했는지 확인하신다. | ① | ② | ③ | ④ |
| 36 | 나에게 동기를 부여하신다. | ① | ② | ③ | ④ |
| 37 | 내가 겪는 어려움을 알고 계신다. | ① | ② | ③ | ④ |
| 38 | 내가 다른 학생들에게 수업내용을 설명하도록 하신다. | ① | ② | ③ | ④ |
| 39 | 내가 최선을 다하는지 확인하신다. | ① | ② | ③ | ④ |
| 40 | 나를 수업에 참여시킨다. | ① | ② | ③ | ④ |
| 41 | 내가 이해를 잘 못하면 도와주신다. | ① | ② | ③ | ④ |
| | 이 수업에서 나는… | 전혀 아니다 | 아니다 | 그렇다 | 매우 그렇다 |
| 1 | 잘하기 위해 최선을 다한다. | ① | ② | ③ | ④ |
| 2 | 내가 할 수 있는 데까지 열심히 한다. | ① | ② | ③ | ④ |
| 3 | 수업 중 토론에 참여한다. | ① | ② | ③ | ④ |
| 4 | 집중한다. | ① | ② | ③ | ④ |
| 5 | 매우 주의 깊게 듣는다. | ① | ② | ③ | ④ |
| 6 | 기분이 좋다. | ① | ② | ③ | ④ |

| 7 | 우리가 무언가를 할 때 나는 흥미를 느낀다. | ① | ② | ③ | ④ |
|---|---|---|---|---|---|
| 8 | 재미가 있다. | ① | ② | ③ | ④ |
| 9 | 새로운 것을 배우는 것이 즐겁다. | ① | ② | ③ | ④ |
| 10 | 우리가 무엇인가를 할 때 나도 참여한다. | ① | ② | ③ | ④ |
| 11 | 항상 선생님의 말씀을 주의 깊게 듣는다. | ① | ② | ③ | ④ |
| 12 | 선생님에 대한 나의 판단은 확실하다. | ① | ② | ③ | ④ |
| 13 | 나의 학습 수준에 대해서 나 스스로 잘 안다. | ① | ② | ③ | ④ |
| 14 | 곤란을 겪는 선생님과 친구들을 도와준다. | ① | ② | ③ | ④ |
| 15 | 내가 알아야 하는 것을 모르면 모른다고 인정한다. | ① | ② | ③ | ④ |

# 찾아보기

**C**

CLASS 도구 119

CLASS의 영역별 내용 122

**E**

eICALT 251

**F**

FfT 도구 103

FfT 도구의 내용 105

**G**

GDTQ 도구 124

GDTQ의 영역별 내용 126

**I**

ICALT 146

ISTOF 도구 097

ISTOF 도구의 내용 099

**M**

MET 프로젝트 096

MQI 도구 108

MQI 분석 코드 117

MQI 수업분석의 틀 112

P

PLATO 도구 131

R

Rasch 모형 205

Z

ZPD 탐지 207

ZPD 탐지 결과 275

ㄱ

개별화 학습지도 151, 245

개선 전략 278

객관도 197

객관적 069

검사-재검사 신뢰도 192

계량적인 방법 083

과업 059

과학적 069

관리장학 022

관찰 071

관찰도구 146

교사발달 056

교사발달단계 063

교사의 수업행동 055

교사학습동아리 292

교수 · 학습전략 151, 242

교수절차 147

교직주기 060

교직관심발달론 057

근접발달영역 207

급내상관계수 197

기호체계법 213

ㄴ

녹화법 213

ㄷ

데이터 리터러시 034

델파이 기법 098

동형검사 신뢰도 192

ㄹ

리더십 026

리더십 유형 026

ㅁ

마이크로티칭 036

명료하고 구조화된 수업내용 151, 229

문항 내적 일관성 신뢰도 192

문항난이도 202

문항특성곡선 201

ㅂ

발달장학 038

범주체계법 213

분석 071

ㅅ

선택적 장학 038

수업관찰 079, 251

수업관찰 단계 211

수업관찰 측정도구의 구성 164

수업관찰도구 분석표 135

수업기술 향상 149

수업나눔 090

수업멘토링 268

수업분석 079

수업분석전문가의 자격과정 299

수업분위기이동법 087

수업연구회 287

수업장학 020, 035, 268

수업전문성 024, 053, 149

수업전문성 영역 151

수업컨설팅 040, 268, 287

수업코칭 041, 267, 268

수업코칭의 절차 268

수업행동 069, 148

수업행동 범주 162

수업행동 점검지표 217

순환 과정 158

신뢰도 183

신뢰도의 종류 192

ㅇ

안전하고 고무적인 수업분위기 151, 222

언어상호작용 분석법 089

영향 059

의사결정 029

의사소통 032

임상장학 036

ㅈ

자기장학 039

자발적인 연수 참여 288

자아 058

자율장학 287

장학의 개념 019

장학의 개선 과제 044

장학의 발전 021

장학의 방향 043

장학조직 026

전문적 학습공동체 042

조직 025

좋은 수업 067

질적인 방법 083

집중적이고 활발한 수업 151, 235

ㅊ

체크리스트 평정 084

초 · 중등교육법 284

ㅋ

컨설팅장학 040

코칭 263

코칭의 구성 요인 265

코칭의 유형 266

코칭의 특징 264

ㅌ

타당도 183

ㅎ

학교효과성 096

학생 참여도 162

학습전략 154

학업성취 024

협동적 동료장학 040

확인적 요인분석 184

효율적 수업운영 151, 226

# 저자 소개


**천세영**
교육행정학 박사
충남대학교 교수

**이옥화**
교육공학 박사
충북대학교 교수

**정일화**
교육행정학 박사
충남고등학교 수석교사

**김득준**
교육공학 박사
전 국립강릉원주대학교 교수

**장순선**
교육공학 박사
충남대학교 교육연구소 객원연구원

**방인자**
교육행정학 박사
충남대학교 강사

**이재홍**
교육행정학 박사
신탄진중학교 교장

**권현범**
교육행정학 박사
대전둔산여자고등학교 교사

**김종수**
교육행정학 박사
전 중일고등학교 교장

**이경민**
교육행정학 박사
대전과학고등학교 교사

**김지은**
교육행정학 박사과정 수료
대전상원초등학교 교사

**전미애**
인력개발학 박사
HRD노하우컨설팅 연구위원

좋은 수업을 위한 새로운 수업장학

# 수업분석과 수업코칭

International Comparative Analysis of Learning and Teaching

2020년 2월 28일 1판 1쇄 발행
2022년 10월 25일 1판 2쇄 발행

지은이 • 천세영 · 이옥화 · 정일화 · 김득준 · 장순선 · 방인자
이재홍 · 권현범 · 김종수 · 이경민 · 김지은 · 전미애

펴낸이 • 김진환
펴낸곳 • ㈜학지사
04031 서울특별시 마포구 양화로 15길 20 마인드월드빌딩
대표전화 • 02-330-5114 팩스 • 02-324-2345
등록번호 • 제313-2006-000265호

홈페이지 • http://www.hakjisa.co.kr
페이스북 • https://www.facebook.com/hakjisa

ISBN 978-89-997-2076-5 93370

정가 18,000원



이 도서의 국립중앙도서관 출판시도서목록(CIP)은 서지정보유통지원시스템 홈페이지(http://seoji.nl.go.kr)와 국가자료공동목록시스템(http://www.nl.go.kr/kolisnet)에서 이용하실 수 있습니다.
(CIP 제어번호: CIP2020007861)